인권의 문법

인권의 문법

1판1쇄. 2007년 6월 30일
1판8쇄. 2019년 9월 30일

지은이. 조효제

펴낸이. 정민용
편집장. 안중철
편집. 강소영, 윤상훈, 이진실, 최미정

펴낸곳. 후마니타스(주)
등록. 2002년 2월 19일 제300-2003-108호
주소. 서울 마포구 신촌로14안길 17, 2층 (04057)
전화. 편집 02-739-9929/9930 영업 02-722-9960 팩스 0505-333-9960

블로그. humabook.blog.me
트위터, 페이스북, 인스타그램. @humanitasbook
이메일. humanitasbooks@gmail.com

인쇄. 천일문화사 031.955.8083 제본. 일진제책사 031.908.1407

값 18,000원

ⓒ 조효제, 2007

ISBN 978-89-90106-40-7 04300
     978-89-90106-39-1 (세트)

이 도서의 국립중앙도서관 출판시도서목록(CIP)은 e-CIP홈페이지(http://www.nl.go.kr/ecip)와
국가자료공동목록시스템(http://www.nl.go.kr/kolisnet)에서 이용하실 수 있습니다.
(CIP제어번호: CIP2007001864)

민주주의 총서 01

인권의 문법
A Grammar of Human Rights

조효제

후마니타스

차례

서문 9

1부 인권이론의 발전

1장 | 서론 15
    1 인권 서사방식의 흐름들 16
    2 인권의 딜레마 21
    3 인권과 정치는 상극인가? 32
    4 이 책의 구성 43

2장 | 고전 인권이론 49
    1 자연법과 자연권 50
    2 사회계약이론과 자연권 53
    3 혁명과 '인간의 권리' 69
    4 자연권에 대한 격렬한 반발 73
    5 나오면서 88

3장 | 현대 인권이론 90
    1 세계인권선언과 제2차 인권혁명 90
    2 권리이론과 인권의 정당화 101
    3 인권의 내용 113
    4 웰빙 패러다임과 인권 122
    5 인권의 인간적·정책적 함의 129
    6 나오면서 131

2부 인권의 비판이론

4장 | 비판이론 I: 사회주의 137
  1 '해방 없이 권리 없다' 138
  2 마르크스의 인권 비판 139
  3 '사회주의와 인간 존엄성은 공존 불가능': 인권 비판의 역비판 150
  4 '사회주의와 인권은 공존 가능': 상호소통의 모색 154
  5 나오면서 160
  [보론] 에른스트 블로흐, 「사회주의적 휴머니즘과 인권」 165

5장 | 비판이론 II: 페미니즘 175
  1 '가부장적 인권의 함정' 175
  2 여성에 대한 폭력 178
  3 공적 영역과 사적 영역 181
  4 남성중심적 법률체계 186
  5 자유주의의 문제와 새로운 평등 191
  6 새로운 정치의가능성 195
  7 나오면서 198

6장 | 비판이론 III: 상대주의 203
  1 문화상대주의의 비판과 보편론자의 대응 204
  2 합의의 모색 210
  3 문화 간 확장전략 212
  4 다문화적 공존 215
  5 실천을 통한 보편화 219
  6 보편주의를 다시 생각한다 220
  7 나오면서 225
  [보론] 요한 갈퉁, 「무지갯빛 인권을 위한 대화」 229

3부 인권민주주의의 모색

7장 | 시민권과 세계주의 237
1 변화하는 시민권: 이주노동자의 경우 240
2 자력화하는 시민권: 환경의 경우 246
3 '인민'의 시민권: 자기결정권의 경우 253
4 방법론적 세계주의와 인권 263
5 나오면서 273

8장 | 인권과 민주주의 276
1 민주주의와 인권 277
2 직접행동민주주의와 인권운동 297
3 인권과 권익 311
4 인권과 사회정책 316
5 나오면서 322

9장 | 결론 326

부록1 | 〈세계인권선언〉 345
부록2 | 〈대한민국 헌법〉 351

참고문헌 360
찾아보기 384

표 차례

〈표 1-1〉 인권이론의 학문적 계보 46
〈표 2-1〉 사회계약론과 권리이론 66
〈표 2-2〉 자연권 비판이론 87
〈표 3-1〉 권리의 두 차원: 의무성과 구체성 106
〈표 3-2〉 5대 권리이론의 분석 112
〈표 3-3〉 국제인권법상 인정되는 인권목록 115
〈표 3-4〉 인권의 범주와 불가분성 117
〈표 3-5〉 역량이론과 세계인권선언 126
〈표 4-1〉 근대의 대항운동과 인권 163
〈표 5-1〉 인권의 가해자와 피해자 185
〈표 6-1〉 인권의 존재론적·인식론적 좌표 221
〈표 7-1〉 인권보장의 국내·국제적 통합연구 모델 272
〈표 8-1〉 고전적 인권발전 모델 284
〈표 8-2〉 인권과 권익의 판단기준 314
〈표 9-1〉 한국 근현대사와 인권운동 339

일러두기

1. 이 책은 2006~07년 사이 미국에서 집필되었으므로 한국의 문헌을 자유롭게 접하는 데 한계가 있었다. 외국 문헌 중 한국어로 번역된 책을 직접 인용할 수 있었던 경우에는 한국어 서지사항만 기재했고, 한국어 번역본이 있지만 외국 문헌을 인용한 경우에는 참고문헌 표시 뒤에 한국어 번역본의 서지사항을 [ ] 안에 기재했다.
2. 법률명, 선언명 등은 〈 〉, 단행본은 『 』, 논문은 「 」 안에 기재했다.
3. 인용한 표의 출전은 표 아래에 밝혔다. 글의 내용을 요약해서 필자가 표로 만든 경우에는 '정리' 또는 '종합'이라고 표시해 두었다. 표를 직접 인용하더라도 내용 일부를 필자가 첨삭한 경우에는 '수정'이라고 표시했다. 출전 표시가 없는 표는 필자가 직접 만든 것이다.
4. 인용문에서 이해를 쉽게 하기 위해 필자가 추가한 내용은 [ ] 안에 들어 있다.
5. 성공회대학교 아시아NGO정보센터에서는 2005~06년에 걸쳐 대한민국 학술진흥재단의 후원으로 '인권과 동아시아 협력모델 : 시민사회적 접근'이라는 주제로 아시아 4개국(한국, 중국, 일본, 태국) 비교연구를 수행했다. 이 연구에 참여했던 필자의 논문은 다음과 같이 출판되었다. 조효제. 2007. 「권리, 민주주의, 시민권 : 동아시아 인권의 시민사회적 모색」. 박은홍 외. 『아시아의 인권과 시민사회』. 아르케(근간). 본서 『인권의 문법』에 실린 7장은 위의 연구논문을 대폭 수정한 내용이다.

서문

　이 책은 뜨거운 주제의 건조한 분석이다. 딱딱한 문법책을 좋아하는 사람은 많지 않다. 인권을 '문법'과 이론으로 설명하는 것을 달가워할 사람은 더욱 많지 않다. 그럼에도 불구하고 어떤 새로운 언어를 배울 때, 또는 잘 아는 언어라도 한번 정리하고 싶을 때, 기본적인 문법이 필요하다는 점은 누구나 인정할 것이다. 나는 우선 자신의 필요성 때문에 이 책을 쓰기로 마음먹었다. 인권에 대해 공부하면 할수록 더 복잡해지는 문제의식 속에서 인권이론에 일정한 구조를 부여하고, 필자 스스로 납득할 수 있는 인권이론의 체계를 세우고 싶었다. 이런 집필 동기를 염두에 두고 본서는 다음 세 가지 목적을 위해 인권의 기본적인 '문법'을 제시하려 한다. 첫째, 인권을 서로 다른 방식으로 이해하는 독자들 사이의 지적 소통을 위한 통로를 마련한다. 둘째, 인권 담론에 대해 세간에 퍼져 있는 비판과 의문에 답한다. 셋째, 인권과 정치 사이의 연결 고리를 모색한다. 나는 이런 작업을 통해 인권이 특수 전문영역에 갇히지 않고 우리 사회와 정치 공동체에 진정한 기여를 할 수 있는 공동선적인 담론으로 커갈 수 있기를 희망한다.

　이 책은 소위 '표준적인' 문법서와는 거리가 멀다. 또한 인권에 대해 '권위 있는' 해설을 시도하지도 않았다. 대신, 필자의 주장을 되도록 줄이고, 일반 독자와 전문 독자 모두에게 인권의 복잡한 개념과 쟁점들을 논리적으로 평가할 수 있는 시각을 제공하려 한다. 다시 말해 이 책은 논증하기보다 객관적으로 정리하고 설명하는 데 중점을 둔 책이다. 모든 문법은 한시적인 것이고 시대와 함께 변한다. 또한 모든 문법은 언어의 시대적 쓰임새에 따라 새롭게 규정된다. 나는 독자들이 『인권의 문법』을 통해 현대의 인권이론을 개략적으로 접한 후 스스로 새로운 인권의 문법을 창조해 주시기를 진심으로 바란다.

『인권의 문법』은 인권의 개념, 배경, 작동 방식을 이론적으로 논한다. 따라서 이 책에서 인권의 구체적인 내용(목록)은 다루지 않는다. 예를 들어, 요즘 한국 사회에서 관심의 대상이 되고 있는 소수자, 동성애자, 양심적 병역거부자, 학생·청소년, 장애인, 군인의 인권에 대한 설명은 거의 없다. 또한 국제인권법이나 인권 외교, 9·11 이후의 대테러 전쟁과 인권침해를 다루는 내용도 극히 적다. 그런 주제들은 다음 기회에 다룰 수 있기를 희망한다. 대신 이 책에서는 좀 더 근본적인 관점에서 인권의 바탕에 깔린 기본 전제와 논리 구조에 초점을 맞추었다. 특히 인권에 대해 비판적인 이론들에 대폭 지면을 할애해 우리가 상식적으로 생각해 온 인권개념이 실제로 얼마나 심각한 이론적 긴장을 내포하고 있는지, 그리고 인권개념이 그러한 긴장을 어떻게 수용하고 있는지를 다루었다. 이런 과정을 통해야 인권에 대한 우리의 이해가 한층 더 깊어지고 단련될 수 있을 것이라고 믿는다. 이 책에서는 전투적인 방식으로 인권개념을 무조건 두둔하거나 무조건 비판하지 않는다. 나는 논쟁을 위한 논쟁에는 관심이 없다. 따라서 인권이론에 있어 확실치 않은 부분은 확실치 않다고, 모자라는 부분은 모자란다고, 서술적인 설명과 규범적인 지향은 다를 수 있다고 솔직히 밝혀 놓았다. 인권을 존중하면서도 이론적으로 인권을 비판할 수 있음을 우리는 인정해야 할 것이다. 그리고 학술 전문 용어를 되도록 피하고 쉽게 읽을 수 있는 인권이론서를 만들기 위해 나름대로 애를 썼다. 원고를 마치고 보니 압축과 정제의 미덕이 부족했음을 인정하지 않을 수 없다. 흔히 하는 말로, 시간이 더 있었더라면 책의 분량이 더 짧아질 수 있었을 것이다.

필자는 2005년 미셸린 이샤이 교수의 『세계인권사상사』를 번역·출간하면서 앞으로 인권과 평화에 관한 연구를 계속하겠다고 독자들께 약속드린 바 있다. 『인권의 문법』은 2006년에 나온 『머튼의 평화론』에 이어 그 약속의 두 번째 결과다. 앞으로도 한국과 동아시아의 인권쟁점들을 경험적·이론적으로 분석하는 작업에 매달릴 작정이다. 나는 오래 전부터 이 책을 쓰고 싶었지만 적당한 틈을 내지 못하고 있었다. 마침 2006년에서 2007년 사이에 미국에 체류하면서 그동안 미루어 왔던 작업을 할 수 있는 기회를 얻게 되었다. 연구년을 허락해 준 성공회대학교, 그리고 필자에게 연구할 공간과 정신적·물질적 지원을 해 준 하버드대학교에 감사한다. 필자의 집필에 관심을 보이고 여러모로 성원해 주신 로스쿨의 헨리 스타이너Henry Steiner, 로저 굿맨Roger Goodman, 민디 제인 로즈먼Mindy Jane Roseman, 제임스 카발라로James Cavalaro 선생님들께 감사를 표한다. 처음부터 집필 계획을 격려해 주신 최장집 선생님, 출판을 강권해 주신 후마니타스의 박상훈 박사님께도 사의를 표한다. 친절하게 원고 전체를 읽고 평을 해 주신 조홍준, 고은명, 이남주, 최재인, 박상진, 조숙영 선생님들께도 진심으로 고마운 마음을 전한다. 편집을 맡아 주신 성지희 선생님, 안중철 편집장님께도 감사를 드린다. 내게 언제나 영감과 용기를 주는 모든 인권운동가들, 어려운 환경에서도 분투하고 있는 모든 인권단체들에 깊은 연대의 인사를 보낸다. 언제나 필자를 염려해 주시는 어머니, 멀리서 성원을 아끼지 않았던 아내 권은정, 그리고 미국에서 함께 지내면서 오랜만에 많은 대화를 나눌 수 있었던 우리 명원이와 출간의 기쁨을 나누고 싶다. 성공회대학교 학부의 '인권과 시민사회' 그리고 NGO대학원의 '인권문헌강독'을 수강했던 학생들에게도 고마움을 표한다. 학생들의 날카로운 문제의식과 질문에서 내가 얼마나 많은 것을 배우고, 이 책에 포함시킬 내용을 고르는 데 있어 얼마나 많은 아이디어를 얻었는지 그들은 아마 상상도 하지 못할 것이다.

　필자가 학교에 다닐 당시 학술서의 서문은 흔히 다음과 같은 한자식 표현으로 끝나곤 했다. 요즘 젊은이들이 보면 중국 무협지를 읽는 기분이 들겠지만 우리 때만 해도 이런 것이 정상인 줄 알았다. 이런 고풍스런 말투가 자연스런 현대어로 바뀐 사실 자체가 변화된 인권의 시대상을 상징적으로 나타낸다고 생각한다. "淺學菲才(천학비재)에도 不拘(불구)하고 拙稿(졸고)를 上梓(상재)하니 江湖諸賢(강호제현)의 忌憚(기탄)없는 叱正(질정)을 仰望(앙망)하는 바이다." 필자 역시 이 책을 쓰는 동안 스스로의 학문적 한계를 매 순간 느끼지 않을 수 없었다. 다만 이런 한문식 표현을 인권적으로 다시 풀어쓰는 것으로 내 마음을 전하면서 서문을 마치고자 한다. "배움이 부족하고 재능이 없는데도 감히 이런 책을 내게 되었으니 독자 여러분의 아낌없는 비판을 진심으로 바랍니다."

2007년 6월
보스턴에서
저자 올림

1부 인권이론의 발전

A Grammar of Human Rights

1장 서론

"나는 주인이 식탁에서 던져 주는 자선의 빵조각에는 관심이 없다. 나는 완전한 권리의 메뉴를 원한다." - 데스몬드 투투

인권을 추구하는 데 있어 도대체 문법이 왜 필요한가? 인권은 분석과 이론이 아니라 말과 행동으로 실천해야 하는 것 아닌가? 인권을 이론적으로 정리하기 시작하면 인권의 생명과 열정이 식어 버릴 염려는 없는가? 일리 있는 지적이다. 실제로 인권은 인권의 문법에서 태어나지 않았다. 또한 인권의 이론이 없어도 얼마든지 인권을 정당화하고 실천할 수 있다. 만일 우리가 인권을 이론적으로 잘 알면서 실천하지 않는 사람과, 이론에 관심이 없지만 인권을 잘 실천하는 사람 중에서 선택해야 한다면 우리는 당연히 후자를 택해야 할 것이다. 그럼에도 불구하고 왜 우리에게 인권의 이론이 필요한가? 그리고 꽤 많은 인권서들이 이미 나와 있는데 이런 책이 왜 또 필요한가? 나는 아래에서 이 질문에 대해 세 가지 이유를 제시하려 한다. 인권을 이해하는 서사방식들 간의 소통, 인권의 딜레마에 대한 이해, 그리고 인권과 정치 간의 관계 재설정 등이 그것이다.

1 인권 서사방식의 흐름들

한국 사회에서 통용되는 인권의 '서사방식'에는 크게 보아 세 가지 흐름이 있다고 생각한다. 이 세 가지 흐름은 인권에 기본적으로 동의하는 사람들이 구사하고 있으며, 긴밀하게 연관되고 중첩되면서도 서로 어느 정도 구분될 수 있다는 점에서 '친 인권공동체 내의 하위문화'라 부를 수 있을 것이다. 이들 중 첫 번째 흐름은 인권에 대해 신념과 식견을 갖춘 인권운동가, 인권변호사, 국제 인권전문가, 국가인권위원회를 비롯한 인권 소관부처의 공직자, 그리고 인권학자들이 주도하고 있다. 이 흐름은 인권계의 고유한 용어와 동향에 정통하며 인권의 세계적 첨단 논의에 인식의 주파수가 맞춰져 있다. 이런 '전문적 서사방식'은 헌법과 형사정책, 세계인권선언, 국제인권법, 유엔체제, 인권의 논쟁점과 인권의 발전사 등을 소상하게 파악하고 그러한 담론을 유창하게 구사하면서 한국 사회에서 인권의 논의를 주도해 왔고 앞으로도 그러할 것이다.

두 번째 흐름에는 인권의 가치를 지지하지만 그것의 전문적 서사방식에는 속하지 않는, 하지만 한국의 정치와 한반도의 운명에 대해 예리한 비판의식을 견지하는 진보주의자, 급진 민주주의자, 민족주의자, 비판적 자유주의자들이 참여하고 있다. 이런 '근원적 서사방식'은 인권과 정의 관념을 동일시하며 인권의 윤리적·저항적 해석을 강조한다. 또한 이런 서사방식은 근본적인 메타담론에 주목하여 인권을 노동자·농민·약자의 생존권과 같은 뜻으로 이해하고, 민족의 자기결정권을 옹호하며, 강대국의 패권논리에 대항하는 제3세계 민중의 무기로서 인권개념을 지지한다. 이 흐름은 인권의 이중 기준, 위선적 인권담론, 대외정책의 도구로서의 인권 등에 대해서 가차 없이 '그건 인권이 아니다'라고 통렬한 비판을 제기한다. 이 흐름에서는 세계체제론이나 포스트식민주의, 탈식민주의 이론과 같은 비판이론들이 무리 없이 수용되고 있기도 하다.

세 번째 흐름은 전문적 인권운동에 속하지는 않지만 여러 부문에서 인권개념을 원용하려는 열의가 있는 활동가, 교육가, 정책전문가들이 구사하는 '응용적 서사방식'이다. 여성, 청소년, 보건의료, 복지, 교육, 장애, 언론·미디어, 지방자치 등 다양한 영역에서 인권을 중요한 개념적 자원으로 활용하려는 흐름이 그것이다. 이런 서사방식은 실용적이고 선별적이고 구체적인 결과를 추구하는 특징이 있다. 필자의 관찰에 따르면 이런 흐름에 서 있는 많은 이들이 흔히 '인권이 훌륭한 사상임에는 분명하나 그것을 현실정책의 언어로 표현하거나 활용할 수 있는 매개고리를 찾기 힘들다'는 문제의식을 품고 있는 것 같다.

이렇게 몇 가지 범주로 인권의 서사방식을 나눠 보면 자연스레 각각의 흐름이 지닌 장점이 확연히 드러날 것이다. 인권의 전문적 흐름은 한국 시민사회운동의 일반적 기준에 비추어 대단히 국제적이고 선진적인 감각의 서사방식을 구사한다. 민주-반민주 또는 진보-보수의 단순한 양분법을 넘어 인권이라는 보편적 가치로써 좀 더 인간화된 사회를 건설할 수 있는 가능성을 제시한다. 여기서 전문적 흐름의 강점인 법실증주의적 토대와 보편화 경향이 그 빛을 발한다. 다음, 인권의 근원적 흐름은 인권을 사회와 세계의 평등하고 민주적인 질서를 가능케 하는 근본요소 중의 하나로 이해함으로써 인권개념이 단순히 기술적인 영역에 갇히지 않고 '큰 그림' 안에서 이해될 수 있도록 끊임없는 자극을 부여한다. 인권의 응용적 흐름은 인권가치가 여러 분야로 확산되도록 하는 데 중요한 역할을 하고 있으며 인권의 전문적 흐름이 놓칠 수 있는 다양한 삶의 현장을 인권담론에 반영시키고 있다. 또한 현실의 문제의식에서 출발해 인권의 전문적인 담론을 더욱 정교하게 발전시키는 데 공헌한다.

하지만 이들 각각의 흐름이 지니고 있는 한계 역시 분명히 존재한다. 우선 인권의 전문적 서사방식은 그것의 전문성, 엄밀성, 고유한 용어체계, 법률적 경향, 국제적 활동을 당연시하는 태도 등으로 인해 일반인에게는 엘리트들이 주도하는 특수하고 개별적인 영역이라는 느낌을 주는 것이 사실이다. 예를 들어, 한국의 교육 현장에서 구체적인 학생인권문제를 놓고 보수적인 교장을 상대로 논쟁을 벌일 때 국제인권법을 직접 인용하면서 비판하는 것은 왠지 어색한, 인식상의 격차가 존재한다. 또한 국제인권법과 유엔의 인권 메커니즘을 강조하면서 외국어로 된 용어를 자신 있게 구사하는 서사방식은 일반인들에게 낯설고 생소하게 느껴진다. 이런 전문적 흐름에는 '법 준수 및 이행 결손'의 문제를 중심으로 인권에 접근하는 경향이—체계적으로 갖춰진 국내·국제 인권기준이 있는데도 그것이 잘 지켜지지 않기 때문에 인권침해가 발생한다는 식의 단순한 문제의식—다분히 깔려 있다.

인권의 근원적 흐름에도 일정한 한계가 존재한다. 이런 서사방식은 인권개념을 어떤 유토피아적인 사회상태 또는 이상적인 국제질서와 동일시한다. 따라서 현실의 제약 속에서 운신할 수밖에 없는 현장의 인권정책에 대해 쉽게 실망하며 그러한 노력을 개량적인 움직임으로 평가 절하하는 경향이 있다. 또한 모든 인권문제를 구조적이고 근본적인 차원으로 환원하는 태도로 인해, 인권문제를 해결할 수 있는 방법론이라는 측면에서 다소 비현실적이다. 인권의 전문적 서사방식이 오랫동안 발전시켜 온 인권레짐은 '이론→ 제도→ 법규범→ 인권의 내용→ 감시 및 집행 방식' 등이 정교한 톱니바퀴처럼 돌아가게끔 되어 있는 자기 완결적인 실천체계다.[1] 그러나 인권의 근원적 서사방식은 이런 '족보'를 곧바로 뛰어넘어 인권문제를 일반적인(또는 추상적인) 차원에서 해석해 버리는 경향이 있다. 예컨대 이런 서사방식에 따르면, 이라크에서 일어나는 인권침해 사건들은 미국의 불법한 전쟁에서 비롯되었으므로 미군의 완전 철수만이 근본적인 해결책이 된다. 물론, 미국이 이라크 땅에서 철수하고 이라크인들이 스스로의 미래를 결정해야 한다는 것은 백번 옳은 주장이다. 하지만 이런 서사방식은 미군이 철수할 때까지 인권문제를 어떻게 처리해야 할지에 대해서는 침묵을 지키는 것처럼 보인다. 또한 미군의 전쟁범죄 행위를 미국의 군사법정이 처벌하는 것에 대해서, 범죄행위를 처벌하지 않는 것보다는 낫지만 그렇다고 해서 그런 식의 해결방식에만 치중하게 되면 불법적 전쟁이라는 '원죄'를 망각한 채 지엽적이고 기술적인 측면에만 초점을 맞추게 될 위험이 있다고 생각한다. 여기서 우리는 인권을 어느 수준에서 다루어야 하는지의 문제가 인권영역만의 문제가 아니라 모든 진보사상이 직면한 공통적인 문제이기도 하다는 점을 새삼 확인하게 된다.[2]

---

1 국제인권레짐(regime)이란 국제관계의 인권 영역에서 행위자들의 기대치가 수렴되는 명시적이고 암묵적인 여러 원칙, 국제법 규범들, 의사결정 절차 등을 말한다(이원웅 1998 참조).

2 미국의 대표적인 인권단체인 휴먼라이츠워치(Human Rights Watch)의 케네스 로스 (Kenneth Roth) 사무총장이 2006년 9월 30일 하버드대학교 로스쿨에서 특강을 한 자리에서도 이런 의문이 제기되었다. 로스 총장은 미국이 현재 전 세계적으로 심각한 인권침

인권의 응용적 서사방식에도 짚을 점이 없지는 않다. 공정하고 형평성 있는 사회정책의 실천방안으로 '권리에 기반을 둔' 응용적 접근방식과 여타 방식—예컨대 사회민주적 배분 방식—사이의 장단점과 실효성에 대해 많은 논쟁이 존재한다. 또한 인권의 원리를 응용하는 데에만 강조점을 두는 탓에 풍부한 현장의 경험과 사례를 인권이론으로 발전시키는 과제에는 다소 무관심하다는 지적을 받기도 한다. 그리고 좋은 의미의 응용적 서사방식에 속하지 않는, 퇴행적인 방식으로 인권을 응용하려는 일단의 흐름이 인권담론에 복잡한 문제를 일으키고 있는 것도 사실이다. 예를 들어, 사적 이익에 불과한 요구를 권리의 이름으로 포장해서 주장하는 경향이 그런 흐름에 속한다. 이런 경향에 '정통' 인권진영이 어떻게 대응해야 하는가 하는 과제가 앞으로 더욱 민감하게 제기될 것으로 보인다.

요컨대, 이 책은 각각의 인권 서사방식들을 소통시킬 통로를 모색하

해를 양산하고 있는 사실에 우려를 표명하면서, 자기 단체의 일차적 존재의의는 구체적인 인권침해 사건을 미국 헌법의 정신에 비추어 철저히 추궁하여 법적 선례를 만드는 데에 있다고 주장했다. 흥미롭게도 바로 이틀 전 같은 자리에서 강연을 했던 노엄 촘스키(Noam Chomsky) 교수는 미국의 패권적인 외교정책 전반에 초점을 맞춰 통렬한 비판을 제기했었다. 즉 '법의 지배' 및 '착한 미국'을 지향하는 노력과(Koh 2005), 미국이라는 국가체제 자체에 내장된 부도덕성을 고발하는 입장 사이에(김동춘 2004), 그리고 인권의 전문적 서사와 근원적 서사 사이에 차이점과 각각의 장단점이 분명히 존재한다. 하지만 이런 차이가 두 서사방식 간의 갈등으로까지 표출되는 것 같지는 않다. 촘스키 교수도 비판의 초점이 다를 뿐 전문적 인권단체들의 활동을 반대하지 않는다. 더 나아가 세계인권선언과 국제인권법에 의거해서 미국의 대외정책을 비판함으로써 현대 인권담론을 지지한다는 점을 분명히 한다(Chomsky 1999). 나는 전문적 서사방식과 근원적 서사방식을 소통시킬 수 있는 중간 수준에서 인권담론을 재구성하는 과제가 인권운동이 지향해야 할 하나의 목표라고 생각한다.

고자 한다. 그것을 통해 각 흐름들의 장점과 한계를 서로 교차시키고, 서로가 상대의 비판을 이해하고 수용할 수 있는 접점을 찾을 수 있을 것이다.

2 인권의 딜레마

인권에 관한 각 서사방식의 차이점에도 불구하고 한 가지 공통점이 있다. 그것은 권리의 개념에 대한 본질적 성찰이 부족하다는 점이다. 흔히 우리는 인권을 '인간이기 때문에 자명하게 주어지는 권리', '천부인권', '양도하지 못하는 권리', '자연권', '그 어떤 경우에도 침해될 수 없는 인간의 존엄성' 등으로 설명하곤 한다. 하지만 나는 인권을 열렬히 옹호하는 한 사람으로서, 인권개념을 선험적이고 절대적이고 감히 범접할 수 없는 어떤 최고선으로 단순화해서 기술하는 것은 장점만큼이나 문제도 많다고 생각한다. 요즘 인권이란 말을 부쩍 많이 쓰고 있고 모두가 인권을 잘 아는 것같이 보이지만, 자세히 들여다보면 서로 다른 눈높이, 관점, 방식으로 인권을 제각각 다르게 이해하고 있다. 모두가 인권을 서로 다르게 이해하면서도 그 차이점을 덮어두고 추상적인 차원에서만 인권에 동의하는 기현상이 벌어지고 있는 것이다.

흔히 인권에 대한 비판을 주로 보수주의자들의 공격으로 간주하곤 한다. 그러나 내 경험에 비추어 보면 반드시 그렇지만도 않다. 나는 상당히 오랫동안 많은 사람들—인권운동가, 초·중·고 학생, 대학생,

교사, 일반 청중, 시민단체 활동가, 공무원, 경찰, 교정공무원, 노인대학 수강생—을 상대로 인권에 관해 이야기하고 그들의 이야기를 듣고 그들의 질문을 받았다. 그런데 이런 분들이 정치적 권리와 경제적 권리의 차이, 국제인권법, 유엔의 인권 프로세스 등과 같은 '정통적' 인권문제를 거론하는 경우는 흔치 않았다. 오히려, 표현방식은 다양했지만, 인권의 근저에 깔려 있는 대단히 본질적이고 민감한 문제를 제기하는 이들이 훨씬 더 많았다. 딱히 보수적이어서가 아니라 일반적인 입장에서 인권을 비판하거나 인권에 의문을 제기하는 목소리가 더 많더라는 말이다.

실제로 받았던 질문들 중 몇 가지만 옮겨 보자. "인권운동은 엘리트적인 것 같아요"(어느 고등학생), "인권과 집단이기주의는 같은 말이 아닌가요?"(어느 고등학생), "동성애자의 인권을 진정으로 생각한다면 그들을 치료해 줘야 할 것 같은데요"(어느 대학생), "서로 권리를 주장하는데 어느 게 진짜 인권인지 종잡을 수 없어요"(어느 교사), "세상 사람들이 모두 자기권리만 주장하면 서로 싸우는 일밖에 남지 않을 것 같은데, 어떻게 생각하세요?"(어느 노인대학 수강생), "술 취해 난동 부리는 사람에게 어떻게 인권을 보호해 줍니까?"(어느 경찰관), "인권을 요구하려면 반드시 머리에 띠 두르고 투쟁적으로만 해야 하나요?"(어느 시민), "죄짓고서 벌 받고 있는 재소자 인권만 존중하면 교도관 인권은 누가 보장해 줍니까?"(어느 교정공무원) 등등. 근본적이고 심각하고 당혹스러운 질문들이었다. 그런데 문제는 통상적인 인권이론서에서는 이런 질문에 대한 해답을 찾기가 어렵다는 데 있다. 그러나 책에 나오지 않는다고 해서 이들을 '무식한' 질문이라고 간단히 치부할 수 있을까? 이런 '통념적 서사방식'의 질문들은 위에서 설명한 인권의 세 가지 서사방식에는 속하지 않지만 대단히 중요하고 본질적인 문제제기임이 분명했다.

초기에 나는 이런 질문을 받을 때마다 기존의 설명방식으로 그 질문을 재구성한 후 최대한 설득력 있게 인권을 옹호하고 강조하는 쪽으로 답변을 하곤 했다. 그러나 솔직히 말해 나는 질문자들이 내 답변을 존중하면서도 그것에 대해 완전히 흡족해 하지 않는다는 인상을 받았다. 이런 일이 되풀이되면서 한 가지 의문이 들기 시작했다. 왜 기존의 인권이론서에서는 이런 질문들을 정면으로 다루지 않는가? 왜 이런 질문들이 인권담론에서 심각한 이슈로 간주되지 않는가? 오히려 이런 질문들을 중심으로 인권을 이야기해야 하는 것 아닌가? 이 의문에 대한 해답은 금방 나왔다. 인권담론이 발전을 거듭하면서 그 안에서만 통용되는 독자적인 언어와 문법체계가 형성되었고, 그러한 언어와 문법을 제대로 모르면 이해하기 어려울 만큼 특수한 전문영역에 갇혀 버렸기 때문이었다. 그러나 통념적 서사방식이 제기하는 질문은 전문적인 인권담론에서 잘 다루지 않는, 잊혀진 이슈가 되어 버린 셈이었다. 그러나 이런 질문들은 인권의 전형적인 딜레마를 잘 보여 주고 있다. 지금부터 몇몇 연구자들의 견해와(특히 Campbell 2006, 11-19; Freeman 2002; Riles 2002; Waldron 1987; Wolff 1996) 필자의 생각을 합해서 인권의 이런 딜레마를 이론적으로 정리해 보자. 권리라는 개념틀로 세상을 파악하려면 인권개념이 처해 있는 딜레마를 직시하면서 인권의 잠재력과 한계를 동시에 인식해야 한다(Lacey 2004).

첫째, 인권은 수단인가 목적인가? 인권은 어떤 큰 선익을 위해 도구로서 필요한가, 아니면 다른 어떤 점도 고려할 필요 없이 인권 그 자체가 목적인가? 인간의 권리 보장을 최우선으로 여기는 정치철학에서 당연히 인권은 그 자체가 목적이 된다. 인권의 옹호자들도 흔히 인권을 궁극적인 목표로 당연시하는 경향이 있다. 따라서 만일 세계인권선언에 나오는 내용만 모두 잘 지켜진다면 정치, 사상, 이념이 무엇이건 그런 세상은 완벽한 세상일 것이라고 가정한다. 그런데 문제는 이것으로 끝나지 않는다. 인권을 목적으로 간주할 경우 우리는 권리주장만으로 이상적인 인간사회를 건설할 수 있다고 상상하기 쉽다. 그러나 모든 사람이 자기 권리를 철저히 행사하는 사회가 반드시 좋은 사회일까? 다시 말해 권리라는 원칙이 사회와 정치의 모든 측면을 지배해야만 좋은 사회인가? (Wolff 1996). 이는 쉽지 않은 질문이다. 예를 들어, 자기가 낸 학비만큼 모든 것을 요구할 수 있는 권리가 있다고 생각하는 학생들과, 자기가 봉급 받은 만큼만 가르칠 의무가 있다고 주장하는 교수들이 모여 있는 대학이 이상적인 학문 공동체가 될 수 있을지 생각해 보라. 또한, 다른 점들을 전혀 고려하지 않고 인권만 추구하면 좋은 세상이 온다는 보장도 없다. 예컨대 미국 대통령은 2003년 이라크에 대한 공격을 발표하면서 독재자의 폭정 아래에서 신음하는 이라크 국민의 인권보호를 하나의 주요한 명분으로 내세웠다. 일단 그 말이 진심에서 우러난 주장이라고 치자. 그렇다고 했을 때 인권을 보장하기 위해서라면 그 어떤 짓, 심지어 불법적인 전쟁까지도 정당화할 수 있는가? 아니라면 왜 아닌가? 3장에서 다시 보겠지만, 인권은 내재적으로도 도구적으로도 중요한 이중적 이념이기 때문에 그토록 '인기'가 있는 것이다(Riles 2002). 문제는 이 둘 사이의 균형을 어떻게 잡느냐 하는 데 있다.

둘째, 인권은 이기적인가? 이런 비판의 밑바탕에는 모든 사람이 이기적인 자기권리만 강조하게 되면 결국 자기중심적인 사람들로 가득 찬, 살맛 나지 않는 사회가 될 것이라는 걱정이 자리 잡고 있다. 예를 들어, 식당에 함께 가서 언제나 자기가 먹은 만큼만 정확하게 돈을 내겠다고 하는 사람을 두고 자기권리를 충실하게 행사하는 사람이라고 우리가 칭찬하는가?(Wolff 1996). 반대로, 수백억대를 호가하는 예술작품에 대한 저작권(세계인권선언 27조)을 행사하지 않고 대중에 기증한 예술가에 대해 자신의 소중한 인권을 포기한 사람이라고 우리가 비판하는가? 다시 말해, 권리주장이 항상 좋게 비치는 것만은 아니고, 자기권리를 내세우지 않는 것이 오히려 더 존중받는 경우도 있을 수 있다는 것이다. 인권의 논리가 인간의 사회적 본성을 무시하고 개인을 단자로만 취급해 서로를 갈라놓는다는 비판을 맨 처음 제기한 사람은 칼 마르크스였다(4장 참조). 하지만 오늘날 공동체주의자, 공화주의자, 민주주의자 중에도 개인의 과도한 권리주장에 대해 우려를 표하는 목소리가 점점 늘어나고 있다(대표적으로, Glendon 1991). 여기에 딜레마가 있다. 어차피 인권은 인간의 본질적인 이익을 보호한다는 대명제에서 출발한다. 그러므로 인권에는 이익이 포함되지만 모든 이익이 인권은 아니다. 그렇다면 어디까지가 인간의 본질적인 이익(인권)이고, 어디부터가 이기적인 이익인가? 물론, 인권을 보장받으려면 시민들이 자기권리를 주장할 줄 알아야 한다. 원래 인권의 장점이 인간을 자력화empower하는 데 있기 때문이다. 하지만 이것도 지나치면 문제가 된다. 그렇다면 어디까지가 정당한 권리주장이고, 어디부터가 해로운 권리주장인가? 독재 치하에서는 인권을 요구하던 것이 전적으로 정당했지만, 민주주의가 어느 정도 확립된 사회에서는 진짜 인권과 단순한 권익을, 그리고 정당한 자력화 주장과 이기심에 근거한 사익추구를 섬세하게 구분해야 한다고 나는 생각한다(8장 참조). 특히 1990년대부터 한국 사회에서는 사적인 이익을 인권과 비슷하게 주장하면서 사람들을 혼란에 빠뜨리는 경우가 많아졌다. 실제로는 사익에 불과한 내용을 비장한 표현으로 포장하고, 저항적인 방식으로(단식, 삭발, 농성 등) 표출하는 경우가 많아졌다. 집단이기주의를 인권으로 착각하는 것이다. 이런 사람일수록 자신의 주장이 진짜 인권이라는 환상을 품고 있어서 이성적인 대화가 쉽지 않다. 설상가상으로 권익과 인권이 반반씩 섞여 있는 경우, 문제는 더욱 복잡해진다. 어쨌든 이런 분위기에서 진정한 인권의 가치는 희석되고 희화화되기 쉽다. 나는 현재 우리 사회가, 인권의식과 권익의식이 동시에 고조되어 그 둘이 혼동을 일으키면서 거대한 열병을 앓고 있다고 생각한다.³ 이기적인 권리주장은 진정한 인권과 민주주의 발전에 악영향을 끼치기 쉽다.

셋째, 인권이 법을 중심으로 이해되고 있다 legalism dilemma. 인권담론이 현실적 힘을 갖는 이유는 그것이 강제적 규범력을 가진 법적 담론과 결부되어 있기 때문이다. 인권에서 법적 담론의 효과는 그 어떤 담론의 효과보다 강력하다. 그러나 법은 서로 상충되는 이익들을 정해진 규칙으로 해결하는 데에는 능하지만 법테두리 안에서만 세상을 바라보기 쉽고, 법이 처해 있는 더 큰 역사적·사회적 맥락을 보지 못하도록 하는 한계가 있다. 특히 국제인권법은 방대한 체계와 역사에도 불구하고 점점 더 근원적인 비판의 대상이 되고 있다(예컨대, Evans 2005). 인권은 애초 어떤 도덕적 포부에서 촉발되고, 역사적 투쟁 속에서 형성되었으며, 인류의 진보적 상상력 속에서 발전되어 온 하나의 거대한 운동이다. 법적 담론은 그러한 움직임을 제도화·성문화한 것에 불과하다. 따라서 법의 원칙과 도덕성의 포부가 항상 일치하는 것은 아니며, 법적 담론이 인권운동의 상상력을 반드시 자극한다고 보기도 어렵다.⁴ 내가 보기에

---

3 필자는 언젠가 지하철에서 "불의는 참아도 불이익은 못 참는다."라는 광고를 본 적도 있다.
4 또 다른 한편, 인권법은 일반 법학 안에서 비주류에 속하며, 다른 법학 분야에 비해

법을 잘못 이해하면 오히려 인권운동을 딱딱한 법적 권리운동으로 한정할 가능성도 있다. 하지만 그렇다고 해서 법이 없는 인권운동을 상상하기도 어렵다. 여기서 우리는 인권과 법이 균형 있게 만날 수 있는 지점을 찾아야 할 까다로운 과제에 봉착한다.

넷째, 인권은 교조적이라는 비판이 제기되곤 한다. 이런 비판에 따르면 인권론자는 세상을 권리와 의무, 선과 악의 단순 흑백논리로만 본다. 사회, 정치, 인간관계는 권리와 의무론 deontology의 도덕성만으로 포착되지 않는, 다양하고 복잡한 차원들을 포함하고 있다. 계몽주의 이래 인권을 '자명'한 것으로 간주하는 것이 일종의 전통처럼 되었지만 그렇다고 해서 인권 개념이 완전무결한 것은 아니다. 인권이 언제나 모든 사회 시스템의 작동원리가 되어야 한다고 말한다면 그것은 지나친 억측이다. 예컨대 권위주의 체제에서는 인권이 그 시스템을 정상화하는 데 기여할 수 있겠지만, 역으로 보면 권리주장만으로 세상의 모든 시스템이 잘 작동할 수 있는 것은 아니다. 시스템의 성격이 다르면 권리의 의미도 달라지기 때문이다. 아내와 남편이 서로 자기권리를 주장하기 시작한다면 그것은 이미 결혼 시스템에 이상이 생겼다는 증거다(Waldron 1987). 권리는 서로 다른 요구들이 합의에 도달하지 못하는 교착상태에

비교적 개방되어 있고 사회과학적 인식을 많이 반영하고 있는 분야임을 지적해야만 하겠다. 이것과 관련해서 인권법을 가장 많이 발전시킨 국제법 체계도 일반 법학 안에서 비주류에 속한다는 사실을 기억할 필요가 있다. 미국의 법학교육에서 국제법을 핵심과목으로 다루는 경우는 많지 않은 것 같다. 예컨대, 크리스토퍼 랭델(Christopher Columbus Langdell, 1826~1906) 학장 주도로 미국에서 근대식 법학 교육과정을 처음으로 개발했던 하버드 로스쿨에서는 2006년에야 교과과정의 전면적 혁신을 통해 100여 년 만에 국제공법을 로스쿨 1학년 과정에 도입하기로 결정했다(*Harvard Law Today* 2006).

빠졌을 때 그것을 판단해 주는 최후의 해결사 비슷한 개념일 수도 있다 (Steiner 2005). 따라서 권리개념을 이용해서 파경에 이른 결혼관계를 뒷마무리할 수는 있겠지만 권리주장만으로 사랑과 신뢰에 기반을 둔 결혼관계를 유지하기는 어렵다.[5] 또한 동기와 원칙을 강조하는 인권담론은 결과론적 접근방식을 무조건 비판하기 쉽지만, 인권이 중요하다고 해서 그 어떤 결과도 고려하지 않고 인권만 앞세울 수 없는 경우도 많다. 예를 들어, 이슬람을 비하하는 만화가 국제적인 논쟁을 불러온 사건이 있었다. 이때 인권옹호자들은 무조건 의사표현의 자유권을 옹호해야 하는지, 아니면 권리행사가 초래할 결과를 진지하게 고려해야 하는지 생각해 보아야 한다. 경우에 따라서는 교조적인 인권원칙보다 더 중요한 어떤 결과론적 고려사항이 있을 수도 있다. 이 점은 인권과 공리주의적 사회정책이 공존할 수 있는가 하는 질문과도 연결된다(8장 참조).

다섯째, 인권은 엘리트의 특권이라는 비판이 존재한다. 이런 딜레마는 여러 차원에서 발생한다. 인권의 지식학적 특징 때문에 인권의 체계에 익숙한 사람만이 인권을 '제대로' 찾아 먹을 수 있고, 인권의 전문언어를 구사하지 못하는 사람은 자신의 문제를 인권이라는 틀로 구체화하기 어렵다는 인식이 퍼져 있다. 인권이 법적 담론과 밀접하게 발전해 온 것도 이런 인식에 한몫을 했다. 아무리 인권이 좋다 해도 그것이 어려운 법적 용어로 표현되고 법률가들의 독점물이 되어 있다면 보통사람들은 기가 죽기 마련이다. 또한 경제 영역에서 배타적 소유권을 중요

---

[5] 물론 가정폭력과 같은 경우에는 당연히 인권에 근거한 주장과 해결책을 요구해야 한다(5장 참조).

한 인권으로 강조하다 보면 재산 없는 사람은 소외감을 느낄 수밖에 없다. 국제관계에서도 엘리트 외교관, 법률전문가, 국제 NGO 들이 인권문제를 전담하면서 인권이 점점 더 보통사람과 동떨어진 특권적 영역으로 멀어져 가고 있다. 또한 인권의 목록이 확장되고 세분화되면서 선택권과 자율성을 극단적으로 강조하는 경향으로 인해 일부 인권이 일부 집단의 특권적 전유물로 인식되는 경향까지 발생했다. 그 결과, 보통사람들이 "우리는 하루하루 먹고살기도 힘든데 저런 것까지 사치스럽게 인권이라고 하다니……."라고 혀를 차는 경우가 생기기도 한다.[6] 이런 현상들은 인권의 본래 취지와 상관없이 보통사람과 인권 사이의 사회적 거리가 점점 더 멀어지고 있다는 증거로 받아들여질 수도 있다.

마지막으로, 인권은 위선적이라는 비판이 있다(셸라스 2003 참조). 이런 비판에는 적어도 네 가지 차원이 포함되어 있다. ① 인권을 주장하는 수준과 그것을 실천하는 수준 사이에 생기는 격차에 대한 비판이 있다. 인권은 개념 자체가 이상주의적 성격을 띠고 있기 때문에 인권을 주장하면서 그것의 실천이 조금이라도 미흡하면 가차 없이 비판의 칼날이 들어온다. ② 시민사회운동, 인권운동, 정치권 등은 인권을 실천하면서 정치·사회적 여건, 가용자원, 타이밍, 다른 목표와의 관계 등 여러 가지

---

6 나는 소위 '사치스러운 인권목록'이 인권이 아니라는 말을 하는 것이 아니다. 인권원칙을 논리적으로 확대하면 여러 가지 새로운 형태의 인권이슈가 등장하기 마련이다. 인권은 그런 식으로 발전하고 확장된다. 하지만 보통사람들이 일부 새로운 인권이슈들을 자기 삶과 동떨어진 비현실적인 문제로 느끼는 인식상의 격차가 생기는 경향이 있는 것도 사실이다. 이런 인식상의 격차를 줄이고, 새로운 유형의 인권이 결국 모든 사람의 존엄성을 보호하는 문제와 긴밀하게 연결된다는 논리를 적극적으로 개발해야 하는 것도 인권운동의 과제다. 선진국과 개도국의 인권인식에 있어서도 이와 유사한 격차가 발생하곤 한다(5, 6장 참조).

를 고려할 수밖에 없고 그 과정에서 이상과 현실을 조화시키기 위해 고통스러운 선택(때에 따라서는 타협)을 해야 한다. 이런 맥락을 고려하지 않고 어떤 조직의 움직임을 음모론적으로 묘사하기 시작하면 인권이 위선으로 비칠 수도 있다. 그러나 이런 식으로 말하자면 세상에 위선이 아닌 것은 없다. ③ 강대국 또는 불순한 세력이 인권을 수사적·정치적 차원에서 악용하는 경우가 있다. 이와 관련해 인권을 일관성 없이 사용하여 자신에게 유리할 때는 옹호하고 그렇지 않으면 무시하는 경우가 있다. 이를 인권의 '이중기준'double standard이라 한다. ④ 인권의 개념 자체에 결함이 있는 것을 '구성적 도덕성'의 문제라고 한다면, 인권을 적용하는 과정에서 문제가 발생하는 것은 '파생적 도덕성'의 문제라 할 수 있다. 이 둘을 구분하지 않고 인권을 위선이라고 싸잡아 비판하는 경우도 많다.

지금까지 보았듯이 인권에 대한 통념적 서사방식이 제기하는 질문들은 모두가 깊이 있는 성찰과 분석의 대상이 될 만한 이슈들이다. 이제 우리 사회는 도대체 권리가 무엇인가 하는 초보적 의문에서 새 출발을 해야 할 시점에 도달했다고 생각한다. 과거에 기본적인 생존권 자체가 경각에 달려 있던 시절에는 인권개념의 본질을 따지는 것과 같은 일은 한가한 지적 유희에 지나지 않았을 수도 있다. 그러나 뒤에서 다시 논하겠지만 오늘날 인권은 과거의 '탄압 패러다임'에서 '웰빙 패러다임'으로 외연이 넓어지고 있다.7 이와 함께 인권의 의미와 개념도 복잡하게 가지

---

7 탄압 패러다임에 근거한 인권문제가 완전히 해소되었다는 뜻은 아니다. 국가보안법을 비롯한 고전적 인권문제로부터 비정규직 노동자 탄압, 집회결사의 자유를 제한하는 정책과 관행 등 탄압 패러다임에 속한 인권문제가 아직도 부지기수로 남아 있다. 그러나

를 뻗어나가고 있다. 따라서 이제 인권을 발전시키기 위해서라도 인권 개념 자체를 비판적으로 분석하고 따져 봐야만 한다. 인권은 끊임없는 정당화가 필요하다. 흔히 인권을 중시하는 사람일수록 인권의 존재의의를 당연시하는 경향이 있다. 그리고 인권에 대한 본질적 질문이 아무리 좋은 취지에서 제기되더라도 그것이 정치적으로 악용될 가능성을 우려하는 분위기도 있다. 물론 이런 데에는 이유가 있다. 워낙 반인권적 공세가 심한 사회에 살다 보니 인권개념 자체에 대한 질문을 그것이 반대를 위한 비판이든, 건설적인 비판이든 가리지 않고 금기시하게 된 측면이 있기 때문이다. 하지만 자기비판이 결여된 인권은 교조화될 수 있고, 사이비 인권개념과 헷갈릴 수도 있으며, "꼭 권리라는 개념만이 우리 사회를 살기 좋은 곳으로 만들 수 있는가?"라는 식의 질문에 적절한 해답을 제시하지 못할 수도 있다. 신격화된 인권은 종이호랑이가 된다. 존 스튜어트 밀이 말했듯이 "들판에 적이 사라지면 우리는 즉시 잠이 든다." 따라서 인권을 깨어 있는 개념으로 만들기 위해서라도 그것의 끊임없는 자기 정당화가 필요하다. 바로 이런 이유 때문에 인권의 문법이 필요하다고 생각한다.

나는 그러한 문제와 더불어 인권의식의 외연이 급격히 늘어나고 있는 현실을 직시하자는 입장을 취한다. 이 책의 전반적인 기조도 그러한 문제의식의 바탕 위에 있다.

3 인권과 정치는 상극인가?

인권에서 '정치' 또는 '정치적'이라는 말은 주로 경멸적으로 사용되며 인권에 방해가 되는 것이라는 인식이 널리 퍼져 있다. 왜 그럴까? 인권이 모든 인간 한 사람 한 사람의 절대성을 강조하는 반면, 정치는 정치공동체 전체의 합목적성을 추구하는 권력배분 체계라는 인상이 강하기 때문이다. 또한 정치는 이성적이지도 중립적이지도 않고 당파적인데다 한 나라 안의 권력쟁취에만 관심이 있으므로 초국적 존재론에 기반을 둔 인권에 대해 그다지 관심이 없다는 인식이 일반적으로 유포되어 있다 (Evans 2001). 게다가 정치판은 술수와 정략이 난무하는 마키아벨리적인 현실이라는 느낌이 드는 데 반해 인권은 고결하고 도덕적인 윤리담론이라는 식의 통념도 인권과 정치를 멀어지게 하는 데 한몫을 했다. 그렇다면 인권은 원칙적으로 정치와는 영원히 담을 쌓고 지내야 하는 담론인가? 그런 태도가 과연 생산적인가? 더 나아가 정치와 아무 상관없이 인권을 추구할 수 있을까? 이 책의 세 번째 목표는 이런 의문을 분석하고 둘 사이에 건설적인 관계 설정이 가능한지를 생각해 보는 데 있다. 원론적인 차원에서 말한다면, 인간은 인간사회에 속한 존재이기 때문에 인권을 요구할 수 있는 것이고, 따라서 정치공동체와 전혀 무관하게 인권을 상상하기는 사실상 불가능하다고 할 수 있다(Gearty 2006, 75). 이 점을 한나 아렌트는 다음과 같이 설명한다. "어떤 인간이 정치적 지위를 잃는다면 …… 그리하여 [생물학적인] 인간이라는 사실만 남을 경우 그 사람은 타인이 그를 같은 종으로 여길 수 있는 인간적 특성 자체를 상실하게 된다"(Arendt 1951, 300). 아렌트는 여기서 특정한 정치공동체를 거론하고 있지만 먼 훗날 세계정부가 만들어져 인류가 단일한 세계시민의 범주에 속하게 되더라도 인간이 인간 공동체에 속한 '종적 존재'라는 근본적인 전제를 바탕으로 할 때에만 인권을 제대로 거론할 수 있다는 점은 변하지 않을 것이다. 그런데 이야기를 시작하기 전에 한 가지 명확히 해 둘 점이 있다. 인권은 더 좋은 세상을 만들기 위해 필요한 좋은 개념·담론 중의 하나다. 인권이 반드시 필요한 맥락이 분명히 존재한다. 하지만 인권이 모든 경우에 최상의 사상일 수는 없다. 따라서 인권은 다른 좋은 사상·이념·세계관, 예를 들어 민주주의, 사회정의, 평화, 특정 이념, 평등, 휴머니즘 등과 어깨를 나란히 하고 있으며, 이들과 적절히 결합되거나 적절한 역할분담을 할 때 순기능을 발휘할 수 있다. 이 점은 이 책의 마지막까지 계속 제기될 것이다.

그렇다면 인권보호라는 관점에서 정치를 고려해야 하는 구체적인 이유는 무엇인가? 첫째, 인권은 얼핏 듣기엔 절대적 명제인 것 같지만, 보다 정확히 말하면 '언어적 우선순위'lexical priority 또는 '논의의 문턱' argumentative threshold을 가리킬 뿐이다(Freeden 1991). '언어적 우선순위'란 인권을 포함한 여러 가치가 서로 경합할 때 인권이 적어도 언어 표현상에서는 항상 앞자리를 차지한다는 뜻이다. 또한, 예를 들어, "인간이 인간답게 살기 위해 기본적인 의식주가 인권으로 보장되어야 한다."라고 말한다면, 그것은 모든 사람이 다른 건 몰라도 최소한의 의식주만큼은 인권으로 인정한다고 동의해야만(문턱을 넘어야만) 그 다음 논의를 진행할 수 있다는 뜻이다. 그 후 다음 단계의 논의, 즉 의식주 중에서 구체적으로 '무엇을', '어떻게' 보장해야 할 것인지는 넓은 의미의 정치적 판단이 된다. 그러므로 어떤 것을 인권이라고 전제하더라도 그것의 내용과 수준을 어떻게 정할 것인지, 권리의 극대화maximizing가 좋은지 최적화 optimizing가 좋은지 등의 문제는 그 사회의 맥락, 발전단계, 사람들의 욕구, 자원의 존재 여부, 그 사회의 정치문화, 인권운동의 압력 등에 달려 있을 수밖에 없다. 예를 들어, 건강권이나 교육권에 대해서도 그것을 '논의의 문턱'으로 삼되, 그런 권리가 얼마나 있어야 좋은지, 권리의 요구와 자원을 어떻게 매치할지 등에 대해서는 구체적인 판단이 필요하게 된다. 모든 사람이 올림픽 철인경기에 나갈 정도로 건강할 권리를 주장하지도 않을 것이고 그렇게 해 줄 수도 없을 것이며, 모든 사람이 무한정한 교육을 받을 권리를 주장하지도 않을 것이고 그렇게 해 줄 수도 없을 것이기 때문이다. 따라서 국제법, 국내법, 인권운동 등이 '정치적 절차'를 통해 인권의 내용을 구체적으로 결정하지 않으면 인권은 추상적 주장으로 남을 수밖에 없다.

둘째, 이와 연관해 법률과 정치의 관계도 다시 생각해 볼 필요가 있다. 흔히 법률을 정치적 요소가 배제된 '확고부동한 규범' hard norm으로 간주하기 쉽다. 그러나 모든 법, 특히 국제법에서 법과 정치는 밀접한 관련을 맺고 있다. 국제법상의 준비문서 travaux préparatoires를 마련하는 과정, 법을 채택하고 비준하는 과정, 판례를 해석하는 방식, 국제인권조약기구의 유권해석 등 법률의 전체 단계에서 정치적 협상, 해석, 타협의 요소가 개입된다(Beetham 1995). 제2차 세계대전 직전의 불안정한 국제관계를 연구했던 E. H. 카는 가장 엄밀한 국제법이라 하더라도 법적 고려만이 아니라 정치적 배경을 전제로 하여 성립되고 실행된다고 지적한다. 모든 법은 재량적 요소를 포함하고 있기 때문이다. "정치와 법은 뗄 수 없이 연결되어 있다. …… 법은 정치와 마찬가지로 윤리와 권력이 만나는 곳이다"(Carr 1946, 177-178). "법원의 결정이 [판사] 개인의견 이상의 어떤 것이 되려면 전체 사회공동체가 확실히 인정하는 기본 전제에 그 토대를 두고 있어야 한다"(Carr 1946, 206). 또한 법률적 과정뿐만 아니라 법의 지배(법치) 자체가 정치와 동전의 양면처럼 상호의존적 관계를 이룬다는 점도 잊어선 안 된다(정태욱 2002). 이와 유사하게 인권은 법으로 예방할 수 있는 문제가 아니라 어떤 사회문제를 권리라는 형태로 개념화할 수 있게 하는 담론이다(Merry 2001). 따라서 사람들로 하여금 어떤 사회문제를 인권문제로 보도록 하려면 법적 해석 이전에 정치 의식화와 각성이 반드시 필요하다.

셋째, 인권의 주체, 의무의 주체, 인권운동가, 정치인 등 인권과 관련된 모든 당사자들은 당연히 인권목록들 사이에서 타협과 균형을 맞출 수밖에 없다. 모든 인권을 언제나 동시에 똑같이 추구할 수는 없기 때문이다. 인권의 목록은 서로 나눌 수 없고 전체가 하나를 이루며('불가분성'), 그 중요성에 있어서 서열을 매길 수도 없지만 여러 가지 현실을 감안해 인권 실천의 우선순위를 정할 수는 있다. 이는 개인이건 단체건 마찬가지다. 예를 들어 A라는 인권단체가 올해의 중점사업으로 비정규직 인권문제를 제기하기로 결정하고 B단체가 소수자 인권문제를 다루기로 한다거나, 국가인권위원회가 어느 기간 동안 특정한 전략적 목표를 설정하는 것은 너무나 자연스러운 일이다. 만일 어떤 단체가 "모든 인권을 언제나 똑같은 강도로 제기하고 요구하겠다."라고 한다면 그것이 오히려 더 비현실적인 주장일 것이다. 이처럼 실제로 세상의 모든 인권주체는 나름대로의 기준, 가용자원, 타이밍, 역량, 전략적 판단 등에 따라서 특별히 의제화하고자 하는 인권목록을 정하기 마련이며, 이런 선택은 넓은 의미의 정치적 판단에서 이루어진다.

넷째, 인권은 궁극적으로 권력의 문제다. 역사적으로 보아 각 시대의 인권투쟁은 그 시대의 지배적인 권력 형태에 대한 저항담론으로 출현한 것이다(Stammers 1993; 1995). 이것을 사회구성주의적social constructivist 인권이론이라고 한다. 즉, 역사적 투쟁 속에서 특정한 형태의 인권이 출현하며 모든 형태의 인권을 한 데 묶는 공통의 개념은 '억압권력과 대항권력' 간의 관계다. 예컨대, 18세기에 지배적이었던 절대주의 국가권력에 대항해 '시민적·정치적 권리'가, 19세기에 지배적이었던 자본주의 경제권력에 대항해 '경제적·사회적 권리'가, 20세기에 지배적이었던 제국주의 식민권력에 대항해 '민족해방 권리'가, 최근에는 주류 사회권력에 대항해 소수자 인권이 각각 출현했던 것이다(2장, 3장 참조). 그런데 대항권력 또한 일종의 권력이므로 기존 권력에 도전하면서도, 다른 한편으로 기존 권력을 유지시키는 속성이 있다.[8] 따라서 특정 이념이나 체제가 아닌 모든 형태의 '권력'이라는 렌즈를 통해서 볼 때에만 인권투쟁은 인권문제를 일관되게 해석할 수 있는 시각을 가질 수 있고, 자신의 투쟁 후에 늘 새롭게 출현하는 후속 인권문제를 예민하게 자각할 수 있는 능력을 갖출 수 있다. 이렇게 본다면 넓은 의미의 정치적 지배-종속의 문제야말로 인권을 이해할 수 있는 통일된 개념이라는 사실이 명백해진다. 우리시대의 핵심적 억압권력이 무엇인지, 그것에 대해 누

---

8 인권만큼 과거의 이론과 사상이 급격하게 재해석되는 분야도 드물 것이다. 어제의 급진적 이론이 오늘의 상식이 되었다가 내일의 반동적 이론으로 격하되는 경우가 비일비재하다. 예를 들어, 최근 미국에서는 여성권리의 투쟁사에서 빼놓을 수 없는 선구자인 수전 B. 앤서니(Susan B. Anthony)를 낙태반대 투쟁가로 재해석할 것인가를 놓고 격론이 벌어지고 있다(Schiff 2006). 또한 필자는 미국독립혁명 과정에서 가장 급진적 민주주의자였던 톰 페인(Tom Paine)이 대지주가 전횡하는 봉건제에 맞서 장인과 소상공인의 평등한 자본주의를 옹호했고 프랑스에 혁명을 수출했다는 이유로 그를 '미국 네오콘의 원조'라고까지 해석하는 최근의 시각에 착잡한 느낌을 감출 수 없었다(Herman 2006; 페인 2004). 이런 이유로 개별 인권이론을 해석할 때엔 역사적 맥락을 잘 살펴 이해할 필요가 있다.

구에게 책임을 물어야 할지, 대항권력적 인권을 어떻게 조직해야 할지, 대항권력이 장기적으로 어떤 다른 권력을 유지시키는 역기능을 할 가능성은 없는지 등등의 질문은 정치적 해석의 영역일 수밖에 없다.

다섯째, 위에서 말했듯이 현대 인권은 점점 더 탄압 패러다임에서 웰빙 패러다임으로 변하고 있다. 웰빙 패러다임 아래에서 인권은 삶의 질과 행복을 보장하는 문제에 더 많은 관심을 기울이게 된다. "이제 삶의 질을 중심으로 한국의 경제와 사회에 대해 숙고하고 개혁을 추진해야 한다. …… 우리의 인권은 저항권과 생존권 중심에서 삶의 질 강화로 확장되어야 한다"(홍성태 2006, 41). 이렇게 되면 인권은 점점 더 일반 사회정책과 비슷한 관점에서 생각하게 되고, 복지국가 목표와 유사한 산출물을 지향하게 된다.[9] 웰빙 패러다임 아래의 인권은 예산배정이나 의사결정에 있어 정치적 고려의 대상이 되는 것을 피하기 어렵다. 경제적·사회적·문화적 권리에 관한 국제규약도 이런 관점을 명백히 표현하고 있다. 이 규약의 제2조는 "권리의 완전한 실현을 점진적으로 달성하기 위하여 …… 모든 적절한 수단에 의하여 …… 가용자원이 허용하는 최대한도까지 to the maximum of its available resources 조치를 취해야" 한다고 명시했다. 이것은 전형적으로 인권을 '논의의 문턱'으로 규정한 관점이다. 그리고 원칙과 조건부 동의를 모호하게 섞어 놓았다. 이것을 비판

---

9 웰빙 패러다임의 확장은 불가피한 추세라고 생각되지만 모든 삶의 질의 문제들을 반드시 '인권'의 이름으로 해결해야 하는가 하는 질문에 대해서는 깊이 있는 논의가 필요하다. 이런 추세가 극단화된다면 모든 정책영역이 인권이 되어야 한다는 불가능한 논리로 귀결될 수도 있다. 이렇게 되면 인권의 고유한 정체성은 사라진다. 어디에서 인권의 선을 그을 것인가를 결정하는 것도 큰 의미의 정치적 판단에 달려 있다(8장, 9장 참조).

적으로 바라보면 국가가 빠져나갈 여지를 마련해 놓은 규정으로 볼 수도 있지만, 긍정적으로 보면 넓은 의미의 정치적 투쟁이―유엔인권기구, 국내인권단체, 정치세력, 사회운동을 망라한―개입할 수 있는 여지를 시사한 규정으로 해석할 수도 있다.

여섯째, 오늘날 우리 사회의 발전을 위해서는 좌우 이념의 공정한 경쟁(좌우 날개론)만큼이나, 이념으로 환원되지 않는 어떤 비무장지대의 설정이 필요하다고 생각된다. 인권이 그런 비무장지대의 역할을 할 수 있을 것이다. 그렇게 하려면 초당파적으로 인권을 '합의의 영토'the terrain of agreement로 선포하고 보존하기 위해 노력해야 하며(Nussbaum 1999a), 이런 역할의 상당 부분을 자유주의자들이 수행할 수 있을 것이다. 특히 인권은 자유주의자들이 접근하고 지지하기가 용이한 이념이다. 나는 진보이념을 옹호하는 입장이지만 법치와 자유와 민주질서를 위해 자유주의자들이 기여할 수 있는 역할을 존중한다. 하지만 애석하게도 오늘날 한국 사회에서 인권을 위해 좌우 이념의 공동경비구역 근무를 자원하는 자유주의자가 몇이나 되는가? 내가 보기에 소수의 용기 있는 자유주의자들만이 보수파로부터 정말 당치 않은 온갖 인신공격성 비난을 들어가면서 힘겹게 초소를 지키고 있는 실정이다. 이와 대조적으로, 이제 민주화가 되었으니 민주와 자유가 저절로 보장될 것이라고 순진하게 판단하면서 수구보수 진영에 자의반 타의반 흡인되어 자신의 본래 이념조차 스스로 저버리고 있는 자유주의자들이 또 얼마나 많은가? C. 라이트 밀스는 우리의 이런 현실을 이미 반세기 전에 무서우리만치 정확히 예견했다. "전쟁이 끝난 후 자유주의자들은 좌파 입장은 고사하고 자유주의적 입장마저 전투적으로 방어하지 않았다. …… 이들은 시민적 자유[인권]를 즐기는 데에만 정신이 팔려서 자유를 지킬 시간을 내지 못했다. …… 시민적 자유를 누리는 것이 그것을 지키는 것보다 훨씬 더 쉽다. 또한 시민적 자유를 정치적으로 효과 있게 활용하는 것보다 그것을 형식적 권리로만 지키는 것이 훨씬 더 쉽다. 하지만 자유를 악의적으로 파괴하려는 자들도 흔히 자유의 이름으로 그런 짓을 저지르곤 한다. 타인들이 시민적 자유를 누릴 권리에 대해 과거 시점에 빗대 옹호하는 것이 오늘날 스스로 자유에 대해 강력하게 발언하는 것보다 훨씬 더 쉽다'(Mills 1956, 334). 밀스는 민주주의 아래에서 방심하다 보수화되기 쉬운 자유주의자들을 비판하면서 그들이 금과옥조로 여기는 개인의 자유를 지키기 위해서라도 계속 치열하게 싸우지 않으면 안 된다고 경고했던 것이다(Knowles 2001). 나는 한국에서도 자유주의자들을 흔들어 깨워 그들을 인권이라는 합의의 영토 안에 모으는 것이 인권을 위해서나 민주주의를 위해서나 반드시 필요한 일이라고 믿는다. 내 경험에 따르면 자유주의자들이 인권의 중간허리를 받쳐 주지 않을 때 인권의 진보적 발전은 고사하고 최소한의 인권을 지키기도 어려워진다. 솔직히 말해, 양식 있는 자유주의자들이 시민적·정치적 권리를 확실히 옹호하는 바탕에서, 진보적 인권운동이 경제적·사회적 권리의 프런티어를 개척해 나가는 것이 이치에 맞는 역할분담이라고 생각한다. 그런데 우리처럼 이념의 스펙트럼이 좁디좁은 사회에서는 자유주의자들을 합의의 인권영토로 유치하는 것이 올림픽게임 유치하는 것보다 더 어려운 게 사실이다. 따라서 자유주의의 잠재력을 최대한 이끌어내기 위해서라도 인권운동은 정치의 문법에 좀 더 예리한 관심을 기울일 필요가 있다고 나는 확신한다.[10]

마지막으로, 인권이 20세기 후반 이후, 특히 냉전 종식 이후 대단히 역동적인 이념으로 등장하면서 인권담론이 극적으로 팽창했다. 이제

인권은 일종의 '패권적 이념'의 지위를 확보했다(Donnelly 2003). 인권을 말하지 않으면 명함도 내놓지 못하는 세상이 된 것이다. 이렇게 되자 역설적으로 인권이 도대체 누구한테 속하는지를 둘러싼 인권의 '소유권' 문제가 첨예하게 대두되었다(Gready 2003). 강대국이 전쟁을 일으킬 명분으로 인권을 주장하는가 하면, 개인이나 단체가 자기이익을 정당화하기 위해 인권을 내세우는 경우가 흔해졌다. 즉, 인권이 아주 노골적으로 '정치화'되기 시작했고 여러 개의 날을 가진 '문제적' 개념이 될 수 있음이 점점 뚜렷해지고 있다. 인권의 근원적 서사방식은 바로 이 점에 대해 큰 우려를 표한다. 인권이 제국주의와 이익집단정치의 첨병이 되고 있다는 문제의식 때문이다. 따라서 인권운동은 한편으로 원래 인권이 표방했던 해방적·진보적 잠재력과 인간을 자력화하는 역량empowering capacity을 수호하면서도, 다른 한편으로 인권의 정치화를 차단해야 하는 과제에 직면하고 있다. 즉, '명품' 인권에서 '짝퉁' 인권을 가려내야 한다는 말인데 이런 과제 역시 정치적 맥락에서 수행될 수밖에 없다.

　인권과 정치의 문제를 깊이 있게 성찰한 폴 그리디는 '원칙 있는 인권정치'를 통해 인권과 정치의 관계를 재설정하자고 말한다(Gready 2003). 위에서 본 대로 원래 인권이 정치와 멀어질 수 없는 개념인 데다 요즘 들어 인권이 부쩍 정치화되고 있으므로, 차제에 제대로 된 인권정치를 정정당당하게 모색하자는 주장이다. 그리디는 '부분적 인권정치'와 '역동적·포괄적 인권정치'를 구분한다. 전자는 진짜 인권개념의 일부를

10　이런 관점을 중산층과 연결해 생각할 수도 있다. 급진주의가 중산계급을 어떻게 사회개혁에 동참시킬 수 있을지를 정치적으로 모색한 고전적 저술로는 Alinsky(1971)를 보라.

살짝 썰어 내어 그 개념을 교묘하게 조작한 후 그 부분과 관련 있는 당사자들—국가, 국제기구, NGO, 학자 등—을 하나로 묶어 합의를 도출하여 결과적으로 인권을 악용하는 정치를 말한다. 이런 식의 '인권' 은 스스로는 인권이라고 주장하지만 우리가 그 논리구조를 따라가 보면 이상하게 일관성도 없고 이중기준적이며 선택적인—그러면서도 여전히 인권의 외양을 띠고 있는—'가짜 인권'의 목적지에 도달해 있기 십상이다. 부분적 인권정치의 결정적인 특징은 정략적 목적을 정당화하기 위해 인권을 도구로 이용한다는 데 있다. 그리디는 원칙 있는 인권정치가 부분적 인권정치로 전락해서는 안 된다고 하면서 '역동적·포괄적 인권정치'를 옹호한다.

이에 반해 '역동적·포괄적 인권정치'는 전체 인권원칙을 옹호하면서 정치적 기회구조를 선용하고 정치과정에서 인권의제를 격상시키기 위해 노력하는 정치를 말한다. '전체 인권원칙'이란 국제적으로 공인되는 인권기준과 인권목록, 인권의 불가분성, 인권의 작동방식, 인권의 진정한 목표와 동기 등을 아우르는 총체적 원칙이다. 역동적·포괄적 인권정치에서 인권은 목적이 되고 정치는 인권달성을 위한 수단이자 맥락이 된다. 그리디에 따르면 인권이 정치로부터 초연하다는 식의 반정치·탈정치의 입장을 표방하는 것 자체가 사실은 일정한 정치적 입장을 취하는 것이다. 현실에서 완전한 의미의 중립은 불가능하기 때문이다. 그런 점에서 인권운동은 당파적이고 정치적임을 부정할 수 없다(Ignatieff 2001). 하지만 그것은 도덕적 보편성에 근거한 '원칙 있는 당파성'을 지향한다. 원칙 있는 인권정치는 인권탄압자의 인권까지도 존중하는 보편성·일관성을 유지하면서도 인권피해자의 편에 선다. 인권의 역할은 "인권운동가들을 정치로부터 끌어내는 것이 아니라, 그들로 하여금 저쪽 편의 인권도 똑같이 존중하면서 이편이 옳다는 신념을 갖도록" 해주는 것이며, 예리한 정치적 인권운동이라면 "운동이 대변하고자 하는 이들이 누구인지, 스스로에게 그들을 대변할 권리가 얼마나 있는지 하는 문제에도 첨예하게 주의를 기울이는" 운동이 되어야 한다는 것이다(Ignatieff 2001, 10). 그리고 원칙 있는 인권정치는 목표와 수단 사이에서, 때로는 심지어 목표 자체도, 선택해야 하는 고통스러운 도덕적 결정을 두려워하지 않으며 그것을 회피하지도 않는다. 반정치·탈정치의 고상한 지위에 만족하다보면 '인권의 정치화' 세력에 의해 인권의 소유권을 빼앗기는 더 나쁜 결과가 초래될 수 있기 때문이다. 그러므로 원칙 있는 인권정치는 현실 속에서 여러 불완전한 선택지점과 그것이 함축하는 각각의 비용, 최대한의 효과를 거두기 위한 수단의 선정, 타이밍과 상징성 사이에서 타협을 배제하지 않는다. 단, 그러한 타협조차도 전체 인권원칙에 근거해야 하고, 그런 원칙을 위배하지 않는 범위에서 타협을 추구해야 한다는 것이다.

결론적으로, 우리는 인권이 완벽한 이론체계가 아니라는 점을 인정하는 바탕 위에서 그것의 현실적용 가능성을 모색하는 것이 바람직하다고 생각한다. 세계인권선언의 작성에 참여했던 인사들도 지고지순한 인권개념이 아니라 "실용적으로 적용할 수 있는" 인권개념을 의도적으로 찾았을 정도였다(Maritain 1949a). 그런데 인권을 실용적으로 적용하기 위해서라도 정치적 과정 또는 민주주의의 맥락을 고려할 수밖에 없다. 다시 말하지만 이것은 결코 '인권을 정치화'하자는 뜻이 아니다. 인간의 존엄성을 보장하는 것이 결국 인간 공동체의 선익을 도모하는 것이 될 수 있도록 '인권의 정치'를 적극적으로 찾아보자는 말이다(8장 참조). 그것을 위해서 인권과 정치는 새로운 관계 설정을 모색해야 할 것이다.

4 이 책의 구성

이 책의 구성을 설명하기 전에 인권을 학문적으로 다루는 방식에 대해 간단한 소개가 필요할 것 같다. 인권연구는 흔히 학제적인 접근이 제일 잘 적용되는 분야라고 한다. 인권개념 자체가 다면적이므로 거의 모든 인문–사회 계열 분과학문에서 다룰 수 있는 여지가 있기 때문이다. 한 연구에 따르면 인권은 교양과정을 포함한 학제 간 과목으로 가르치는 것이 가장 이상적이라고 한다(Pritchard 1989). 그러나 전통적으로 인권은 법학 특히 국제법에서 제일 많이 다루는 분야로 인정되어 왔다(버겐탈 1992; Henkin et al. 2003; Steiner et al. 2007). 인권담론 안에서도 법학이 주도적 위치를 차지하고 있는 것이 사실이다. 실제로 헌법, 국제공법, 인권법, 형법 등은 인권의 발전과 연구에 지대한 공헌을 했다. 우리나라에서도 사정은 마찬가지다(예를 들어, 박찬운 1999; 안경환 2005; 안경환·한인섭 2005; 이상돈 2005; 정인섭 2000; 조시현 1999; 조용환 2002; 한인섭 2006). 그런데 포괄적 인권연구를 위해서는 법학 외의 다른 학문의 기여도 반드시 필요하다.[11] 법학을 통해 규범이 행동변화를 일으키게 하는 방안을 강구하는

---

[11] 국제인권법이 인권에 기여를 한 것만큼이나 비판받을 여지도 많다는 지적을 한번쯤 경청할 필요가 있다(Evans 2003; 2005). 토니 에반스의 주장에 따르면 우선 국제인권법의 서술은 거의 천편일률적이다. 예를 들어, 나치의 잔학성을 반성하는 바탕에서 유엔 헌장과 세계인권선언이 보편인권을 주장하기에 이르렀고, 여러 난관에도 불구하고 유엔의 국제인권기준 설정 노력이 이어져서 이제 많은 법규범들이 인권감시 메커니즘을 구축하게 되었는데 이런 규범을 준수하고 이행할 수 있는 방법을 잘 찾아내면 보편인권의 찬란한 미래가 도래할 수 있을 것이다……라는 식이다. 그러나 국제인권법의 정교한 이론과 우아한 법논리에도 불구하고 국제법 체계 안에는 진정한 학문적 비판이 존재하

것만큼이나, 사회과학적 접근을 통해 행동의 동기, 구조, 맥락을 이해하는 것도 중요하기 때문이다(김동춘 외 2006; 이봉철 2001; 한상진 1998 참조; Ku et al. 2001; Landman 2005; 2006). 간혹 예외적으로 학제 간 접근을 옹호하는 연구도 있지만(예를 들어, 한상희 1999), 일반적으로 법학은 사회과학을 거추장스럽게 생각하고 사회과학은 법학을 답답하게 생각하는 경향이 있다. 이는 인권의 총체적인 이해를 방해한다.

에반스에 따르면 전통적으로 인권을 이야기하는 방식은 세 가지가 있다(Evans 2001). 첫째, 철학은 보편인권을 정당화할 수 있는 철학적 토대에 대한 질문을 한다. 그것이 자연법인지, 자명한 것인지, 인간욕구에 달린 것인지, 합의인지(2장, 3장 참조), 아니면 인권의 토대에 관한 질문은 불필요·불가능하며 차라리 다른 인간의 고통에 대해 측은지심empathy을 가지는 것만으로도 인권을 정당화할 수 있다고 할 것인지(Rorty 1993) 등등이 철학의 관심사다. 둘째, 법학은 국민국가 질서가 지배하는 세계에서 국제법의 성격과 지위, 초국적 법질서의 가능성을 탐구하고, 법적 이성을 통해 법의 내적 의미, 통일성, 적용범위, 허점 등을 연구한다.

지 않는다. 국제인권이 지향하는 내용이 어떻게 탄생했는지, 어떻게 정당화될 수 있는지, 왜 법이 인간행동(또는 국가행동)의 권위 있는 지침으로 제시되어야 하는지에 대한 근본적 성찰이 없다는 것이다. 에반스는 또한 현대 인권문제의 근거에 놓여 있는 신자유주의적 시장원칙에 대해 국제인권법은 눈을 감는다고 비판한다. 반인도적 제노사이드 범죄를 저지른 당사자는 구속, 기소, 재판, 처벌할 수 있어도, 불평등으로 인한 인간 고통의 주범인 '정치적·경제적·사회적 구조'는 구속, 기소, 재판, 처벌할 수 없다는 것이다. 더 나아가 국제인권법은 진정한 인권침해의 근본원인을 조사하지 못하게 방해한다고 한다. 이 같은 관점은 마르크스의 인권 비판과 맥을 같이 하며 역으로 비판받을 점도 적지 않다(4장 참조). 하지만 우리가 당연시하기 쉬운 인권법 또는 국제인권법에 대해 본질적 의문을 제기한다는 점에서 진지하게 경청할 만하다.

예를 들어, 인권침해 사례를 방대한 법조문 속에서 해석하고 비판하고 해결책을 찾으려 한다. 그러나 법학의 한계는, 특정한 사회적·정치적 맥락을 고려치 않고 국제법의 규범과 특정한 행동을 야기하는 사회적·정치적 규범을 혼동하는 데 있다. 그리고 국제인권법의 발전을 인권의 발전과 너무 쉽게 동일시한다. 셋째, 정치학(또는 사회과학 일반)은 철학적·법적 담론을 적절한 맥락에 위치시킨다. 예컨대, 왜 20세기 후반에 인권이 이토록 급부상했는지, 어째서 특정한 인권만이 유독 더 큰 주목을 받는지, 인권으로 인해 일차적 혜택을 받는 이들과 간접적 혜택을 받는 이들이 누구인지, 인권이 궁극적으로 현존하는 권력구조를 정당화하는지 또는 그것에 도전하는지 등을 묻는 것이 정치학이라는 것이다. 이런 맥락에서 에반스는 전쟁, 내전, 학살, 제노사이드 등 극적인 사건은 큰 주목을 받으면서도 "가해자와 피해자가 불분명하고, 인권침해의 실상이 덜 극적이지만 [더 광범위한 폭력인 구조적인 인권침해는 거의 주목받지 못한다."라고 지적한다(Evans 2001, 119). 그러므로 인권침해에 대해 법적 해결책을 곧바로 제시하기에 앞서 권력과 인권 간의 복잡한 관계를 분석하고 성찰할 수 있는 '중간단계'의 학문이 필요하다는 것이다.

나는 인권의 실천이든, 연구든 간에 철학적 질문을 바탕에 깔고 사회과학적 접근과 법학적 접근이 같이 이루어져야 한다고 생각한다. 법과 인권운동의 관계도 마찬가지다. 서로의 공헌과 장단점을 세밀하게 이해하면서 교차·협동 연구, 제도화의 모색 및 그것의 비판이 함께 이루어져야 한다(예를 들어, 다음 논쟁에서 이용한 접근방법을 참조하라. Hathaway 2002; Goodman and Jinks 2003). 따라서 이 책에서도 철학적, 법학적, 사회과학적 접근을 다양하게 활용했다. 〈표 1-1〉은 인권이론을 연구할 수 있는

〈표 1-1〉 인권이론의 학문적 계보

이론의 범주	분석 수준	학문 전통	분석 단위	기본 전제	인권관련 주제
합리주의	국내	·합리적 선택 ·공공선택 ·게임이론 ·정치학 ·행정학 ·경제학	·개별 행위자 (방법론적 개인주의)	·도구적 합리성 ·물질적 이익 ·효용 극대화 ·집단적 비합리성	I ·인권과 집단논리 사이의 긴장 ·인권보호가 '국가 이성'에 종속되는가?(대테러전쟁) ·인권보호의 비용
합리주의	국제	·현실주의 ·구조 현실주의 ·신현실주의 ·게임이론 ·국제관계학	·개별 국가 (방법론적 일국주의)	·국가는 단일한 합리적 행위자 ·국익 추구 ·전략적 상호작용 ·국가행위의 결과론	II ·강대국의 지정학적 이익에 부합될 경우에만 인권을 거론하는 경향은?
구조주의	국내	·마르크스주의 ·제도주의 ·국가이론 ·근대화이론 ·법학 ·사회학 ·정치학 ·사회정책학 ·보건학	·집단 ·제도 ·법적 제약	·계급, 제도, 국가권력에 의한 개인 행위주체 제약 ·사회구조의 역사적 변동	III ·헌법, 법률, 제도에 의한 인권보호 ·사회·경제 구조가 인권에 미치는 영향 ·사회복지와 인권 ·건강불평등
구조주의	국제	·마르크스주의 ·종속이론 ·제도주의 ·국제공법 ·국제 정치경제학 ·사회학 ·비교정치	·세계체제 ·전 지구적 권력 분포 ·국제법 질서 ·국제기구	·전 지구적 자본구조, 국제기구, 법질서에 의한 국가 행위주체 제약 ·국제기구를 통한 상호이득	IV ·국제인권레짐, 국제법의 확산효과 ·전 지구적 경제구조에 의한 불평등
문화주의	국내	·역사 제도주의 ·담론이론 ·포스트모더니즘 ·인류학 ·철학 ·문화연구 ·사회학 ·페미니즘 ·젠더연구	·의미의 군락(群落) ·이해 공유 ·간(間)주관성 ·신념체계, 규범	·규범, 신념, 사상의 사회적 구성 ·개인 정체성과 행위주체가 문화적으로 결정됨	V ·권리담론이 피억압민중의 권리의식 증진 ·권리담론의 상대적 성격 ·가부장적 권리개념

| 문화
주의 | 국제 | ·구성주의
·문화 지구화
·가치 확산
·법적 절차주의
·국제관계학
·비교정치 | ·의미의 군락
·이해 공유
·간(間)주관성
·국제 규범 | ·규범, 신념,
사상의 사회적
구성
·개인 정체성과
행위주체가
문화적으로
결정됨
·국가행위의
적절성 논리 | VI
·국제인권규범에 의한
국가행위 변화 |

출처: Landman 2005, 12-22; Landman 2006, 56-57, 종합·수정.

여러 학문분야를 정리한 것으로, 이 표에서 '인권관련 주제' 항목을 살펴 보면 우리가 위에서 보았던 인권의 전문적 서사방식, 근원적 서사방식, 응용적 서사방식이 주로 어떤 질문에 초점을 맞추는지 개략적으로 알 수 있을 것이다.

근대에 인권사상이 본격적으로 태동한 이래 인권은 두 차례의 혁명을 경험했다(Ball and Gready 2006). 근대의 제1차 인권혁명은 18세기 말 미국과 프랑스 혁명을 통해 극적으로 분출되었다. 자연권에 바탕을 둔 제1차 인권혁명은 억압권력에 대한 인간의 저항역사를 통틀어 가장 정교하고 체계적인 담론인 인권개념을 낳았다. 현대의 제2차 인권혁명은 20세기 후반부에서 오늘에 이르기까지 우리가 목격하고 있는 현재진행형 인권혁명을 말한다. 전후 세계인권선언을 신호탄으로 해서 본격화된 제2차 인권혁명은 반식민, 냉전, 냉전종식, 지구화, 9·11사태 등을 거치면서 여러 가지 버전으로 발전해 왔으며 제1차 인권혁명과 본질적으로 구분되는 특징을 갖는다. 1·2차 인권혁명은 거대한 운동과 결실을 낳았지만 그와 동시에 복잡한 비판담론도 함께 산출했다. 위에서 말했듯이 인권은 저항담론으로 출현했지만 그것 자체가 새로운 저항담론을 낳는 경향이 있기 때문이다. 이 점을 염두에 두고 이 책의 구성을 설명하자면 다음과 같다. 고전 인권이론을 다룬 2장에서는 제1차 인권혁명을 둘러싼 각종 이론과 그것에 대한 비판이론들을 소개한다. 3장에서는 제2차 인권혁명 시기에 출현한 인권이론들을 다룰 것이다. 그 뒤를 이어 4, 5, 6장에서는 제2차 인권혁명을 통해 제기된 대표적인 비판이론의 도전을 소개한다. 이 비판이론들은 각기 다른 관점에서 인권개념에 중요한 의문을 제기하고 있다. 사회주의는 인권의 소유권과 자본주의적 성격에 대해, 페미니즘은 인권의 남성중심적 관점에 대해, 상대주의는 인권의 서구중심성과 헤게모니에 대해 각각 통렬한 비판을 가한다. 그리고 세 이론은 모두 인권의 '보편성' 주장과 자유주의적 전제를 회의적으로 받아들인다. 그러므로 비판이론을 제대로 이해하는 것이 현대 인권이론의 발전상과 한계를 파악하는 지름길일 수 있다. 그리고 7장에서는 시민권과 세계주의, 8장에서는 인권과 민주주의를 다룬 후, 9장에서 최종 결론을 제시할 것이다.

이 책에서는 인권을 세대별로 나누는 익숙한 방식을 택하지 않았다(바삭 1986; 이샤이 2005 참조). 그 대신 1세대 인권인 시민적 · 정치적 권리에 대한 이론적 배경은 2, 3장에서, 2세대 인권인 경제적 · 사회적 권리의 이론적 배경은 2, 3, 4, 8장에서, 그리고 3세대 인권인 집단권 · 연대권에 대한 소개는 6, 7장에서 각각 다룰 것이다. 이 장에서 제시한 본서의 세 가지 저술 목적에 해당하는 내용 역시 책 전체에 분산되어 있다. 인권의 각 서사방식을 소통시키는 문제의식은 2, 3, 4, 5, 6장에 기술되어 있다. 인권의 딜레마와 통념적 서사방식에 대한 내용은 1, 2, 3, 8장에 주로 나와 있다. 마지막으로 인권과 정치의 관계를 다룬 내용은 3, 7, 8, 9장에서 찾아볼 수 있을 것이다.

2장 고전 인권이론

"진정한 공화주의는 인민의 주권이다. 국가라 하더라도 자연권과 절대권은 침해하지 못한다." - 라파예트

    1장에서 말했듯이 오늘날의 인권은 두 차례의 인권혁명을 거치면서 형성되었다. 이 장에서는 근대의 제1차 인권혁명이론과 그것에 대한 비판이론을 다룬다. 이야기를 시작하기 전에 한 가지 전제하고 싶은 바가 있다. 모든 규범적 이론이 다 그러하듯 인권이론 역시 사상가들의 머릿속에서 하루아침에 나온 것이 아니다. 인권이론은 특정한 시대의 산물이다. 인권운동이 인권이론을 낳기도 했고 인권이론이 인권운동을 자극하기도 했다. 이 책이 주로 인권이론을 다룬다고 해서 이론과 운동 간의 양방향적 상호작용을 무시하고 이론으로부터 인권이 생겨났다고 생각해서는 안 될 것이다. 그러면 지금부터 고전 인권이론의 핵심이라 할 자연법과 자연권의 뿌리를 간략하게 설명하는 것으로 이 장을 시작하도록 하자.

1 자연법과 자연권

우리는 어떤 이념이 훗날 상식으로 자리 잡고 나면 그것이 원래 얼마나 급진적이고 불온한 주장으로 출발했는지를 망각하기 쉽다. 우리가 소위 고전에 속하는 정전canon을 읽을 때 느끼는 따분함도 사실은 이런 이유 때문이라고 생각한다. 마찬가지로, '인권'이라는 말이 공기처럼 익숙해진 현대인의 귀에 "인간은 모두 평등하고, 인간은 단순히 인간이라는 사실만으로 특별한 권리를 가진다."라는 인권의 정의는 공자님 말씀 비슷하게 들리기 쉽다. 그러나 이런 생각이 구체적으로 나타난 17세기만 해도 인권의 주창자들은 그런 혁명적이고 반역적인 주장을 정당화하기 위해 선인들의 말씀에 의존하는 방법을 써야만 했다. 자신들이 새로운 주장을 하는 게 아니라 옛 말씀에 이미 나와 있는 것을 다시 말하는 것에 불과하다는 식이다. 여기서 우리는 어떤 이론이 형성되는 특정한 시대 상황과 그것을 뒷받침하기 위해 동원되는 역사적 담론 간의 복잡한 인과관계를 쉽게 상상할 수 있다.

서양에서 '선인의 지혜'는 주로 그리스-로마 시대의 '말씀'이다. 그중에서도 특히 스토아학파는 '자연의 이치'law of nature를 중시했다. 그들은, 인간은 자연의 이치에 따라 판단하고 행동해야 하고, 인간의 행위가 옳은지 그른지의 여부는 자연의 이치에 의해 분별된다고 믿었다. 이때 자연의 이치 또는 '자연법'natural law은 성문화된 실정법과는 거리가 먼 도덕률이었다. 기원전 441년에 아테네에서 초연된 소포클레스의 『안티고네』에도 자연법사상을 암시하는 대목이 나온다. 긴 이야기를 짧게 하자면, 크레온 왕의 명을 어기고 오빠의 시신을 묻었던 안티고네는 다음날 임금 앞에 불려 나간다. 무엄하게 어찌 그런 짓을 저질렀느냐고 추궁하는 왕 앞에서 안티고네는 다음과 같이 대답한다. "저는 글로 쓰인 것은 아니지만, 확고한 하늘의 법이 있다고 믿습니다. '왕의 법'만 있다고는 생각하지 않습니다." 즉, 그녀의 항변에는 "아무리 엄격한 국가의 법이라 하더라도 그보다 근본적인 자연법을 거스를 수는 없다는 사상"이 담겨 있었던 것이다(차병직 2006, 15).

스토아학파의 영향을 받은 로마법에서도 로마의 시민권을 넘어서는 일종의 보편적 권리를 인정했고, 법학자 울피아누스Domitius Ulpianus는 국가가 아닌 자연이 모든 피조물에게 가르친 이치가 바로 자연법이라고 주장하기도 했다(Greene 1997 참조). 따라서 이런 하늘의 이치를 따르는 모든 인간에게 '당연하고 자연스런 권리'(자연권)natural rights가 생기게 된다는 것이다. 그렇다면 도대체 어떤 메커니즘을 통해 자연법이 자연권과 연결되는가? 자연법이론에서는 권리와 의무가 확실히 구분되지 않고 엇비슷하게 나열되긴 하지만 크게 보아 다음과 같은 설명이 가능하다(Waldron 1987). 첫째, 자연법은 절대자와 피조물 사이의 관계이므로 피조물인 인간들 사이에서는 원천적으로 지배-복종 관계가 성립될 수 없다(평등). 둘째, 절대자로부터 생명을 부여받은 인간은 이 땅에서 열심히 노력하고 잘 살아갈 의무가 있다(생명). 셋째, 모든 인간은 타인을 존중하고 타인이 자연법에 따라 살아가도록 도울 의무가 있다(인간 존중). 즉 자연법이라는 기본적인 토대에 의해 자연권이 정당성을 부여받은 것이다. 이런 자연권은 다음과 같은 구체적 특징을 지니게 된다. 어떤 사회에서건 생각과 의사표현의 자유, 자신의 '몸'(인신)person을 유지할 권리, 각자 능력이 다르더라도 평등한 가치를 가진 존재로 대우받을 권리, 일정한 물질적 대상을 자기만이 사용·독점할 수 있는 권리, 통치자의 지배를 받더라도 자신이 동의한 상태에서 통치받을 권리 등이 그것이다(Macdonald 1984, 33).

　자연권은 현대 인권이론 속에 자연스레 녹아들어 있으므로 요즘에는 자연권이라는 말을 잘 쓰지 않는다. 역사적으로 보면, 자연권에서 '인간의 권리'rights of man로 바뀌었다가 요즘의 '인권'human rights이라는 말로 변해 왔다. 하지만 인간의 자유를 정당화하는 논리로서 오늘날에도 자연권 사상에 의존하는 이론가들이 있다. 예를 들어 법실증주의자였던 H. L. A. 하트는, 권리는 본질적으로 법적 권리를 뜻하지만 법적 권리가 아닌 추상적 권리라는 개념이 만일 존재하긴 한다면 그것은 단 하나의 자연권으로서 존재해야 하고 그것의 핵심은 '모든 인간의 평등한 자유권'이라고 주장한다(Hart 1955).

　그런데 고대의 자연법에서는 권리보다 주로 의무를 강조하는 편이었고 실제로 자연법이 권리와 확실하게 연결된 것은 중세가 지나서였다. 왜 중세 이후에야 자연권이 본격적으로 나타났는가? 유럽 봉건제가 쇠퇴하기 시작한 13세기부터 르네상스와 베스트팔렌조약(1648)을 거쳐 17세기 후반에 이르는 기간 동안 인간의 권리를 지향하는 역사적 변화가 조금씩 일어났다. 종교적 불관용을 배격한 종교개혁, 르네상스적 휴머니즘, 정치적·경제적 속박의 완화가 그 대표적인 사례다. 또한 마그나카르타(1215), 권리청원(1628), 권리장전(1689) 등 자연권의 구체적 징후들도 출현했다. 이런 변화들이 사회계약론에 의해 오늘날 인권의 선배격인 자연권으로 구체화되었던 것이다.

2 사회계약이론과 자연권

홉스의 '이상한' 권리철학

토머스 홉스(1588~1679)는 서구철학에서 권리담론과 평화철학을 처음으로 제기한 사람이라고들 한다. 나는 홉스의 초상화를 볼 때마다 왠지 모르게 유신 시절 내가 다니던 학교에서 엄청난 공포의 대상이었던 학생과장 선생님이 생각난다. 왜 권리와 평화를 이야기한 철학자가 두려움을 연상시키는 것일까? 그것은 홉스가 권리를 제기하는 방식과 논거가 대단히 이질적이었기 때문이다. 우리는 흔히 인권이라고 하면 민주주의의 실천과 국가권력의 제한을 생각하기 쉽다. 다시 말해 인권과 휴머니즘을 한 묶음으로 간주하는 데 익숙하다. 그러나 홉스는 정반대로 민주주의의 제한과 국가권력의 확장을 통해서 인권을 보장할 수 있다고 보았다. 왜 똑같은 인권을 놓고 이렇게 입장이 갈리는 것일까?

홉스 철학의 알파요 오메가는 '인간 생명의 보존'이었다(홉스가 당시로는 드물게 아흔을 넘게 장수한 것도 이런 철학 때문이었을까?). 홉스는 일단 생명을 보존할 수 있어야 사회의 다른 모든 활동이 가능하다고 보았다. 여기까지는 충분히 이해할 만하다. 그런데 인간에게는 생명보존 욕구와 함께 공격·투쟁·명예욕이 공존한다. 그러니 재화가 부족한 자연상태에서 살다보면 인간은 늘 서로 아귀다툼을 하면서 살 수밖에 없다. 이런 세상에서는 자기 생명을 보존하기 위해서 "그렇게 하지 않으면 자신을 보존할 수 없는 모든 수단을 쓸 수 있고, 그 어떤 행동도 할 수 있다"(Hobbes 1642, Ch.1.VIII). 이와 더불어 권리는 "마음대로 하거나 하지 않을 자유"이며(Hobbes 1651, XIV. 80), "올바른 이성에 따라 자연적 능력을 사용할 수 있도록 모든 인간이 보유한 자유"를 뜻한다(Hobbes 1642, Ch.1. VII). 홉스가 그린 자연상태는 "끊임없는 공포와 폭력에 의한 죽음의 위협"이 지배하는 곳이고, 인간의 삶은 "외롭고, 비참하고, 잔인하고, 거칠고, 짧은" 것이다(Hobbes 1651, XIII. 78). 그러니 "인간이 죽음과 비통에서 벗어나기 위해 전심전력을 다해 자기 신체……를 보존하고 방어"하는 것이 하나도 이상할 게 없다(Hobbes 1642, Ch.1.VII). 이런 상태를 벗어나기 위해 사람들은 권력이 집중된 강력한 주권적 정치체(리바이어던)에 복종하기로 상호 약정을 맺는다는 사회계약론은 고등학교 교과서에도 나오는 이야기니 여기서 되풀이할 필요도 없겠다. "사람들을 두려움에 떨게 하고 공통의 이익을 위해 사람들의 행동을 재단하는 공통의 권력"(Hobbes 1651, XVII. 105), 즉 주권자에 대해 사람들이 절대적으로 복종하는 대신, 주권자는 그들의 안전(생명)을 보장해 주기로 등가교환을 한다는 것이다.

그런데 이 약속에는 중요한 이면 계약이 담겨 있다. 만일 주권자가 인간의 생명권을 보장해 주지 못하면 복종의 의무가 사라지고 다시 자연상태로 회귀한다는 단서 조항이다. 계약을 '없었던 일'로 한다는 것이다. 즉, 인간의 생명권을 보장해 주는 데에서 정치체의 정당성을 찾을 수 있다고 홉스는 보았다. 그 이전의 정치철학에서 군주에 대한 의무가 먼저고 그 다음에 권리가 따라올 수 있다고 가르쳤던 것을 홉스가 순서를 뒤집은 것이다. 홉스가 권리철학의 선구자로 꼽히게 된 것은 이런 이유에서다. 그러나 국가는 개인의 생명을 보호할 의무만 제외하고 다른 어떤 행동도 할 수 있다.[1] 여기에 홉스의 역설이 있다. 개인의 권리를 최우선에 놓는 정치철학(고전적 자유주의) 같으면서도, 국가의 무제한적 권리를 인정하는 '국가주의' 철학 같기도 하기 때문이다(Dunne and Schmidt 2005). 생명권만 빼고 개인의 권리를 모두 포기해야 하는 것이 국가성립의 본질이라면 그것은 권리이론인가 국가주의이론인가?

여기서 홉스 권리론의 핵심을 다시 정리해 보자(Freeden 1991). 우선 권리는 자기보존을 위해서만 존재한다. 또한 권리는 개인에게만 귀속된다. 자기보존을 위해서라면 어떤 일이라도 할 권리가 있고 그게 바로 자유다. 이런 식의 자유가 권리라면 그런 권리는 규범적인 용어가 아니라 단순히 어떤 상태를 묘사하는 기술적인 용어에 불과하다. 또한 개인의 판단여하에 따라 권리를 유보할 수도 있다. 이런 생각들 때문에 홉스는 권리이론가이긴 하지만 근대인권의 주류적 사조인 휴머니즘의 전통에서 벗어난 역설의 철학자로 기억되고 있다. 그런데 홉스의 권리철학에는 두 가지 중요한 점이 숨어 있다(Fields 2003). 첫째, 홉스는 철저히 이기적인 개인의 권리만 강조했다. 이런 입장은 단자화된 개인들로 이루어진 사회를 상정하는 자유방임형 고전경제학의 도그마와 일치한다. 둘째, 문화니 가치니 정신이니 하는 것들은 일단 내 한 몸이 있고 나서의 이야기니 생명보존을 제외한 다른 모든 요소들은 부차적인 것이다.

여기에 필자의 시각으로 다음과 같은 비판을 추가하고 싶다. 첫째, 홉스의 생명권우선이론은 얼핏 아브라함 H. 매슬로의 인간욕구이론 중 결핍욕구의 하위단계, 즉 생리적 욕구 및 안전욕구와 흡사하다(매슬로 2005). 홉스의 권리 사전에는 자아실현과 같은 상위 욕구는 거의 존재

---

1 홉스는 개인이 생명보존권과 더불어, 스스로에게 죄상을 씌우는 자기부죄(自己負罪, accuse oneself)를 하지 않을 권리, 그리고 고문에 의한 증언이 법정에서 인정되지 않을 권리를 가진다고 했다(Hobbes 1651, XIV. 86-87).

하지 않는 것이나 다름없다. 둘째, 홉스는 권리를 포기함으로써 권리를 보장받는다는 '이상한' 권리를 주장했다. 현대 인권이론이 지향하는 인권은 인간의 잠재력을 일깨우고 enabling, 인간의 역량을 자력화하고 empowering, 인간을 활짝 피게 만드는 flourishing 규범적 포부로서의 인권이다. 누룩이 되어 인간의 삶을 발효시키는 개념이다. 나는 이것을 '고무형' 인권개념이라고 부르고 싶다. 이것에 비해 홉스의 인권관은 생명권을 보장해 준다는 전제하에 인간을 옴짝달싹할 수 없게 만드는 '위축형' 인권개념이 아닐까? 목숨만 살려 주는 것을 감지덕지 고마워하면서 납작 엎드려 숨죽이고 사는 처량한 인간상이 과연 우리가 원하는 인권의 모습일까? 셋째, 홉스식의 권리관은 인권의 대명제인 불가분성 원칙, 즉 인권의 목록은 서로 나눌 수 없고 전체가 하나를 이룬다는 원칙에서 너무나 동떨어져 있다. 홉스가 상정하는 인간관이 도식적이기 때문이다. 물론 인간에게 생명 보존은 중요하다. 하지만 목숨만 살려주면 어떻게 취급해도 좋다는 식으로 인간을 이해한다면 그것은 지극히 냉소적이고 염세적인 인간관이다. 홉스 식으로 본다면 자기 목숨을 걸고 독재에 항거하는 사람, 신앙을 지키기 위해 순교를 택하는 사람을 어떻게 설명할 수 있을까? 인간이 사회적 동물인 이상 생명에 대한 집착만큼이나 자유에 대한 염원, 공동체에 대한 애착이 함께 갈 수밖에 없지 않을까? 넷째, 홉스의 권리론은 정치적으로 악용될 소지가 크다. 예컨대, 그가 묘사하는 자연상태를 원용하여 독재를 정당화하고 개인권리의 박탈을 정당화했던 사례를 우리 스스로 겪어 보지 않았던가? 사회 질서와 안전 보장이라는 명분으로 인간의 권리를 짓밟는 국가는 국가 자체가 자연상태와 비슷하게 공포를 양산하는 기제가 되지 않았던가?[2]

로크의 자유주의적 자연권

평생 망명과 도망과 필화에 시달렸던 홉스에 비해 존 로크(1632~1704)는 행운아였다. 의사로 출발해서 명망가의 정치고문이 되었으며 당대에 정치이론가로도 이름을 날렸다. 비단생사 거래와 노예무역회사에 투자해서 돈도 꽤 만졌다(스톡옵션의 철학자!). 로크 권리론의 대표작인『통치론』은 명예혁명(1688) 직후인 1690년에 출간되었는데 이 책의 현대본에 소개글을 쓴 C. B. 맥퍼슨에 따르면 의회권력을 지지한 현실정치 논객이고, 상업권을 옹호한 재산가이며, 종교적 이해관계는 프로테스탄트에 속했던 로크를 이해하면 그의 자유주의 권리이론을 거의 다 파악할 수 있다고 한다(Macpherson 1980, vii-xxi).

로크의『통치론』을 통해 그의 권리이론을 요약해 보자. 중세만 해도 주권의 정당성을 구약의 천지창조설에서 찾는 것이 통례였다. 아담으로

---

2 필자는 네팔의 정정이 한창 불안할 때 그곳에서 온 유학생들 앞에서 수업을 진행해 본 경험이 있다. 그런데 이들 중에 사회혼란만 막을 수 있다면 아무리 권위주의적인 정부라도 무질서보다는 낫다고 주장하는 학생들이 많았다. 홉스를 대놓고 말하지는 않았지만 외견상 홉스에 가까운 주장이었다. 나는 현지상황이 오죽 하면 저렇게 말할까 한편으로 동정하면서도, 다른 한편으로 정치공동체의 혼란상태가 인간의 견해를 극단화시키기 쉽고 바로 그런 점이 홉스의 권리철학에 지속인 생명력을 부여하는 요소인 것 같다고 느꼈다. 마이클 이그나티에프도 전쟁과 혼란 상태에서는 민주주의나 인권보다 일단 국가의 헌정질서를 바로잡는 것이 넓은 뜻에서 인권보호라는 주장을 한다(Ignatieff 2001). 개도국에서만 이런 현상이 일어나는 것은 아니다. 민주주의의 경험이 오래된 나라의 시민들도 안보나 테러와 같은 이슈 앞에서 인권을 자발적으로 유보하려는 경향을 보이곤 한다. 2007년 1월 영국에서 발표된 연례 사회태도조사(British Social Attitudes Survey)에 따르면 시민들은 안보를 위해 강제주민등록증, 전화감청, 통행금지, 테러용의자에 대한 전자발신장치 부착 등의 조치를 기꺼이 승인할 용의가 있다고 응답했다. ⟨www.natcen.ac.uk⟩, ⟨www.guardian.co.uk/terrorism/story/0,,1997283, 00.html⟩(2007. 5. 30 접속). 대테러전쟁과 인권침해 문제에 대한 최근의 비판적 분석은 Arnold(2006)를 보라.

부터 당시의 국왕에 이르기까지 왕권이 이어져 내려왔다는 황당한 논리가 정설로 자리 잡고 있었다. 홉스에 이어 로크는 그런 식의 '왕권신수설'이 아니라 인민의 자유로운 동의를 통한 새로운 사회계약으로 주권을 재정립하고자 했다. 물론 새로운 사회계약론에는 주권자까지도 포함된다고 해석했다. 홉스와는 달리 로크가 상상한 자연상태는 '자유로운 상태' a state of liberty 이긴 하나 무법천지의 '무단상태' a state of licence 는 아니다. 로크의 자연상태는 나름대로 사회적이다. 그러므로 자연상태에서도 인간은 자연법(신법)의 구속을 받으며 타인의 자연권을 존중해야만 한다. 따라서 자연권이란 자연상태 때부터 존재하는 자연법 아래에서 각자가 지닌 일종의 자격인 셈이다. 그런데 아담의 원죄 이후 신은 인간을 완전히 벌하지 않고 인간에게 일해서 먹고살도록 허락했다. 신은 인간에게 삶의 목적을 부여하면서 그것을 추구할 수 있는 조건과 수단도 함께 부여했다. 그것이 바로 다음과 같은 권리라는 것이다. ① 신은 인간에게 이 땅에서 살게끔 해 주었다. 즉 '생명권' right to life 을 준 것이다. 사람은 "언제나 자신을 보존할 권리, 즉 그것을 버릴 수 있는 권한이 자기에게 없는 그러한 권리"를 지니고 있다 (Locke 1690, Ch.XIII. §.149). ② 신은 인간에게 남의 간섭을 받지 않고 자기 마음대로 살아갈 권리를 주었다. 즉 '자유권' right to liberty 을 준 것이다. "우리가 이성적으로 태어난 것처럼 우리는 또한 자유롭게 태어났다" (Locke 1690, Ch.VI. §.61). ③ 신은 인간에게 노동의 대가인 재산을 소유할 수 있는 권리, 즉 '소유권' right to estate 또는 '재산권'을 주었다. "자연의 이성에 따르면, 인간은 일단 태어나면 자신을 보존할 권리, 따라서 고기와 마실 것 그리고 자연이 우리에게 생계를 위해 허락한 것들에 대한 권리를 지니게 된다" (Locke 1690, Ch.V. §.25). 이 권리들을 로크의 3대 주권리라고 하자. 그런데 로크는 여기에 덧붙여 소유권이 '자연법적 제한' 안에서 추구될 권리라고 하면서 다음 세 가지 단서조항을 제시한다. 첫째, 자연상태에서 모든 인간은 타인에게 필요한 만큼을 남기면서 자기 소유를 챙겨야 한다. 타인도 먹고살 권리가 있기 때문이다. 둘째, 너무 욕심을 부려 못 써서 버릴 만큼 소유하려 해선 안 된다. 신이 주신 귀중한 재화를 썩히면 안 되기 때문이다. 셋째, 자기 힘으로 직접 노동해서 얻은 것만큼만 소유할 수 있다.

그런데 인간이 자연상태 아래에서 이미 자연권을 누리고 사는데도 굳이 국가(정부)를 수립하는 이유는 자연권을 더욱 확실하게 보장받기 위해서다. 따라서 국가의 임무는 인간의 자연권, 특히 소유권을 확고하게 보장해 주는 데 있다. 그러나 인간이 정부를 수립하기 위해 계약을 맺는 데도 한계가 있다. 신이 주신 자연권을 침해하지 않는 범위에서만 계약이 가능하기 때문이다. 인간은 국가에 대해 자연권을 집행할 수 있는 권리를 위임한 것이지 자연권 자체를 위임한 것은 아니다. 그러므로 자연권은 남에게 양도가 불가능하고 양도할 경우 조건과 한도가 명확해야 한다. 이런 조건과 한도 안에서 정부의 정당성이 결정된다. 따라서 정부가 정당하지 않을 때 인민은 이에 저항할 권리가 있다.

로크의 인권론은 18세기 미국, 프랑스의 정치혁명에 엄청난 영향을 끼쳤고 그의 주권재민, 인민주권 사상은 오늘날까지도 상식처럼 생각되는 사상이다. 또한 그의 자연권 사상은 현대 자유주의의 정치·경제적 측면에 거의 완벽하게 반영되어 있다. 그의 『통치론』은 근대 자유주의적 자본주의 국가를 위한 야전교범이라 해도 과언이 아니다. 이런 현실적 영향력을 염두에 두면서 로크 인권론의 특징을 한 번 더 정리해 보자.

첫째, 로크는 권리의 범위를 생명, 자유, 재산 등으로 늘리면서 그것을 보장할 장치로서 의회가 우위를 차지한 입헌정부를 옹호했다. 즉 권리의 내용을 확장시키고 그 보호수단을 민주화한 것이다.

둘째, 주권자와 인민은 계약을 통해 대등한 권력관계에 놓이게 되었다. 이는 홉스의 비대칭적 권력관계에 비해 대단히 진일보한 내용이다. 특히 국가가 계약을 이행하지 않을 때 인민이 저항권을 가진다는 주장은 사회계약의 취지를 논리적 극단으로까지 밀고 간 것이다. 개인권리를 존중하는 것이 국가존립의 근거가 된 셈이다.

셋째, 로크는 왕권신수설을 부정하면서도 자연법(신법)의 논거에 확실히 의존함으로써 신학의 영향력이 줄어든 현대에 와서 자연권을 어떻게 정당화할 수 있는가 하는 철학적 문제를 미리 제기한 셈이 되었다(Waldron 1987). 이는 인권의 인식론적 정당성을 어디에 두느냐 하는 토대주의적 질문에 해당한다. 인권의 토대를 신학에 두지 않을 경우의 대안으로서 인간본성, 인간이성, 인류의 합의 등을 꼽을 수 있으나 어느 것도 만족스럽지는 않은 것이 사실이다(3장, 6장 참조).

넷째, 로크는 소유권을 유달리 강조함으로써 '소유적 개인주의'possessive individualism의 원조가 되었다는 평을 듣는다(Macpherson 1962; 1973). 사회계약의 핵심으로 국가가 개인의 소유권을 보장하는 것을 꼽고 있기 때문이다. 그는 소유권을 보장하지 않는 것이 폭정의 특징이라고까지 말한다. 개인의 소유권을 보장해 주되 그것으로부터 '손을 떼는' 것이 국가 정당성의 전제조건이 되므로 로크는 사실상 정치권력과 소유권을 분리시킨 셈이다(Dodds 2001). 그러나 로크의 소유권 개념에는 모호한 점이 많다. 예를 들어 3대 자연권 중의 하나로 소유권을 거론하다가, 어떤 부분에서는 재화뿐만 아니라 생명까지도 소유권에 포함된다고 말하기도 한다. "소유라 함은 재화뿐만 아니라 자기 인신을 소유하는 것까지 의미한다"(Locke 1690, Ch.XV. §.173). 따라서 '소유적 개인주의'에는 개인이 단순히 물건이나 재산을 소유한다는 뜻보다 훨씬 더 큰 의미가 담겨 있다. 이에 따르면 근대의 인간은 과거와 달리 평등한 개인들로 이루어져 있다. 그런데 자유주의에서는 '무엇인가를 소유할 능력이 있는 개인'(소유적 개인)이 추상적으로 먼저 존재한다. 소유할 수 있는 능력이 인간에게 가장 우선적인 속성이다. 소유능력이 있는 추상적 개인이 생명을 소유하면 살아있는 인간이 되고, 자유를 소유하면 자기행복을 추구할 수 있는 존재가 되며, 재산을 소유하면 그것을 타인과 교환함으로써 사회적 관계를 형성할 수 있다는 논리다. 따라서 소유할 능력이 없으면 생명을 소유할 수도 없으므로 아예 진짜 인간이 될 수도 없다. 힐렐 슈타이너는 로크의 견해를 수긍하면서 모든 권리의 근본은 소유권리이며 인간이 제일 먼저 소유하는 것은 자기의 인신(몸=생명)이라고 주장한다. 이때 인간의 몸은 그 몸의 주인(추상적 개인)이 거주하는 '거처'가 된다(Steiner 2005). 부동산에 비유하자면 위장전입이 아니라 주택의 실소유주가 실입주해서 사는 집과 비슷하다. 그러므로 맥퍼슨이 해석한 로크식 자유주의는 '소유능력이 있는 개인'이라는 명제에서 출발하는 자본주의적 세계관이다. 이때 자유주의적 정치의 가장 큰 목적은 개인의 생명소유, 자유소유, 재산소유를 보장하는 것이 된다. 이런 이유 때문에 자본주의적 자유주의가 소유권을 그토록 철저하게 주장하는 것이다.[3]

---

[3] 그러나 소유권 논리가 언제나 자본주의의 정당화를 위해서만 사용되었던 것은 아니다. 노예제도 폐지를 주장하던 자유주의자들은 노예에게도 '자기 인신의 소유권'이 있다는 논거를 제시했었다.

다섯째, 앞의 내용과 연관해서 로크는 고전적 자유주의와 자본주의를 권리이론의 틀 속에서 확실하게 연결시켰다. 그 결과, 오늘날까지도 시원하게 풀리지 않고 있는 민주주의와 자본주의 간의 때로 복잡하고 때로 논쟁적인 관계의 발단을 열었다.4 한국 사회의 민주주의가 진전했지만 경제 양극화 문제가 첨예하게 대두한 점, 지구화의 확산으로 인해 민주주의 가치가 전파된 측면이 있지만 극심한 불평등이 양산된 점 등이 좋은 예다. 보기에 따라서, 로크는 자유와 번영의 학문적 태두로 간주되기도 하고,5 소외와 불평등의 이론적 원흉으로 지목되기도 한다. 인권운동가, 인권이론가에게 로크는 완전히 부정하기도 완전히 긍정하기도 어려운 '문제적 인물'로 남아 있다.

로크가 자연권의 핵심으로 소유권을 꼽은 것에 대해 인권이론에서 오랫동안 복잡한 논쟁이 있어 왔다. 위에서 보았듯이 '자연법적 제한'이 로크의 진심인가(Donnelly 2003; Freeman 2002; Tully 1980), 아니면 로크는

---

4 민주주의와 자유시장의 확장을 윌슨 류의 자유주의적 국제주의 평화론의 관점에서 가장 포괄적으로 정리한 최근의 저술로는 Mandelbaum(2002)이 있다.

5 오늘날 로크 류의 고전적 자유주의를 정치적으로나 경제적으로 가장 일관성 있게 주장하는 사례로 나는 『이코노미스트』(The Economist)를 들 수 있다고 생각한다. 잘 알려진 대로 이 주간지는 무역장벽 철폐, 경제지구화 옹호, 안정적 재정정책 등 자유주의 경제의 대표적인 주창자다. 그런데 이코노미스트는 시민적 권리 보호, 고문반대, 사형폐지, 차별철폐, 특권계급 반대, 국제형사재판소 지지 등 정치적 자유주의 어젠더도 열렬히 제창한다. 이러한 연장선상에서 이코노미스트는 경제적 권리문제는 인권이 아닌 시장경제로 해결해야 한다고 강조한다(The Economist, 2007). 물론 이것은 현대인권의 불가분성 원칙으로 보면 대단히 미흡한 관점이다. 그럼에도 불구하고, 만일 이러한 인권관을 한국 사회에 적용한다면 그것은 국가보안법 폐지와 자본주의를 동시에 주장하는 입장이 될 것이다. 나는 한국 사회에 이런 수준의 자유주의라도 옹호하는 세력이 얼마나 있는지 알지 못한다.

여전히 소유권 중심의 인권이론가인가? 벨든 필즈는 로크가 소유권 자체는 엄격한 자연권으로 규정하면서 '자연법적 제한' 조항은 일종의 자발적인 도덕률로 권장하는 데 그치고 있다는 점, 그리고 자기 나라에서 소유할 수 있는 자원이 모자라면 해외로 진출하라고 권한 점 등을 들어 로크는 본질적으로 소유권이론가라고 본다(Fields 2003). 맥퍼슨 역시 로크가 처음에는 소유권에 제한을 두는 듯했지만 그 후 '돈'이라는 개념을 도입해서 위에서 소개한 세 가지 제한점을 실질적으로 무력하게 만들었다고 비판한다(Macpherson 1980, xvi-xvii). 총론에서는 생색을 냈지만 각론에서는 소유권을 확실하게 옹호했다는 것이다. 내가 생각해도 로크가 이러저러한 '점잖은' 단서조항을 붙이고 문제를 외부화하는 등 자신의 이론을 순화시키기 위해 애를 쓰긴 했지만 결국 소유권을 절대적으로 옹호한 사실은 남는다고 보는 게 맞는 것 같다('英雄本色'이라는 말이 떠오른다). 그러니 로크 류의 소유권이론은 자본주의 옹호론으로 귀결될 수밖에 없고, 그랬을 때 인권과 소유권이론은 긴장관계에 놓인다는 비판이 나오는 것도 무리가 아니다(Duchrow 2005).[6] 소유권과 자본주의에 대해서는 아래에서 다시 살펴볼 것이다.

---

6 소유권은 그 후 몇몇 인권선언에 포함되었다가 1966년의 양대 〈국제인권규약〉에서 아예 빠지게 된다. 프랑스혁명 〈인간과 시민의 권리선언〉 제17조는 다음과 같이 규정한다. "소유권은 불가침의 신성한 권리이다. 그 누구도 법적으로 확인된 공공의 욕구가 명백히 요구하는 경우가 아니라면, 그리고 공정한 사전 보상의 조건이 설정된 경우가 아닌 한, 자신의 재산을 박탈당하지 않는다." 〈세계인권선언〉 제17조도 다음과 같이 말한다. "① 모든 사람은 혼자서 재산을 소유할 수 있는 권리, 그리고 다른 사람들과 함께 공동으로 재산을 소유할 수 있는 권리를 가진다. ② 어느 누구도 자기 재산을 정당한 근거 없이 함부로 빼앗기지 않는다."

루소의 평등과 박애

로크의 인권론과 장 자크 루소(1712~1778)의 인권론을 비교해 보면 인권에 대한 강조점과 어감이 또 다르다는 것이 확연하게 드러난다. 로크의 인권론이 확실히 미국독립혁명의 그것이라면, 루소의 인권론은 확실히 프랑스혁명의 정신을 반영한다. 실제로 프랑스혁명의 〈인간과 시민의 권리선언〉은 미국독립선언의 형식을 따오면서 루소 식의 민주주의 사상과 입법·통치에서의 인민주권 사상을 가미한 것이다.

루소는 자연상태에서 인간이 '자기 존재를 구성하는 요소'인 재산, 자유, 생명을 이미 가지고 있다고 생각한다. 로크의 영향이 느껴지는 부분이다. 또한 인간은 "자연적 자유 그리고 자기가 원하고 자기가 취할 수 있는 모든 것에 대한 무제한적인 권리"를 가진다고 말한다(Rousseau 1762, 95-96). 그러나 자연상태에서 인간이 가지는 권리는 자기가 원하는 것들에 대한 '소지'possession에 불과하다. '소지'는 어떤 곳을 단순히 먼저 차지한 사람the first occupant이 갖는 편의적인 행위다. 이런 '단순 소지'는 사회계약을 통해 인간이 사회공동체로 진입하면서 형식을 갖춘 소유권으로 확정된다. 루소의 사회계약론은 표준적인 사회계약이론에 가깝다. "사람들이 자연상태에서 [타인으로부터의] 억압을 막아내고, 자기 재산, 자유, 생명을 보호하기 위해서가 아니라면 굳이 자기들보다 우월한 자에게 종속되려 하겠는가?"(Rousseau 1755a, 47). 이렇게 해서 사회공동체에 진입하게 된 인간은 "사회공동체 속의 자유와 자기가 소지한 것에 대한 소유권을 획득"한다(Rousseau 1762, 96). 이렇게 해서 확보된 소유권이 '진짜 소유권'real title이다.

루소의 계약이론에서 권리의 주 메뉴는 평등과 박애다. 특히 평등권은 루소 인권론의 핵심이다. 로크가 자유권을 자연권 체계의 중요한 권리로 인정했던 반면 루소는 정치적·경제적 평등이 있어야만 자유가 가능하다고 본다. 잘 알려진 대로 루소의 자유는 통상적으로 이해되는 자유와 다르다. 국가를 거추장스런 필요악으로 보곤 하는 앵글로색슨 전통에서 선호하는 자유는 소극적인 자유다. 국가가 개인을 '건들지 않으면 않을수록 좋은 것이다. 그러나 루소는 이런 관점을 뒤집는다. 그래서 그런지 루소의 자유는 모든 사람이—사실은 재산을 가진 남성시민—자기가 속한 공동체의 입법과정에 평등하게 직접 참여해서 법을 만들고 그 법을 준수할 자유를 의미한다. 따라서 이런 자유를 획득하기 위해선 모든 사람이 똑같이 직접민주주의 과정에 참여할 의무와 권리가 있다. 인민의 '일반의지'는 대의제를 통해 간접적으로 표현될 수 없고 직접 참여해서 표현해야만 하는 어떤 것이다(직접민주주의).

　자유를 어떤 금압禁壓에서 풀려나는 것이라고 주로 이해해 온 사람에게 루소의 자유개념은 얼른 머리에 들어오지 않는다. 루소의 자유는 사람들이 함께 만들어가는 일종의 구성적 개념이기 때문이다. 이렇게 보면 루소의 '권리'는 사회의 고결한 공익을 확보하기 위해 정치과정에 개입할 수 있는—또는 개입해야만 하는—일종의 참여적 자유인 셈이다. 자유주의적 개인주의가 개인을 '건들지 않고 내버려 두는' 원심적 방임형 권리를 옹호한다면, 루소의 권리는 공동체를 통해 '더불어 숲'이 되자는 구심적 참여형 권리를 주장하는 것이다. 이것을 벤자민 바버는 '책임을 통한 자유'라 표현한다(Barber 1988). 또한 모든 사회구성원은 전체공동체의 복리를 위해 박애를 실천할 책임이 있다.

　그러므로 사회구성원의 권리는 미리 주어진 어떤 원칙, 자연법에 의거해서 개개인에게 자동적으로 적용되는 것, 예컨대 자연권이 아니라, 궁극적으로 그 사회의 '일반의지'가 결정하는 것이 된다. "자연상태

〈표 2-1〉 사회계약론과 권리이론

	홉스(1588~1679)	로크(1632~1704)	루소(1712~1778)
이론의 역사적 배경	·영국 내전(1642~1651)의 경험 반영	·영국 명예혁명(1688)의 사후적 정당화	·프랑스혁명(1789) 이전
권리의 역사적 기원	·자연상태에서 만인이 생명보존권 보유 ·자연상태의 소유권 언급 없음	·자연상태에서 생명권, 자유권, 소유권 존재	·자연상태에서 권리는 없고 단순 소지만 존재 ·사회계약을 통해 단순 소지가 소유권으로 확정
권리의 종류	·육체적 생명보존권	·생명권, 자유권, 소유권	·평등, 박애
핵심 권리	·생명보존권	·소유권	·평등권
보편적 권리개념	·모든 사람에게 해당	·모든 사람에게 해당	·특정 사회의 일반의지가 사회구성원의 권리 결정 ·특정 정치공동체의 시민권
타인과의 관계	·인간은 본성상 평등 ·그러나 자연상태에서 경쟁관계 ·자기 생명보존 위해 어떤 행위도 정당화됨	·자연상태에서 타인을 지배할 자연권 없음 ·자연상태에서 자연법의 적용받음	·전체 공동체의 복리를 위한 박애 ·직접민주주의를 위해 다함께 권리와 의무 보유
개인의 자유	·생명보존 위해 주권자에게 개인자유 완전히 위임 ·궁극적 생명보존권만 개인이 유지	·개인자유를 주권자에게 완전히 위임하지 않음 ·소유권 행사할 자유	·정치적·경제적 평등이 있어야 개인자유 가능 ·직접 참여해서 만든 법을 준수할 자유
국가와 권리의 관계	·개인권리 포기가 국가성립의 전제조건	·개인권리 보장이 국가성립의 전제조건	·전쟁시 민간인의 권리 보장
통치와 입법의 주체	·강력한 주권자	·재산 소유자가 일반이익 대변 ·재산 소유자는 입법과정에서 국가의 개인재산 개입을 차단	·재산 소유한 모든 남성 시민이 입법에 직접 참여
선호한 정치체제	·절대군주제	·입헌군주제	·직접민주주의
국가에 대한 태도	·절대적으로 정당	·대부분 정당 ·예외적으로 저항권 인정	·어떤 국가도 정당하지 않음 ·미래지향적 계약이론

후대 인권에의 영향	· 국제인권규약 B규약 4조 비상사태시 위반불허 조항	· 미국독립선언 · 프랑스인권선언 · 세계인권선언	· 프랑스인권선언 · 세계인권선언
오용될 경우의 위험	· 권위주의적 인권탄압 정당화	· 자본주의적 소유권 극단적 강조	· 집단권 논리로 개인권리 경시

출처 : Hobbes 1651a; 1651b; Locke 1690; Rousseau 1755; 1762; Fields 2003; Peters 1956; Waldron 1987 종합.

하의 자연적 자유는 개인의 능력 한도 안에서 결정되지만, 사회공동체 속의 자유는 일반의지의 한도 안에서 결정"된다(Rousseau 1762, 96). 이렇게 볼 때 특정 정치공동체의 시민권은 그 공동체에 적합한 방식으로 만들어지게 됨을 알 수 있다.

여기서 루소의 소유권 개념을 좀 더 자세히 살펴볼 필요가 있다. 루소는 사회계약을 통해 단순 소지가 소유권으로 확정되더라도 그것이 로크식으로 배타적인 독점권이 되지는 않는다고 보았다. 루소가 생각한 소유권은 사회적으로 제한이 가능한 사회적 구성물이었다. 개인이 소유권을 갖더라도 그것은 타인의 소유권 및 공동체 전체의 욕구와 균형을 맞춰야 한다. 정치적 권리도 마찬가지다. 일반이익에 부합하도록 공동체가 결정할 수 있다. 따라서 루소가 제시하는 권리는, 소유권이든 정치적 권리이든, 개인중심적 권리라기보다 공동체형 권리다. 이렇게 보면 루소가 생각한 소유권은 재산소유권이 아니라 '재산사용권'이라고 해석하는 게 정확할 것이다.

마지막으로 루소의 국제 인도주의에 대한 공헌도 여기서 짚고 넘어갈 필요가 있다. 루소는 전쟁을 국가 간의 무력충돌이라고 엄밀하게 규정하고 국가를 대표해 교전에 참여한 정규군과 그렇지 않은 민간인을 엄격히 구분했다. 그러므로 "전쟁은 인간 간의 관계가 아니라 국가 간의 관계다. 따라서 교전당사자들은 인간이나 시민으로서가 아니라 병사로서 어쩌다보니 서로 적이 된 것에 불과하다"(Rousseau 1762, 90). 그는 '병사'와 '자연인'을 구분하고 더 나아가 공적 영역의 폭력이 사적 영역으로까지 연장되지 않도록 이론적 근거를 제공한다. "전쟁의 목적은 적국의 파괴에 있으므로 아군은 무기를 든 적군만을 죽일 권리가 있다. 그러나 적군이 무기를 버리고 투항하면 그는 더 이상 적군 또는 적국의 하수인이 아니라 단순히 자연인으로 돌아간 것이므로 그를 죽일 권리도 사라진다"(Rousseau 1762, 90). 이런 이론은 현대 전쟁법과 인도법에 녹아들어 오늘의 인도주의이론으로 자리 잡았다.

그렇다면 루소의 인권론에 비판의 여지는 없는가?(Fields 2003). 우선, 루소가 주장한 권리는 모든 인간의 보편적 권리라기보다 특정 도시국가(폴리스)의 시민권에 가깝다. 또한 남성 시민만이 직접민주주의에 참여할 수 있다고 했으므로 그 역시 시대적인 젠더 편견에서 자유롭지 못했다. 둘째, 일반의지에 의해 합의를 도출한다는 원칙은 동질적인 견해를 전제로 할 수밖에 없다. 이때 소수의 의견이 설 자리가 어디인지 루소는 명확하게 설명하지 않는다. 셋째, 이것과 관련하여 현실정치에서 일반의지를 너무 강조하다보면 강요된 획일성으로 흐를 수 있고 이런 위험은 프랑스혁명의 공포정치 당시에 실제로 표출된 역사적 전례가 있다. 〈표 2-1〉에는 지금까지 살펴본 홉스, 로크, 루소의 권리이론이 정리되어 있다.

3 혁명과 '인간의 권리'

18세기 말 대서양 양쪽에서 발생한 미국혁명과 프랑스혁명은 제1차 인권혁명의 정점을 이루는 사건들이었다. 이론이라는 측면에서 보면 이 두 가지 혁명은 바로 위에서 살펴본 자연권 사상의 직계자손들이다. 혁명 시기의 핵심적 문건은 네 개다. 우선, 미국독립혁명의 산물로서 〈미국독립선언〉(1776), 〈미국연방헌법〉(1789), 그리고 흔히 '미국 권리장전'이라 부르는 〈미국연방헌법 수정조항 1-10조〉(1791) 등이 있다. 다음, 프랑스혁명의 산물로는 〈인간과 시민의 권리선언〉(1789)이 대표적인데,[7] 이 선언은 약간 개정되어 1791년 프랑스 헌법의 전문에 삽입되었다. 18세기 말은 대단한 격변의 시대였다. 불과 10여 년 사이에 중요한 두 개의 근대혁명이 연이어 발생했던 것이다.

〈미국독립선언〉은 한눈에 보아도 로크적인 문서다. 〈선언〉은 "인류 역사의 도정에서 한 인민이 …… 자연법과 자연의 신이 그 인민에게 부여한 법에 따라 독립적이고 평등한 지위를 취하는 것이 필요하게 되었을 때"라고 시작한다. 이것을 로크의 말과 비교해 보라. "자연의 법인 이성은 모든 인류가 평등하고 독립적이므로 그 누구도 다른 이의 생명, 건강, 자유, 또는 소유물에 해를 입혀서는 안 된다고 가르친다"(Locke 1690, Ch.II. §. 6). 이뿐만 아니라 〈선언〉 전체의 논리구성이 로크의

---

[7] 〈미국독립선언〉과 〈인간과 시민의 권리선언〉의 전문은 이샤이(2005)에 실려 있다. 〈미국연방헌법〉과 〈미국연방헌법 수정조항〉의 전문은 한국미국사학회의 다음 사이트를 참조하라. 〈www.americanhistory.or.kr/book/link/d-law-k.htm〉(2007. 5. 30 접속).

인민주권, 저항권 사상에 근거하고 있음은 잘 알려져 있다.[8] 더 나아가 미국독립선언은 앵글로색슨의 관습법common law 전통을 받아들여 자유, 소유, 계약의 원리를 그 바탕에 깔고 있다(Pilon 2002, 3). 그러나 로크의 사상에서 인간의 평등권과 독립권이 모든 인간의 정치적 평등으로 이어지지 않았던 것처럼, 〈미국독립선언〉에서 역시 모든 인간의 권리로 이어지지 않았던 것은 역사적으로 잘 알려져 있다. 또한 〈선언〉은 인민의 동의로 정부를 수립하는 데에만 관심이 있었지 정부가 일단 수립된 이후의 정부형태에 대해서는 아무런 입장이 없었다. 따라서 "독립혁명은 절반의 혁명"이었다(Diamond 1975, 69). 〈미국연방헌법〉 역시 투표의 조건으로 소유권 조항을 명시했고 여성에게 투표권을 부여하지 않는 등 여러 한계를 지니고 있었다. 〈미국연방헌법 수정조항〉은 인신보호조항, 배심원재판, 언론자유, 결사의 자유, 종교의 자유 등 근대적 인권을 구체적으로 규정했고, 미국 시민만이 아니라 모든 인간의 권리를 언급함으로써 보편적 인권의 첫발을 내딛었다. 하지만 여기서도 노예와 여성을 제외하는 결정적인 한계를 드러냈다는 점을 기억해 두자.

---

8 미국 이민귀화국은 2007년부터 미국시민권 신청자에 대해 구두시험 내용을 개정한다고 발표하였다(*The New York Times* 2006). 새로운 구두시험 중 다음과 같은 문항이 우리 관심을 끈다. **질문** "미국독립선언의 중요한 사상이 무엇인가?" **모범답안** "사람은 자연권을 가지고 태어난다. 정부의 권력은 국민으로부터 나온다. 정부가 국민의 자연권을 해치면 국민은 정부를 바꿀 수 있다. 모든 사람은 평등하게 태어난다." 로크의 사상이 아직까지 미국의 정치에 얼마나 결정적인 영향을 미치고 있는지 잘 보여 주는 사례다. 예상문제와 모범답안의 전문은 다음 사이트를 참조하라. 〈www.uscis.gov〉(2007. 5. 30 접속). 미국에서 '인권'이라고 하면 주로 18세기형 '자연권'을 의미하는 경우가 많고, 인종차별에 맞서는 권리라는 뜻으로는 '시민적 권리'(civil rights, 공민권)라는 용어를 선호하며, 인권이라는 말이 대외정책에서 많이 사용된다는 인상을 받는다.

프랑스혁명의 〈인간과 시민의 권리선언〉은 그 제목에서부터 프랑스 시민만이 아니라 모든 인간의 권리를 지향한다는 점을 분명히 한다. 이 선언문은 "국민의회로 대표되는 프랑스의 인민"이 프랑스 내부에 대해, 또한 전 인류에게 "모든 사람이 출생과 더불어 그리고 그 이후 계속해서 평등한 권리"를 가지고 있음을 선포한다는 식의 형식을 취하고 있다. 그리고 로크와 〈미국독립선언〉의 영향을 많이 받았으면서도 루소의 평등, 박애사상이 느껴지는 표현과 내용을 많이 반영했다. 예컨대 제6조는 "입법은 일반의지를 표현한다. 모든 시민은 직접 또는 그 대표를 통하여 일반의지의 형성에 기여할 자격이 있다."라고 선언한다. 이는 루소의 다음과 같은 견해를 표현만 바꾼 것이다. "정치체는 의지, 즉 일반의지를 가진 도덕적 존재이다. 사회 전체와 각 부분들의 보존과 복리를 지향하는, 입법의 원천인 일반의지는 국가의 모든 구성원들로 이루어진다"(Rousseau 1755b, 61). 뿐만 아니라 〈인간과 시민의 권리선언〉 제14조는 "모든 시민이 …… 공적인 분담의 필요성을 확인하고 그러한 분담을 자유롭게 허락하며 그 사용을 감시하고 그것의 액수, 근거, 징수 그리고 기간을 정할 권리를 갖는다."라는 과세 평등조항을 명시함으로써 분배정의의 관점을 도입했다.

〈미국독립선언〉과 〈인간과 시민의 권리선언〉이 그 이전 시대의 〈마그나카르타〉, 〈권리청원〉, 〈권리장전〉과 다른 점은 모든 인류를 염두에 두고 발언한다는 형식을 취하고 있다는 점이다. 이것은 전형적으로 계몽주의적인 관점이며 사회계약론적 자연권 사상의 논리적인 귀결이다. 물론 여성, 흑인, 무산계급 등에 대한 현실적인 배려가 없는 추상적인 차원의 선언이었지만, 일단 원칙으로나마 모든 인간의 권리를 명백하게 인정한 것은 당시 상황에서는 파격적인 발상이었다. 또한 미국독립혁명과 프랑스혁명 간의 차이도 놓칠 수 없다. 인권이라는 측면에서만 보면 미국독립혁명은 구식 혁명, 프랑스혁명은 신식 혁명이었다. 미국독립혁명에서 혁혁한 공을 세운 톰 페인은 당시 식민지 미국을 다스리던 영국의 조지 3세가 '나쁜 군주'이기 때문만이 아니라 '세습 군주'이기 때문에 원칙적으로 받아들일 수 없다고 주장했었다. 하지만 〈독립선언〉은 조지 3세 개인에만 초점을 맞춰 죄상을 상세히 나열한 후 그의 "모든 행동이 폭군의 정의에 부합"되기에 그가 "자유로운 인민의 통치자" 자격이 없다고 보았다. 만일 조지 3세가 폭군이 아니었다면 독립선언을 하지 않았을 것이라는 말처럼 들리기도 한다. 미국혁명의 이런 보수성 때문에 후대에 들어 상대적으로 프랑스혁명이 근대적 혁명의 전형으로 인정되고 있고 그 후 모든 혁명의 진정한 모델로 간주되었던 것이다(Kristol 1975).⁹ 프랑스혁명의 이런 근대성과 평등권·박애권

---

9 그러나 미국혁명을 옹호하는 이론가들은 미국혁명이 '2퍼센트 부족했으므로' 오히려 더 성공작이었다고 보는 경향이 있다. 미국의 독립운동가들은 프랑스혁명가들과 달리 스스로 '명약관화한 진리를 알고 있다'는 식의 교만함이 없었다는 것이다. 그런 점에서 미국의 운동가들은 '겸손하고 비유토피아적'이었고 도그마에 기대지 않은 '냉정한 기대치'를 인식하고 있었다고 한다. 이런 식의 소박한 무혈혁명이었으므로 그 난리통에서도 혁명가들 "모두가 자기 침대에서 편히 죽을 수 있었다"(Kristol 1975, 31). 프랑스혁명이 '행복의 조건'을 약속하면서 분배정의를 촉구했다면, 미국혁명은 개인의 '행복추구권'을 약속하면서 부의 창출에 관심을 기울였다고 한다. 이런 점은 알렉시스 드 토크빌도 지적한 적이 있다. "미국인들은 질서와 형식성을 사랑한다. 그들은 [혁명을 통해] 자유를 추구했지만 자유보다도 준법성을 더욱 존중한다"(de Tocqueville 1835, Book 1, Ch.XVI). 나는 여기서 오늘날까지 내려오고 있는 미국식 자유주의의 보수적 뿌리를 찾을 수 있다고 생각한다. 두 혁명의 내적 특징과 다른 각도에서, 프랑스혁명이 미국혁명보다 세계적으로 훨씬 큰 영향력을 끼쳤던 것은 당시 두 나라의 국력과 지정학적 위치에 기인하는 바가 크다. 유럽의 중심 국가였던 프랑스에서 국왕이 공개처형된 것과, 변방의 식민지였던 미국에서 영국 왕의 지배를 거부한 것은 서구 세계에 전혀 다른 차원의 파장을 던졌다 (2007. 2. 26. 최재인 인터뷰).

사상은 제1차 인권혁명과 20세기의 제2차 인권혁명을 잇는 고리 역할을 했다. 그러나 바로 이런 상징성 때문에 프랑스혁명의 〈인간과 시민의 권리선언〉은 19세기 들어 큰 비판에 직면하게 된다. 다음 절에서는 이런 비판이론들을 살펴볼 것이다.

4 자연권에 대한 격렬한 반발

제1차 인권혁명의 정점이었던 프랑스혁명과 〈인간과 시민의 권리선언〉에 대해 많은 사람이 열광했지만 동시에 엄청난 비판이 쏟아졌다. 이 당시 비판가들의 말을 들어 보면 혁명과 자연권 사상에 대해 단순히 비판하는 정도가 아니었다. 그들이 퍼붓는 경멸과 증오의 강도는 상상을 초월하는 수준이었다. 버크는 "권리가 나라를 잡는다"고 개탄했고, 벤덤은 권리 운운하는 말이 "귀신 씨나락 까먹는 소리"라고 맹공했으며, 마르크스는 "인간의 권리가 인간해방을 막는다"고 성토했다. 도대체 이 양반들이 왜 이렇게까지 '착한' 인권을 미워했는가? 여러 이유가 있었지만 공통적인 요인은 당시의 자연권 사상이 지나치게 종교적인 색채의 자연법(신법)과 연결된 것처럼 인식되어 세속적 사상가들의 눈에 거슬린 점도 있었고, 자연권이 절대주의적인 형식으로 표현되다 보니 내부적으로 상충되는 모순이 드러난 데다, 권리의 내용이 너무 추상적이었기 때문이었다. 어쨌든 각 비판이론이 겨냥하는 바를 정확히 이해하는 것은 인권의 문법을 공부하는 데 있어 빼놓을 수 없는 부분이다.

버크의 공격과 페인의 반격

에드먼드 버크(1729~1797)는 자연권에 대한 '반합리주의 공격'의 극치인『프랑스혁명에 관한 성찰』(1790)을 통해 보수주의의 원조로 떠올랐다. 버크는 정치제도가 합리적 디자인으로 만들어질 수 있는 게 아니라고 생각했다. 정치는 살아있는 유기체이기 때문이다. 따라서 추상적 원칙을 미리 정해놓고 붕어빵 찍어내듯 정치를 찍어낼 수 없다고 믿었다. 살아있는 유기체는 특정 환경 속에서 시간을 두고 서서히 성장하고 진화한다. 그 과정을 통해 환경조건에 제일 적합한 형태로 발전하게 된다. 그러므로 그 발전형태가 설령 합리적인 디자이너의 눈에 부족하게 보일지라도 유기체로서는 그게 최적의 형태인 셈이다. 그러니 어떤 정치제도가 오랫동안 존속해 왔다면 그 세월동안 존재해 온 사실만으로도 그 제도의 적합성이 입증된다는 것이다. "우리 조상에게 물려받고 우리 후손에게 물려주어야 할 유구한 유산으로서 우리의 자유를 주장하고 확인하는" 헌정 전통이 바로 그러한 제도의 예다(Burke 1790, Para. 55). 그런 전통에 대해서는 옳다 그르다 하는 도덕적 평가를 내릴 수 없다. 코끼리에게 코가 길다는 이유로 부정적 평가를 내릴 수 없는 것과 마찬가지다. 같은 이유로 어떤 사회의 정치제도 속에서 권리가 존재한다면 그것은 그 사회의 전통에 의해 필요했기 때문에 발전되어 온 것이다. 영국에 존재하는 권리는 "영국인만의 권리"인 것이고 다른 사회에서는 그 사회에 맞는 권리가 존재할 수도, 존재하지 않을 수도 있다. 그러므로 권리는 특정 사회의 사회적 구성물이지 외부로부터의 어떤 원칙에 의해 주어진 것이 아니다. 이렇게 본다면 '인간의 권리'는 전통과 역사로부터 너무나 동떨어진 추상적인 개념이다. 이런 개념은 사회적 유대를 파괴하고 사람들을 헷갈리게 만들며 무질서를 낳는다. 따라서 버크가 보기에 프랑스혁명은 인간의 권리를 내세워 전통을 파괴하면 어떤 결과가 초래되는지를 극명하게 보여 준 실패한 역사적 실험이었다.

버크가 모든 자연권을 부정한 것은 아니다. 그는 생명권과 자유권, 양심의 자유, 노동과 재산의 향유권, 법 앞의 평등을 인정했다(Freeman 2002, 27). 또한 미국의 독립을 지지하기도 했다. 이런 이력 때문에 그의 프랑스혁명 비판이 나오자 많은 사람들이 '버크가 정말 그랬대?'라며 놀라워할 정도였다. 하지만 버크는 프랑스혁명의 자연권 버전에 대해서 아예 작심한 듯 독설을 퍼붓는다. 그는 "1789년 소위 해방의 해가 오기 전까지만 해도 프랑스를 비천하고 쓸개 빠진 잡탕들의 나라라고 간주하지 않았을 것"이라고 한다(Burke 1790, Para. 59). 따라서 한 나라를 그런 꼴로 만든 '인간의 권리' 따위의 개념은 "그냥 내버려 두었더라면 자기 주제를 알고 본업에 충실했을 사람들에게 망상과 헛된 기대를 불러일으키는 해괴망측한 허구monstrous fiction"에 지나지 않는다(Burke 1790, Para. 59). 또한 정부는 "자연권에 의해 만들어지지 않으며 얼마든지 그것과 무관하게 존립할 수 있다. …… [인간이] 모든 것에 권리를 갖게 되면 모든 것을 요구하게 된다"(Burke 1790, Para. 95). 버크가 보기에 "자연권의 추상적인 완벽성은 [뒤집어 보면] 현실적인 결함이나 마찬가지"다(Burke 1790, Para. 95). 여기서 우리는 버크가 인권의 인식론적인 토대를 놓고 비판을 하고 있음을 알 수 있다. 즉, 똑같은 권리라도 그 사회의 역사 속에서 발전되어 온 권리라면 인정할 수 있지만(역사적 토대 긍정), 어디 듣도 보도 못한 인권선언이라는 걸 들이대면서 권리를 요구한다면 그것은 용납할 수 없다는 것이다(추상적 토대 부정).[10]

전통과 역사를 무조건 옳다고 우긴 버크에 대해 정면으로 반격에 나선 사람이 토머스 페인(1737~1809)이었다. 여성 속옷을 만드는 견습

공으로 출발해 독학으로 37세에 혁명가가 된 페인이 더블린 트리니티 칼리지를 나온 엘리트 정치인 버크를 통렬하게 공박한 것이다.[11] 페인은 전통을 앞세워 인간의 평등원칙을 부정하면서 세습적 계급제도를 옹호하는 버크를 도저히 용서할 수 없었다. 그는『인간의 권리』(1791)에서 세습 귀족제를 다음과 같이 비판한다(Paine 1791, 42-43). ① 귀족제는 가문의 독재와 불의로 유지된다. ② 귀족들이 한 나라의 입법자가 되기에는 "부자연스런 부적절함"이 존재한다. ③ 세습 권력이라는 것은 "세습 수학자"만큼이나 부조리하다. ④ 아무한테도 책임지지 않는 인간 집단에 대해서 그 누구도 신뢰를 줄 수 없다. ⑤ 정복에 의한 통치는 미개한 원칙이다. ⑥ 세습 귀족제는 인간 종을 퇴화시키는 경향이 있다. 그러나 "왕정이라는 것은 모두 거품에 불과"하다(Paine 1792, 123). 따라서 세습제 따위는 폐지해야 마땅하고 각 세대는 자기 세대에 맞는 결정을 내릴 권리가 있다.

10 버크가 역사의 진보적 성격을 부정하고 현상(status quo)을 옹호하면서 영국의 우월성을 강조한 것은 반동적 경향이라고 비판받아 마땅하다. 그런데 그가 권리를 추상적 토대에 근거해서 이해하지 않고 역사적·사회적으로 형성되는 개념으로서 정당화한 것은 오늘의 시각으로 어느 정도 인정할 수 있는 측면이 있다. 우리가 자연권이라는 철학적 토대에 근거해서 보편인권을 정당화하기보다, 역사적 투쟁의 결과물로서 보편인권을 이해한다면(반토대주의적·사회구성주의적 접근) 버크의 관점과 중복되는 영역이 생길 수 있다.

11 페인은 흔히 인권의 대중화에 기여한 인물로만 기억되곤 하지만 그는 민중이 쉽게 공감할 수 있는 주제(예: 복지권)와 이해하기 쉬운 방식(예: 쉬운 문체)을 통해 그들을 자연권과 급진 공화주의로 이끈 독창적인 사상가였다. 그는 "지성적이되 대중이 실제로 쓰는 말"(intellectual vernacular prose)로 집필해야 한다는 문장철학을 내세우고 그것을 실천했다. 실제로 버크의 글이 현학적이고 독해하기 어려운 반면 페인의 글은 쉽고 직설적이고 우직하다. 나는 인권에 대해 글을 쓰는 사람이라면 페인을 꼭 기억할 필요가 있다고 생각한다.

페인은 특히 '자연권'natural rights과 '사회공동체 내의 권리'(시민적 권리)civil rights를 명확히 구분한다.12 그에 따르면 '자연권'은 인간이 인간이라는 존재이기 때문에 갖는 권리다. 즉 자연상태 때부터 가질 수 있는 "자기 지성과 마음과 행복"에 관련된 자기 본연의 권리다. 자연권은 타인의 자연권을 해치지 않는 한 자신에게 속한 권리다. 이와 반면 '사회공동체 내의 권리'는 "사회의 구성원으로서 인간에게 속한 권리다. 사회공동체 내의 권리는 개인에게 원래 존재했던 자연권에 어느 정도 그 기초를 두고 있지만 그 권리 전체를 제대로 누리려면 개인의 힘만으로는 부족하다. 즉 사회공동체 내의 권리는 [자연권에 덧붙여 사회라는 울타리가 제공하는] 안전 및 보호와 관련된 권리를 말하는 것이다"(Paine 1791, 30-31). 페인은 이런 관점에서 복지권을 제기하면서 인간은 사회공동체

---

12 우리가 흔히 시민적·정치적 권리라는 말을 쓸 때 시민적 권리가 정확히 무엇을 가리키는 것인지 이해하기가 쉽지 않다. 요즘은 'civil'이라는 말을 보통 '시민적'이라고 번역하지만 원래 이 말은 '자연상태'(state of nature)와 구분되는 **사회공동체의 상태**(civil state)라는 뜻에서 나온 말이다. 즉, 인간이 자연상태를 벗어나 사회공동체를 이루어 살면서 형성되는 생활조건을 가리키는 말이다. 이렇게 본다면 '시민사회'(societas civilis = civil society)의 원래 의미는 자연상태에서 벗어난 개명된 **사회공동체**라는 말이며, 이는 고대적 국가정치 공동체라는 의미를 지니고 있다. 그러므로 **시민적 권리**(civil rights)의 정확한 뜻은, 자연상태가 아닌 **사회공동체 안에서 인정되는 권리**인 것이다. 그런데 '시민사회'는 독일어로 번역되면서 부르주아적인 경쟁이 일어나는 '민간 영역'이라는 식으로 의미가 변했다가(4장 설명 참조), 최근 들어 국가 또는 시장과 구분되는 자발영역, 즉 시민사회운동이 전개되는 영역이라는 식으로 또 다시 의미가 변했다. 요컨대 역사 속에서 시민사회의 뜻이 몇 번이나 바뀐 것이다. 따라서 요사이 한국 사회에서 말하는 시민사회와, 역사적 개념으로서의 시민사회 또는 시민적 권리의 맥락을 살펴 잘 구분해 쓸 필요가 있다. 여기에 또 혼란을 주는 용어가 소위 '시민권'(citizenship)이다. 흔히 시티즌십을 시민적 권리(civil rights)와 비슷한 의미로 쓰는 경우를 종종 본다. 시티즌십은 어떤 정치공동체 안에서 당당한 일원으로 인정받을 수 있는 구성원의 자격을 말하므로 정확하게는 **시민자격**이라고 표현해야 옳으며 이는 시민적 권리와 어느 정도 구분된다.

로부터 경제적으로 보호받을 권리가 있다고 주장했다. 기본적인 사회공동체적 권리로서의 복지를 주창한 것이다. 그는 정부가 누진세를 통해 빈곤 가구, 어린이, 노령연금, 결혼보조금, 모성보호 수당 등을 보장해야 한다고 하면서 "이런 지원은 …… 시혜가 아닌 권리의 성격을 지닌다."라고 선언한다(Paine 1792, 172). 두 세기가 지난 오늘의 눈으로 보아도 페인이 얼마나 선구적인 사상가인지 그저 놀라울 따름이다.

벤덤의 공리주의

제레미 벤덤(1748~1832)은 자연권에 관한 한 버크보다 훨씬 더 알레르기 반응을 보였다. 잘 알다시피 벤덤은 공리주의 철학자였다. 평생을 효용가치에 입각한 이성적인 입법과 정책연구에 바친 재야 정책학자였다. 어떤 의미에서는 합리적 선택이론의 선구자였고 요즘 표현으로 하자면 재야 개인 연구소의 대표였다(실무는 주로 제자들이 무급으로 일했다). 그가 제안한 판옵티콘형 감옥은 나중에 미셸 푸코 덕분에 아주 유명해졌다(푸코 2000). 연구만 한 게 아니었다. 영국, 러시아, 프랑스, 스페인, 북미, 남미의 각국 정부에 끊임없이 편지를 보내 정책 아이디어를 제안했지만 생전에 거의 한 건도 성사되지 않았다고 한다. 벤덤이 신봉했던 실증적·객관적 세계관으로 보면 자연권 사상은 마치 미신 비슷하게 생각되었던 것 같다. 인구 전체를 단위로 놓고 쾌락과 고통의 총량을 과학적으로 따지는 판에 초경험적이고 규범적이고 신법에 근거한 절대적 권리개념이 들어설 여지가 없기 때문이다. "권리가 있으면 좋겠다고 바란다고 해서 그것이 권리의 존재이유가 될 수는 없다. …… 배고프다고 해서 빵이 생기지 않는다. …… 자연권은 순전한 헛소리다.

자연권이니, 인간이 좌지우지하지 못하는 권리니 하는 말들은 모두 그 럴싸한 헛소리다—말 같잖은 헛소리다 nonsense upon stilts"(Bentham 1843, 53). 벤덤은 공리주의에 충실하기만 하면 자연권이 궁극적으로 의도하는 바를 결과적으로 달성할 수 있다고 믿었다. 그는 이런 효용원칙에 자연권이라는 이질적인 개념이 끼어들면 사회정책이 자의적이고 주관적이고 비과학적으로 왜곡될 위험이 크다고 보았다. 전자저울로 삼겹살을 열심히 달고 있는데 옆에서 누가 차례도 지키지 않고 고기를 그냥 들고 가려고 했을 때 정육점 주인이 느끼는 불유쾌함, 그것이 벤덤의 심정이었다. "나는 일반적 효용에 의해 생겨난 권리가 아닌, 별도로 존재하는 자연권을 알지 못한다. 그리고 그러한 의미라 하더라도 처음부터 권리란 말이 나오지 않았더라면 더 좋았을 것이다"(Bentham 1794, 72).

그렇다고 벤덤이 모든 권리를 부정한 것은 아니었다. 실정법으로 규정하는 권리만 인정하자는 입장이었다. 법실증주의자였던 벤덤은 법이 있은 후에 권리가 나오는 것이지 그 반대가 될 수는 없다고 생각했다. 그가 생각한 권리는 주권자가 '을'에게 강제로 부과하는 의무의 결과를 '갑'이 혜택으로써 누리게 될 때 효력을 발휘하는 법적 권리였다(Waldron 1987). 그러한 법을 만들려면 우선 현실을 조사해 본 후에 귀납적으로 도출해야 한다. 인간 삶의 조건은 복잡·다양하므로 몇 가지 추상적 원칙으로 미리 재단할 수 없다. "권리, 실질적인 권리는 법의 자식이다. 진짜 법에서만 진짜 권리가 나온다. 그러나 시인, 논객, 그리고 도덕과 지성의 마약상들이 환각상태에서 발명한 상상의 법인 자연법에서는 상상의 권리만 나올 뿐이다"(Bentham 1843, 69).

벤덤의 자연권 비판은 대단히 엄밀한 실증주의의 겉모습을 띠고 있지만 이론적인 허점이 적지 않다(Freeden 1991). 우선, 권리주장이 수사적인 말장난이라고 했지만 때로는 수사와 웅변도 이념적으로 대단한 설득력과 가치를 지닐 수 있음을 그는 이해하지 못했다. 둘째, 벤덤이 인정하는 실정법적 권리에는 통상적인 인권개념에서 뿜어져 나오는 규범적 호소력, 영향력, 급진성이 완전히 빠져 있다. 셋째, 권리가 효용성에 종속된다고 함으로써 전체의 이익을 위해서라면 소수의 권리에 대한 침해를 묵인할 수 있다고 해석될 수 있는 이론을 내놓았다.13 넷째, 인간은 사회의 진보에 따라 욕구와 기대치가 달라지는 '발전적 존재'인데(9장 참조), 벤덤이 생각한 인간형은 몰역사적이고 정태적이고 무미건조한 로봇 비슷한 존재였다. 그런데 나는 이런 벤덤에게서도 한 가지는 배울 바가 있다고 생각한다. 그것은 인간 공동체 안에서 모든 사람이 자기이익만 추구하면, 즉 모든 이가 자기권리만 주장하면, 사회적 연대가 깨진다고 지적한 대목이다. 이 부분은 뒤에서 다시 거론할 것이다.

그런데 공리주의와 인권 간의 관계는 생각보다 단순하지 않다. 위에서 보았듯이 극단적인 공리주의가 인권을 침해할 가능성은 언제나 존재

---

13 바로 이 점 때문에 원칙적으로 공리주의를 거부하는 인권이론가들이 많다. 고전적 공리주의는 인권침해의 위험이 높기 때문이다. 무고한 시민들 10만 명을 구하기 위해서라면 테러 용의자 한둘 정도 고문하는 게 뭐가 나쁘냐 또는 의학발전을 위해서라면 몇몇 여성의 난자를 좀 추출하면 어떠냐 하는 식의 산술적 논리가 대표적인 것이다. 유명한 '터스키기 매독실험' 사건을 예로 들어보자. 미국 앨라배마주 부커워싱턴대학의 터스키기 연구소는 1932년에서 1972년 사이 40년간 미 보건국(PHS)의 승인 아래 399명의 흑인 남성 매독환자를 대상으로 실험을 했다. 연구소는 흑인이 매독균에 어떤 반응을 보이는지 알아보기 위해 환자들에게 가짜 치료만 제공함으로써 고의적으로 매독을 악화시켰다. 그 결과 100명이 넘는 환자가 직간접적으로 사망하고 배우자와 자식까지 매독균에 감염되었다. 미 보건국은 이 실험을 대중을 위한 연구라는 명분으로 끝까지 정당화하고 은폐를 기도했다. 1997년 클린턴 대통령은 이 사건에 대해 국가 차원의 사과문을 발표해야 했다(Jones 2006).

한다. 하지만 현대 사회정책의 주류는 공동체의 복리를 증진시킨다는 대전제 아래에서 추구되고 있는 것 또한 현실이다. 다음 장에서 다룰 권리의 이익이론도 그런 배경을 염두에 두고 권리를 정당화하는 이론이다. 뒤에서 다시 보겠지만 특히 공리주의가 진보적 어젠더와 결합되어 있는 경우에 우리는 권리이론과 공리주의를 억지로 분리하기보다 양자를 결합할 수 있는 방안을 찾는 편이 더 지혜로울지도 모른다. 이런 절충적 입장을 '두 단계 공리주의'라 부른다(Law 2005). 이 이론에 따르면 공리주의의 첫 단계는 원론적인 효용원칙이 지배하는 단계다. 모든 인간이 잠잘 때만 빼고 모든 상황에서 언제나 철저하게 비용과 편익을 계산하여 효용을 극대화하는 방향으로 행동한다고 가정하는 것이다. 그런데 이것은 현실적으로 불가능하다. 아무리 타산적인 사람이라면 모든 일에 손익을 따지면서 살 수는 없다. 여기서 공리주의의 둘째 단계를 상정할 수 있다. 사람들이 언제나 노골적인 공리주의자로 행동하지는 않는다고 인정하는 것이다. 사람들은 일상생활 속에서 모든 것을 일일이 따지기보다는 통상적인 도덕률을 따르는 게 보통이다. 예를 들어 '거짓말 하지 말라' '훔치지 말라' '남에게 손해를 끼치지 말라' 등등의 도덕률은 별로 따지지 않고 그냥 지키기 마련이다. 물론 그렇게 했을 때 단기적·개인적으로는 손해를 보는 경우가 생길 수 있다(효용원칙의 위반). 그러나 장기적으로 보면 모든 사람이 통상적 도덕률을 따를 경우에 사회 전체의 복리와 편익은 늘어나게 된다. 이것을 달리 말하면, 설령 도덕성의 궁극적 기준을 인권에 두지 않고 공리주의에 둔다 하더라도 통상적인 인권원칙을 지키는 것이 전체 복리에 플러스가 된다, 즉 인권과 공리주의는 공존할 수 있다는 말이 된다. 이 문제는 8장에서 좀 더 설명할 것이다.

소유권 원리와 자본주의 : 마르크스 인권 비판의 전제로서

버크와 벤덤의 권리비판과 비교해 칼 마르크스(1818~1883)의 인권 비판은 더하면 더했지 조금도 덜하지 않았다. 마르크스는 프랑스혁명이 본질적으로 부르주아 혁명이었으므로 그것의 인권선언 역시 철저히 부르주아적이라고 보았다. 마르크스의 인권 비판은 제2차 인권혁명 시대에도 여전히 중요한 논점이므로 4장에서 별도로 다룰 것이다. 대신 여기서는 소유권(재산권)이 자유주의적 자본주의와 이어지는 연결고리에 대한 배경설명을 추가하려고 한다.

우리는 위에서 로크가 소유권을 권리의 핵심으로 여겼다는 사실을 살펴보았다. 도대체 어떻게 소유권이 생명보다도 더 중요한가? 첫째, 생명도 소유해야 한다고 생각했고 둘째, 노동이 인간생존의 전제조건이라고 생각했기 때문이다. 자연상태에서 자기 목숨을 보존하려면 먹고살아야 한다. 먹고살려면 과실을 따거나 사냥을 해야 한다. 그러기 위해선 몸을 움직여 일을 해야 한다. 그런데 자기 몸으로 일을 한 결과(과실, 고기)를 자신이 소유하지 못하면, 즉 남에게 빼앗기면, 자기 생명, 안전, 평화 등 아무 것도 지킬 수 없다. 그래서 로크가 보기에는 소유권이 전제되어야 인간이 목숨을 부지하면서 행복하게 살 수 있었다. 로크의 생명권, 자유권, 소유권이 〈미국독립선언〉에서는 생명권, 자유권, 행복추구권으로 표현되었지만 사실은 그 말이 그 말이다(Plattner 2001). 그러므로 로크는 자연물에 '노동을 추가하면' 소유권의 근거가 된다고 생각했음을 알 수 있다. 이것이 소유권의 '노동이론'labor theory이다.14 로크는

---

14 로크의 노동이론은 통상 자유주의적 자본주의의 소유권이론으로 생각되지만, 해럴드

여기에 한 가지를 덧붙였다. 내가 황무지를 개간하여 옥토로 만들면, 즉 어떤 것의 '가치를 높이면' 그것도 소유의 근거가 된다는 것이다. 이것을 소유권의 '향상이론'improvement theory이라고 한다.

소유권을 인간의 생명 및 행복추구와 동일시하는 근대 자본주의를 깊게 따져 보면 그것이 단순한 경제조직 방식이 아니라 철저한 존재론적 기반을 갖춘 이념이라는 점을 새삼 깨닫게 된다. 이 때문에 근대국가는 일찍부터 사적 소유권을 법적 권리로 확실하게 명문화했던 것이다. 〈나폴레옹법전〉(1804)의 제544조가 대표적인 예다. "재산소유라 함은, 그것이 법규에 어긋나게 행사되지 않는 한, 물상物象을 향유하고 소유할 수 있는 권리 le droit de jouir et disposer des choses를 뜻한다"(Duchrow 2005). 그 결과, 일반적으로 자유주의 정치철학에서는 사적 소유권의 인정, 집행, 보호를 국가 정당성의 원천으로까지 추앙하는 경향이 있다. 이런 대전제에서 사적 재산을 완전히 신성시하는 시장만능 입장과, 지나친 불평등이 인간의 자유를 제한하므로 국가가 어느 정도 소유권에 개입할 수 있다는 분배정의 입장이 현대 자유주의 정치 이념의 두 축을 차지하게 된 것이다.

그런데 현대 자유주의적 자본주의를 철학적으로 옹호하는 견해는 여기서 한 걸음 더 나아간다. 소유권이 자유와 생명을 보장할 뿐만 아니

라스키는 정반대의 해석을 한다. 즉, 과거로부터 세습되어 내려온 재산이 아니라 자기가 직접 일해서 재산을 취득할 수 있다고 한 점에 주목해야 한다는 것이다. 라스키에 따르면 노동이론에 근거한 소유권이론은 토머스 호지스킨(Thomas Hodgskin) 또는 윌리엄 톰슨(William Thompson)에 의해 근대 사회주의이론으로 발전했다고 한다 (Laski 1920).

라, 소유권에 바탕을 둔 자본주의가 인간의 도덕성까지 보장한다는 논리다. 이렇게 되면 자본주의가 단순히 시장의 효율성을 보장하는 이념에 그치지 않고 인권과 민주주의를 가능케 하는 윤리적 이념으로까지 격상된다. 이 주장에 대한 가치판단을 일단 접어두고 이런 논리의 구조를 분석해 보자. 자본주의의 윤리성이론은 대략 다음과 같이 전개된다 (Machan 1993). ① 사적 소유권이 있어야 내가 내 소유물을 함부로 낭비하지 않고 그것을 합리적으로 처분할 인센티브가 생긴다. ② 그랬을 때 나는 여러 선택지점 중에서 내게 유리하다고 생각되는 옵션을 선택할 수 있다. 선택권이 있다는 것은 행동의 자유가 있다는 말이다. ③ 행동의 자유에 따라 스스로 선택권을 행사했을 때 그 결과에 대한 책임은 자신이 진다. 잘 되든 못 되든 내 선택의 결과이므로 개개인은 자기 행동에 도덕적 책임을 지는 주체가 된다. 이것을 소유권의 '응보이론'desert theory이라고 한다. ④ 내가 행동의 자유를 가지고 그 결과에 대해 책임을 진다는 말은 타인과 상관없는 나만의 '도덕적 공간'moral space을 가진다는 뜻이다. 모든 사람이 각자 이런 도덕적 공간을 유지하면서 자기 생업에 전념하고 타인의 공간을 침범하지 않을 때 정치적 자유와 민주주의가 보장된다. 결론적으로, 경제적 소유권은 정치적 자유와 민주주의로 이어지고, 소유권이 보장되지 않으면 인간은 종속적인 존재가 된다.[15] 이런

---

15 이 부분을 쓰고 있던 중 나는 우연히 냉장고에서 오렌지 주스를 꺼냈다가 다음과 같은 라벨을 읽게 되었다. 소유권이 주체적인 선택권과 사회의 혜택으로 이어진다는 의미의 광고여서 여기에 인용한다. "**We own the land, we own the trees and we own the company®.** So, of course, we do things a little differently from those big juice companies. See, Florida's Natural® is the only leading brand owned by a small co-op of growers. So our only interest is handing you juice squeezed simply from the

논리에 따르면 소유권적 자본주의와 민주주의는 동전의 양면이다.

이런 논리에 대해 가장 통렬한 비판은 마르크스가 제기했다. 하지만 그보다 덜 급진적인 입장에서도 얼마든지 설득력 있는 비판이 나올 수 있다. 잭 도널리는 다음과 같이 반박한다. 경제적 권리의 하나로서 소유권을 인정하고, 최소한의 소유권이 인간의 존엄성에 도움이 된다고 치자. 하지만 여러 가지 경제적 권리 중 하나의 권리에 불과한 소유권만이 인간에게 사회안전망과 자율을 보장해 준다는 주장은 어불성설이다. 현대 자본주의 사회에서 대다수 사람들에게 소유재산이라곤 자신의 노동력밖에 없다. 이런 사람들에게는 여타 경제적 권리 즉 노동권·복지권과 같은 권리들이 소유권보다 훨씬 더 효과적인 사회안전망과 자율보장 장치가 될 수 있을 것이다(Donnelly 2003, 31-32).

근대 사회과학

마지막으로, 19세기 후반에 등장한 사회과학의 조류도 자연권 사상에 일격을 가했다(Freeman 2002). 산업화와 자본주의의 등장으로 사회를 분석하는 대상이 개인에서 집단으로 변했으며, 그와 함께 사회변화를

freshest fruit available. So our personal best goes into every cartoon."이 오렌지 회사는 다음과 같이 주장한다. 즉, 우리는 토지와 오렌지 나무를 직접 소유한 소규모 영농조합에서 직영하는 회사다. 그러므로 다른 생산자들의 오렌지를 받아와서 주스를 만드는 대기업보다 훨씬 좋은 위치에 있다. 우리가 소유한 재산으로부터 우리 마음대로 재량을 발휘하여 소비자에게 제일 유리하게 주스를 생산할 수 있기 때문이다. 나는 이 광고가 미국인이 소유권, 자유, 그리고 삶의 질의 관계를 어떤 식으로 이해하는지 잘 보여주는 사례라고 생각한다.

묘사할 수단으로써 철학이나 윤리보다 과학이 더욱 타당하다고 간주되기 시작했다. 로크의 소유권이론보다 생산의 법칙을 찾는 것이 훨씬 과학적인 것으로 생각된 것이다. 허버트 스펜서, 마르크스, 에밀 뒤르켐, 막스 베버 등 근대 사회과학의 창시자들은 사회가 객관적으로 분석할 대상이지 윤리적 원칙으로 이해할 대상이 아니라고 보았다. "사회과학의 분석에서 권리개념이 조금이라도 나타났다면 그것은 윤리적·정치적 행동을 지도할 근본적인 철학적 범주로서가 아니라, 사회과학으로 설명해야 할 이념적 구성물로서 등장했다. 사회학이 철학의 자리에 들어섰고, 사회의 과학적 연구가 인간의 권리를 대체했던 것이다"(Freeman 2002, 30).

그러므로 사회과학의 시조들은 '도덕성'을 추구하더라도 형이상학적인 규범(예컨대 자연권)으로서가 아니라 사회의 존립을 위해 필요한 기능적 요소로서 추구했다. 뒤르켐은 이렇게 말한다. "우리는 종교적 개념의 핵심에서 도덕적 현실체現實體—종교 안에서 상실되었고, 종교 안에 숨어서 잘 드러나지 않는—를 찾아내야 한다. 우리는 그러한 도덕적 현실체를 추출하고, 그것의 구성요소를 발견하고, 그것의 특성을 확정하고, 그것을 이성적인 언어로 표현해야 한다. 다시 말해, 우리는 오랜 세월 동안 도덕적 이데아의 정수를 나타내는 도구 역할을 해 온 종교 관념의 이성적 대체물을 발견해야만 하는 것이다"(Durkheim 1961, 9). 이런 점에서, 마이클 프리먼이 말하듯 사회과학의 창시자들을 신 아리스토텔레스주의자라고 해도 무방할 것이다. 자연권 이론가와 칸트가 추구한 윤리가 행위 규칙을 중심으로 하여 옳다 또는 그르다를 판단하는 '의무 윤리'deontological ethics였다면, 신 아리스토텔레스적 윤리는 좋다 또는 나쁘다라고 하는 덕성을 판단하는 '덕 윤리'virtue ethics라고

〈표 2-2〉 자연권 비판이론

	보수주의	공리주의	사회주의	사회과학
자연권 비판의 핵심	·이성, 자연법적 근거에 의한 절대적 권리	·전 사회의 합목적적 이익에 어긋나는 개인주의 ·비과학적 근거	·부르주아적 이기주의 ·단자적인 개인의 사익	·형이상학적 존재로서의 인간상
지향점	·세대 간 전통의 지혜	·법실증주의 ·효용원칙에 근거한 이타주의	·종적 존재로서 연대하는 인간	·사회를 형성하는 힘을 역사·과학적으로 분석
대표적 인물	·버크	·벤덤	·마르크스	·콩트 ·스펜서 ·뒤르켕
이론의 계승자	·오크쇼트 ·미노그	·오스틴 ·하트	·클레네르 ·파슈카니스	·현대 구조주의 사회과학

출처: Bentham 1794; 1843; Burke 1790; Marx 1844; 1845; 1871; 1875; Campbell 2004; Freeman 2002; Waldron 1987 종합.

할 수 있다. 신 아리스토텔레스적인 '덕 윤리'가 지향하는 목표는 "전체 공동체의 좋은 삶"이다(Khawaja 1992, 138-139).

따라서 근대 사회과학이 영향력을 확보한 사회에서는 사회진보의 토대로서 공리주의 원칙이 널리 전파되었고, 자연권에 의존해 인간의 존엄성을 정당화하기보다 효용원칙에 의거해서 인간의 행복을 정당화하려 했다. 시대의 전반적인 추세로서 과학과 분석과 계량을 중요시하는 사회과학의 세계관을 받아들이기 시작했으므로 자연권의 도덕적인 에토스가 갑자기 시대에 뒤떨어진 사상처럼 여겨졌던 것이다. 〈표 2-2〉는 지금까지 말한 자연권에 대한 4대 비판이론을 종합해서 정리한 내용이다.

5 나오면서

　고전 인권이론의 장을 마치면서 임마누엘 칸트(1724~1804)가 제1차 인권혁명에 기여한 바를 짧게라도 소개할 필요가 있다. 일반적으로 칸트를 권리이론가로 기억하지는 않지만 인권이론은 그에게 세 가지 빚을 졌다(Fagan 2006; Plattner 2001). 첫째, 칸트는 인권을 정당화할 수 있는 근거를 인간 외부에서 찾지 않고 인간 내부에서 찾았다(Kant 1790). 인간은 누구나 평등하고, 한 사람 한 사람이 이성에 입각한 '도덕적 자아' moral self를 가졌으며, 모든 인간이 자기 자신의 '입법자'이므로 만인이 존엄하고 존중받아야 한다는 것이다. 둘째, 인권을 관장하는 원칙을 제시했다. 인간이 이성적 존재라는 것을 입증하려면 어떤 절대적 도덕원칙에 따라 행동해야만 한다. 잘 알려진 대로 그러한 도덕원칙은 "네 의지의 격률이 언제나 동시에 보편적 입법의 원리가 될 수 있도록 행위하라"는 '정언명법'定言命法으로 요약될 수 있다. 즉, 인권이 보편적 원리에 의해 추구되어야 한다고 가르친 것이다. 셋째, 칸트는 인권을 국제화시켰다. 사회계약론적 자연권은 특정한 정치공동체에서의 사회계약을 전제로 하는 경향이 있다. 논리적으로 보면 이와 같은 정치공동체들이 여러 개 생겨서 국제사회를 이루게 된다. 그런데 사회계약을 통해 사회공동체 내부는 자연상태에서 벗어나지만, 사회공동체들 사이에는 여전히 자연상태가 존재하게 된다. 즉, 개인들이 특정한 정치공동체를 구성한 것을 1차적 사회계약이라고 한다면 이는 자유주의적 일국 체제라고 할 수 있다. 그런데 만일 정치공동체들이 서로 약정을 맺어서 국제질서를 수립한다면 이를 우리는 일종의 2차적 사회계약이라고 부를 수 있을 것이고 이는 자유주의적 국제 체제라고 할 수 있을 것이다.

우리에게 잘 알려진 대로 칸트는 공화주의적 대의제 국가들이 서로 연맹을 맺을 수 있으면 영구적인 세계평화를 달성할 수 있으리라고 믿었다(Kant 1795). 그런데 국가들 사이에 평화가 수립되면 전쟁 위협이 사라지므로 역으로 국내의 인권도 더욱 잘 보장받을 수 있다. 즉, 개인의 인권이 국제평화와 직접 연관을 맺게 되는 국제관계이론을 제시한 것이다. 이는 현대의 국제정치에서도 경험적으로 확인되고 있다(Forsythe 1993). 칸트의 이론은 제2차 인권혁명기에 가서야 구체적으로 적용되기 시작했다.

자연권에 대한 반발이 터져 나온 후 19세기 후반부터 20세기 중엽까지 인권이론은 동면기에 접어들게 되었다. 하지만 그 동안에도 인권운동은 계속 진행되었다. 서두에 말했듯이 운동이 이론을 앞설 수 있음을 증명한 시기였다. 노예폐지운동, 여성의 사회적·정치적 운동, 노동운동, 각종 공장법의 제정, 보편교육 움직임, 보통선거권, 국제인도법운동, 소수민족보호운동, 반식민주의운동 등이 쉴 새 없이 벌어졌다. 이론이 잠자고 있는 사이에도 인권피해 집단들의 투쟁은 멈추지 않았다(이샤이 2005; Freeman 2005). 인권이론이 본격적으로 다시 등장하기 위해서는 제2차 세계대전의 총성이 그쳐야만 했다.

3장 현대 인권이론

"허리를 펴고 자유를 찾으라. 움츠린 사람의 등에는 누군가가 올라타기 마련이다."
— 마틴 루터 킹

1 세계인권선언과 제2차 인권혁명

오늘날 인권은 대단히 인기 있는 정치적 개념이 되었다. 인권은 좌우 이념과 사상을 떠나 거의 모든 사람이 일단 말로는 동의하는 '중첩되는 합의'의 영역이 된 것처럼 보인다. 그런데 이같이 인기 있는 사상 치고 인권만큼 이상한 담론도 없다. 인권담론에는 창시자도, 주도적인 집단도, 결정적인 텍스트도 존재하지 않는다. 여러 주창자, 여러 소외집단, 여러 텍스트가 있을 뿐이다. 제1차 인권혁명 이래 인권담론은 억눌리고 박해받는 사람들의 집단적인 한숨과 염원이 조금씩 모여 오늘날의 모습을 갖추게 되었다. 바로 이 점에서 세계인권선언(1948)의 중요성이 부각된다. 제1차 인권혁명의 메아리를 간직하면서 제2차 인권혁명의 문을 열어젖힌 문헌이기 때문이다. 그러므로 굳이 현대 인권담론의 핵심 텍스트를 하나만 꼽는다면 그것은 세계인권선언이 될 것이다. 이 선언이 얼마나 중요한지는 그 후 등장한 수많은 국제인권법으로도 증명된다.

우리가 인권을 말할 때 국제법을 그토록 중시하는 이유도 사실은 여기 있다. 예를 들어 세상의 어떤 사상 또는 체제가 그토록 철두철미하게 국제법적인 근거를 자랑하는가? 자본주의? 사회주의? 생태주의? 민족주의? 따라서 인권에 있어 세계인권선언과 국제법은 다른 사상들이 보유하고 있는 거대이론 체계에 대한 '담론적 등가물'이라 할 수 있다. 여기서 우리는 인권에서 법이 왜 그렇게 중요한지를 알게 된다. 이와 동시에 법적 언어로 표현된 인권담론의 약점도 어느 정도 감지할 수 있다.

제2차 인권혁명의 이론적 특징

인권은 인간역사의 쓰라린 경험을 반성하면서 만들어진 경험적 개념이다. 그것은 "특정한 사회적·정치적 투쟁을 통해 수백 년간 만들어져 온" 역사의 특수한 산물이다(Patterson 2006). 제2차 인권혁명은 지금도 계속되고 있는 혁명이므로 새로운 이론이 지속적으로 나오고 있는 중이다. 그런 점을 감안하면서 제1차 인권혁명과 제2차 인권혁명의 인권이론을 비교하면 적어도 여덟 가지의 중요한 차이를 발견할 수 있다(Campbell 2004; 2006; Donnelly 2003; Fagan 2006; Nickel 1987; Waldron 1987). 이들을 인권의 토대, 평등주의, 인권의 패러다임, 인권의 이념적 성격, 인권보호 의무의 주체, 개인주의의 퇴조, 인권의 국제화, 보편주의에 대한 비판 등으로 나누어 설명해 보자.

① 인권의 토대 : 제1차 인권혁명 때만 해도 권리의 토대를 사회공동체 이전에 독립적으로 존재하는 자연법이라고 가정하곤 했다. 따라서 당시의 인권은 신법을 은연중에 전제하는 자연권이었다. 그러나 오늘날의 인권은 더는 형이상학적 근거에 의존하지 않는다. 대신 권리가 인간

의 창조물이고 인간이 직접 디자인하는 것이라고 생각한다. 칸트의 인간 존엄성에 근거한 인권이론 또는 그보다 더 사회구성주의적인 이론을 원용하고 있는 것이다. 이것은 권리의 합의형 모델에 가깝다. 물론 오늘날 인권의 인간중심적·세속주의적 정당화를 모든 이론가들이 찬성하는 것은 아니다(Perry 1998 참조). 특히 종교적 윤리전통에서 출발해 인권을 지지하는 입장에서는 이런 세속화 경향을 비판적으로 볼 여지도 있다. 나는 여기서 인권을 자연법(신법)에 근거한다고 보든지, 아니면 인간 존엄성에 근거하거나 인간의 의도적 구성물로 보든지 상관없이, 결과적으로 인권을 존중한다는 사실에는 큰 차이가 없음을 지적하고 싶다(예를 들어, Engler 2000). 실제로 전체 인권공동체가 다양한 인권관을 가진 입장들로 이루어져 있는 현실이 오히려 인권의 합의영역을 넓히는 데 도움이 된다고 생각한다. 그런데 인권을 우리 인간이 직접 만들어가는 것이라고 가정하게 되니 권리의 내용과 형태를 확정하는 일이 더욱 어려워졌다. 인권의 이런 철학적 불확정성으로 인해 오늘날 인권의 토대가 뭔지, 어떻게 정당화할 수 있을 것인지, 인권의 메뉴를 어떻게 확정할지를 놓고 격렬한 논쟁이 계속되고 있다. 인권단체들이 끊임없이 새로운 인권목록을 내놓는 것도 현대 인권의 구성주의적 성격에서 나온 현상인 것이다.

② 평등주의의 강조: 현대 인권에서는 평등주의가 인권의 핵심적 기반으로 격상되었다. 제1차 인권혁명이 주로 소유와 자유를 강조했다면 오늘의 인권이론은 평등을 강조한다. 그런데 이런 평등정신은 단지 법 앞의 평등만을 뜻하지는 않는다. 인간을 대우하는 원칙, 사회를 조직하는 원리, 인간과 집단을 둘러싼 관계를 규정하는 방식, 법과 제도를 운영하는 절차 등 모든 영역에서 평등을 강조한다. 인권에서 다룰 수

있는 평등에는 세 단계가 있을 수 있다(Baker et al. 2004, 2장). 첫째, 기본적 평등. 모든 인간의 가치와 존엄성이 매우 본질적인 의미에서 동일하므로 모든 사람을 똑같이 존중해야 한다는 말이다. 둘째, 자유주의적 평등주의. 이는 기회균등, 공정한 경쟁, 최저기준 등을 중시하며 특히 차별방지를 강조한다. 이것을 '방법론적 평등주의'methodological egalitarianism라고 부를 수 있을 것이다. 오늘날 차별방지이론은 논리적으로 대단히 정교해졌고 인간 삶의 구석구석까지 확대되어 실시되고 있다(정인섭 2004 참조). 인종, 국적, 성별, 종교, 피부색 등에 의한 차별은 말할 것도 없고 나이, 관행, 인식, 정체성, 소수자 지위, 취업, 진학, 장애 등 사회 모든 분야에서 차별의 현실이 새롭게 발견되고 있다. 국가인권위원회에 신고되는 사례 중 상당수가 차별에 근거한 인권침해라는 사실은 방법론적 평등주의의 확산을 단적으로 입증해 준다. 이제는 크레파스회사에서 피부색을 부를 때도 '살색'이라는 용어를 쓰지 못하는 시대가 온 것이다. 여기서 한 가지 기억해야 할 점이 있다. 인권의 평등주의는 기계적 평등이 목적이 아니다. 모든 사람을 똑같이 나쁘게 대우하는 것은 인권이 지향하는 평등주의가 아니다. 즉, 차별 없이 대우하되 잘 대우해 줘야 진정한 인권적 평등주의라 할 수 있다. 인권은 인간의 가치를 상향평준화하려는high equal worth 도덕적 지향을 가진 사상인 것이다. 자유주의적 평등주의 중에서도 가장 적극적인 기회균등을 추구한다는 평을 듣는 존 롤스는 최소수혜자에게 최대한의 몫을 보장하는 '최소극대화 원칙' Maximin에 의거해 경제적·사회적 불평등을 완화해야 공정한 사회구조가 만들어질 수 있다고 주장한다(롤스 2003). 셋째, 조건의 평등. 불평등은 사회구조에서 기인하며, 사회구조는 역사적으로 변화해 왔고 또 변화시킬 수 있으므로 단순한 기회균등이 아니라 물질의 분배를 통해 가치 있는 결과물을 선택할 수 있는 평등권까지 보장해야 한다는 입장이다. 인권의 평등사상은 지금까지 첫째와 둘째 단계를 강조하는 경향이 있었다. 하지만 오늘날 전 세계적 불평등이 심화되는 상황에서 세 번째 단계의 평등에 대한 관심과 모색도 활발히 이루어지고 있다(Baker et al. 2004).

③ 인권의 패러다임: 인권을 생각하는 전반적인 틀 자체에 큰 변화가 왔다. 과거에는 국가의 부당한 개인권리 침해에 대항하는 패러다임 안에서 인권개념이 고안되고 형성되었다. 이것을 '탄압 패러다임'이라고 표현할 수 있다. 탄압 패러다임에서는 국가와 개인 간의 관계를 규율하는 시민적·정치적 권리(1세대 인권)가 중요하게 취급되었다. 기본적으로 어떤 권리를 보호하려면 그 권리를 지킬 의무가 있는 주체가 자신의 '대응의무'corresponding duty를 실천해야 하는데, 탄압 패러다임하의 인권보호를 위해서는 국가가 개입을 적게 하면서 최저한의 법적 보장만 충족시키는 것이 대응의무로 떠오른다. 하지만 제2차 인권혁명 이후에는 현대사회의 광범위한 인간이익을 확보하려는 패러다임 안에서 인권개념이 형성되고 있다. 이것을 '웰빙 패러다임'이라고 부르기로 하자.[1] 웰빙 패러다임은 법과 사회인식이 진보해야 한다고 믿는 발전론적 사회 모델을 전제하고 있다. 웰빙 패러다임이 출현한 데에는 다음과 같은 몇 가지 변화가 계기가 되었다. 우선, 세계인권선언의 22~27조에 경제적·사회적·문화적 권리(2세대 인권)가 포함되었다. 그리고 경제에 관

---

[1] 캠벨은 이것을 '고문'(torture) 패러다임에서 '건강'(health) 패러다임으로의 변화라고 설명한다(Campbell 2004). 현대 인권에서 보건과 복지의 문제가 얼마나 중요한지를 암시하는 대목이다.

한 인식전환—빈곤이 정치적 박해만큼이나 무섭다, 불평등은 정치적 개입으로 해결 가능하다, 정치·경제·사회 시스템의 분리는 불가능하다 등—이 일어났다. 이와 함께 복지국가가 여러 반대에도 불구하고 대중적인 정치경제 모델로 자리 잡았다. 또한 개인이 자기 욕구충족을 위해 청구권claim rights을 가진다는 식으로 권리개념이 바뀌었다. 따라서 인간의 여러 욕구를 적극적으로 찾아서 보장해 주기 위해 국가의 개입을 확대하는 것이 권리보호를 위해 필요한 대응의무가 되었다.

④ 인권의 이념: 인권의 이념적 성격도 변했다. 제1차 인권혁명은 고전적 자유주의에 뿌리내리고 있었고, 이것을 기본으로 제2차 인권혁명에는 사회주의적 요소가 대거 포함되었다. 그러므로 오늘의 인권이념은 자유주의와 사회주의가 하나로 맞물려 있는 '사회주의적 자유주의' 또는 '자유주의적 사회주의'로 표현할 수 있을 것이다.[2] 도널리는 현대 인권이념을 자유민주주의와 복지국가 이념의 혼성물로 규정하고 이것에 가장 근접한 현실정치 모델로 스칸디나비아식 사회민주주의를 꼽고 있다(도널리 2002). 그러나 정치이념은 인권의 필요조건이 될지언정 충분조건이 되지는 못한다. 스칸디나비아 사회에서도 상대적으로 드물긴 하나 심각한 인권침해가 발생하곤 한다. 어떤 이념도 인권을 완전히 보호해 주지는 못하는 것이다. 오늘날 국제적으로 인정되는 인권목록을 보장하는 데 있어 자유주의적 사회주의 또는 사민주의가 현실적으로 가장 가까운 이념일지 몰라도, 인권의 보장은 이념과 정치체제를 넘어

---

[2] 나는 한국 사회 일각에서 아직도 시민적·정치적 권리를 인정하지 않거나 마지못해 인정하고, 경제적·사회적 권리에 대해선 무조건 비판을 퍼붓곤 하는 경향에 대해 18세기 말 제1차 인권혁명 당시의 사고방식에도 미치지 못하는 시대착오적 태도라고 생각한다.

서는 어떤 조건 즉, 인간의 평등성에 근거하여 타인을 존중하고 배려하는 사회기풍과 대중의 이타적 품성을 필요로 한다. 18세기 부르주아혁명의 결함은 타 계급에 대한 관점의 결여에 있었고, 20세기 사회주의 혁명의 약점은 흔히 인도적 관점의 부족에 있었다고 지적되곤 한다. 그런 뜻에서 제2차 인권혁명의 이념을 굳이 묘사하라면 그것은 자유주의적 사회주의에 바탕을 둔 휴머니즘에 가깝다고 말할 수 있다(4장 참조).[3]

⑤ 인권보호 의무의 주체: 인권을 보장해야 하는 의무의 주체들이 점점 더 다양해지고 있다. 이제는 국가만이 인권을 침해하는 것도 아니고 국가만이 인간의 웰빙을 보장해 줄 수 있는 것도 아니다. 인권은 공적 영역과 사적 영역을 넘나드는 문제이기 때문이다(〈표 5-1〉 참조). 각종 비국가 행위자들이 인간 삶에 심각한 영향을 주고 있으며, 경제지구화 시대를 맞아 기업, 특히 다국적 기업들의 노동권 침해는 핵심적인 인권문제로 대두되었다(Brysk 2005 참조). 또한 국가만이 아니라 국가 내 민간 무장집단들이 무차별적으로 전쟁에 개입하는 이른바 '새로운 전쟁'의 양상으로 인해 교전 당사자와 민간인의 구분이라는 인도법의 기본 전제가 무너지고 있다(Kaldor 1999; Shaw 2003b 참조). 그리고 사적 영역의 개인들도 인권침해의 주범임이 드러나고 있어(예: 가정폭력), 이제 인권을 보호해야 할 의무를 지닌 주체들을 폭넓게 규정하는 경향이 대세가 되었다. 마그리트 갈링은 국가가 여전히 인권보호에 있어

---

[3] 여기서 한 걸음 더 나아가, 인권이 사회운동에서 형성된 산물이라는 관점을 받아들인다면 어떤 이념이 인권을 보장한다는 식으로 생각하는 태도는 인과관계를 반대로 해석한 것일 수도 있다. 즉, 현존하는 어떤 이념보다도 더욱 근원적인 관점에서 인권투쟁을 전개하여 새로운 이념을 창조할 수 있는 가능성을 모색해야 할 것이다(8장 참조).

일차적 책임을 지니고 있지만, 인권보호의 제도적 테두리, 여러 주체들의 전략적 선택과 협력, 모든 시민을 사회공동체 속에 포용하려는 노력, 국가인권기구의 역할도 점점 더 중요해지고 있다고 말한다(Garling 2004).

⑥ 개인주의적 인권의 퇴조: 인권을 개인의 문제로만 규정하는 경향이 상대적으로 줄어들고 '집단의 권리' 개념이 상대적으로 중요해졌다. 가족, 인민, 집단을 개인만큼이나 중요한 인권의 주체로 인정하기 시작한 것이다.4 이것은 프랑스혁명의 박애정신을 이어받은 것으로서 구체적으로는 연대할 권리(3세대 인권)라는 개념으로 나타났다. 개인을 중심에 놓고 생각하는 전통적 자유주의 사상에서 벗어난 '정체성의 정치' identity politics 개념이 집단의 권리와 다문화주의를 주창한 것도 이런 경향에 한몫을 했다(Fukuyama 2006). 연대권은 제3세계 민족주의와 관련해서 민족자결권, 발전권, 전 인류 공통의 유산(자원) 향유권으로 이어졌다. 1950년대 이후 연대권의 등장으로 인권이론 안에서 엄청난 논쟁이 벌어졌는데 자유주의적 인권론의 기본 전제나 다름없었던, 개인에 초점을 맞춘 권리이론에 심각한 도전이 제기되었기 때문이었다. 그러나 오늘날에 와서는 연대권의 일부 측면을 비판하는 목소리는 있어도 연대권 자체를 부정하는 견해는 거의 사라졌다(7장 참조). 또한 연대권 원리로부터 평화권, 환경권, 인도적 구호권 등 새로운 권리의 이론적 근거가 도출되기도 했다. 집단권의 개념은 정책영역에서 영향을 끼쳤다. 예컨

---

4 예를 들어 〈세계인권선언〉 16조는 가정보호 조항을 두고 있고, 〈국제인권규약〉의 A, B 규약 1조 1항은 똑같이 "모든 인민들은(All peoples) 자기결정권을 가진다. 이 권리에 기초하여 모든 인민들은 자신들의 정치적 지위를 자유롭게 결정하고, 자신들의 경제적·사회적·문화적 발전을 자유롭게 추구한다."라고 규정하고 있다.

대 '적극적 차별시정 조치'affirmative action는 집단의 권리를 전제하는 정책이라 할 수 있다.

⑦ 인권의 국제적 확산 : 칸트의 이론이 현실에서 일정 부분 받아들여지면서 인권의 국제화 경향이 뚜렷해졌다. 제2차 인권혁명을 겪으면서 인권을 단순히 국제적으로 규정하는 것에서 한 걸음 더 나아가 인권을 보호하기 위해 국제적인 관심과 행동을 정당화하는 경향이 자리를 잡았다. 제1차 인권혁명 당시의 인권은 표현상으로는 보편인권을 표방했지만 내용상으로는 한 국가의 시민권이라는 의미가 강했다. 그러나 이제는 '시민권적인 권리'에서 '모든 인간의 권리'로 권리의 내용이 이동하는 경향이 확실히 나타나고 있다(7장 참조). 그 전까지는 몇몇 나라의 헌법적 권리에 속하던 권리들이 20세기 중반부터 모든 나라, 만인의 인권으로 격상된 것이다(Henkin 1990, 13-29). 이제는 인권문제를 놓고 다른 나라를 비판하는 것이 자연스러운 일이 되었다. "세계 각국이 아직도 주권원칙을 중시하고 타국의 내정간섭을 차단하려 하지만, 대규모 인권침해의 경우 국제적 조사와 비군사적 제재가 정당화될 수 있다는 원칙이 이제 완전히 뿌리를 내렸다"(Nickel 1987, 10). 하지만 불과 반세기 전만 하더라도 한 나라 정부가 타국의 인권문제를 거론한다는 것은 '외교 에티켓을 무시한 몰상식'으로 간주되기 쉬웠고, 민간단체가 타국의 인권문제를 비판하는 것은 '대꾸할 가치도 없는 건방진 행동'으로 치부되었음을 기억할 필요가 있다. 인권의 국제화는 국제인권법과 국제인권레짐의 확장으로 더욱 구체화되었고, 유엔사무총장까지 배출한 우리나라에서는 더는 강 건너 불 보듯 할 수 없는 현실이 되었다.

⑧ 보편주의 비판 : 제1차 인권혁명의 자연권이론은 자유주의의 핵심적 교의를 내포한 이론이었다. 그러나 자유주의적 자연권이 만인의

권리를 선포한다는 식의 '보편권리'로 출현한 이후 시간이 지날수록 그러한 논리의 허점이 드러나기 시작했다. 그 당시 보편인권의 혜택을 받았던 사람들은 실제로 얼마 되지 않았다. 소수에게만 혜택을 주는 보편인권이란 것은 말 자체가 모순이다. 보편인권의 이런 맹점은 당시에도 비판의 대상이 되었지만, 특히 제2차 인권혁명 이후 다시 혹독한 비판대에 오르게 되었다. 그중 가장 중요한 비판은 페미니즘과 문화상대주의 진영에서 나왔다. 전자는 보편인권의 남성중심적 시각과 젠더편견적 한계를 지적했고, 후자는 보편인권의 특정한 기원과 정치성을 문제시했다. 페미니즘과 상대주의의 비판을 받기 이전과 이후의 현대 인권이론은 몰라볼 정도로 달라진 모습을 보인다. 그러므로 나는 인권의 이념적 성격을 변화시켰던 사회주의, 그리고 보편인권의 근본 전제들을 재검토하게 만들었던 페미니즘과 문화상대주의, 이 세 가지를 현대 인권의 대표적인 비판이론으로 간주하여 이들을 4, 5, 6장에서 각각 다룰 것이다.

인권의 작동방식

아래에서 현대 인권이론을 본격적으로 다루기 전에 한 가지 미리 강조하고 싶은 사항이 있다. 그것은 인권의 내용(목록)만큼이나 인권의 '작동방식'과 달성 과정도 중요하다는 점이다. 나는 미국이 2003년 이라크를 침공하면서 내세웠던 명분 중에 '인권보호'가 들어있는 것을 보면서 이 점을 뼈저리게 느꼈다. 인권은 목표와 작동방식과 과정이 모두 인권적이어야 제대로 된 인권으로 인정받을 수 있다. 우리는 흔히 세계인권선언과 국제법에서 나열하는 인권의 목록에만 신경을 쓰면서 그러한 목록 뒤에 숨어 있는 인권의 작동방식을 간과하기 쉽다. 하지만 인권을 작동방식으로 이해하면 생활 속에서 인권을 실천하거나 어떤 문제를 인권적으로 분석하기가 쉬워진다. 또한 인권적 작동방식을 익히면 현실 정책 영역에서 대단히 요긴하게 활용할 수 있다. 예컨대 보건 분야에서 인권에 근거한 정책을 제안하려고 할 때 인권목록적으로 접근하면 한계가 있을 수밖에 없으므로 인권의 작동방식에 근거해 정책을 고안하는 것이 현실적으로 훨씬 도움이 된다. 이런 방식은 어떤 주장이 진짜 인권이고 어떤 주장이 단순한 '권익'인지를 구분하는 데에도 유용하다. 물론 이런 인권적 작동방식들이 내재적으로 완전한 통일성을 갖춘 것은 아니다. 어떤 방식들은 극단적으로 추구될 경우 서로 충돌하기도 한다. 어쨌든 세계인권선언에는 다음 여섯 가지의 인권적 작동방식이 명백하게 또는 암묵적으로 제시되어 있다. 이 글을 읽는 독자들은 인권의 목록을 기억하는 것만큼이나 작동방식도 함께 기억하기 바란다.

① 평등과 차별금지
② 법·규정에 근거한 접근방식
③ 자율성과 자기결정
④ 인도주의와 평화적 방식
⑤ 민주적 원칙: 참여와 책임성(정치적 책임성과 법적 책임성)
⑥ 공동체 배려와 사회 전체의 복리 고려

2 권리이론과 인권의 정당화

인권은 말 그대로 인간의human 권리rights다. 따라서 인권이론에서 일반 권리이론에 대한 설명을 빠뜨릴 수 없다. 그렇다면 도대체 권리權利란 무엇인가? 권리는 흔히 다음과 같은 논리구조 속에서 성립된다.

"A가 B에게 C의 이유로 D를 요구한다."
여기서 A는 권리의 주체rights-holder
B는 의무의 주체duty-bearer
C는 권리의 근거(도덕, 법, 계약 등)
D는 권리의 내용(권리의 목록)이다.

그러나 A가 자기권리를 항상 요구하는 것은 아니다. 예를 들어 병자나 장애인, 노약자, 인간이 아닌 존재는 권리를 요구하기 어려울 수도 있다. 이때에는 A의 요구와 관계없이 그의 본질적인 이익을 보호해 주기 위해 권리가 필요하다고 할 수 있다. 이런 관점은 아래의 '이익이론'에서 다룰 것이다.

권리를 이론적으로 설명하기 위해서는 두 가지 전제가 필요하다. 첫째, 권리는 본질적으로 어떤 사회공동체를 전제로 해야 하고 누가 권리를 가지는지, 그리고 누가 그런 권리를 충족시킬 의무가 있는지를 규정하는 어떤 체제를 전제해야 한다. 로빈슨 크루소처럼 혼자서 살 경우 누가 누구에게 권리를 요구할 수 있을 것인가?

둘째, 권리는 '도덕적'moral 권리와 '법적'legal 권리로 나눌 수 있다.

법적 권리는 실정법에 의해 주어진 권리를 말한다. 벤덤 이래 법실증주의 전통에서는 법이 있어야 권리가 생긴다는 입장을 원칙적으로 고수한다. 이 전통은 법이 존재하기 이전의 직관적·선험적 권리에 대해서는 회의적인 편이다. 그리고 실정법은 도덕적으로도 옳다(또는 옳아야 한다)는 전제를 깔고 있다.5 그런데 혹시 법이 잘못될 가능성은 없을까? 나치는 자기들의 법을 이용하여 유대인 수백만 명을 죽이지 않았던가? 그리고 법관이 법을 악용하거나 악법에 협력할 가능성은 없을까?6 더 나아가, 좋은 법이라 하더라도 인권을 지나치게 법으로만 해석하고 인권문제를 법으로만 귀결시키는 태도는 법만능주의에 빠질 위험이 있다. 법을 역사발전과 상관없이 독립적으로 존재하는 '객관적 실체'인 양 못 박아 놓고 법조문에서 모든 인권논의를 연역적으로 끌어내려는 태도는 옳지 않다. 여기서 우리는 법적 권리와 별도로 존재하는 도덕적 권리개념을 생각할 수밖에 없다. 실정법과 상관없이 인간은 도덕적 근거에

5 조셉 레들리히의 다음 글은 실정법(*positives Recht*)의 심리적-도덕적 토대에 '정의' 개념(*Gerechtigkeit*)이 들어설 여지가 있는지 하는 중요한 문제를 잘 요약하고 있다(Redlich 1927).

6 유신 치하 사법의 추악한 실상은 잘 알려져 있다. 1975년 인혁당재건위 사건으로 8명이 억울하게 사형되었던 '사법살인'이 대표적인 사례다(조현조 2003 참조). 판사들이 긴급조치에 암묵적으로 동조했던 사실 역시 아직까지도 논란의 대상이 되고 있다. 긴급조치 자체의 위헌성을 역사적으로 청산할 수 있는 근거를 '법치국가의 기본원칙 또는 정의의 기본원리'에서 찾아야 한다는 의견도 있다(이재승 2007). 이는 법적 권리 이전의 도덕적 권리를 논하는 입장과 상통하는 견해다. 악법 앞에서 사법부가 기회주의적으로 처신하는 것은 세계 공통적인 현상일 수도 있다. 1973년 칠레의 민주정부를 쿠데타로 전복하고 집권한 피노체트는 그 이전 정부가 임명했던 판사들을 교체하지 않고 그대로 두었다. 당시 칠레의 인권변호사로 활동했던 롤란도 가에트는 이들 판사들이 군사정부에 재빨리 순응하여 인권개념을 '고무줄처럼' 멋대로 늘리는 것을 목격했다(Gaete 1993). 이 모든 사례는 법적 권리만으로 인권을 해석할 수 없음을 잘 보여 준다.

의해 어떤 권리를 주장할 수 있다는 말이다. 악법에 저항하는 것, 또는 법에 규정되어 있지 않더라도 어떤 인권을 요구하는 것은 모두 도덕적 권리에 근거한 주장이다. 이렇게 보면 인권을 도덕적 권리만으로 설명할 수 있을 것 같기도 하다. 그러나 여기에 딜레마가 있다. 법적 권리만으로 인권을 규정하는 것은 물론 미흡하지만 인권을 보장하려면 법적 권리를 무시할 수도 없기 때문이다. 도덕적 권리가 아무리 아름다워도 법적 권리라는 형태로 성문화되지 않으면 현실적 힘이 없다. 따라서 인권이 법적 권리보다 더 보편적이고, 더 우선적이며, 더 중요하지만, 인권을 실질적으로 보장하기 위해서는 법적 권리라는 형식을 갖추는 게 훨씬 더 효과적이라고 말할 수 있다(Campbell 2006, 34-39). 물론 이때의 법은 내재적으로 정당한 법이어야 한다. 이렇게 본다면 인권이 지향하는 인권적 권리는 법적인 권리로 표현되어 있으면서(권), 도덕적으로도 의로운(의), 즉 '권의'權義라고 표현하는 것이 더 정확할지도 모른다. 지금부터는 권리이론에서 가장 중요한 다섯 가지 이론을 차례로 다룰 것이다.

호펠드의 법적 권리: 권리와 의무

권리개념은 법철학에서 주로 다루는 주제다. 법적 권리이론은 권리와 의무의 주체, 그리고 권리와 의무 간의 관계를 명확히 개념화했다. 권리이론의 원조로는 단연 웨슬리 뉴컴 호펠드Wesley Newcomb Hohfeld를 꼽을 수 있다. 호펠드는 법적 권리를 연구한 법학자였다.[7] 하지만 요즘은 이 이론으로 도덕적 권리까지 포함하는 모든 권리를 설명할 수 있다고 보는 사람들이 많다. 호펠드는 권리개념이 모든 법의 근본에 깔려 있다고 생각했다(Hohfeld 1913; 1917, 특히 1913년 논문). 그리고 권리는 막연히 주장할 수 있는 것이 아니고 반드시 그것에 대응하는 의무와 연관 지어 생각해야 하는 개념이라고 보았다. 호펠드는 네 가지 '법적 대응관계'jural correlatives 속에 여덟 가지의 개념이 있다고 가정한다(Hohfeld 1913, 30, 논문 내의 표 참조).

① 권리와 의무 Rights and Duties : 갑이 을에게 무엇을 요구한다면, 을은 갑에게 그것을 들어줄 의무가 있는 관계. 내가 동사무소에 가서 호적등본을 요구하면 동사무소는 내게 그것을 발급할 의무가 있다. 이런 관계를 호펠드는 '청구권'claim으로 부르자고 하면서, 그렇게 하면 '권리와 의무'라고 길게 부를 것 없이 "한마디로 끝낼 수 있는 장점이 있다"고 한다!(Hohfeld 1913, 32).

② 특권과 '무권리'Privileges and 'No-Rights' : 갑이 어떤 것을 하지 말아야 할 금지규정이 없을 경우 이론상 무엇이든 할 수 있는 상태. 이것을 호펠드는 '자유권'liberty이라고 부른다(Hohfeld 1913, 41). 자유권은 홉스가 말한 자연상태에서의 자유와 비슷하다. 이때 타인에게는 아무런 대응의무가 발생하지 않거나, 혹은 갑을 방해하지 말고 그냥 내버려 둘 소극적 대응의무만 발생한다. 예컨대 내가 북한산 꼭대기에서 밤새워

---

7 호펠드는 1879년에 태어나 예일대 로스쿨 교수로 재직 중 39세에 요절했다. 살아생전 몇 편의 논문을 써서 권리이론의 대가로 인정받았다. 특히 1913년과 1917년에 나온 두 편의 논문을 중심으로 그의 사후 1919년에 『법의 근본개념』(*Fundamental Legal Conceptions, As Applied in Judicial Reasoning and Other Legal Essays*)이 출간되었다. 적게 쓰고도 명성이 높았으니 일찍 죽은 것만 빼면 모든 학자들의 선망의 대상이 될 만하다. 호펠드는 법학자로는 드물게 논문 안에 가끔 건조한 유머를 집어넣어 독자들이 졸음을 쫓는 데 도움을 주곤 했다.

앉아 있어서는 안 된다는 규정이 없으므로 내겐 그렇게 할 자유가 있다. 이때 세상 사람들은 내 행위와 아무런 상관이 없을 수도 있고, 아니면 나를 그냥 내버려 두는 것만으로 자기들의 의무를 다할 수도 있다.

③ 권한과 귀책사유Power and Liability: 갑이 어떤 권한을 행사할 경우 그것이 주변의 권리·의무에 영향을 미치는 관계. 국회의원들이 자신들의 권한으로 법을 만들면 그 법은 국회의원을 포함한 모든 국민에게 영향을 미치고 모든 국민에게는 그 법을 지킬 의무가 발생한다.

④ 면책과 무능력 Immunities and Disabilities: 을이 자기 권한을 행사하더라도 갑이 특별한 면책권을 지니고 있을 경우 을의 권한은 무능력해진다. 호펠드는 면책이 '면제'exemption 또는 '불처벌'impunity 개념과 비슷하다고 말한다. 결론적으로 호펠드는 위의 여덟 가지 개념이 모든 '법의 최소공분모'를 이룬다고 주장한다(Hohfeld 1913, 58).

오늘날의 법적 권리이론에서는 호펠드가 말한 ①의 청구권이 제일 중요하고 다음으로 ②의 자유권이 중요하다고 본다.[8] 청구권은 일종의 '계약관계'를 전제로 하므로 권리와 의무가 정확히 대응되어 책임소재를 명확히 가릴 수 있기 때문에 청구권을 가장 본질적인 권리로 본다. 그런데 청구권의 대응의무에도 두 종류가 있다. 예를 들어 내게 투표권이 있으면 국가는 그것을 존중해야 할 의무가 있다. 이처럼 의무의 대상을 확실히 지정할 수 있는 권리를 '특정대상 청구권'claim in personam이라고 한다. 반면 나는 내 노트북을 다른 사람에 의해 도난당하지 않을

---

[8] 우리는 여기서 법적 권리이론에서 접근하는 기본인권과 일반 인권이론에서 접근하는 기본인권의 정당화 논리에 어감의 차이가 있음을 알 수 있다. 호펠드이론의 현대적 의의를 둘러싼 논쟁은 Kramer et al.(1998)을 보라.

〈표 3-1〉 권리의 두 차원: 의무성과 구체성

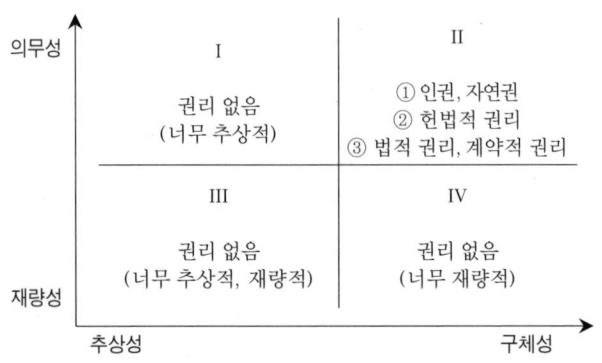

출처: Nickel 1987, 20 수정.

권리를 지니고 있지만 그것을 존중해 줄 의무는 모든 사람에게 있다(누군가를 잠재적 도둑으로 미리 지정해 두기는 어렵다). 이처럼 의무의 대상을 확실히 지정할 수 없는 권리를 '불특정 청구권' claim in rem이라 부른다. 나는 독자들께 인권과 관련해서 특정대상 청구권, 불특정 청구권, 그리고 자유권을 구분해서 적용하는 연습을 해 보길 권하고 싶다. 퀴즈 하나. 생명보존권은 이 세 가지 중 어디에 속하겠는가?[9]

지금까지 말한 법적 권리를 요약한다면, 그것은 구체적이면서도(구체성), 반드시 지켜야 할 의무가 발생하는(의무성), 두 차원의 개념이라고 할 수 있다. 〈표 3-1〉에 이런 관계가 설명되어 있다. 구체성과 의무성이 교차하는 II 영역이 권리의 영역이다. 그런데 이 영역 안에서도 인권

---

[9] 정답: 세 가지 모두에 해당된다고 보아야 할 것이다.

이 제일 상위의 개념이고, 그 다음이 헌법적 권리, 마지막으로 일반법적 권리가 존재한다.

인권의 정당성: '자유의지'이론과 '이익'이론

인권이 왜 필요한가? 우리는 인권을 왜 중요히 여겨야 하는가? 인권이 존재해야 할 절대적 이유는 무엇인가? 이런 질문은 인권의 타당성을 철학적으로 어떻게 정당화할 수 있는가 하는 문제다. 이 질문에 답하는 방식으로 크게 두 가지 이론이 발전되어 왔다(Campbell 1983; 2006; Fagan 2006; Lacey 2004; Waldron 1984). 첫째, 인권이 인간의 자유를 위해 꼭 필요하다고 보는 이론이 있다. 인간에게는 자유를 추구하는 성향이 있고, 자유가 있어야만 자신이 원하는 바를 선택할 수 있고 자기 뜻대로 행동하면서 살 수 있기 때문이다. 이 입장은 행위주체로서의 인간의 자유의지를 강조하므로 흔히 '자유의지이론' 또는 '의지이론'will theory 또는 '선택이론'choice theory이라고 부른다. 자유의지이론은 인간의 자율을 중시하고 인권의 목록을 극소수로 한정해서 그것에서 다른 모든 인권이 도출된다고 가정하는 경향이 있다. 이 때문에 자유의지이론은 자율성 autonomy 을 다른 모든 권리의 기초가 되는 '토대적 권리'foundational rights 로 간주하기도 한다(Madhok 2005). 예컨대, 2장에서 보았듯이 하트는 권리란 본질적으로 법적 권리를 뜻하지만, 법적 권리가 아닌 추상적 권리라는 개념이 만일 존재하긴 한다면 그것은 단 하나의 자연권으로서 존재해야 한다고 주장한다(Hart 1955). 그는 평등한 자유권이, 외부로부터의 강압을 막는 것을 빼고는 타인에게 적극적으로 간섭하지 않고 간섭받지도 않는다는 소극적 자유와, 타인에게 해를 끼치지 않는 한 어떤 행동도 할 수 있다는 적극적 자유로 구성된다고 본다. 이런 소극적·적극적 자유권이 '자연권'에 속하는 이유는 그것이 타인과의 특별한 관계를 가정하지 않아도 성립될 수 있고, 타인의 자발적인 행동을 통하지 않고도 성립될 수 있는 본연의 권리이기 때문이라고 한다. 앨런 제워스 역시 "인간의 행위에 꼭 필요한 조건"만이 인권의 토대가 되어야 한다고 본다(Gewirth 1982, 5).[10] 이처럼 자유의지이론은 주로 행위주체의 자율성에 관심을 갖는 이론이다. 하지만 자유의지이론은 자기의지를 적극적으로 혹은 효과적으로 표현하기 어렵다고 생각되는 사람들—예를 들어 노약자나 장애인 등—에게 불리하게 작용할 수 있는 단점이 있다. 그리고 탈정치화된 자기중심적 개인을 강조하기 쉽고('도덕적 개인주의'), 남성-백인-중산층의 정체성을 기본 전제로 한다는 비판을 받곤 한다(Fields 2003; Kramer et al. 1998, 248-262 참조). 하지만 집합적 수준에서의 자기결정권(집단적 자율성)까지도 인정하는 현대 인권이론을 감안한다면 자유의지이론이 개인주의적 이론으로만 해석될 필요는 없다고 생각한다. 또한 민주주의의 참여를 위해서라도 개인의 자율성을 중

---

10 제워스는 특이하게도 인간이 자유의지를 실현할 수 있는 조건 중에 '암에 걸리지 않을 권리'(Right to the Non-Infliction of Cancer, RNIC)를 포함시켰다. 오늘날 흡연으로부터 발암물질, 환경공해에 이르기까지 암을 유발시키는 인과관계가 밝혀진 요인들이 많다. 이런 권리의 1차적 침해자는 발암물질 제조자, 판매자이며 2차적 침해자는 행정관료, 국회의원들이다. 이렇게, 자기가 통제할 수 있는 행위에 의해 타인이 암에 걸릴 것이라는 사실을 알고 있었거나, 알고 있었을 것이라고 믿을 만한 근거가 있는 사람들은 타인의 기본권을 침해한 인권침해자가 된다. 이런 책임자를 가려내기 위해서 '자신의 인지하에 자기행동을 통제했느냐의 기준'(informed control criterion)을 적용할 수 있다는 것이다(Gewirth 1982, 181-196). 나는 최근 담배회사에 폐암의 책임을 물을 수 없다고 한 대한민국 사법부의 판결을 접하고 한국의 보건의료운동이 '암에 걸리지 않을 권리'와 같은 아이디어를 중요하게 활용할 수 있을 것이라는 생각이 들었다.

시할 필요가 있다(8장 참조).

둘째, 인권이 인간의 본질적 이익을 보호하기 위해서 꼭 필요하다고 보는 이론이 있다. 이때 '이익'이란 말은 물질적 이익만이 아니라 인간의 행복, 복리, 웰빙에 필요한 모든 유형·무형, 생물학적·사회적 이익을 뜻한다. 따라서 이것을 '이익이론'interests theory 또는 '편익이론'benefit theory 이라 부른다. 인간의 본질적 이익은 생명을 보존할 수 있는 안전, 기본적인 신체적 욕구, 함부로 구속되거나 고문당하지 않을 권리 등으로 광범위하게 규정할 수 있다. 이익이론을 받아들일 경우 인간들이 서로 협력해서 적극적으로 상대방을 보호해 줄 수 있는 협력체계가 필연적으로 요구된다. 이 이론은 인간의 복리에 필요한 공통분모를 가정하기 때문에 다양한 권리목록을 인정할 수 있는 장점이 있다. 그리고 인권의 목록 중 정책상의 선후를 가려 우선적으로 보장해야 할 인권을 추려낼 수도 있다. 예컨대, 만일 북한 인권문제를 거론하면서 식량권이나 생존권이 제일 시급하다고 말한다면 그것은 암묵적으로 '이익이론'에 입각해서 인권을 정당화하는 것이다. 또한 이익이론은 권리의 주체를 다양하게 설정할 수 있다는 장점이 있다. 권리의 주체가 자유의지를 행사할 수 있든 없든, 인간이든 아니든, 그 본질적 이익을 보장해야 한다고 말할 수 있기 때문이다. 따라서 노약자, 병자, 정신장애인 등 권리의 표출에서 불이익을 당할 가능성이 많은 사람은 물론이고, 동물이나 생태계, 미래 세대의 권리까지 정당화할 수 있는 잠재력을 가진 이론이다. 따라서 도롱뇽의 권리에 관심이 많은 사람은 이익이론의 옹호자로 봐도 큰 문제가 없을 것이다! 하지만 이익이론은 인간의 본성이 미리 정해져 있다고 전제한다는 점, 각 사회에 따라 욕구가 다를 수 있다는 점, 상호 협력체계 구축의 어려움 등의 이유 때문에 비판의 대상이 되기도 한다.

또한 인간을 단순히 욕구충족의 수혜자이자 수동적인 존재로만 본다는 비판도 받고 있다(Kramer et al. 1998, 283-301 참조). 크게 보아 오늘날 인권 학계에서는 이익이론이 좀 더 많은 지지를 받고 있다. 하지만 나는 이익이론이 현대 사회과학적 인권관에 좀 더 부합하긴 하나, 민족적·문화적 자율성을 중시하는 우리 사회의 근원적 인권 서사전통을 감안할 때 자유의지이론도 무시할 수 없다고 생각한다.

'으뜸패'이론과 '보호캡슐'이론

로널드 드워킨Ronald Dworkin은 30년 전에 『권리를 심각하게 받아들이기』(1977)라는 문제작을 통해 법학계에 파문을 던졌다. 드워킨은 권리가 법체계 안에서 '특별한 힘'을 가진다고 본다. 법은 어떤 특정 사건에 연역적으로 적용될 수 있는 일반규정이며 그 규정이 정확하지 않을 때는 사법적 재량이 개입할 수 있다고 보는 것이 통설이었다. 그러나 드워킨은 이런 가정을 거부한다. 법에 명확히 규정되어 있지 않더라도 재판관은 '법의 원칙'에 의해 제한을 받는다. '법의 원칙'이란 무엇인가? 그것은 법의 역사 속에서 발전되어 온 개인의 평등한 권리를 말하며 법해석에서 특별한 무게를 갖는다. "권리의 정의에 따르면 그 어떤 사회적 목표로도 권리를 찍어 누르지 못한다"(Dworkin 1977, 92). 즉 이런 법의 원칙은 '권리에 근거한 법의 원칙'이며 공공정책이나 일반적인 효용보다 앞선다. 정치에 있어서 일반적인 원칙은 공리주의. 공리주의적 정치에서 모든 사람은 하나의 단위로 취급되며 이런 단위들의 전체적인 효용·비용에 따라 정책이 결정된다. 이런 경우 공리주의적 정책에서는 반드시 손해를 보는 소수가 나올 수밖에 없다. 하지만 "어떤 사람이 권리를 갖고 있을 때 정부는 설령 공중의 이익general interest을 위해서라도 그 사람의 권리를 부정해서는 안 된다"(Dworkin 1977, 269). 따라서 권리는 이런 효용원칙에서 손해를 보는 소수를 위한 최후의 보루, 즉 포커게임으로 치면 '으뜸패'trump의 역할을 한다. "개인의 권리는 개인이 갖고 있는 정치적 으뜸패와 같은 것이다"(Dworkin 1977, xi). 권리개념은 모든 인간의 민주적 평등성을 완성하는 데 도움을 준다. 따라서 재판관은 정책의 결과나 효용이 아니라 권리원칙에 의거해서 결정을 내려야 하고 이것이 민주주의 체제에서 재판관의 궁극적인 역할이다. 따지고 보면 "법관도, 여느 정치인들과 마찬가지로, 정치적 책임성이라는 독트린의 적용을 받는다"(Dworkin 1977, 87). 즉, 법관은 '으뜸패'인 '중력적 권리'를 지키는 민주주의의 수호자인 것이다. 여기서 우리는 세계인권선언(1948)과 국제인권규약(1966)이 나온 후에도 법이론에서 여전히 주류에 속하지 못하던 권리문제가 드워킨(1977)에 이르러서야 확실한 이론적 근거를 갖게 되었음을 알 수 있다. 으뜸패이론은 한편으로 양심적 병역거부로부터 동성애에 이르는 여러 권리를 본격적으로 부각시켰지만, 다른 한편 복잡한 논쟁으로 이어지기도 했다. 예컨대, 드워킨은 포르노의 자유를 옹호하고(Dworkin 1981), 2006년 덴마크에서 마호메트에 대한 만화풍자 사건이 터졌을 때 의사표현의 자유를 원칙적으로 지지하는 입장을 취하기도 했다(Dworkin 2006).

정치철학에서 권리문제에 접근한 마이클 프리덴Michael Freeden은 권리와 인권은 다르다고 전제한다. 호펠드는 권리이론에서 인권이론을 도출할 수 있다고 전제하는 반면, 프리덴은 인권이 인간에게 본질적으로 가장 중요한 것이므로 오히려 여타 권리들이 인권에서 파생된 협소한 개념이라고 생각한다(Freeden 1991). 또한 인권은 권리와 의무의 대응

〈표 3-2〉 5대 권리이론의 분석

	권리와 의무	인권의 정당화		인권의 법적 지위 및 핵심 기능	
	호펠드의 권리이론	자유의지이론	이익이론	'으뜸패'이론	'보호캡슐'이론
권리의 주체	·주체적 자유의지와 선택권을 요구하는 '개인'을 강조	·주체적 자유의지와 선택권을 요구하는 '개인'을 강조	·개인, 집단, 미성년자 모두 해당 ·환경 및 비인간 실체에도 해당	·주체적 자유의지와 선택권을 요구하는 '개인'을 어느 정도 강조	·개인 ·집단
권리의 내용	·청구권 ·자유권 ·권한 ·면책	·선택권 ·자율성 ·추상적 개인 자유 강조	·권리대상을 이익, 편익, 가치로 개념화 ·일부 추상적 개인 자유 인정	·개인의 평등성 우선 ·개인의 청구권	·선택권과 복지권
권리의 영향력	·법적 계약관계 ·권리의무 정확히 대응	·민주화·민주제도에 상응 ·시민적·정치적 권리	·미발전	·공리적·사회정책적 고려에 우선하는 권리 ·이를 위한 법제도 필요성 강조	·인권의 핵심적 기능이 인권을 특수한 개념으로 승격시킴 ·우선권 ·보호캡슐 ·행동유발

출처: Campbell 2006; Dworkin 1977; Freeden 1991; Hohfeld 1913; Lacey 2004 종합.

관계를 중시하는 법적 권리이론만으로 설명될 수 없다고 주장한다. 법적·논리적 의미에다 인간사회를 바라보는 일종의 존재론적 견해가 덧붙여질 때 인권의 참된 의미가 드러난다는 것이다. 우리는 흔히 인권에 어떠어떠한 종류(목록·내용)가 있는지에만 관심을 기울이기 쉽다. 그러나 프리덴은 인권이 특별한 것은 그 목록 때문이 아니라 인권의 핵심적 특성 때문이라고 주장한다. 여기서 인권에 대한 프리덴의 유명한 정의가 나온다(Freeden 1991, 7). 그에 따르면 인권이란 "언어로 표현된 개념적 도구"로서 다음과 같은 세 가지 핵심기능을 수행한다. ① 다른 모든 가치보다 인간이 존재하기 위해 꼭 필요하다고 간주되는 인간적·사회적 속성들에 우선권을 부여한다. ② 그러한 속성들을 지키기 위해 '보호캡슐'protective capsule 역할을 수행한다. ③ 이런 보호캡슐 역할을 위해 의도적인 행동을 촉구한다. 프리덴의 '보호캡슐' 비유는 인권의 자유의지이론적 정당성과 이익이론적 정당성을 모두 충족시킬 수 있는 포괄적 개념이다. 〈표 3-2〉는 지금까지 다룬 5대 권리이론을 정리한 것이다.

3 인권의 내용

인권의 목록

인권의 구체적인 내용이 어떻게 되는가? 국제법에서 실제로 인정되는 인권이 몇 가지나 되는가? 또는 이러저러한 이슈가 있는데 이게 인권인가 아닌가 하는 질문을 자주 받는다. 더 나아가 인권의 종류를 어떻게 분류할 수 있는가 하는 질문도 단골에 속한다. 실제 'human rights'라는 말도 복수형으로 씀으로써 인권이 여러 종류라는 사실을 암시하고 있다(구체적인 하나의 권리라고 할 때에는 'a human right'라고 쓴다). 통상적으로 〈표 3-1〉의 Ⅱ 영역 중 국제인권법, 헌법, 여타 국내법 등에서 인정하는 권리를 인권의 목록으로 보면 될 것이다. 법에서 정한 목록 외에도 일반적 원칙을 적용해 인권을 유추해야 하는 경우가 많기 때문에 인권의 목록을 하나하나 다 말하기는 어렵다. 〈표 3-3〉은 국제인권법에서 현재 인정되는 인권의 목록을 정리해 놓은 것이다. 그러나 이 표에 나오지 않는다고 해서 인권이 아닌 것은 물론 아니다. 인권원칙에 유추해서 새롭게 나올 수 있는 권리들이 많기 때문이다. 따라서 인권의 목록을 나열하기보다 국제인권법의 종류를 소개하고 그 내용을 직접 확인하는 것이 더 바람직한 방식이라고 생각한다.11 대표적인 국제인권법을 소개하면 다음과 같다.

- 세계인권선언(1948): 국제조약법은 아니지만 도덕적 구속력을 가진 국제관습법
- 경제적·사회적·문화적 권리에 관한 국제규약(A)(1966)
- 시민적·정치적 권리에 관한 국제규약(B)(1966)
- 인종차별철폐협약(1966)
- 여성에 대한 모든 형태의 차별철폐에 관한 협약(1979)
- 고문방지협약(1984)
- 어린이·청소년 권리협약(1989)
- 국제 이주노동자 권리협약(1990)
- 장애인 권리협약(2006)

인권의 목록을 알아보기 위해 우리나라 〈국가인권위원회법〉을 참고할 수도 있다. 이 법에서 정의하는 인권은 '인간의 존엄과 가치 및 자유와 권리'이다. 구체적으로는 ① 우리나라 헌법과 법률에서 보장하는

---

11 유엔인권고등판무관실의 다음 사이트에 나오는 국제인권법 종류를 참조하라.
  〈www.unhchr.ch/html/intlinst.htm〉(2007. 5. 30 접속).

〈표 3-3〉 국제인권법상 인정되는 인권목록

1	차별금지	31	휴식, 여가, 유급휴가
2	생명권	32	적절한 생활수준
3	자유와 인신의 보호	33	교육
4	노예와 예속 금지	34	문화생활에의 참여
5	고문 금지	35	자기결정권
6	법적 인격 인정	36	어린이·청소년의 보호와 지원
7	법의 평등한 보호	37	굶주림으로부터의 자유
8	법적 구제	38	보건·의료 권리
9	자의적 체포, 구금, 추방 금지	39	피난처를 구할 권리
10	독립적이고 불편부당한 재판	40	소유권
11	유죄로 판결날 때까지 무죄추정	41	의무교육
12	소급입법 금지	42	자유를 박탈당했을 경우 인도적 처우
13	사생활, 가정(home), 통신의 자유	43	채무를 근거로 한 구금 금지
14	거주이전의 자유	44	법에 규정된 경우에만 외국인 추방
15	국적 보유권	45	전쟁책동 및 차별선동 금지
16	결혼과 가족구성	46	소수문화 보호
17	가족의 보호와 지원	47	사적 의무 위배를 근거로 한 구금 금지
18	자유로운 동의에 의한 결혼	48	공공 서비스 접근권
19	결혼생활 내의 남녀평등	49	민주주의
20	사상, 양심, 종교의 자유	50	문화·학술 활동에의 참여
21	견해와 의사표현의 자유	51	지적 소유권 보호
22	언론의 자유	52	권리를 보장할 국제적·사회적 질서
23	집회의 자유	53	정치적 자기결정권
24	결사의 자유	54	경제적 자기결정권
25	통치에의 참여	55	여성의 권리
26	사회보장권	56	사형제도 금지
27	노동할 권리	57	인종차별정책 금지
28	강제 노동 금지	58	성적 지향 자유
29	공정하고 양호한 노동 조건	59	양심적 병역거부
30	노동조합	60	장애인 권리

출처: Landman 2006, 16 수정.

권리, ② 우리나라가 가입·비준한 국제인권조약에서 인정하는 권리, ③ 국제관습법에서 인정하는 권리를 말한다. 여기서도 모든 인권의 목록을 나열하지는 않는다. 따라서 나는 독자들에게 적어도 세계인권선언과 국제인권 A, B 규약, 그리고 우리나라 헌법을 직접 읽어보기를 권한다(김두식 2004, 김종철 2005, 박홍규 2001, 한상범 1997 참조). 국가인권위원회 사이트에도 인권관련 법 문헌들이 잘 나와 있다(www.humanrights.go.kr). 그렇다면 앞으로 인권의 목록이 얼마나 확장될 것인가? 나는 앞으로도 새로운 인권이 계속 출현하겠지만 적어도 법체계에서 권리목록이 한없이 늘어나지는 않을 것이라 생각한다. 현존하는 국제법, 국내법의 인권조항을 제대로 실천하는 문제도 중요하기 때문이다. 하지만 기존의 법정신에 비추어, 특히 차별금지의 취지에 따라, 인권의 새로운 적용 사례는 계속 나타날 것이다.

인권의 범주

인권을 세 가지 개념영역으로 나누는 것은 거의 상식화되어 있다. 1세대, 2세대, 3세대 인권개념은 위에서 간략하게 설명했으므로 여기서는 〈표 3-4〉를 중심으로 세대별 인권에 흔히 따르는 오해를 짚어보자.

첫째, 우선 1세대 시민적·정치적 권리는 국가가 개인을 괴롭히지 않고 그냥 내버려 두기만 하면 보장되는 소극적 권리이고(II), 2세대 경제적·사회적 권리는 국가가 팔을 걷어 부치고 개입해야 하는 적극적 권리라는(III) 오해가 있다. 그러나 〈표 3-4〉에서 보듯, 모든 세대의 권리는 각각 적극적 차원과 소극적 차원을 지닌다. 그러니 시민적·정치적 권리를 보장하기 위해서 국가가 적극적으로 개입해야 하는 경우도 많고(I), 경제적·사회적 권리를 보장하기 위해 국가가 차별을 하지 않아야 하는 경우도 있다(IV).

〈표 3-4〉 인권의 범주와 불가분성

	적극적 차원 (지원투입과 구체적 정책이 필요한 차원)	소극적 차원 (의도적으로 침해하지 않아야 하는 차원)
	I	II
시민적·정치적 영역	·사법 개혁 ·법집행 절차 및 교정시설 개선 ·법집행 공직자 인권교육 ·경찰 처우 개선 ·선거제도 개선 ·과거인권침해 사건 조사 및 과거사 정리	·고문 및 가혹한 처우 ·자의적 구금 ·초법적 살인 및 '실종' ·불공정 재판 ·선거부정
	III	IV
경제·사회·문화적 영역	·보건 ·복지 ·교육 ·기업 등 사적 주체에 의한 인권침해 피해자 구제	·보건, 복지, 교육 영역에서의 젠더, 인종, 나이, 언어 등에 따른 차별관행 및 정책
	V	VI
연대·집단 영역	·과거사 정리, 진실화해배상 ·외채 탕감 ·해외개발 원조	·환경 훼손 ·지구온난화 ·불공정 무역

출처: Landman 2006, 11 수정.

둘째, 시민적·정치적 권리는 국가가 마음만 먹으면 당장 보장할 수 있고 비용이 안 드는 반면, 경제적·사회적 권리는 여러 가지 정책을 펴야 하니 돈 먹는 하마나 마찬가지고 효과가 나타나려면 시간도 많이 걸린다라는 오해가 있다. 그러나 표에서 알 수 있듯이 시민적·정치적 인권을 보장하기 위해서도 사법 개혁, 교정시설 개선 등에 엄청난 투자가 필요하다. 과거사 정리나 로스쿨을 둘러싼 논란도 마찬가지다. 국가의 적극적인 조치가 있어야 하는 것이다(I). 이와 마찬가지로, 큰돈들이지 않고도 경제적·사회적 권리를 보장할 수 있는 경우가 있다. 예컨대 차별을 하지 않으면 된다(IV).

셋째, 시민적·정치적 권리는 사법적 조치로 해결 가능한 반면, 경제적·사회적 권리는 사회정책적 조치로만 해결 가능하다고 보는 오해가 있다. 이와 더불어 전자는 칼로 자르듯이 확실한 결과가 나올 수 있는 권리지만, 후자는 효과가 불분명한 권리라는—따라서 열등한 권리라는—오해가 있다. 이런 오해 역시 표를 보면 당장 답이 나온다. 예를 들어 I 항목에서는 재판보다 정책의지와 예산배정이 중요하고, IV 항목에서는 진정, 민원, 소송이 하루도 끊이지 않는다.[12] 법적인 접근과 정책적인 접근이 함께 가야 하는 것이다.[13] 그리고 효과에서도 법이든 정책이든 시행하기 나름이라는 점을 알 수 있다.

넷째, 집단권·연대권은 주로 '우리 민족끼리'에만 해당되는 권리라는 오해가 있다. 그러나 평화, 환경, 지구온난화, 인류 공동의 자원 활용, 등 여러 신세대 권리들(VI)이 집단권·연대권에 속한다. 또한 전 세계적인 연대를 염두에 둬야 하는 권리 문제도 이 영역에 속한다. 요즘 학생들

---

12 나는 미국에서 변호사 지망생들이 특히 IV, VI 항목의 공익 법률구조 봉사활동을 많이 하는 것을 보았다. 이 표에서 보듯이 우리는 하루빨리 시민적정치적 권리 중심의 인권관을 확장할 필요가 있다. 그런데 우리는 가장 기초적이라고 할 수 있는 II 항목의 권리도 아직 제대로 정리하지 못 하고 있다. 국가보안법이 대표적인 사례다.

13 현대국가가 국가시책을 집행하기 위해 보유할 수 있는 지렛대는 크게 보아 세 가지다 (Le Grand et al. 1992). 첫째, 법규와 강제적 정책. 둘째, 인센티브의 박탈(세금과세). 셋째, 인센티브의 제공(세금감면 및 각종 보조). 이 글에서는 주로 첫째 항목의 법규와 정책을 소개했지만, 앞으로는 권리와 의무의 범위를 설정하는 문제와 공공 정책에 있어서 사적 이익을 활용하는(인센티브) 방안 사이의 논쟁도 등장할 것으로 예상된다 (Schultze 1977, 72-76).

은 특히 개도국 발전지원, 해외봉사(V) 등에 관심이 많고 정부나 NGO에서 시행하는 해외파견 프로그램에 적극적으로 참여하는 편이다. 참고로, 서구 NGO는 말할 것도 없고 가까운 일본만 해도 NPO, NGO라고 하면 주로 개도국 개발지원, 해외재난 인도적 구호와 같은 활동을 기본으로 생각하는 편이다. 정치발전이 이루어지고 사회적 안정이 오면 2세대, 3세대 권리 쪽으로 강조점이 변하는 경향은 공통적인 추세라고 생각된다.

인권의 불가분성

이 절을 마치기 전에 인권의 '불가분성'indivisibility에 대해 한 번 더 강조하고 지나가자. 인권의 목록은 전체적으로 하나를 이루며 각 부분들을 따로 떼어 내서는 안 된다는 불가분성 원칙은 그리스도교의 삼위일체설trinitas을 연상시킨다. 절대자는 하나의 실체 안에 세 가지 위격位格으로 존재한다는 교리다. 마찬가지로 인권도 하나의 실체(전체 인권) 안에 세 가지 위격(시민적·정치적, 경제적·사회적, 집단적·연대적)으로 존재한다고 해석할 수 있다. 그런데 인권을 나누지 못한다고 하면서 왜 애당초 구분해 놓아서 우리를 헷갈리게 하는 것일까? 크레이그 스코트는 「인권규범의 상호의존성과 상호침투성」이라는 논문에서, 인권이 유엔의 국제법을 통해 성문화되는 과정에서 법적인 성향이 득세했음을 지적한다(Scott 1989). 권리를 정하려면 법적으로 결정할 수 있는 권리와 그렇지 않은 권리를 나누어야 한다는 견해가 우세했다는 것이다. 기존의 국제규범에 맞추려면 권리를 구분하는 것이 편리하다는 실무적인 견해도 한몫을 했다. 이념과 정치적 이유도 권리의 분리에 큰 역할을 했다. 특히 국제인권 A, B 규약을 심의하던 기간에 냉전대결이 극에 달해 미국은 시민적·정치적 권리를, 소련은 경제적 권리를 강력하게 주장하면서 두 가지 규약으로 귀결되었다는 것이다.[14] 이처럼 어떤 본질적인 철학이라기보다 현실적인 이유 때문에 권리를 나누어 표현하게 된 셈인데, 그럼에도 불구하고 스코트는 인권이 두 가지 의미에서 불가분하다는 점을 반드시 기억하자고 한다. 첫째, 여러 권리들이 서로 도움을 받아야 다 같이 존재할 수 있다는 '유기체적인 권리'organic rights의 의미에서 그러하다. 예를 들어 생명권과 의식주의 권리를 서로 떼어내지 못하는 것과 마찬가지다. 둘째, 서로 '연관된 권리'related rights라는 의미에서 그렇다. 예컨대 사회복지권의 범위를 정하기 위해 법원에 가서 재판을 받아야 하는 경우가 있을 수 있다. 이때 복지권과 공정한 재판권은 유기체적인 일체는 아니지만 서로 연관된 권리라고 볼 수 있다.

인권의 불가분성이 인권의 대원칙이긴 하나 여러 가지 인권 종류들 중에서 더 중요하고 덜 중요한 인권이 있을 수 있는가 하는 의문이 제기되곤 한다. 즉, 인권 안에 서열이 있는가 하는 문제가 인권이론에서 하나의 중요한 논쟁거리가 되어 있다(예를 들어, Meron 1986; Montgomery 2002; Shelton 2002; Teraya 2001 참조). 직관적으로 생각해 생명권이 우선이고 나머지 권리들은 그 뒤에 따라오는 권리라고 말하는 사람들을 흔히 볼 수 있다. 홉스의 생명보존권도 이런 생각의 연장선상에 있다. 국제법

---

14 한반도에서 벌어진 한국전쟁이 국제인권규약 제정의 토론과정에서 동서진영을 서로 대립하게 만든 배경이 되었고 인권개념의 분리에 어느 정도 영향을 끼쳤다고 한다 (Scott 1989, 795, 주 84 참조).

에서도 이 문제는 많은 논쟁을 야기했다. 시민적·정치적 권리에 관한 국제규약은 "국민의 생존을 위협하는 공공의 비상사태" 상황일 경우 엄격한 한도 안에서 위반가능한 권리가 있을 수 있고, 비상사태라 할지라도 위반할 수 없는 권리가 있다고 규정한다. 또한 '강행규범'의 존재, 국제인권법에 가입할 때 일부 조항을 유보하고 가입할 수 있는 규정, 기본적 권리와 파생적 권리 등 인권의 중요성 서열 문제를 놓고 여러 갈래의 논의가 존재한다. 나는 이 문제를 원칙적으로 다음과 같이 정리할 수 있다고 생각한다. ① 인권의 불가분성을 기본으로 전제한다. ② 생명권, 고문금지, 노예금지, 소급입법 금지, 평등원칙, 개인안전, 생계권 등은 비상사태를 포함한 그 어떤 경우에도 침해할 수 없다. ③ 인권의 중요성에 서열hierarchy을 매길 수는 없지만, 정책시행에 있어 필요하다면 우선순위priority를 정할 수는 있다. 특히 사회의 "맥락을 고려해서 [권리보장을 위한] 우선순위를 정하는 것과, 권리의 서열을 엄격히 매기는 것은 완전히 구분해서 생각해야 한다"(Alston 2005, 807). 이런 점은 인권에 기반을 둔 사회정책을 시행하는 데 있어 중요한 근거가 될 수 있다(8장 참조).

최근에는 인권의 불가분성을 새로운 각도로 규정하자는 제안도 나왔다(Ball and Gready 2006, 42-51). 이런 견해는 단순히 인권의 목록과 범주만을 통합할 것이 아니라 다음과 같은 고려사항들까지 통합함으로써 '새로운 불가분성' 이론을 만들어야 한다고 주장한다. ① 인권의 목적, 수단, 과정을 통합해야 한다. 인권을 위해서는 목표뿐만 아니라 수단과 방법도 인권적이어야 한다는 말이다. 이 점은 3장 '인권의 작동방식' 절에서 나도 주장했던 내용이다. ② 공적·사적 영역의 통합. 이 점은 5장 페미니즘이론에서 자세히 다룬다. ③ 국가와 비국가 행위자를 모두

고려해야 한다. 인권의 가해자와 피해자가 단순히 국가와 개인만이 아니라는 것이다(〈표 5-1〉 참조). ④ 인권의 관할권과 시행을 국내와 국외로 나누지 말고 하나의 관점으로 통일해야 한다. ⑤ 지역공동체 수준의 인권과 전 지구적 차원의 인권을 내재적으로 연결된 것으로 보아야 한다. ⑥ 민중의 상향식 요구와 국가의 하향식 정책이 통합되어야 한다. ⑦ 국가·기업에 대항하는 운동방식과, 경우에 따라 국가·기업을 활용하는 운동방식을 둘 다 구사해야 한다. 저항과 비판에 익숙한 인권운동이 하루아침에 후자를 실행하기는 어렵겠지만 시대의 필요를 감안해야 한다. 이것을 '협업적 운동'collaborative activism이라고 한다. ⑧ 개인권리와 집단권리를 통합해야 한다. 특히 소수자 집단의 권리보장이 결국 개인권리와 시민권의 문제로 이어진다는 점을 명심하자(서동진 2005 참조).

4 웰빙 패러다임과 인권

위에서 본 대로 현대 인권이론은 크게 보아 법이론, 권리이론, 철학적 논의 등을 거쳐, 근래 들어 욕구이론과 역량이론 쪽으로 새 영역을 개척했다. 주로 법학, 철학, 사회운동의 언어를 사용하던 인권이 사회정책, 사회복지, 보건의료, 인류학의 언어를 사용하기 시작한 것이다(아이프 2001 참조). 이것은 탄압 패러다임에서 웰빙 패러다임으로 영역을 넓혀가는 인권의 위상 변화를 말해 준다(물론 탄압 패러다임이 완전히 사라진 것은 아니다. 단지 강조점이 변했다는 말이다). 개인이 국가에 대해

'제발 나를 그냥 내버려 두라'고 하는 소극적 권리가 탄압 패러다임의 특징이라면, 웰빙 패러다임에서는 '내게 필요한 것을 채워 달라'고 당당하게 요구하는 청구권이 특징이 되었다. 따라서 개념상 국가는 시민의 욕구를 충족시킬 의무의 주체로 탈바꿈했다.15 탄압 패러다임에서는 생존욕구와 자유욕구 같은 핵심욕구가 주된 권리이므로 인권의 가해자를 명확히 밝히기 쉽다. 하지만 웰빙 패러다임에서는 정확한 가해자보다는 잘못된 경제·사회구조 즉 인과적 요인으로 욕구충족이 방해받는 경우가 많다(Galtung 1994).16

이런 점들이 '욕구이론'needs theory의 전제이며 현대 복지국가의 핵심 교의다. 그런데 욕구는 인권과 잘 연결될 수 있지만 모든 욕구가 인권은 아니다. 예컨대 사람은 타인에게 사랑받고 싶은 욕구가 있지만 그것을 권리로써 타인에게 강요할 수는 없다. 하지만 인간의 생존에 꼭 필요한 기본적 욕구는 인권과 잘 맞아떨어진다. 이런 관점에 따르면 인권은 "인간의 기본적 욕구를 충족시킬 수 있는 권리"라고 정의할 수도 있다

---

15 작은 정부를 선호하는 우파 정부는 국민의 욕구충족과 복지제공에 소극적이지만, 과거와 비교해 볼 때 현대국가는 좌우파 정부를 가리지 않고 엄청나게 팽창한 것이 사실이다. 2002년 기준으로 국내총생산에서 국가의 지출비율이 스웨덴의 경우 45.2퍼센트, 자유시장을 선호하는 미국에서도 30.4퍼센트나 되었다(Ball and Peters 2005, 4).

16 웰빙 패러다임에서는 얼굴 없는 관료제와 경로의존적 행정체계가 인권침해의 주범일 수 있다는 말이다. 갈퉁의 지적은 관료제라는 철골구조에 갇힌 현대사회가 "정신이 결여된 전문가들, 가슴이 없는 감성주의자들"에 의해 통치되는 것을 걱정한 베버의 생각과 같은 선상에 있다(Weber 1904-5, 182). 나는 아주 제한적으로 정부의 위원회 같은 곳에서 자문을 해 본 경험이 있다. 그것을 통해 잘못된 정책의 책임이 특정 개인에게 있는 것만큼이나 관료제의 조직적 특성 자체에 있는 경우도 많다는 사실을 느꼈다. 나는 이런 이유 때문에, 위에서 말한 대로, 신뢰관계를 구축할 수 있다는 전제하에 인권운동이 정부와 사례별로 '협업적 운동'을 시도해 볼 만하다고 생각한다.

(Gasper 2005). 그렇다면 인간에게 꼭 필요한 기본적 욕구에는 무엇이 있을까? 리처드 노르달은 물리적-생명보존 욕구(안전과 최소한의 신체적·정신적 건강), 자율 욕구, 사회적 욕구를 기본적 욕구의 세 가지 차원으로 꼽는다(Nordahl 1992). 물론 이런 욕구 역시 인간의 역사적·사회적 조건에 따라 상대화될 수밖에 없다. 저발전 단계의 사회에 살면서 '어떻게 하면 밥 한번 실컷 먹어 보냐'라는 소원을 품고 사는 사람에게는 물리적 생명보존 욕구가 가장 중요할 수 있다.17 그러나 사회가 일정한 발전과 분화를 거치고 나면 물리적-생명보존 욕구보다 더 강렬한 자율 욕구와 사회적 욕구가 생겨날 수 있다. 예를 들어 정치적 자유를 부르짖으며 목숨을 걸고 민주화 투쟁을 하는 사람에게는 사상과 양심의 자유라는 사회적 욕구가 물리적-생명보존 욕구만큼이나, 아니 그보다 더 중요할 수 있다. 또 한국처럼 체면을 중시하고 사회순응 압력이 강한 곳에서는 사회적 평판 또는 또래집단 압력peer pressure이 생명 욕구보다 강할 수도 있다. 이처럼 욕구에 기반을 둔 권리는 어느 정도 상대적이고 가변적이며 사회적으로 형성되는 것이다.

욕구이론에서 한 걸음 더 나아가 욕구의 경험적 토대를 확증한 것이 마사 너스봄의 '역량이론'capabilities theory이다. 너스봄과 아마티아 센은

---

17 이때도 만일 빈곤의 원인이 명확하게 독재체제에 있다면 사람들은 그 체제에 저항하는 정치적·사회적 욕구를 가질 수 있다. 따라서 욕구를 단계별로 설명하는 것은 일반적으로 그렇다는 것이지 절대적인 법칙은 아니다. 극히 초보적인 사회발전 단계에서도 물리적-생명보존 욕구와 자율 욕구, 사회적 욕구가 함께 공존할 수밖에 없다. 예를 들어, 밥을 달라고 하는 요구도 최소한의 의사표현의 자유가 보장되어야 가능하다. 여기서 우리는 인권의 불가분성 원칙이 인간발전의 모든 단계를 지배하는 원리임을 알 수 있다. 너스봄의 핵심적 역량 목록이 실린 〈표 3-4〉를 자세히 살펴보라.

개도국 발전론을 연구하면서 문화와 전통을 뛰어넘어 인류에게 공통적으로 존재하는 인간으로서의 기능을 실증적으로 조사하여 그것을 '핵심적 기능'이라고 불렀다(Nussbaum 1992; 1999a).[18] 그러한 핵심적 기능을 가능하게 하는 것이 '핵심적 역량'central capabilities이다. 핵심적 역량은, 인간의 기능을 위해 필요하고 다음 단계의 인간발전을 위해 도구적으로 가치 있을 뿐만 아니라 그 자체로 목적이 되기도 한다. 핵심적 역량은 아주 일반적인 언어로 구성되어 있어서 시대와 장소에 따라 내용이 변할 수 있는 융통성을 특징으로 한다. 미리 정해진 인간 욕구의 패키지를 타문화에 강요하지 않겠다는 것이다(Dowling 2005). 너스봄은 이렇게 해서 만들어진 핵심적 역량 목록을 이용하면 인권의 목록을 해석함에 있어 권리의 밑바탕에 깔린 기본 전제들을 확실하게 밝힐 수 있다고 말한다. 〈표 3-5〉에는 너스봄이 설명한 핵심적 역량과 세계인권선언의 비교가 실려 있다. 핵심적 역량과 인권의 목록이 정확히 일치하지는 않는다. 핵심적 역량은 인권보다 덜 구체적이고, 덜 제도적이며, 더 일반적이다. 그리고 양자의 초점이 조금 다르다.[19] 너스봄은 인간이 생명체로서 살아가기 위해 필요한 심신의 역량뿐만 아니라, 사회적 존재로서 살아가기 위해 ⑥ 삶에 대한 비판적 성찰, ⑦ 결속 욕구, ⑩ 자기상황의 통제력 등과 같은 시민적·정치적 역량이 필요하다는 점을 분명히 했다.[20]

---

18 인간과 사회의 발전을 국민총생산(GNP)와 같은 경제지표만으로 보지 않고 인간의 핵심적 역량을 북돋아 주는 다면적 차원으로 측정하기 위해 고안된 것이 유엔의 인간발전지수(Human Development Index)이다. 유엔개발계획의 다음 사이트를 참조하라. 〈http://hdr.undp.org〉 (2007. 5. 30 접속).

19 예컨대, 이 표에는 세계인권선언의 6-11조(법적 권리), 14조(피난처를 찾을 권리), 15조(국적을 가질 권리), 22조(사회보장 권리), 30조(선언의 단서조항)가 빠져 있다.

⟨표 3-5⟩ 역량이론과 세계인권선언

핵심적 역량	핵심적 역량의 내용		세계인권선언
① 생명	・정상적인 생애주기 동안 생존 ・생존할 가치가 없을 정도로 열악한 조건에 놓이지 않기		3조 : 생명권
② 신체의 건강	・재생산권을 포함한 건강 ・적절한 영양 ・적절한 주거		25조 : 건강과 안위에 적합한 정도의 생활수준을 누릴 권리
③ 신체의 보존	・이동의 자유 ・폭력으로부터의 자유 ・성적 욕구 충족 ・재생산 선택권		3조, 4조, 5조, 13조 (그러나 1948년 당시에는 가정 폭력, 성적 충족, 재생산권 개념 없었음)
④ 지각, 상상력, 사고	・감각기관 사용, 활용, 계발 ・사유할 능력 ・문자해독, 기초적 수리능력 ・상상력의 경험 및 표출 ・의사표현의 자유: 정치・예술・종교 ・기쁨의 경험 ・고통의 회피		18조 : 사상, 양심, 종교의 자유 26조 : 교육받을 권리 27조 : 문화활동 참여 권리
⑤ 감정	・타인과 관계 형성 ・사랑, 보살핌 ・희로애락 표현 ・감정 발달에 대한 억압 없기		12조 : 프라이버시 권리 16조 : 결혼 권리 (그러나 핵심적 역량에 비해 미약함)
⑥ 삶에 대한 비판적 성찰	・선악의 개념 ・자기 삶의 계획 ・양심과 종교		18조 : 사상, 양심, 종교의 자유
⑦ 결속 욕구	A. 타인과 교류	・사회적 상호작용 ・정의와 교우 ・사회적 결속을 가능케 하는 제도 ・결사의 자유 ・의사표현	1조 : 형제애의 정신 18조 : 사상과 양심의 자유 19조 : 의사표현의 자유 20조 : 평화로운 집회 및 결사 29조 : 공동체에 대한 의무, 타인의 권리 존중
	B. 존중	・자기 존엄성 ・가치 있는 존재로 대우받기 ・차별 없이 살기	1조 : 평등한 존엄성과 평등한 권리 2조 : 차별 금지

⑧ 인간 외 존재		·동식물, 자연과 더불어 살아가기	28조: 권리를 실현하는 것이 가능한 사회체제에서 살 권리 (함축적으로만 표현됨. 세계인권선언에 부족한 내용)
⑨ 유희		·웃음 ·놀이 ·여가	24조: 휴식과 오락 권리
⑩ 자기 상황에 대한 통제력	A. 정치적	·삶에 영향을 주는 정치적 과정에 참여 ·정치적 선택권 ·결사의 자유, 발언할 자유	21조: 정치 참여권 19조: 의사표현의 자유 20조: 집회 및 결사의 자유
	B. 물질적	·소유할 수 있기(동산과 부동산) ·직업을 갖기 ·이유 없이 자기 물건을 압수당하지 않기	17조: 소유권 23조: 일할 권리 12조: 프라이버시 보호

출처: Nussbaum 1999a, 42-47 종합·정리.

20 나는 헬렌 켈러(1880~1968)의 자서전을 읽고 이 점을 새삼 깨달을 수 있었다. 생후 19개월 만에 성홍열을 앓고 난 후 보고 듣고 말하는 능력을 모두 잃었던 켈러는 그 어린 나이에도 생존을 위해서는 여러 가지 '핵심역량'이 필요했다는 사실을 다음과 같이 기록하고 있다. "내가 앓고 난 후 처음 몇 달 동안 어떤 일이 일어났었는지 확실히 기억나지 않는다. 어머니 무릎에 앉아 있거나 집안일로 바쁜 어머니 치마꼬리에 매달려 있곤 했다. …… 오래지 않아 나는 타인과 의사소통할 욕구(the need of some communication with others)를 느껴 간단한 손짓을 하기 시작했다. 고개를 저으면 '아니오', 고개를 끄덕이면 '예', 당기면 '오라', 밀면 '가라'는 뜻이었다. 빵이 먹고 싶다? 그러면 나는 빵을 썰어 버터를 바르는 시늉을 하곤 했다"(Keller 1903, 4). "한편 내 의사를 표현하고픈 갈망이 커졌다. …… 보이지 않는 손이 나를 가로막고 있는 것 같아서 나는 그것에서 벗어나기 위해 미친 듯이 애를 썼다"(Keller 1903, 8). "나는 오랫동안 내 주위 사람들이 나와는 의사소통 방식이 다르다는 점을 의식하고 있었다. 귀가 먼 아이라도 말할 수 있는 법을 배울 수 있다는 사실을 알기 이전에 나는 이미 내가 가진 의사소통 수단이 [남들보다 못하다]는 사실 때문에 크게 낙담하고 있었다"(Keller 1903, 30). 우리는 이런 증언을 통해 어린아이라 할지라도 기초적 수준에서의 시민적·정치적 권리에 속하는 역량이 필요하다는 점을 알 수 있다. 이런 권리는 현대에 와서 '의사소통

이것은 인간이 '사회적 동물'이라는 아리스토텔레스의 명제를 실증적·이론적으로 증명한 것이다. 특이하게도 ⑧번 항목에서 동·식물 등 자연과 더불어 살아가는 것이 인간의 핵심적 역량의 하나로 나온다. 이는 인간의 관점에서 생태계의 일부로 살아가는 것이 인간의 핵심적 기능을 위해 필요하다는 주장이다. 위에서 보았듯이 인권의 이익이론을 받아들이면 인간 외에 여러 권리의 주체들에게 그들의 본질적 이익을 인정해줄 수 있다. 따라서 최근 들어 인간의 역량을 중심으로 한 생태적 권리이론과 이익이론을 종합하여 점점 더 동물권에 대한 논의가 깊어지고 있는 추세다(Cavalieri 2006; Grant 2006; Nussbaum 2006a; 2006b 참조). 이 책에서 자세히 다룰 공간은 없지만 이처럼 현대 인권이론은 여러 영역에서 새롭게 해석되고 개척되고 있다.[21]

의 권리'(communication rights) 개념으로 발전했다(Cammaerts and Carpentier 2007). 이것을 보면 인권의 이런 측면을 무시하고 인간에게 배만 불려주면 된다는 이론(full-belly thesis)이 얼마나 실증적 근거가 없는 일방적인 주장인지를 잘 알 수 있다(Howard 1983 참조). 따라서 '역량이론'이 인권이론에 크게 기여한 것 중의 하나는 극히 초보적 단계에서도 인권은 불가분하다는 점을 명확하게 입증했다는 것이다.

21 관심 있는 독자들을 위해 여타 현대 인권이론들에 대해 기본적인 참고문헌만 여기에 소개한다. 위르겐 하버마스의 의사소통행위이론은 무척 어려운 이론이다. 그는 근대의 법은 인권과 인민주권에 의해서만 정당화될 수 있고 이 세 가지는 삼벌식 내재적 관계를 이룬다고 말한다(Habermas 1996). 하버마스 인권이론을 잘 정리한 해설로는 Flynn(2003)을 보라. 포스트모던이론과 인권에 관심이 있다면 Alves(2000)가 좋은 출발점이 될 수 있다. 민주주의와 권리 사이의 긴장에 대해서는 Bobbio(1996)의 박식한 설명을, 롤스와 하버마스와 노르베르트 보비오의 인권이론을 한꺼번에 다룬 분석적인 글로는 페리 앤더슨의 논문(Anderson 2005)을 보라. 미국제국주의의 통렬한 비판자인 촘스키가 언어와 인권에 대해 쓴 흥미로운 글로는 Chomsky(2005)를 보라. 인권과 평화, 인권침해의 구조적 요인 등에 대해 가장 인상적인 책으로는 Galtung(1994)을 추천하고 싶다. 인권이 강대국의 이해관계와 위선에 의해 왜곡되고 오용되는 현실을 지젝답게 어렵게 푼 글은 지젝(2006)을, 그러한 현실을 신랄하게 해부한 대중서로는 셀라스(2003)를 보라.

5 인권의 인간적·정책적 함의

현대 인권이 크게 보아 욕구 또는 역량에 근거한 개념으로 발전했다는 점이 이 장의 핵심 메시지다. 그러나 욕구를 인권으로 대접하겠다는 취지를 이해하더라도 왜 그것을 반드시 권리라는 형식으로 보장하는 것이 더 좋은가 하는 의문이 생길 수 있다. 예를 들어, 배고픈 사람에게 자선을 베풀어 쌀을 주는 것과, 그 사람이 자신의 권리로서 쌀을 받아가는 것이 결과적으로는 같은 것이 아닌가? 이것을 흔히 복지의 개념이 '시혜'에서 '권리'로 변했다고도 하고, 다른 말로 '권리에 기반을 둔 접근' rights-based approach이라고 설명하기도 한다. 우선 권리를 요구하는 주체의 입장에서 보면 이런 접근은 사람을 더 당당하고 주체적인 존재로 만든다(8장 참조). 이 점이 인권담론의 핵심이다. 인권은 권력과 지배-종속의 문제를 가장 예민하게 제기하면서 인간의 의식을 순식간에 높이고 끓어오르게 만든다. 인권은 말로 표현하기 힘들만큼 강력하고 힘 있는 개념이다. 린다 제릴리는 인권을 다음과 같이 표현한다. "권리를 자유의 실천이라는 원래의 기원으로 돌아가 생각해 보면 …… 그것은 '나도 한번 해 보자'라고 외치는 자유의 정치적 도구라 할 수 있다"(Zerilli 2004: 82). 아무리 보잘 것 없어 보이는 사람이라도 "나도 인간이다!"라고 외치는 순간 그 누구도 범접할 수 없는 자유존재로 갑자기 탈바꿈한다. 그렇게 변화된 존재에 대해 누가 감히 외경심을 품지 않을 수 있겠는가? 이처럼 다른 사회정의 모델들—예를 들어 민주주의, 평등, 분배정의 등—과 비교해 볼 때 인권은 "사람들이 주체적으로 자기주장을 하도록 자력화하는 잠재력"이 있다는 점에서 결정적인 장점을 지닌다(Ball and

Gready 2006, 118).

너스봄에 따르면 어떤 이슈 영역의 정책과정에 권리의 언어가 들어가면, 생각이 전혀 다른 세력이 모여 있더라도 함부로 판을 깨지 못하는 효과가 발생한다고 한다(Nussbaum 1999a, 58-59). 그 이슈가 일단 권리문제라는 '합의의 영토'로 인정되면 어떻게든 일을 성사시키기 위해 구체적인 방안을 찾을 수밖에 없게 되기 때문이다(1장 참조). 나는 이처럼 권리라는 요소가 정책과정의 여러 행위자들—이해당사자, 정치인, 관료, 시민사회운동—을 공통의 목표에 묶어 주는 역할이 특히 중요하다고 생각한다. 한국 사회에서 흔히 일부 세력과 언론이 대한민국이 비준한 국제법에 의거한 인권이든 아니든 상관없이 그것을 집요하고 비이성적일 정도로 반대하는 이유는, 인권을 '합의의 영토'로 인정하지 않으려 하기 때문이다. 인권을 합의의 영토로 인정하는 순간 어떤 식으로든 가능한 해결책을 마련해야 하기 때문이다. 그렇다면 어떻게 우리 사회의 모든 구성원들이 인권을 합의의 영토로 인정할 수 있도록 만들 수 있을까? 바로 이 점이 원칙 있는 인권정치가 개입해야 할 지점일 것이다(1장 참조). 그런데 권리에 기반을 둔 접근을 사회정책의 일반적 원칙과 조화시킬 방안을 모색할 필요가 있다. 이점은 8장에서 다시 다룬다.

6 나오면서

1948년의 세계인권선언에서 비롯되어 오늘까지 이어지고 있는 제2차 인권혁명은 현실에서 많은 성공을 거두었지만 이와 동시에 여러 가지 이론적 한계를 드러내기도 했다. 우선 인권의 철학적 질문을 애써 피하면서 인권을 합의적 모델의 바탕 위에 두려고 한 것 자체가 이론상의 문제를 불러 일으켰다. 예를 들어 유엔헌장의 전문은 "기본권 인권에 대한 신념을 '재차' 긍정한다." to 'reaffirm' faith in fundamental human rights 라고 했지 그것이 원래 어떻게 긍정되었는지는 말하지 않았다. 여기에 딜레마가 있다. 제1차 인권혁명의 족보를 많이 가져다 썼으면서도 굳이 그 가문 소속이 아니라 인류전체에 속한다고 강조한 것이다. 당시로선 불가피한 선택이었지만—그렇게 하지 않았으면 비서구권에서 선언에 동의하지 않았을 것이다—그렇다고 지적으로 명확한 태도는 아니었던 것이다. 그리고 당시만 해도 이런 점이 나중에 문제가 될 줄 몰랐던 측면도 있었다. 그러나 이 점은 두고두고 화근이 되었고 계몽주의적 거대담론이 퇴조하면서 문화상대주의가 '보편인권'을 공격하는 빌미가 되었다(6장 참조).

이와 관련해 세계인권선언이 시작부터 몇 가지 결함을 가지고 출발했음을 지적하는 이론가들이 많이 있다(예를 들어, Parekh 2006; Waldron 1987). 대표적으로 네 가지 비판이 제시된다. 첫째, 너무나 자유주의적으로 구성되어 달성불가능한 자유를 고취한다. 예를 들어 완전한 의미의 언론자유는 가능하지도 바람직하지도 않다. 둘째, 국가 대 개인이라는 틀 속에서 인권을 이해한다. 이것은 국가중심적 시각을 반영하는 인권관이다. 셋째, 인권 주장과 특정한 제도를 혼동하며 허구적인 사회계약론의 잔재를 너무 많이 반영하고 있다. 넷째, 어떤 특정한 정치이념 예컨대 자유민주주의를 선험적으로 전제하고 있는 선언이다. 이런 비판들을 필자는 다음과 같이 이해하고 싶다.

세계인권선언에 나와 있는 권리목록을 받아들이기 위해서는 일정한 전제조건이 필요하다. 너무나 당연한 이야기지만, 그러한 권리가 존재하려면 그런 권리가 존재할 수 있는 사회적·정치적·경제적 체제를 전제로 해야 하기 때문이다. 예를 들어 법적 권리는 근대적 법률 체제를 전제로 해서 요구하는 권리다. 투표권과 정치 참여권은 근대 민주주의 정치체제를 전제로 해서 요구하는 권리다. 노동자의 권리는 산업화된 경제체제를 전제로 해서 요구하는 권리다. 교육의 권리는 근대적 교육체제를 전제로 해서 요구하는 권리다. 이것은 다시 말해 세계인권선언의 인권개념이 특정한 시대·장소·제도를 전제로 한 역사적·상대적 개념임을 말해 준다. 이렇게 보면, 자족적으로 살아가는 아마존 원주민들에게도 당연히 인권이 있지만 그들의 권리가 반드시 세계인권선언에서 전제한 근대적, 국민국가적, 자본주의적 산업화 체제에 적합한 방식으로 보장되어야 하는 것은 아닐 수도 있다(9장 참조). 이 점을 염두에 두고 이 장에서 살펴본 인권보장의 두 가지 접근방식을 다시 생각해 보면 현대 인권이론이 우리에게 주는 교훈이 명확하게 드러날 것이다.

첫째, 세계인권선언에서 당연한 것으로 전제하는 근대적인 사회·정치·경제 체제를 불가피한 역사발전 현실로 받아들인다. 이와 동시에, 세계인권선언에 규정된 인권 목록에서 출발해 전 세계 인권담론을 구성한다('연역적 방식'). 이것은 자연권적인 배경과 근대 서구국가의 사회계약적 이론을 바탕에 깔고 있는 인권개념, 하지만 세계인권선언에서는 합의적인 개념으로 포장되어 제시된 인권개념을 '눈 딱 감고' 받아들이는 방식이다. 이런 방식은 인권의 자유의지이론과 합치되는 부분이 많고, 어느 정도 탄압 패러다임의 인권개념과 대응된다. 둘째, 근대적 국가체제라는 맥락을 접어두고 모든 인간을 공통적 욕구를 지닌 사회적 존재로 보면서 인간이 살아가기 위해 필요한 조건을 찾아내려는 방식이 있다. 이것은 모든 인간이 '인간다운' 인간으로 살아가기 위해 필요한 욕구와 역량을 찾아내 그것을 권리로 보장해 주자고 하는 귀납적인 방식이다. 이것은 세계인권선언이 전제하는 근대체제하의 인권과 부합되기도 하지만, 그러한 체제와 세계인권선언을 반드시 전제하지 않아도 되는 접근이다(하지만 이런 식의 접근의 현실적 설득력을 높이기 위해 세계인권선언과 부합되는 측면을 긍정적으로 강조하는 편이다). 이런 방식은 인권의 이익이론과 근접하는 부분이 많고, 완전히 같지는 않지만 웰빙 패러다임의 인권개념에 더 가깝다고 볼 수 있다.

오늘날의 제2차 인권혁명에서는 이런 두 가지 접근방식이 공존하면서 서로 긴장과 융합을 거듭하고 있다. 연역적(세계인권선언-보편-자유의지) 접근과 귀납적(핵심기능-욕구·역량-인간이익) 접근 사이의 장단점을 보면 이쪽의 단점은 저쪽의 장점, 이런 식으로 대비된다. 귀납적 접근방식은 서구적 기원이라는 역사적 유산의 색깔이 덜하고 좀 더 포용적이며 '보살핌'의 가치를 강조하는 장점이 있다. 연역적 접근, 그중에서도 특히 인간의 자유의지와 관련된 접근방식은 사람의 의식을 고양시키고 우리 가슴 속의 정의감을 흔들어 깨우는 어떤 절실한 호소력이 있다. 센은 이 두 가지 방식 사이의 관계를 다음과 같이 설명한다. "경제적 욕구까지 포함해 모든 '욕구'를 개념규정하거나 이해하려면 정치적·시민적 권리가 필요할 것이다. 경제적 욕구의 내용과 효과가 무엇인지 제대로 이해하려면 토론과 의견교환이 필수적이다. 정치적·시민적 권리, 특히 공개적인 토론과 논쟁과 비판과 반대를 보장해 주는 권리는 인간이 제대로 된 선택을 내릴 수 있도록 해 주는 과정에서 핵심적인 역할을 한다"(Sen 1999b, 10). 결론적으로, 나는 인권이 자유의지와 욕구·역량을 함께 껴안고 가야 한다고 생각한다. 한편으로, 미래지향적 인권이론은 모든 인간에게 기본적인 욕구를 보장해 주고 행복을 증진시키는 복지형 체제를 강력한 비전으로 제시해야 한다. 다른 한편으로, 우리는 인간의 자유와 존엄을 부르짖는 원래의 인권 이념도 우리의 '정신'으로 소중히 간직해야 한다(신영복 1998 참조). 인간은 행복을 외면할 수도 정신을 포기할 수도 없는 존재이기 때문이다.

2부 인권의 비판이론

A Grammar of Human Rights

4장 비판이론 I: 사회주의

"사회주의는 인간의 자기소외를 배격하고 인간이 진짜 인간으로 돌아오도록 해준다." — 에리히 프롬

지금부터 4, 5, 6장에 걸쳐 소개하는 내용은 '보편인권'에 대해 각기 다른 각도에서 중요한 비판을 제시하고 있는 이론들이다. 내가 누누이 강조했듯이 인권은 비판을 두려워해서는 안 된다. 그리고 그것이 동기와 상관없이 논리적인 비판일 경우 이론적·지성적으로 조우해야 한다고 본다. 비판이 인권을 키우기 때문이다. 그런 비판이론들 덕분에 인권이 '아픈 만큼 성숙'해진 것이 사실이다. 또한, 각 비판이론 진영 안에도 다양한 관점이 존재한다. 비판은 끝없이 이어지는 경향이 있기 때문이다. 여기서는 비판이론 중에서도 대표적인 시각을 중심으로 논의를 풀어 나가려 한다.

1 '해방 없이 권리 없다'

사회주의와 인권의 관계를 연구하는 데에는 크게 두 가지 질문이 있을 수 있다. 현실 사회주의에서 인권이 얼마나 보장되었나를 놓고 경험적인 질문을 할 수도 있고, 인권개념을 사회주의 이념에서 어떻게 취급하는지에 관해 이론적 질문을 할 수도 있다. 이 장에서는 주로 이론적 관점에서 이 질문을 살펴보기로 한다. 사회주의와 인권 간의 관계는 대단히 복잡하고 논쟁의 여지가 많다.[1] 각자의 정치적 입장에 따라 다른 평가가 나올 수 있기 때문이다. 사회주의 외부에서뿐만 아니라 사회주의 내부에서도 이 문제를 놓고 치열한 논쟁이 있었다. 따라서 이 논쟁을 단순화해 다음과 같이 네 가지로 유형화할 수 있다.

① 정통 사회주의 혁명론의 관점에서 인권이 불필요하고 해롭다고 보는 입장: "S-R-N(Socialism-Rights-No)"[2]
② 사회주의 개혁론의 관점에서 인권이 이론적으로 수용될 수 있고, 현실적으로도 필요하다고 보는 입장: "S-R-Y(Socialism-Rights-Yes)"
③ 정통마르크스주의는 인간존엄성과 휴머니즘을 이론적으로나 현

---

[1] 나는 이 책에서 맥락에 따라 마르크스주의(공산주의)와 사회주의를 거의 같은 의미로 사용하기도 하고, 구분해서 사용하기도 한다. 마르크스의 인권 비판을 현실 사회주의에 적용할 때 나타나는 이론적·실제적 문제를 기본적으로 분석한 글로는 Zhou(1998)를, 마르크스의 자연법 비판에 대한 분석으로는 김진업(2003)을 보라.
[2] 이 영문 약자들은 필자가 편의상 만든 용어다.

실적으로 보장할 수 없다고 보는 입장: "S-R-I(Socialism-Rights-Impossible)"
④ 사회주의에 속하지 않지만, 사회주의와 인권이 상호 소통할 수 있다고 믿는 입장: "S-R-P(Socialism-Rights-Possible)"

이 절에서는 S-R-N을 가장 첨예하게 제기한 마르크스의 인권 비판을 소개하는 것으로 이야기를 시작한다. 일반적으로 말해 정치적 자유주의에서 출발하여 인권의 전문적 서사방식을 익힌 사람들은 마르크스의 인권 비판에 대체로 무관심하거나 큰 비중을 두지 않는다. 그러나 인권의 근원적 서사방식에 관심이 있는 사람들은 마르크스의 인권 비판을 대단히 심각하게 받아들인다. 한편으로 S-R-N이 제기하는 근본적 비판의 설득력, 다른 한편으로 인권의 현실적 필요성 사이에서 딜레마에 빠지는 경우도 있다. 이 글에서는 먼저 S-R-N 비판이론을 정리하고, 그것의 역비판인 S-R-I를 소개한 후, 마지막으로 S-R-Y와 S-R-P에서 발전된 이론을 살펴볼 것이다. 인권의 이념적 성격에 대해 관심을 가진 사람이라면 사회주의와 인권의 기본적인 논쟁점을 이해하고 넘어갈 필요가 있다.

2 마르크스의 인권 비판

마르크스의 S-R-N 입장은 『성가족』(1845), 『프랑스 혁명』(1871), 『고타강령비판』(1875) 등에 산발적으로 나와 있지만 초기 저술에 속하는 「유대인 문제」에 관하여」(1844)에 가장 체계적으로 제시되어 있다.3 이 절에서는 「유대인 문제」에 관하여」를 중심으로 위의 세 개의 저술을 보충 소개하는 식으로 마르크스의 S-R-N을 정리할 것이다. 마르크스는 브루노 바우어(1809~1882)가 1843년에 발표한 「유대인 문제」*Die Judenfrage*를 읽고 다음 해에 「유대인 문제」에 관하여」 *Zur Judenfrage*라는 비평문을 『독불연보』에 발표한다. 마르크스가 26세 되던 해였다. 도대체 유대인 문제가 인권 비판과 무슨 관계가 있는가? 프로이센에서는 1816년 유대인을 억압하는 법을 제정했다. 그런데 1843년에 이르러 의회에서 유대인 해방령을 통과시켰고 왕이 이에 대해 거부권을 행사함으로써 이 문제가 민감한 정치 쟁점으로 떠올랐다. 유대인 문제, 즉 종교문제가 보수와 진보를 가르는 핵심문제가 된 것이다. 그런데 청년 헤겔학파에 속하면서 진보인사로 생각되던 무신론자 바우어가 이 문제에 대해 다소 의외의 주장을 내놓았다(McLellan 2006).

바우어가 제기한 내용의 핵심은 다음과 같다. 유대인이 독일에서 자기들만의 종교와 문화를 고수하면서 동화를 거부하는 한, 유대인만의 정치적 해방은 불가능하다. 그리스도교가 국교인 절대주의 국가 프로이센에서는 그리스도교 때문에 일반 독일 국민도 진정한 정치적 해방과 시민적 권리를 획득하지 못하고 있다. 그런데 어떻게 소수자인 유대인이 해방을 요구할 수 있는가? "그리스도교적인 국가의 성격 자체가 유대인의 해방을 방해하며, 유대인이라는 정체성 자체가 또한 유대인의

---

3 이 책에서 마르크스의 글을 직접 인용할 경우, 별다른 표시가 없는 한 데이비드 맥렐런(David McLellan)이 편집한 『마르크스 저작선집』(Marx 1977)에서 페이지 숫자와 함께 (DM, 40)과 같은 식으로 표시한다.

해방을 가로막는다. 독일 국가가 그리스도교 국가로 남아 있는 이상, 그리고 유대인이 유대교도로 남아 있는 이상, 독일 국가가 [일반 독일 국민에게] 해방을 주지 못하는 것과 마찬가지로 유대인도 해방을 얻지 못한다"(DM, 40). 그러므로 유대인들은 자기들만의 예외적인 해방노선을 중단하고, 국가를 종교의 사슬로부터 해방시키기 위해 일반 독일 국민과 공동 투쟁을 벌여야 한다. 프랑스혁명이나 미국헌법에서 볼 수 있는 것처럼 정교분리, 특권층 폐지, 평등사회로 가야만 그리스도인과 유대인이 함께 해방될 수 있다.4 이런 내용이 바우어 주장의 핵심이었다. 여기서 우리는 당시 독일의 지식인에게 미국헌법의 권리장전에 명시된 정교분리 조항이 대단히 선진적인 내용으로 생각되었으리라고 쉽게 상상할 수 있다.5

하지만 마르크스는 바우어의 이런 주장에 대해 일리가 있다고 동의하면서도 그것만으로는 불충분하다고 보았다. '그리스도교' 국가를 비판할 게 아니라 '국가' 자체를 비판했어야 한다는 것이다. 여기서 사람의 의표를 찌르는 마르크스 특유의 비약적 논법이 진가를 발휘한다. 마르크스의 비판은 다음과 같이 이어진다. 정치와 종교가 분리되어 정치적

---

4 당시 유대인이 자기 정체성을 가진 채 독일 사회 안에서 해방을 원했다면 이는 오늘날의 표현으로 다문화주의적 공존을 추구했다고 볼 수 있다. 오늘날 이런 문제를 둘러싼 자유주의자, 공화주의자, 다문화주의자 간의 논쟁에 대해선 Parekh(2006)의 마지막 장 「비판자들에 대한 응답」을 보라.

5 1791년 발효된 미국헌법 권리장전(연방헌법 수정조항) 제1조는 다음과 같다. "연방의회는 국교를 정하거나 자유로운 종교행위를 금지하는 법률을 제정할 수 없다. 또한 언론 또는 출판의 자유나, 인민이 평화롭게 집회할 수 있는 권리 및 민원의 해결을 위하여 정부에 청원할 권리를 제한하는 법률을 제정할 수 없다."

해방이 이루어진 나라에서도 종교적 차별은 계속 존재한다. 국법의 형식적 차원에서 차별이 사라진다 하더라도 사적인 '민간 영역'에서는 여전히 실질적인 속박이 남아 있다. 여기서 우리는 마르크스가 '정치적 해방'*politischen Emanzipation*과 '인간해방'*menschlichen Emanzipation*을 분리해서 사용하고 있음을 이해할 필요가 있다. 정치적 해방이란 한마디로 "인간이 자유롭지 않은 상태에서 국가만 자유로워진 상태"를 말한다. 이것이 무슨 말인가? 마르크스는 '국가'와 '민간 영역'(부르주아 사회)을 나누는 독특한 이분법을 구사한다.[6] '국가' 영역은 공적으로 자유와 권리를 가진 시민 주체들의 공간으로 취급되고, '민간 영역'(또는 '민간 부문')은 일상적 경제활동의 공간으로 이해된다. 마르크스는 특히 민간 영역을 '상업사회'(시장)와 같은 개념으로 받아들였고 개인들이 자신의 사익을 악착같이 추구하는 아수라장과 같은 영역으로 보았다. 마르크스는 근대 자유주의 이념이 국가 영역과 민간 영역을 분리한 후 국가는 마치 천상과 같은

---

6 마르크스는 독일어로 '부르주아 사회'(*bürgerlichen Gesellschaft*)라는 표현을 쓰는데 이를 한국에서는 흔히 '시민사회'(civil society)로 번역한다. 필자는 마르크스가 '국가' 영역에 대응하는 개념으로 '부르주아 사회'라고 썼기 때문에 오늘의 용어로 표현하면 '민간 영역'(또는 '민간 부문')이라는 말이 가장 적절하다고 생각한다. '민간 영역'이라고 쓰면 오늘날 한국 사회에서 흔히 비정부-비영리 자발영역을 '시민사회'로 지칭하는 용법과 혼동을 피할 수 있는 장점도 있다. 국가와 민간 영역의 구분은 근래에 들어 공적·사적 영역으로 표현되기도 한다. 1767년 스코틀랜드에서 나온 애덤 퍼거슨(Adam Ferguson)의 『시민사회 역사론』(*An Essay on the History of Civil Society*)이 독일에서 번역·출판되면서 독일어로 '부르주아 사회'라는 용어가 처음으로 쓰였고 그 후 헤겔도 이 말을 자신의 저서에서 사용하기 시작했다고 한다(안하이어 외 2004 참조). 그런데 최근 영어권에서 독일어의 '부르주아 사회'를 영어로 재번역하는 과정에서 요즘의 '시민사회' 용법과 구분하기 위해 '민간 영역'(civic community)이라는 말을 사용하는 경우가 생겼다(『법철학강요』 2001년 영역본, 185절 참조. Hegel 1820/2001, 156).

완벽한 상태로 떠받들면서 민간 영역은 지상의 불완전한 상태로 내버려 둔다고 비판한다. 이렇게 되면 어떤 인간이 국가 영역 즉, 정치적 영역에서는 상호대등한 공동체적 존재로 대접받는 것 같더라도, 실제 생활이 이루어지는 민간 영역에서는 "타인을 도구로 취급하고 자신도 도구로 비하하는" 사적 개인으로 남게 된다. 즉, 근대의 인간은 이중생활을 하게 된다는 것이다(DM, 46). 마르크스는 『성가족』 내의 「유대인 문제」에 관한 재론」에서도 이 점을 강조한다. 특권에 의존해서 지탱되던 봉건제가 현대에 와서는 인간의 권리를 강조하는 사회로 변했지만 그것은 알고 보면 특권적 질서를 계급적 질서로 대체한 것에 지나지 않는다. "민간 영역의 노예제가 거대한 자유처럼 보이는 이유는 그것이 겉으로는 개인의 완전한 독립이라는 모양새를 갖추고 있기 때문이다. …… 특권을 폐지한 후 탄생한 민간 영역은 무질서가 지배하고 있고, 민간 영역의 무질서는 근대 공적 시스템의 토대가 된다"(DM, 145-146). 어떤 사람이 국가 영역에서는 '시민'이라고 불리면서 '시민의 권리'를 누리는 반면, 같은 사람이 민간 영역에서는 부르주아, 소상인, 임노동자 등으로 불리면서 '인간의 권리'를 누리는 것처럼 나누어져 있다는 것이다. 여기서 마르크스는 원래 루소가 사용했던 용어인 '시민'*citoyen*과 '부르주아'*bourgeois*를 차용하여 근대인이 "이중 인격체"dual personality의 특징을 갖고 있음을 지적하고 있다(McLellan 1970, 135). 다시 말해, 일반이익이 지배하는 국가 영역에서는 언론, 집회, 투표, 사상, 신앙과 같은 고귀한 '시민의 권리'를 누리지만, 민간 영역에서는 자유, 소유, 평등, 안전과 같은 부르주아적 인간의 권리 즉 '인권'을 누리게 된다고 한다. 자유주의의 핵심인 공적 영역과 사적 영역의 분리를 꿰뚫어 보면서, 형식적으로만 자유로운 근대인이 실제로 자유로운 것처럼 착각하는 현실을 통렬히 비판한 것이다.

인간은 공동체를 통해 자아를 실현하게끔 되어 있는 존재다. 하지만 자유주의와 자본주의는 이런 공동체적 존재를 방해한다. 그럼에도 불구하고 인간은 어떤 식으로든 공동체적 생활형태가 필요하다. 그런 이유로 일종의 집단 환각 또는 허위의식에 의해 공동체적 소외 형태가 출현한다고 마르크스는 보았다. 이런 소외 형태가 과거에는 종교였고 오늘날은 국가라는 것이다. 마르크스는 이런 상태를 "민간 영역의 구성원은 국가라는 사자의 탈을 뒤집어쓰고 있는 거나 마찬가지"라고 표현했다 (DM, 46). 따라서 자유주의는 국가라는 공적 영역의 환상 속에서 인간의 자유, 권리, 평등이 보장된다고 주장하지만 이것은 완전히 잠꼬대에 불과하다. 왜 그런가? 프랑스혁명의 〈인간과 시민의 권리선언〉, 프랑스 헌법, 미국헌법 등에 나오는 '인권의 권리'의 내용을 살펴보자(DM, 53).

'자유권'은 남에게 피해를 주지 않는 이상 내 마음대로 할 수 있는 권리다. '소유권'은 자유권을 현실에 적용시킨 것인데 남이야 어찌 됐건 내가 소유한 것을 내 마음대로 처분할 권리를 말한다. 자유권과 소유권은 민간 영역의 토대를 이룬다. '평등권'은 모든 사람이 차별받지 않고 '자족적인 단자'로 대우받을 권리다. '안전권'은 민간 영역에서 최고의 사회적 개념, 즉 경찰의 개념이다. 공동체로서 서로 돕고 살기는커녕 인간을 타인의 침해로부터 보호해 주는 것이 전체 사회의 목표가 되는 것이다. 이게 바로 민간 영역의 생생한 실체다. 그것은 이기주의의 영역이고 "만인의 만인에 대한 전쟁터"*bellum omnium contra omnes*에 불과하다 (DM, 47). 그러므로 프랑스혁명의 〈인간과 시민의 권리선언〉, 그리고 미국헌법에서 규정한 '인간의 권리'는 인간본성을 철저히 이기적으로 보고, 공동체로부터 고립된 단자들로 구성된 사회구조를 옹호하는 부르주아직 개념이라는 것이다. 그렇다면 진정한 공동체적 생활형태가 존재한 적이 있는가? 마르크스는 1870년 파리코뮌 당시의 공적 시스템이 위계질서가 아닌 분권적·민주적·참여적 방식으로 조직되었던 사실을 상기시키면서 코뮌이야말로 "사회적 해방의 정치적 형태"였다고 격찬한다(『프랑스 혁명』 DM, 556).

그러므로 마르크스는 민간 영역에서 인간의 권리를 보장한다고 해 봤자 진짜 인간해방에 훨씬 못 미칠 뿐만 아니라 오히려 인간해방에 방해가 된다고 주장한다. 『고타강령비판』에서 그는 "권리는 사회의 경제구조보다 결코 더 높은 곳에 있을 수 없다."(DM, 569)라고 하면서 경제적 토대문제를 도외시한 채 인권만 주장하면 할수록 인간해방에서 멀어진다고 경고한다. 정치적 해방은 "한편으로는 인간을 민간 영역의 이기적인 구성원으로 환원하고, 다른 한편으로는 도덕적 인간인 시민으로 환원한다"(DM, 57). 즉, 인간을 정신분열적인 존재로 만든다는 말이다. 그러므로 진정한 인간이 되려면 '추상적인 시민'을 자기 자신 안으로 다시 불러들이고, 인간 공동체 내의 평등한 구성원으로서의 참된 자기 정체성을 되찾아야 한다. 즉, 자신이 인간이라는 전체 집단에 속한 '종種적 존재'Gattungswesen, species-being임을 깨달아야 하는 것이다. 이런 종적 존재로서의 인간은 자신의 힘을 개인적 힘이 아니라 사회적 힘으로 인식할 수 있고, 사회적 힘을 조직할 줄 알며, 자아와 사회적 힘을 분리하지 않고 같은 것으로 볼 수 있게 된다. 이런 상태에 도달했을 때에만 인간해방이 완성된다(DM, 57). 그런데 유대인은 상거래, 은행업, 전당업에 종사하여 민간 영역 안에서 상업적 가치를 유포하면서 막강한 영향력을 행사했다. 그리고 국가는 유대인의 경제력에 의존했고 그들이 민간 영역 안에서 상업적 지위를 유지하도록 허용했다. 따라서 유대인이 이런 부르주아적인 물질의 혜택을 포기하거나, 국가가 자본주의를 폐지하지 않는 이상, 유대인에 대한 차별은 사라지지 않는다. 즉, 부르주아 상업 사회가 사회적 차별의 근본원인이다. 이처럼 마르크스는 자본주의를 폐지하고 타인과의 '관계' 속에서 자유를 찾는 세상이 되어야 모든 인간의 진정한 해방이 가능하다고 믿었다.

「유대인 문제」에 관하여」는 길지 않은 글이지만 19세기 정치사상의 중요한 테제로 평가받는다(Wolff 2002). 이 글이 나온 이래 S-R-N 지지자들은 '인권=부르주아 권리'라는 등식을 완고하게 고수하게 되었고, 완벽한 사회주의 사회에서는 인권이 불필요하다는 입장을 견지하게 되었다(Campbell 1983). 인간이 진정한 사회적 존재로서 상호협력하면서 살아가면 되는 것이지, 이기적인 '권리'가 도대체 왜 필요한가라는 태도다. 이런 입장은 정통 마르크스-레닌주의에서 흔히 발견되며, 유물론적 법칙 이외의 모든 정치를 거부하는 태도다(Waldron 1987). 이런 생각에는 자본주의 법체계에 대한 불신이 짙게 깔려 있다. 법은 자기이익과 권리를 주장하는 단자들 사이의 관계를 강제적인 규범으로 통제하는 장치에 불과하다는 것이다. 또한 권리는 사회의 상부구조에 해당하므로 경제관계(토대)의 결과물에 불과하다. 따라서 권리는 혁명투쟁에서 아무런 전략적 가치가 없고, 만일 노동자의 '권리'를 주장하게 되면 혁명의 결정요인을 잘못 파악한 것이며, 노동자에게 복지를 제공하면 무산계급의 혁명의지를 약화해 혁명을 지연시킬 위험조차 있다고 본다. 현대의 인권개념은 부르주아가 봉건세력과 투쟁하던 과정에서 자연권이론을 부활시킨 것이므로 그 당시에는 약간의 역할을 했을지 몰라도 그것으로써 인권의 역사적 소임은 끝났다고 생각한다.[7]

오늘날에도 인권을 이런 관점에서 파악하는 이론가들이 있다. 네오 마르크스적 인권관에 근거한 대표적 인권이론가인 게리 티플은 『인권의 수수께끼』The Riddle of Human Rights에서 현대 인권의 모순성, 비일관성, 도구성을 통렬히 공격한다(Teeple 2005). 티플은 인권을 "근대 자본주의의 윤리원칙"이라고 규정한다(Teeple 2005, 17). 자본주의 체제에 내재되어 있는 모순성이 인권에 그대로 반영된다는 것이다. 따라서 인권은 정신분열에 가까울 정도로 모순적이다. 인권이 모순적인 이유는 그것이 "생산양식 및 생산양식의 변화와 관련되어 존재하기" 때문이다(Teeple 2005, 30). 정치적 인권은 유산계급의 이익을 반영하고, 사회적·경제적 인권은 무산계급의 요구에 대응하여 그들을 달래기 위해 20세기 후반에 출현한 최소한의 양보조치에 지나지 않는다. 더욱 교묘한 것은, 규범적으로 사회적 인권을 규정해 놓고도 그것을 끊임없이 공격하고 축소하려 하므로 무산계급은 법에 규정된 사회적 인권을 누리는 것조차 힘이 든다. 게다가 세계인권선언에 모든 종류의 인권을 함께 열거해 놓은 것이 인권의 모순성을 가중시켰다. 시민적 인권은 그 성격상 배타적인 권리다. 국가, 정치·사회체제와 같은 사회적 산물에 대해 국가의 구성원(시민)만이 접근할 수 있는 권리이기 때문이다. 그러나 사회적 인권은 그 성격상 포괄적인 권리다. 시민권 여부와 관계없이 인간이라면 누구나 접근해야 하는 권리이기 때문이다. 시민적 권리는 시민이 속해 있는 국가를 정당화하게 되고, 국가에 대해 시장경제하의 사적 소유권을 보

---

7 그런데 소련 당국은 소련 체제가 시민적·정치적 권리와 경제적·사회적 권리가 모두 보장되는 체제라고 주장하곤 했다. 적어도 정치적 수사 차원에서는 인권을 적극적으로 부정하지 않았고 오히려 서구사회보다 인권이 더 잘 보장되는 헌법을 갖추고 있다고 주장하는 경우가 많았다(Tchechko 1949).

장해 달라고 요구한다. 그런데 시장은 스스로의 힘으로 국가체제를 유지하고 재생산하지 못한다. 왜냐하면 시장경제의 속성상 불평등과 긴장이 발생할 수밖에 없기 때문이다. 따라서 시장경제가 보장해 주지 못하는 기본욕구를 충족시키기 위해 사회적 인권이라는 양보가 필요해진다. 그러므로 시민적·정치적 권리와 경제적·사회적 권리가 한 체제 안에서 공존하는 것처럼 보여도 실제로는 모순적인 동거를 하고 있을 뿐이다. 한쪽 권리를 완전히 주장하면 다른 쪽 권리를 포기해야 하기 때문이다. 따라서 사적 소유권이 자본주의 체제 모순성의 핵심이 되는 셈이다. 그 결과 사회주의 국가에서는 사적 소유권을 핵심으로 하는 시민적·정치적 권리를 포기할 수밖에 없었다.

그러나 현실을 보면 "소위 사회주의 체제에서도 국가와 당이 인민으로부터 분리되어 특권층의 지배를 받게끔 되었고, 이런 구조로 인해 노동자의 나라라고 하는 거짓말이 나왔을 뿐만 아니라, 일정한 시민적·정치적 권리에 대한 요구가 나오게끔 된 근거가 생겨났다"(Teeple 2005, 77). 마찬가지로, 자본주의 국가에서는 사적 소유권의 양보를 못마땅하게 생각하는 자본 세력에 의해 경제적·사회적 권리가 끊임없이 침해받고 도전받는다. 티플은 이 과정에서 국제인권단체들이 협소한 시민적·정치적 권리에만 초점을 맞추고 인권침해의 체계적 맥락보다 지엽적인 침해사례만 부각시킴으로써 큰 틀에서 자본주의(신자유주의) 체제를 유지시키는 결과를 초래했다고 비판한다(Teeple 2005, 104-115). 그렇다면 대안은 무엇인가? 티플은 인권을 완전히 포기하기보다 그 개념을 "탈시장화된 인권"으로 새롭게 구성하자고 제안한다. 그것을 위해서는 우선 자유민주주의 체제에서 법적 개념으로 이해되고 있는 현재의 인권개념에서 완전히 벗어나야 한다. 그리고 시민적 인권보다 사회적 인권을 중심적 위치에 놓아야 하며, 시장경제 사회체제를 인권이 완전히 보장되는 사회공동체 중심형 체제로 변화시켜야 한다. 자본과 노동계급의 구조가 변하고 있는 현실을 직시하고 세계인권선언에 나오는 인권개념을 배격하는 새로운 인권투쟁의 시대를 준비해야 한다는 것이다(Teeple 2005, 143).

그런데 이렇게 될 때 인권은 법적 권리가 아닌, 넓은 의미에서 경제적·사회적 이념의 일부가 된다. 나는 티플의 비판에 일리가 있다고 생각하지만 그가 제시하는 새로운 인권관은 인권이라기보다는 사회주의 이념 그 자체에 가깝다는 느낌이 든다. 우리가 3장에서 보았듯이 권리개념은 단순히 총체적인 세계관을 제시하는 이념이 아니다. 권리개념은 권리의 주체가 의무의 주체에게 구체적으로 어떤 대응의무를 요구하는 특수한 형태의 보호 장치라는 특성이 있다. 이런 법적 의무성과 강제성을 완전히 소거시킨 인권은 인간의 권리가 아니라 일반적인 정치·경제 원리로 불러야 옳은 게 아닌가 싶다. 그랬을 때 사회주의 이념을 주장하면 되지 굳이 인권개념을 사용할 필요가 있을까? 하는 의문이 들 수 있다. 그런데도 티플이 인권개념의 가치를 고수하는 것을 보면, 그는 인권을 비판할 때에는 마르크스의 분석틀을 따르고 있지만(S-R-N), 그것의 대안으로는 사회주의와 인권의 공존가능성, 즉 사회주의적 인권을 수용(S-R-Y)하고 있다고 생각된다(4.4절 참조).

3 '사회주의와 인간 존엄성은 공존 불가능' : 인권 비판의 역비판

마르크스의 인권 비판을 역비판하는 S-R-I 입장에도 신좌파, 리버럴 평등주의, 급진 정치적 자유주의, 우파 자유주의 등 여러 다양한 견해가 혼재되어 있다. S-R-I에 속한 여러 논자들은, 서로 이념적 출발점이 다르지만 다음과 같은 생각을 공유한다. 첫째, 마르크스의 인권비판 자체가 처음부터 인권개념을 잘못 이해한 것이었다. 둘째, 정통마르크스주의에서 부르주아 인권 대신 주장하는 인간해방과 진정한 인간존엄성은 이론적으로 성립불가능하고 현실적으로도 존재하지 않았다.

제레미 월드런은 마르크스의 인권론을 검토한 후, 정통 사회주의이론에서 인권은 모호하게 표현되어 있거나 아예 고려 대상이 아닌 것으로 취급된다고 지적하였다(Waldron 1987). 그는 사회주의의 인권 비판을 세 가지로 요약한다. 첫째, 마르크스는 공산주의 운동에서 모든 분배적 슬로건을—권리로 표현되든 아니든—거부한다. 분배가 목적이 아니라 사회체제의 전면적 변혁이 목적이기 때문이다. 둘째, 마르크스주의에서 인간의 권리는 개인주의적·이기적인 것으로 간주되며, 인간의 권리(민간 영역)와 구분되는 시민의 권리(국가 영역) 역시 공허한 개념이다. 셋째, 마르크스의 관점에서 시민의 권리는 일종의 공동체를 만드는 데 도움이 될 수는 있겠지만 경제·사회적 혁명에 비해 극히 사소한 고려사항에 불과하다. 그러므로 마르크스주의를 인권과 연결하는 시도는 거의 불가능하며, 에른스트 블로흐와 같은 사회주의적 휴머니스트의 인권론도 실제로는 가능하지 않다고 본다(Waldron 1987, 119-136; 4.4절 참조).

신좌파에 가까웠던 스티븐 룩스는 마르크스주의와 도덕성의 문제를 사회주의권 붕괴 이전부터 제기했고(Lukes 1985), 동유럽 혁명 와중에 이를 이론적으로 다듬어 다시 발표했다(Lukes 1990). 룩스는 우선 마르크스가 「유대인 문제'에 관하여」에서 주장한 인권 비판은 18세기 혁명 당시의 인권관에 비추어 보아도 협소한 분석이었다고 지적한다. 예를 들어, 1789년 프랑스혁명 〈인간과 시민의 권리선언〉 10조와 11조의 의사표현의 자유, 사상과 언론의 자유에 대해서는 마르크스 자신도 반대하지 않았고, 7, 8, 9조의 적법 절차 존중, 무죄추정 원칙은 마르크스의 핵심적 인권 비판과는 거리가 멀다는 것이다(이샤이 2005, 2장 참조). 룩스는 더 본질적으로, 현실 사회주의의 인권유린 실상,[8] 그리고 공산권 주민들이 마르크스주의를 진정으로 신봉했었던가 하는 문제를 넘어서서, 공산주의 공식적 교의의 '정치적 도덕성' 자체를 분석한다. 어떤 이념의 현실적용을 위해 전략적으로 사용하는 '파생적 도덕성'derivative morality과 구분되는, 공산주의 이념 자체의 '구성적 도덕성'constitutive morality이 인권 또는 정의와 얼마나 부합되는지를 따져 본 것이다. 룩스에 따르면 마르크스주의 정치적 도덕성의 특징은 세 가지다. 첫째, 해방

---

[8] 인권의 이론을 다루는 본서의 성격상 이 장에서는 경험적 서술을 거의 다루지 않는다. 그러나 정치이념을 그것의 현실적 적용과 분리해 추상적으로만 설명하는 방식에는 분명 한계와 위험이 따른다. 따라서 이런 이론적 논의는 20세기에 공산주의의 이름으로 벌어진, 특히 정치적 혁명론의 이름으로 자행된, 온갖 형태의 인권유린에 대한 엄중한 평가와 역사적 비판의식 아래에서만 생산적인 논의로 발전할 수 있을 것이다. 볼셰비키의 공포정치, 스탈린의 숙청, 강제추방, 굴락 수용소, 마오쩌둥의 문화혁명, 캄보디아의 킬링필드, 북한의 인권문제 등이 그 대표적 사례일 것이다. 또한 냉전 당시 중남미, 남아공, 중동, 인도네시아, 남한 등의 우파 정권에 의해, 그리고 흔히 미국 등 강대국의 사주와 방조하에, 극심한 인권침해가 발생했던 역사적 사실도 엄중히 직시해야 함은 두말할 나위도 없다(평화와 인권에 관한 우리 현대사의 배경설명으로는 다음을 보라. 박명림 2002; 한홍구 2003).

을 목적으로 하는 도덕성이다. 둘째, 현존 자본주의 체제의 모든 질곡을 언젠가는 초월해야 한다는 미래지향적 도덕성이다. 이를 룩스는 "장기적 결과를 지향하는 완벽주의"라고 불렀다. 셋째, 현실 정치에서의 모든 행위는 인간해방이라는 목표에 비추어 선택되고 정당화된다는 입장이다. 따라서 역사발전에 있어 자본주의 단계의 도덕성을 상징하는 '필수요소'적 특징들이 모두 비판의 대상이 된다. 마르크스주의는 구체적으로 '자원의 희소성' 원칙을 비판하면서, 사회주의가 되면 생산에 필요한 투입과 생산재를 풍요롭게 통제할 수 있다고 주장한다. 그리고 도덕이나 가치가 역사와 상황에 달려 있다는 '예외주의'를 거부하고 일원적인 도덕성을 옹호한다. 또한 사상이나 가치의 다원성을 부정하고 변증법적인 외길 발전을 신봉하며, 인간사를 규율하는 데 있어 이성의 한계를 인정하지 않고 완전한 이성과 계몽이 가능하다고 본다. 따라서 자본주의 발전단계의 필수요소적 갈등을 완화하기 위해 만들어진 인권 원칙이나 정의 원칙은 '민간 영역' 안에서의 대증요법에 불과하므로 결국은 극복되어야 할 그 무엇이며, 이런 입장은 블라디미르 레닌의 다음과 같은 테제(1920)에서도 확인된다. "우리의 도덕성은 프롤레타리아 계급투쟁의 이익에 전적으로 복무한다." 이런 입장은 다음과 같은 결과를 초래했다. "공산주의는 불의와 억압의 종식을 약속하면서도, [정의와 인권을 약속하는 것이 아니라] 정의와 인권을 외치게 만들었던 질곡 그 자체로부터의 해방만을 약속한다"(Lukes 1990, 27). 이것을 정리하면 다음과 같은 말이 된다. ① 마르크스주의는 불의와 억압의 종식을 주장한다. ② 그러나 마르크스는 불의와 억압에 대항하기 위해서 인권과 정의에 큰 의미를 두지 않는다. 인권은 잘해야 해방으로 가는 곁가지, 잘못하면 해방을 가로막는 방해물에 지나지 않기 때문이다. ③ 마르크스가 진정 원했던 것은 인권이 존중되는 사회라기보다, 인권요구가 원천적으로 필요 없는 해방된 사회였다. 그러므로 마르크스주의는 미래의 해방을 위해서라면 지금 어떠한 수단도 허용된다는 입장 즉, '내일의 완전한 도덕성을 위한 오늘의 무도덕성'을 옹호한다.

룩스는 그렇다면 1980년대 말 동유럽 민중의 반공산주의 혁명이 어떤 성격이었던가를 묻는다(Lukes 1990). 그것이 반사회주의 혁명이었던가, 친자본주의적 혁명이었던가, 친자유주의적 혁명이었던가? 룩스는 이런 피상적인 해답을 거부하고 동유럽 민중의 요구를 다음과 같이 정리한다. 첫째, 시민들이 자발적으로 시민권을 요구한 운동이었다("We are the people"). 둘째, 분배정의와 체제의 공평한 작동을 원했다. 셋째, 법의 지배, 개인의 기본권 보장 등 절차적 정의를 요구하는 '방어적 운동'이었다. 넷째, 권력의 독점을 거부하고 다원주의를 요구하는 운동이었다. 다섯째, 공산당만이 진리를 완전히 파악하고 그것을 현실에서 구현할 수 있다는 주장을 회의적으로 받아들인 운동이었다. 룩스의 이런 해석을 받아들인다면 동유럽 민중이 진정으로 원했던 것은 좌우를 막론하고 어떤 교조화된 '이즘'이 아니라, 직관적으로 정의로운 사회, 억압적인 체제로부터 자유로운 사회, 인간적이고 자율적이고 공평한 사회였던 것이다. 공산주의가 몰락한 후 이행기 러시아 사회의 인권문제를 조사한 한 연구에 따르면 인권을 보장할 수 있는 전제조건인 정치공동체의 재구축 자체가 큰 문제로 등장했음을 알 수 있다. 그 결과 공공질서의 붕괴와 시민적 권리의 극심한 제약, 경제적·사회적 권리 축소, 규제받지 않은 민영화 세력에 의한 사회공동체 파괴, 자유의 억압, 소수자 권리 무시, 종교자유의 탄압 등이 만연했는데 이런 현상의 근본원인은 공산정권에서 민주주의와 시민사회를 경험하지 못했기 때문이라는 것이다(Juviler 2000; The Moscow Times 2001). 에이프릴 카터는 다음과 같이 말한다. "역사적으로 보아 혁명적으로 사회를 재구성하려는 시도에 있어서 인권과 민주적 선택은 늘 희생물이 되곤 했다." (Carter 2005, 201). 그렇다면 기본권의 박탈 그리고 민주주의 및 시민사회의 결여가 현실 사회주의의 붕괴를 재촉한 하나의 중요한 요인이었다고 보아도 무방할 것이다(Rubenstein 1980; Thomas 2005). 하지만 이런 현실은 역으로 자유방임형 자본주의의 이데올로그들에게 좋은 선전거리를 제공했고, 냉전 당시 자본주의권 내에서 사회정의와 부의 재분배를 추구하던 평등주의적 민주주의 정치세력의 입지를 극도로 좁히는 결과를 초래했다. 그런데 바로 이 지점에, 마르크스주의가 인권을 반대한다고 해석했던 관점 자체가 애초부터 오류였다고 생각하는 주장이 자리 잡고 있다.

4 '사회주의와 인권은 공존 가능': 상호소통의 모색

많은 논자들이, S-R-N 류의 인권 비판에는 인권의 개념을 18세기 말의 부르주아적 권리만으로 한정해 정의하는 경향이 있음을 지적한다 (Campbell 1983; Corlett 2005; Freeden 1991). 논쟁적 글쓰기의 명수였던 마르크스가 부르주아계급을 비판하기 위해 부르주아의 권리개념을 예각화해서 공격한 것은 사실이지만, 그가 모든 권리 자체를 무조건 거부했다고 단정해서는 안 된다는 것이다. 또한 마르크스의 논지를 역으로 해석해서 권리개념을 도출할 수 있다는 주장도 있다. 예컨대, 마르크스가 자본주의하의 착취와 불의에 대해 비난한 것을 뒤집어 보면 노동자에게 그러한 착취를 당하지 않을 권리를 인정했다고 볼 수 있다. 더 나아가 소외되지 않을 권리, 자본주의적 생산수단에 의해 자신의 노동을 억지로 팔지 않아도 될 권리, 잉여가치를 포함한 노동의 전체 가치를 요구할 권리 등도 마찬가지다(Corlett 2005).

실제로 마르크스를 위시한 혁명론자들이 권리를 중시했던 사례를 찾는 것은 어렵지 않다. 마르크스는 언론인으로 잔뼈가 굵었고 평생 프리랜스 저널리스트로 활동해서인지 언론·출판의 자유에 관해서는 한 치의 양보도 없었다(McLellan 1970, 72-101). 언론검열을 노예제에 비교할 정도였고(DM, 17-18), 언론자유를 열렬히 지지했다. 그는 보통선거권, 집회 및 결사의 자유도 지지했으며, 공장법 개정, 하루 노동시간 단축 조치도 당연히 옹호했고, 1850년 『뉴욕 데일리 트리뷴』에 다음과 같은 글을 기고하기도 했다. "잉글랜드의 보통선거권 정책은 유럽대륙에서 사회주의의 이름으로 행해진 그 어떤 정책보다 더 사회주의적인 조치일 것이다"(DM, 332). 마르크스가 아일랜드 독립투쟁과 민족자결권을 명백하게 찬성한 사실도 잘 알려져 있다(DM, 590). 프랑스혁명의 '자유·평등·박애' 구호를 비판한 것은 사실이지만 마르크스는 혁명의 민주적 권리 자체를 부정하지 않았으며 오히려 민주적 권리를 부정하는 사회주의자들을 비판했다. 프리드리히 엥겔스는, 부르주아들이 신분에 의거한 계급관념을 공격하면서 인권을 주장하는데, 그들은 논리의 일관성을 위해서 그러한 주장을 특정계급이 아닌 만인을 위한 주장으로 내세울 수밖에 없다고 지적한다. 그렇다면 무산계급은 부르주아의 그러한 보편적 수사를 역이용하여 거꾸로 부르주아에 대해 인권을 주장할 수 있다는 것이다(「프로이센의 군사문제와 독일 노동자당」 1865).[9] 즉, 마르크스주의는 정치적 권리가 모든 불평등을 타파할 수는 없어도 불평등을 철폐하기 위한 투쟁의 효과적인 무기가 될 수는 있다는 점을 강조한다고 볼 수 있다. 적어도 인권의 '도구적' 가치는 인정한 셈이다.

이런 실제 사례를 넘어서, 적어도 마르크스-레닌주의와 구분되는 사회주의 흐름과 인권사상은 이론적으로 서로 연결될 수 있고 또 연결해야 한다는 S-R-Y의 입장도 출현했다. 17세기 중반 '진정한 수평파'를 자임했던 영국의 디거스Diggers 운동 이후 평등주의 사상이 현대 인권의 중요한 일부가 되었음은 역사적인 사실이다(이샤이 2005, 2, 3장 참조). 또한 20세기 들어 나치즘과 파시즘에 대항하여 사회주의적 휴머니즘과 자유주의적 휴머니즘 사이에 공통점을 찾을 계기가 생겼고(Mclellan 1975; 2006), 전후 동유럽의 자유화 움직임을 소련군이 무력으로 진압한 것도 하나의 계기가 되었다. S-R-Y는 인권을 부르주아적 전통으로 보면서도, 권리 문제를 상황에 맞게 다루어야 한다고 생각한다. 따라서 사적 소유 권리는 비판하지만 완전고용, 완전복지 등은 권리 문제로서 접근하자고 주장한다. 또한 선험적·자연권적 인권개념에는 반대하지만 인간욕구에 기반을 둔 권리개념은 적극적으로 발전시켜야 한다고 해석한다. 이런 주장에 따르면 사회적 존재인 개인의 잠재력을 최대한 꽃피울 수 있도록 도와주는 틀거리로서 사회주의적 인권체계를 발전시킬 수 있다는 것이다.

블로흐는 마르크스의 인권 비판을 시대적 맥락과 전체적 의도 속에

---

9 〈www.marxists.org/archive/marx/works/1865/02/12.htm〉(2007. 5. 30 접속).

서 읽어야 한다고 지적하면서 마르크스가 사실은 인간의 권리 그 자체보다 그것에 내재한 부르주아적 내용을 비판했다고 말한다(Bloch 1965; 「보론」 참조). 부르주아식으로 개념화된 자유권을 사적 소유의 속박에서 풀어 주어서 자유를 논리적으로 극대화해 인간해방을 이루자는 의도였다는 것이다. 이렇게 본다면 오늘날에도 압제에 대항하는 진정한 무기로서 자유의 의미를 인정할 수 있으며 그런 맥락에서 자본주의에서든 사회주의에서든 인권이 중요하다고 본다. 사회주의권에서 인권은 "사회주의 건설의 진전을 위해, 연대의 테두리 안에서, 철저히 객관적이고 현실적인 비판을 제시할 수 있는 권리로서 더욱 적극적인 의미"를 띠게 되고, 자본주의권에서는 "착취에 대해 저항할 수 있는 권리의 깃발"이 된다는 것이다(Bloch 1965, 224-225). 블로흐는 특히 사회주의권에서 인권이 필요 없다고 하면 그 사회주의는 권위주의가 된다고 경고함으로써, 마르크스의 인권 비판을 피상적으로, 액면 그대로 이해하는 '속류 S-R-N' 경향을 비판한다. 다른 한편, 마르크스주의 경제학자인 로버트 하일브로너도 사회주의가 인간의 개인성보다 사회성을 지나치게 강조하고, 경제적 토대에 과도한 비중을 두는 바람에 국가체제의 속박으로부터 개인의 자유를 확보하는 문제를 도외시했다고 비판한다. 그 결과, 자본주의에 있어서는 경제에 대한 비판이 아킬레스건이 되었고, 사회주의에 있어서는 정치에 대한 비판이 아킬레스건이 되었다는 것이다(Heilbroner 1980, 159-166). 전 세계적으로 명성을 떨쳤던 마르크스주의 정치학자 랄프 밀리밴드 역시 사회주의가 인권과 자유를 무시해서는 안 된다고 경고한다. "부르주아 민주주의의 일부인 시민적 자유가 아무리 미미하고 보잘 것 없어 보일지라도 그것은 수세기에 걸친 대중의 끈질긴 투쟁의 결과다. 마르크스주의 정치의 과업은 이런 자유를 옹호하는 것이어야 한다"(Miliband 1977, 189-190). 또한 처음부터 국제적 관점의 이론으로 등장한 마르크스주의는 전 세계의 평화권, 발전권, 민족자결권의 실천에 중요한 의미를 부여하며, 이는 국민국가를 전제로 하는 자유주의보다 지구화 시대에 훨씬 유용한 인권이론이 될 수 있다는 입장도 있다 (Lindholm 1992). 민주사회주의자인 앤드류 레빈은 현존하는 자본주의 체제를 평가하는 데 있어 인권이 대단히 효과적인 비판의 준거틀을 제공하며 그러한 장점 하나만 놓고 보더라도 인권사상을 거부할 수 없다고 지적한다(Levine 1981, 121-138). 레빈에 따르면 인권은 첫째, 자유주의가 주장하는 자유를 정확히 규정하고 민주적 · 집합적 선택의 폭을 인권의 원칙 안에 한정시킬 수 있으며 둘째, 자유민주주의에 내장된 '원자적 개인주의'의 악폐로부터 사회적 존재로서 인간 존엄성을 지킬 수 있는 도구 역할을 할 수 있다는 것이다. 루이스 헨킨은 하나의 사회주의가 있는 것이 아니라 복수의 사회주의들 socialisms이 있다고 말하면서 집단의 행복과 개인의 권리가 반드시 분리될 필요는 없고 사회주의 원칙과 개인의 권리를 비교적 잘 결합시킨 경우도 있음을 지적한다 (Henkin 1990, 189).

톰 캠벨은 S-R-P의 입장에서 사회주의 인권론의 특징을 정리하면서 사회주의와 자유주의적 인권이 공존가능하다는 논거를 제시하고 있다 (Campbell 1983). 우선 사회주의 인권은 사회적 존재인 인간의 욕구 needs를 보호하고 증진하려 한다(Nordahl 1992 참조). 이것은 "능력에 따라 일하고, 욕구에 따라 분배 받는다"는 사회주의의 유명한 명제로부터 도출되는 결론이기도 하다(『고타강령비판』 DM, 569). 이러한 사회주의적 명제는 권리를 가진 사람이 적극적으로 요구해야만 권리가 작동되는 고전적 자유주의 권리와는 다르지만, 현대 인권의 일부로 확고하게 자리 잡은 경제적·사회적 권리 그리고 사회복지론의 기본관점과는 잘 조화된다. 둘째, 각 개인의 권리주장을 정치적·법적으로 어떻게 규정하고 조정할까 하는 문제보다, 사회적 협력을 어떻게 조직해 낼 것인가에 더욱 관심을 기울인다. 셋째, 타인의 침해를 막는 장치로서 권리를 보기보다는 조화로운 공동체적 삶을 보장하기 위한 장치로서 권리를 이해한다. 넷째, 권리와 의무를 반대 개념으로 보지 않고, 모든 사람이 권리를 가지려면 당연히 그것에 상응하는 '대응의무'correlative obligation도 함께 져야 한다는 전제를 깔고 있다. 따라서 사회주의권에서 권리와 의무는 결합되는 경향이 있다. 예를 들어 노동할 권리와 노동할 의무가 동전의 양면처럼 함께 가는 것이다. 다섯째, 사회주의권에도 권리 간의 충돌과 의무 이행을 감시하고 교정하는 제도적 장치가 있지만 그런 장치들이 자본주의권의 법체계처럼 전문적이거나 권위 있지는 않다. 이처럼, 사회주의적 인권은 자유주의자에게 익숙한 방식으로 표현되지는 않지만 그렇다고 자유주의적 인권개념과 완전히 다른 것도 아니다. 사회주의적 권리는 자본주의 체제가 권리를 개념규정하는 방식에는 비판적이지만 권리의 개념 자체는 수용한다고 볼 수 있다.

18세기까지만 해도 권리를 주로 국가의 압제에 대항하는 저항권으로 간주했지만, 그 후 인권이 국가의 적극적 역할을 강조하는 청구권으로 확장되면서 20세기 후반의 S-R-Y와 S-R-P이론은 상당히 근거리로 수렴되었다. "복지국가의 전형적인 권리와 유토피아 사회주의의 권리 사이에 존재하는 차이는 정도와 태도의 문제이지, 범주의 문제가 아니"라는 것이다(Campbell 1983, 214). 이는 사민주의형 복지국가를 인권의 모범적 실천사례라고 보는 도널리의 관점과도 연결된다(Donnelly 2003).

5 나오면서

오늘날 로크와 마르크스가 다시 살아나 21세기에 통용되는 인권개념을 목격한다면 뭐라고 말할까? 로크는 오늘의 인권개념을 첫눈에 알아보지 못할 것이고, 마르크스는 약간 놀랄 가능성이 많다고 본다(여전히 불만이겠지만). 오늘의 인권개념은 순수한 자유주의로부터도 크게 이탈했고 정통 사회주의와도 거리를 둔, 독특한 성격의 사상으로 자라났기 때문이다. 마르크스의 인권 비판에 불확실한 부분이 있는 것은 사실이다. 그는 '인간의 권리'Rights of Man는 완전히 부정했고, '시민의 권리' Rights of Citizen는 어느 정도 인정하면서도 미흡하다고 생각했다. 그런데 세계인권선언 이후 이 두 가지 권리가 '인권'human rights에 함께 포함되어 발전했기 때문에 마르크스의 '인간의 권리' 비판을 오늘의 '인권' 비판으로 바로 연결시킬 수 있는지는 확실치 않다.

그럼에도 불구하고 마르크스의 인권 비판은 결과적으로 현대 인권발전에 큰 기여를 했다. 마르크스는 인권이 중립적이거나 초경험적이 아니라 특정한 이념(자본주의형 자유주의)을 전제로 한 개념임을 처음으로 밝혀냈다. 요즘에는 모든 정치적 개념 속에 이념적 성격이 은연중에 ─혹은 노골적으로─전제되어 있음을 상식으로 받아들이지만, 마르크스 때만 해도 자연권적인 인권사상을 특정이념과 상관없는 보편 사상으로 간주하는 것이 상식이었다. 이런 시대상황에서 마르크스는 부르주아적 인권관의 문제점을 비판하여 그것의 내포와 외연을 확장함으로써 오늘날 인권개념이 자유주의적 자본주의 사회에 속해 있으면서도 이기적인 착취와 소외로부터의 피난처로 남을 수 있도록 자극을 부여했다.

그리고 마르크스는 자유주의 인권관에 대한 비판의 준거점을 제공함으로써(Roth 2004), 단자화된 요구를 인권으로 치장하거나 이기적인 사욕을 권리로 주장하는 것은 큰 오류임을 우리에게 끊임없이 상기시켜 준다. 마르크스는 그런 식의 '권리 운운' 요구가 현대사회를 밑바탕에서부터 썩게 만든다고 보았다. 공동체의 공동선을 생각하지 않는 이기적·사익적 권익은 인권으로 인정하지 말아야 한다는 예언적인 경고였다.

이 글을 마치기 전에 사회주의 인권론에 대해 필자 나름대로의 몇 가지 생각을 정리하고자 한다.

첫째, 마르크스의 완전한 인간해방이라는 목표에 비추어 봤을 때 인권이 대단히 미흡한 체계임을 인정하지 않을 수 없다. 앞 장에서 말했듯이 인권은 자기완결적이고 순도 높은 이론체계가 아니다. 이론적 완성도로 봤을 때 마르크스주의가 빌딩을 올리는 건축술 architecture이라고 한다면 인권이론은 정원을 가꾸는 조경술 horticulture에 지나지 않는다. 그런데 따지고 보면, 완전한 인간해방이라는 기준으로 평가했을 때 세상의 어떤 이론이 A$^+$ 점수를 받을 수 있겠는가? 따라서 이런 식의 비판에 대해서는 더 잘하라는 채찍질 정도로 받아들이면 될 것이다. 인권이 이념적으로 불철저하고 이론적으로 불완전하다 하더라도 그것의 의미가 줄어든다거나 그것의 실천이 쉽다는 말은 절대 아니다. 오히려 정반대다. 마르크스가 보기에는 정말 미미하고 사소한 요구에 지나지 않았겠지만 그 작은 요구를 관철시키기 위해서는 큰 투쟁이 필요하다. 인권의 힘은 그 이론적 완결성에서가 아니라 그 주장의 절박함에서 나온다. 오히려 그 불완전함 때문에, "우리가 엄청난 것을 요구하는 것도 아닌데 왜 이 정도도 들어주지 못하느냐"라는 문제의식이 더욱 강하게 나올 수 있다. 얼핏 보면 그것은 '이상주의'의 외양을 띠고 있지

만, 인권은 그것의 이론적 완결성 때문이 아니라 최소주의적 요구로 인해 설득력을 갖는다(9장 참조).10

둘째, 인권을 주장하면 할수록 오히려 장기적으로 인간해방에 방해가 된다는 비판은 근본적인 의미에서 심각한 지적이다. 인권운동이 인간사회에 존재하는 고통의 본질적 문제를 덮어둔 채 진통제 역할만 하면서 병을 더 악화시킬 수도 있다는 말이기 때문이다. 그런데 마르크스가 왜 그렇게 말했는지를 이해하면서도, 그것이 우리의 통상적인 경험칙과 어긋난다고 말하지 않을 수 없다. 인권을 주장하면 할수록 민간 영역이 고착된다면 우파, 경제계, 보수언론이 왜 그렇게 집요하게 인권을 비판하는가? 이들은 심지어 인권을 '좌파 사회평론가'들의 담론이라고 공격하기 일쑤이지 않은가? 여기서 우리는 마르크스로부터 비판받고 우파로부터도 공격받는 인권의 좌표를 세심하게 이해해야 할 필요를 느낀다.

셋째, 인권은 어디까지나 오늘의 현실 문제임을 다시 상기시키고 싶다. 우리 인간은 모두 '지금 여기에' 살고 있는 유한한 존재이며 눈앞의 불의에 대항해 '지금 여기에서' 어떤 식으로든 행동해야 할 의무가 있다. 내가 보기에 오늘날 전 세계 대다수 좌파들은 인권이 미국과 강대국의 수사적 도구로 악용되는 것을 비판하면서도 인권가치 자체를 마르크스 식으로 거부하는 것 같지는 않다. 그리고 우리는 마르크스 자신도 인권에 대해 다음과 같이 말한 것을 기억해야 할 것이다. "[인간해방에

---

10 여기서 '최소주의적 요구'라 할 때 시민적-정치적 권리만을 말하는 것은 아니다. 현재 국제적으로 인정되는 모든 인권목록이 인간해방이라는 기준에 비추어 보면 최소한의 요구라는 말이다.

〈표 4-1〉 근대의 대항운동과 인권

근대성의 억압적 차원	대항적 사회운동	사회운동의 내용
폭력의 독점 (강압적·군사적 지배)	반폭력 운동, 평화 운동	시민적 권리
감시사회(다두제)	언론자유, 민주주의 운동, 여성운동	정치적 권리
사적 재산(계급)	노동 운동	경제적 권리
자연의 변형(창조된 환경)	생태 운동, 대항 문화	도덕적 정당성

출처: Giddens 1987, 311 표 6; 314 표 7; 319 표 8 종합·수정.

못 미치는) 정치적 해방도 당연히 거대한 진보다. 정치적 해방이 일반론으로는 인간해방의 최종적 형태가 아닐지라도, 그나마 현 세계질서 안에서는 인간해방의 최종적인 형태다. 내가 여기서 현실의 실용적인 해방을 말하고 있음을 이해해야 한다"(「유대인 문제」에 관하여」 DM, 47). 현장의 인권운동가들은 인간해방은 고사하고 현실의 작은 해방에도 초인적인 투쟁이 요구된다는 사실을 너무나 잘 알고 있지 않은가? 바로 이 지점에 사회운동과 인권의 존재의의가 있다. 앤서니 기든스에 따르면 근대성의 역사적 추세 안에서 자본주의와 국민국가가 발전해 왔으며, 이런 근대성은 네 가지 억압적 차원—① 폭력의 독점, ② 감시사회, ③ 사적 소유, ④ 자연의 변형—으로 표출된다(Giddens 1987). 이런 억압적 측면에 대항해 사회운동이 출현했고 그러한 운동들의 내용을 분석해 보면 인권개념과 정확히 대응된다(〈표 4-1〉). 근대사회적 경향에 맞서는 대항력countervailing force으로서 사회운동과 인권이 출현해 변증법적 역사발전 과정을 형성했다는 뜻이다. 우리가 기든스의 통찰을 받아들인다면, 마르크스가 말한 "현 세계질서 안에서의 현실적인 해방운동"이 결국 인권운동과 크게 다르지 않으리라고 나는 믿는다.[11]

---

[11] 인권의 이런 문제의식을 한국의 맥락에서 가장 급진적으로 고민한 글로는 서준식(2002; 2003)을 보라.

[보론] 에른스트 블로흐, 「사회주의적 휴머니즘과 인권」

이 보론은 에른스트 블로흐가 1965년 에리히 프롬이 책임편집을 맡은 『사회주의적 휴머니즘』에 실은 글의 전문을 필자가 옮긴 것이다. 이것은 마르크스의 인권 비판론을 인권운동과 인간해방운동을 위한 건설적 자극으로 승화시킬 수 있음을 논증한 글로서 사회주의 인권론의 가장 중요한 저술 중 하나로 꼽힌다. Ernst Bloch. 1965. "Man and citizen according to Marx". In: Erich Fromm(ed.). *Socialist Humanism: An International Symposium*. Garden City, NY: Anchor Books.

「사회주의적 휴머니즘과 인권」

중산계급이 권력을 접하기 전까지만 해도 그들은 인류 역사를 통틀어 그 어떤 계급보다 더 인도적인 계급이었거나 혹은 그러한 계급인 것처럼 여겨졌다. 중산계급은 개인의 자유, 애국심, 박애사상의 보편성을 열렬히 지지했다. 물론 개인의 자유에도 허점이 있었고, 애국심도 민족주의로 전락할 수 있었으며, 박애사상도 점점 더 추상적으로 이해될 위험이 없지 않았지만 말이다. 그런데 그토록 순수해 보이던 이상, 적어도 시작 당시에는 그렇게 고결하게 보이던 이상이 현실에서는 퇴색하거나 심지어 정반대로 타락하기도 한다. 이상은 추억 속에서만 빛나는 법인가? 간혹 새 출발을 꿈꾸는 시도도 있다. 시작 당시에는 모든 것이 완벽했던 것처럼 상상하면서 출발점에서 다시 시작해 보려고 하는 것이다. 마치 원래 계획대로 실천하지 않았던 것이 유일한 실책인 양 여기는 것이다. 출발은 괜찮았지만 나중에 잘못한 것이 오늘의 결과를 가져왔다고 보기 때문에 나중의 실책만을 문제 삼기도 한다.

그러나 오늘의 맥락에서 보면 출발 당시의 이상을 그것의 실현 과정과 완전히 분리해서 이해하기 어렵다. 혁명적 유산의 보존이 의문시될 때, 특히 시민이라는 이상 자체가 의문시될 때, 우리는 이상과 그 실현과정을 분리할 수 없음을 기억해야만 한다. 당시에는 확연치 않았지만, '시민'이라는 개념은 애초부터 미래의 씨앗을 품고 있었고, 해방된 부르주아를 만들어 낸 경제적·사회적 동향에 처음부터 잘 맞아떨어지는 개념이었다. 주로 장사할 수 있는 자유로만 스스로를 표현하던 해방된 부르주아의 특징은 진보적 시민의 특징과 당연히 크게 달랐고, 비교도 안 될 정도로 격이 떨어지긴 했어도, 어쨌든, 그들의 특징은 애초의 순수했던 이미지의 일부분, 혹은 부르주아를 만들어 낸 전체구조의 중요한 일부를 이루고 있었다. 〈인간과 시민의 권리선언〉을 자신 있게 선포하던 1791년 당시, 아직도 초창기였던 프랑스혁명의 열정—결코 실현되지 못했지만—속에 이미 상당한 정도로 부르주아적인 포부가 담겨 있었고, 그러한 포부는 우리가 잘 알다시피 결국 기대한 규모로 실현되기에 이르렀다. 경제적인 측면에서만 보면 오히려 부르주아가, 진정한 자유, 평등, 박애를 꿈꾸던 시민보다 시대정신을 훨씬 잘 따르고 있었다. 산업 생산에 필요한 추동력을 제공했기 때문이었다. 〈인간과 시민의 권리선언〉에서 "인간의 양도할 수 없는 4대 권리" 중 '소유권'이 '안전권'과 '압제에 대한 저항권'보다 더 앞쪽에 자리 잡고 있음을 볼 수 있다.[12] 1793년의 프랑스 헌법에 따르면 자유권의 주된 내용을 결정

---

12 첫 번째는 '자유권'임.

하는 것이 바로 소유권이라고 한다. 예컨대 헌법 제17조를 보라. "소유권이라 함은 모든 시민이 각자의 재산, 수입, 노동, 근로를 자신의 뜻대로 향유하고 처분할 수 있는 권리를 말한다."

진정한 자유의 꽃이 뿌리내릴 수 있는 토양을 인민이 아직 개척하지 못했기에, 혹은 마르크스가 말한 대로 프랑스혁명의 이익관념에 비추어 인민이 자신의 진정한 이익관념을 아직 발견하지 못했기에, 테르미도르 반동(1794) 이전에 이미 소유권에 근거한 시민개념이 자본주의의 이해관계와 결부되어 있었던 것이다. 바로 이 때문에 마르크스가 〈인간과 시민의 권리선언〉에 포함된 계급이기적인 내용을 시민의 정치적 이미지—그때까지도 추상적이고 관념적이었던—를 통해 날카롭게 간파했던 것이다. 특히 브루노 바우어와 에드가 바우어 형제가 "프랑스혁명의 순수한 관념이 무비판적인 군중들로 인해 오염되었다."라고 거만을 떨며 주장하는 바람에 마르크스가 [시민과 부르주아(인간)]를 더욱 첨예하게 구분하게 된 측면도 있다. 오히려 마르크스와 엥겔스는 혁명이 중산계급을 해방시키고 그 당시에 경제적으로 요구되던 이윤경제를 출범시켰다는 점에서 대성공을 거두었다고 지적했다. 이 점을 명확히 하기 위해서라도 마르크스와 엥겔스는 〈인간과 시민의 권리선언〉에 포함된 이념을 치열하게 비판할 필요가 있었다. 그리고 이런 구체적 정황이 아니더라도, 사회주의가 인류의 유산을 떠맡으려면 그 유산을 무조건 신성시해서는 안 되고 당연히 철두철미하게 비판적으로 취급해야 하는 것이다. 부르주아적 자유라는 것이 자유보다 부르주아에 더 가깝다면 인간의 권리를 그 이념적 내용에 비추어 검증하는 것이 너무나 당연하다. 마르크스는 처음부터 인간의 권리개념을 신중하게, 한편으로 부정적으로, 그리고 여러 면에서 유보적으로 취급했다. 마르크스는 「유대인

문제'에 관하여』(1844)에서 다음과 같이 말한다.

"시민의 권리와 구분되는, 소위 인간의 권리라는 것은 민간 영역의 구성원으로서 갖는 권리에 지나지 않는다. 즉, 다른 인간들 그리고 전체 공동체로부터 동떨어진 이기적인 개인의 권리를 말하는 것이다. …… 따라서 인간은 종교로부터의 자유가 아니라 종교적 자유를 부여받았다. 인간은 재산으로부터의 자유가 아니라 소유권을 부여받았다. 인간은 사적 영리활동으로부터의 자유가 아니라 영리활동의 자유를 부여받았다."

마르크스는 또한 『성가족』(1845)에서 다음과 같이 말한다.

"최대한의 자유라는 것의 내용을 살펴보면 민간 영역의 노예제 그 자체인 것 같다. 왜냐하면 일견 완벽한 존재처럼 보이는 독립된 개인은—자신이 가진 소외된 핵심요소들, 즉 재산, 사업, 종교 등을 자기 마음대로 하는 것을 마치 개인의 자유인 양 착각하는 개인은—더 이상 공동체와의 연관성 속에서 검토되지 않고 더 이상 사회적 규제도 받지 않기 때문이다. 인간의 완전한 자유라는 것은 알고 보면 완전한 종속, 완벽한 비인간성에 지나지 않는다. …… 산업 사회, 완전경쟁 사회, 사적 이익추구 사회, 혼돈 사회, 자연적·영적 개인성으로부터 스스로 소외된 사회에 불과한 현대의 민간 영역이라는 것은 이 얼마나 거대한 환상인가! 현대사회는 마지못해 인권을 인정하고 보장하지만, 그와 동시에, 개인 한 사람 한 사람에게서 발현되어야 하는 사회의 핵심적 요소를 스스로 파괴하고 있다. 또한 현대사회는 이 사회의 정치권력에다 고대 공화국의 외양을 부여하려고 동분서주 한다."

마르크스는 『루이 보나파르트의 무월 18일』[13] 서두에서도 [민간 영역의] 자기기만을 비유하여 "옛 역사 속에서 이미 죽은 자를 다시 불러일으키는 짓"이나 다름없다고 비판했다. 그러나 그는 통상적인 '인간의 권리'에 대해서는 비판하고 있지만 이런 비판이 '시민의 권리'에 대해서는 긍정적인 방향으로 설명되기도 한다. 같은 글에서 마르크스는 로베스피에르의 자기기만에 대해 언급하면서(한 세기 전의 크롬웰도 마찬가지였지만), "혁명 투쟁의 내용 속에 포함되어 있던 부르주아적 한계로부터 스스로를 숨기기 위해, 그리고 거대한 역사적 비극의 높은 무대에서 혁명의 열정을 계속 유지하기 위해, 그런 식의 자기기만이 필요했다."라고 지적한다. 그러므로 "혁명과정에서 옛 역사의 망자를 다시 깨워내어 새로운 투쟁을 미화하고 …… 상상 속의 과업을 부풀리고 …… 혁명의 정신을 재발견하려는 목적을 달성했다." 그러나 혁명의 정신은 시민의 권리와 뗄 수 없이 연결되어 있었다. 마르크스는 「유대인 문제」에 관하여」에서 권리에 대해 통렬한 비판을 가한 뒤, 결론적으로 "진정한 개인이 추상적인 시민을 자기 안에 다시 받아들일 때에만 …… 또 인간이 자기 '스스로의 힘'*forces propres*을 사회적 행동력으로 인식하고, 자기 스스로의 힘을 사회적 행동으로 조직할 때에만, 그리하여 정치권력의 형태를 띠고 있는 사회적 힘에서 자기 자신을 분리시키지 않을 때에만" 혁명의 정신이 실현된다고 말한다. '세속적 인간'과 구분되는 추상적 시민은(물론 세속적 인간 안에 추상적 시민이 들어 있긴 하지만) 〈인간과

---

13 프랑스혁명력 8년 안개 달(*brumaire*, 霧月) 18일, 즉 1799년 11월 9일에 일어난 나폴레옹의 쿠데타를 말함.

시민의 권리선언〉에 나오는 바로 그 시민이다. 그러나—바로 이 점이 핵심이다—이 시민은 또한 '사회화된' 자유를 실현하는 수단인 정치권력으로서의 시민이기도 하다. 이렇게 보면, 인간들은 '인간의 권리'에 나와 있는 것과 같이 자기 자유를 스스로 제한하는 이기적인 존재가 아니라, 자유를 다함께 실현하는 존재가 된다. 하지만 그렇다 하더라도 시민의 이미지가 이른바 부르주아의 자궁 안에서 이미 손상된 것은 사실이다. 그러한 이미지 손상의 효과가 처음에는 잘 안 보이다가 나중에 가서야 확연히 드러났던 것이다. 그러나 다른 한편으로, 나중에 시민의 이미지를 [민간 영역에 맞게] 교묘하게 해석했다 하더라도, 시민의 이미지는 '시민'이라는 단순한 구호만으로도, 승승장구하는 부르주아적 해석에 대항해서 싸울 수 있었다. 그리고 프리드리히 휠덜린Friedrich Hölderlin의 예에서 볼 수 있듯 시민의 이미지는 스스로를 정화하는 능력이 있었다.

바로 이런 분석으로부터 마르크스는 인간의 권리를 좀 더 긍정적인 방식으로 보기 시작한다. 마르크스는 인간의 권리에 내재한 부르주아적 내용을 누구보다도 신랄하게 폭로했지만 그것에서 미래의 시사점을—당시에 아직 확고한 기반이 없었던—도출해 낸다. 그는 사적 소유권이 인간의 다른 권리들을 억누르고 있음을 발견했지만, 바로 그 때문에 다른 권리들이—소유권과 구분되어—더욱 확실하게 드러난다는 사실을 감지해 냈다. 마르크스가 사적 소유를 인간의 권리를 제한하는 부르주아적 권리라고 비난했다고 해서, 그가 자유, 그리고 압제에 대한 인민의 저항권, 그리고 인민이 스스로를 지킬 권리까지 거부했던가? 천만에, 전혀 그렇지 않다! 오히려 마르크스의 목표는 자유사상을 더욱 확장하고, 자유권을 사적 소유의 속박과 그것의 파멸적인 침해로부터 해방해 자유의 논리적인 귀결[인간해방]을 모색하고자 하는 것이었다. 마르크

170

스는 자유의 비판자가 아니라 그 정반대로 자유를 영예로운 인권, 즉 사적 소유를 비판할 수 있는 토대로 간주했다. 바로 이 때문에, 소유의 자유가 아니라 소유로부터의 자유, 장사할 자유가 아니라 제 잇속만 차리는 고삐 풀린 무질서한 상행위로부터의 자유, 봉건사회로부터 이기적 개인의 해방이 아니라 모든 종류의 계급사회로부터 인류의 해방을 촉구하는 그의 결론이 나오는 것이다. 마르크스는 인간의 권리 중에서 자유에 대해—소유와는 구분되는—진정으로 근원적인 영광을 안겨 준다. 그리고 우리는, 수단이 아닌 목적으로서의 자유가 왜 여전히 오늘날에도 역사적으로 적합한 개념인지를 알게 되었다. 파시즘과 압제에 대항하는 진정한 무기가 바로 자유이기 때문이다. 결과적으로, 집회의 자유, 결사의 자유, 언론의 자유, 개인의 안전에 대한 권리는 오늘날 그 어느 때보다 더 중요하다. 착취와 탄압에 대한 노동자의 저항 권리도 마찬가지이다. 사회주의 아래에서 노동자에 대한 착취와 탄압이 사라졌다 하더라도 인권은 결코 덜 중요해지지 않고, 결코 덜 전투적이 되지 않는다. 이때 오히려 인권은 사회주의 건설의 진전을 위해, 연대의 테두리 안에서, 철저히 객관적이고 현실적인 비판을 제시할 수 있는 권리로서 더욱 적극적인 의미를 띠게 된다. 따라서, 사회주의적 연대란, 인간이 이기적 개인이 되지 않고, 마르크스의 예언자적인 표현을 빌자면, 자기 '스스로의 힘'을 사회적·정치적 행동으로 전환시킨 사회주의적 개인이 된다는 뜻이다. 이런 방식을 통해 '시민'은 프랑스혁명의 이념이 물려준 추상적이고 도덕주의적인 허구의 땅을 넘어 전진해 왔으며 마침내 '지금 여기에서' 사회화된 인류에 도달하게 되었다. 세상 모든 나라의 노동자들이 인간의 권리를 부르짖는 깃발을 다 함께 올리고 있다. 그 깃발은 자본주의권에서는 착취에 대해 저항할 수 있는 권리의 깃발이요, 사회주의권에서는 사회주의 건설의 과업을 위해 비판할 수 있는 권리—아니, 비판해야 할 의무—의 깃발인 것이다. 인권이 없다면 사회주의는 권위주의가 된다. 권위주의적 사회주의라는 말은 모순어이다. 사회주의가 권위주의로 변한 경우에는 다함께 성숙해지기 위해서라도 인권을 위한 국제적 투쟁이 요청된다.

외젠 들라크루아 Eugène Delacroix의 유명한 작품 '민중을 이끄는 자유의 여신' *La Liberté guidant le peuple*에서 진보는 아주 단도직입적으로 미래를 향한 도정으로 그려지고 있다. 이 그림은 단 한 번의 진보적 행동을 통해, 자유가 우리를 고난의 과거로부터 구출하여 새로운 영역으로, 흑암의 땅을 뒤로 하고 광명이 기다리는 땅으로 인도하는 광경을 보여준다. 하지만 이 그림은 시대에 뒤떨어지고 족쇄가 되어버린 [봉건적] 생산 조건을 탈출하는 내용에 불과하다. 바로 이 때문에 1791년에 나타난 새 길은 해방된 이기적 개인, 자유경쟁, 개방시장 등 요컨대 새로 출현한 자본주의적 생산과 교환양식이 득세하는 길이었다. 그 본질에 있어 결코 영웅적인 계급이 아니었던 부르주아는 바로 그 때문에 더욱 고전적 화풍의 영웅적인 환영幻影이 필요했던 것이다. 쟈코뱅파의 착각—자기네들이 지상의 모든 억압을 몰아내고 있다고 믿었던—을 놓고 보자면, 그들이 사용한 폭력은 로마적 덕성과는 거리가 멀어도 한참 먼 것이었다. 그들의 신념은 완벽에 가까운 도시국가 polis—역사적 가능성의 한도 안에서 자기들이 생각하는 인간의 진보—를 기대하는 것이었다. 이런 신념 때문에 그들의 명분은 단순히 제3신분의 해방을 넘어서서 엄청나게 휘황찬란한 도덕적 광채로 치장되었던 것이다.

'인권'에 대한 기대가 이처럼 높았으므로 베토벤은 집안에 브루투스의 흉상을 간직하고 있을 정도였고, 피델리오 서곡과 9번 교향곡은 임박한 환희의 새날을 기리는 송가가 되었던 것이다. 그 시대의 혁명 투쟁은 인류에게 완전한 해방을 약속했다. 바로 이것이 마르크스가 '혁명의 정신'이라고 상찬한 현상이었다. 그는 "혁명 투쟁에 있어 부르주아적 내용의 한계"에 대항해서 상상력을 발휘하여 주어진 과업을 확장함으로써 혁명의 정신을 다시 점화할 필요가 있다고 보았다. 프랑스 혁명 이전의 혁명들이 수행한 사회적 과업이 [프랑스 혁명과] 얼마나 달랐든, 그리고 [프랑스 혁명이] 어느 정도나 무산계급-사회주의적 혁명이었든 상관없이, 계급사회를 폐지한 것 자체는 그 이전의 모든 혁명과 구분되는 점이었다. 하지만 모든 혁명은 어떤 특징을 공유하는 경향이 있다. 그것은 자유를 향한 도약이라는 특징이다. 특히 쟈코뱅주의의 정신—최소한 그것의 기대치—은 자유를 향한 도약에 가까웠고, 프랑스혁명은 개인 영리활동의 해방을 훨씬 넘어섬으로써, 논리적으로나 필요성에 있어서나 사회주의적 휴머니즘의 진보적 내용에 근접한 혁명이 되었다.

18세기 〈인간과 시민의 권리선언〉의 자본주의적 성격을 그토록 신랄하게 폭로했던 마르크스가 『성가족』에서는 쟈코뱅주의에 또 어떤 다른 면이 있는지를 우리에게 말해 준다. "프랑스혁명은 인간조건에 관한 모든 과거형 개념을 넘어서는 사상을 창출했다. 1789년의 '사회주의 모임'Cercle Social으로 시작되었고, 한때 테오필 레클레르와 쟈크 루가 주도했지만 프랑소와-노엘 바뵈프의 계획이 실패함으로써 불발로 끝났던 혁명운동이 공산주의 사상의 원류이다. 바뵈프의 친구였던 필리프 부나로티가 1830년의 혁명 이후 공산주의를 프랑스에 다시 소개했다. 공산주의 사상을 논리적으로 전개해 보면 그것은 새로운 인간조건의 사상이다. …… 데카르트의 유물론이 진정한 자연과학을 꽃피웠듯 프랑스식 유물론의 사조가 사회주의와 공산주의를 직접적으로 탄생시켰다." 그러므로 이른바 제4신분의 민중이 만들었다는 삼색기에는 단순히 붉은 색 이상의 의미가 들어 있었다. 그것은 돌이킬 수 없는 진보의 붉은 색이었다. 마르크스는 자기 시대의 무기력을 넘어서, 교회와 귀족으로 대변되는 '유구한 생활 권력'과의 정치적 결탁을 넘어서, 프랑스혁명의 낙관론 Ça ira을 철저히 포기한 허무주의를 넘어서 그 색깔을 주도해 갔다. 마르크스가, 일면 역동성을 잃었고 그 시대의 자연법 구호에 따라 일면 추상적이었던 [프랑스혁명의 내용을] 비판한 것은 사실이지만, 그가 그렇게 한 것은 혁명을 사회주의적으로 구성하여 그것을 더욱 진전시키기 위해서였다. "다른 인간들 그리고 전체 공동체로부터 동떨어진 이기적인 개인"으로 개념화된 '인간'은 역동성을 잃은 존재다. 새로운 도시국가의 고대적 이상을 모방한 것에 불과한, 개념화된 시민—'우화적이고 도덕적인 인간'—은 추상적이고 정적이며 절대로 사회적 자유를 전파하는 매개가 될 수 없다. 앞으로 수행해야 할 과제는 정치적 시민의 '자유, 평등, 박애'를 살아있는 인간의 살아있는 생명력으로 전환하는 것이다. 그럴 때에만 인간해방을 달성할 수 있다고 마르크스는 말한다. 그때가 되면 모든 인류는 우리 스스로의 자유를 가로막는 속박의 단계—인권의 이기적·부르주아적 단계—를 넘어설 수 있을 것이다. 그때가 되면 모든 인류가 자유의 공동체 안에서 다함께 살아갈 수 있을 것이다.

5장 비판이론 II: 페미니즘

"모든 제도는 명백히 그렇지 않다고 입증되지 않은 한 당연히 차별적일 것이라고 간주해야 한다." - 조너선 만

1 '가부장적 인권의 함정'

미국에서 역사적인 세네카폴즈 여성대회[1]가 열린 후 1851년 우스터에서 개최된 제2차 전국여성대회 석상에서 한 장의 편지가 낭독되었다. 쟌 데랑과 폴랭 롤랑이라는 프랑스 여성운동가들이 미국의 여성운동가들에게 보낸 메시지였다. 두 사람은 참정권을 요구하다 파리의 악명 높은 생 라자르 감옥에 갇힌 정치범의 몸으로 대서양 너머의 동지들에게 연대의 뜻을 전했던 것이다. "…… 미국의 자매들이여! 프랑스의 사

---

[1] 미국의 중산계급 및 상류계급 여성들이 1848년 세네카 폴즈에서 개최했던 제1차 전국여성권리대회를 말함. 이 대회는 여성이 재산을 소유할 권리, 이혼시 자녀를 양육할 권리, 자신의 수입을 소유할 권리, 계약할 수 있는 권리, 배심원으로 활동할 권리, 평등한 교육을 받을 권리 등을 주장하는 〈감정의 선언〉(The Declaration of Sentiments)을 채택했다.

회주의 동지들은 시민적·정치적 평등을 향한 여성권리 운동에 여러분과 뜻을 같이 합니다. 연대에 기반을 둔 결속을 통해서만이 여성의 시민적·정치적 평등뿐만 아니라 만인의 사회적 권리까지도 완전하고 평화롭게 달성할 수 있다고 우리는 굳게 믿습니다. 비록 몸은 깊은 감옥에 갇혀 있지만 정신은 자유로운 우리가 확신을 가지고 여러분에게 외칩니다. 믿음, 우애, 희망! 여러분에게 자매로서 우리의 경의를 전하는 바입니다"(Deroin and Roland 1851, 92).

이로부터 60년 뒤, 무대는 아시아. 중국에서 중화민국이 막 수립되었을 때다. 새 공화국의 임시약법에서 여성의 선거권이 무시되었다는 소문을 접하고 탕췬잉唐群英이 이끄는 여자참정동맹회女子參政同盟會 소속 운동가들이 남녀평등과 여성의 투표권을 강력히 요구한 일이 벌어졌다. 이들은 1912년 3월 21일 난징에 있던 중화민국 참의원 건물에 무장한 채 난입하여 제지하는 경비원을 넘어뜨리고 창문을 깨면서 법조문에 남녀평등과 참정권 조항을 삽입할 것을 요구하는 무력시위를 벌였다. '참의원 대투쟁 사건'大鬧參議院事件으로 알려진 이 시위는 중화민국 초기의 정치에 큰 반향을 몰고 왔고 전 세계 여성운동가들에게 대단한 용기와 희망을 불러일으켰다고 한다(이샤이 2005, 3장; 중화전국부녀연합회 1992).

이런 역사적 사건들은 다음과 같은 본질적인 질문을 제기한다(Bunch 1995). 시민의 권리를 행사하는 데 있어 누가 배제되어 있는가? 민주주의의 한계 때문에 여성이 어떤 영향을 받았는가? 인권을 협소하게 정의한 것이 여성에게 어떤 영향을 끼쳤는가? 여성에게는 그토록 치욕적이었던 삶의 경험이 왜 여태까지 본격적인 인권문제로 제기되지 않았는가? 여성이 국적·인종·계급에 따라 어떻게 다중적인 인권침해를 당하는가? 여성을 포함해 모든 소외된 사람을 해방하기 위해 어떤 변화가 필요한가? 이런 등등의 질문들이 바로 이 절에서 다루고자 하는 주요 내용이다. 하지만 여기서 페미니즘이론 전체를 다루는 것은 필자의 능력을 크게 벗어난다. 또한 여성인권의 구체적 쟁점들을 다루지도 않을 것이다. 이 글에서는 다만 페미니즘의 인권이론 비판을 둘러싼 논쟁과 그것의 전개방향에 한정해서 이야기를 풀어갈 것이다.

흔히 페미니즘은 하나의 이론이 아니라 '여러 개의 이론들'이라고 한다. 여기서는 존 호프만의 견해를 받아들여 페미니즘을 "여성의 해방을 향한 포부를 이론적으로 전개한 이념"으로 정의하고, 페미니즘의 '다중적 목소리'polyvocality를 인정해야만 공통적인 목소리도 찾을 수 있다는 관점을 취한다(Hoffman 2001). 또한 대다수 페미니즘이론이 적어도 다음과 같은 점에 기본적으로 동의한다고 가정할 것이다. ① 사회의 모든 제도에 속속들이 스며들어 있는 남성지배적 시스템(가부장제)을 타파해야 한다, ② 여성의 사회적 지위와 여성의 역할을 완전히 변화시켜야 한다, ③ 불평등한 젠더 관계를 일소하여 여성과 남성이 다 함께 해방되어야 한다, ④ 이런 목적을 위해 대중의 의식 고양과 법·제도·관행의 변혁이 필요하다(Sargent 2006). 18세기 이래 여성이 남성과 같은 평등을 누리기 위해, 그리고 선거권을 쟁취하기 위해 노력한 것은 ④번 항목의 활동이었다. 그러면 지금부터 20세기 후반부에 밀어닥친 페미니즘 운동의 '제2차 물결'에서 부각된 여성 인권이론의 몇 가지 쟁점을 살펴보도록 하자.

2 여성에 대한 폭력

이 글을 쓰고 있던 2006년 늦가을께 마침 유엔 사무총장의 리포트 한 편이 발간되었다. 「여성에 대한 모든 형태의 폭력 심층 보고서」(United Nations 2006)를 읽다 보면 이것이 어쩌면 전 세계적으로 남성이 여성에 대해 벌이고 있는 '대여성 테러전쟁 보고서'라는 생각이 들 정도다. 여성을 살해하고, 고문하고, 강간하고, 결혼지참금이 적다고 석유를 뿌려 태워 죽이고, 여자아이를 납치해서 억지로 결혼시키고, 태중의 여아를 —여자라는 이유만으로— 낙태시키고, 강제로 매춘에 종사하게 만들고, 집단수용소에 가둬놓고 강제임신시키는 전쟁터의 기록인 것이다. 폭력의 사악함과 극단성에 숨이 막힌다. 우리는 '인종학살'에 대해서는 경악하면서도 '젠더학살'에 대해선 너무 오랫동안 눈을 감아온 것이 아닐까?(Jones 2004). 파키스탄에서는 여성이 강간을 당해도 다른 남자 네 사람이 증인이 되어 주지 않으면 법정에서 강간 사실을 입증할 수 없다! 과연 오늘날 인류가 21세기 소위 개명된 시대에 살고 있는지를 의심하게 만든다. 한국 사회는 안전지대인가? 천만에. 여성운동가들은 젠더에 근거한 폭력이 가장 명백한 여성인권 유린 형태라고 지적한다(정희진 2002; 2005). 그렇다면 왜 이런 일이 벌어지는가? 보고서는 우선 구조적인 요인으로서 가부장적인 지배, 폭력을 용인하는 문화, 경제적 불평등 등을 꼽고, 직접적인 인과요인으로서 갈등을 폭력으로 해결하려는 태도, 사생활 영역에서 남자가 마음대로 할 수 있다는 '프라이버시 독트린'Doctrine of privacy, 그리고 국가의 수수방관적인 정책을 거론한다. 우리는 여기에서 특히 국가의 방관자적인 태도에 강한 의문을 품게 된다. 이런 엄청난 일이 벌어지고 있는데 모든 정의의 궁극적 원천을 자임하는 근대국가의 정신이 도대체 어디로 갔는가? 왜 이런 짓을 저지르는 가해자를 처벌하고 '범죄'를 예방하지 않는가? 국가의 수상한 침묵 뒤에는 복잡한 요인들이 뒤섞여 있다(Binion 1995; O'Hare 1999). 우선, 베버의 지적대로 근대국가는 '정치공동체(공적 영역)에서 폭력을 독점한 유일한 권위'라고 자임해 왔다. 18세기 말, 19세기 초 정치혁명 과정에서 남성들은 공적 영역의 진보에만 관심을 기울이면서 사적 영역은 국가가 아예 개입하지 못하게끔 처음부터 이론적 차단막을 쳐놓았다고 한다. 왜? 사적 영역(가정)에서는 어차피 남성이 지배자이므로 아무 염려가 없었고, 자기들이 두려워하는 공적 영역에서만 자기보호를 위한 시민적·정치적 권리가 필요했기 때문이다. 이런 판국이니 국가는 사적 영역의 폭력에 대해서는 관심이 없었고 그러한 폭력의 존재를 정식으로 인정하기도 싫었던 것이다. 또한 국가는 사적 영역의 내밀한 권력관계가 공개적으로 폭로되어 논쟁거리가 되면 정치 시스템 전반에 작동하고 있는 불평등하고 부당한 권력구조를 사람들이 똑똑히 알아차리게 될까 봐 전전긍긍했다. 사적 폭력문제가 공적 시스템 전반에 대한 문제제기로 비화되는 것을 두려워한 것이다. 따라서 국가의 공직자가 시민을 고문하면 중대한 범죄가 되지만, 가정에서 남성이 여성을 고문하면 별 것 아닌 '사생활 문제'로 치부하는 현상이 나타났다(Friedman 1995). 이렇게 해서 민주주의 체제라는 우아한 겉모습 아래에 젠더화된 '내밀한 공포' 체제가 공존하는 모순이 발생했다(Copelon 1994). 이런 태도는 국제 무대에서도 그대로 재현되었다. 국가는 국가주권의 유일한 담지자로 행세했으므로 사적 영역의 폭력은 국가의 점잖은 공식 대표들이 유엔과 같은 곳에서 다루기에는 부적절한 문제라는 인식이 팽배했다. 바로 이

때문에 국제인권법에서도 여성에 대한 폭력이 오랫동안 무시되었던 것이다.[2]

그런데 한 가지, 국가가 여성에 대한 폭력을 방조했던 것이 사실이지만 그러한 행위가 묵인된 것은 종교계, 기업계, 심지어 인권운동가들조차 인권문제가 공적 영역에 한정된 문제라는 왜곡된 인권의식을 갖고 있었기 때문이었음을 잊어서는 안 된다(솔직히 말해 필자가 인권에 관심을 갖기 시작했던 1980년대만 해도 인권운동가들에게 이 문제는 거의 보이지 않는, 따라서 '이슈가 아닌 이슈'였다. 남성 운동가들은 과연 가정에서 민주적이고 평화적이었던가?). 여성인권운동가들은 이런 침묵의 베일을 넘어 사적 문제를 인권영역에 포함시키기 위한 투쟁을 해왔던 것이다.[3] 그렇다면 여성에 대한 폭력을 개념적으로 가능하게 했던

---

2 국제형사재판소(ICC)의 모법인 로마규정(1998)의 제7조 1(g)항에서는 민간인에 대해 광범위하고 조직적인 공격의 일환으로 자행된 "강간, 성노예, 강제 매춘, 강제 임신, 강제 단종, 또는 기타 성적 폭력"을 "반인도적 범죄"로 정했다. 이 법의 전문은 다음 사이트를 참조하라. 〈www.un.org/law/icc/statute/romefra.htm〉(2007. 5. 30 접속).

3 여성에 대한 폭력만 여성인권이슈로 강조할 경우에 다른 차원의 문제가 생긴다는 지적도 있다. 여성이 단순히 나약한 몰역사적 주체로 비쳐지고 국가 또는 서구의 개입을 통해 구원받아야 하는 피동적 존재로 그려진다는 것이다. 또한 폭력문제 외의 다양한 여성인권이슈가 상대적으로 경시되는 경향도 생길 수 있다고 한다(Edwards 2006; Kapur 2005). 또한 페미니즘이 백인 중산층 여성의 경험을 마치 모든 여성의 경험인 것처럼 가정했다고 비판하는 '반본질주의', 그리고 인종문제와 여성문제가 만나는 지점을 중시하는 '교차성이론'을 조합한 '비판 인종페미니즘이론'(CRF)으로 인권문제에 접근해야 한다는 주장도 있다(Wing 2000; 2003). 이는 유색인종 여성이 당하는 인권침해가 백인여성의 경험보다 더 복합적이고 이중적인 고통일 수 있다는 비판이다(Harris 2003). 비서구권에서 페미니즘의 문화적 특정성, 지리적·역사적 경험성, 그리고 그것의 적합성을 깊이 따져 보지 않고 모호하게 차용하는 경향이 있다는 비판도 제기되었다(Sarkar 2004). 한 걸음 더 나아가, 제3세계 여성들은 서구 페미니즘의 문제의식 외에도 다른 걱정거리가 많으므로 이런 특성을 이해한 바탕에서 각 문화권 별로 가부장제의 특징을 개별적으로

공적 · 사적 영역의 구분 관행에 대해 조금 더 알아보자.

3 공적 영역과 사적 영역

  우리가 앞에서 본 대로 로크는 봉건제적 왕권신수설에 대항하는 정치철학을 전개하여 근대 인권철학의 아버지가 되었다. 그런데 바로 이 점에 자유주의와 로크의 역설이 있다. 근대 인권철학인 자유주의에 대해 인권의 비판이론들이 여러 각도에서 자유주의가 '보수적' 이념이라고 공격했기 때문이다. 이런 연장선상에서 페미니즘은 자유주의의 공적 · 사적 영역 분리를 비판한다. 로크는 『통치론』에서 우선, 정치적 권위와 아버지의 권위를 구분한다(Locke 1690). 국가의 권력이 지배하는 정치적 영역은 공적 영역이고, 아버지의 권위가 지배하는 가정은 철저히 사적 영역이라는 것이다. 로버트 필머 경이 이런 구분 없이 국가를 거대한 하나의 '집안'으로 보고 왕이 전체 국가와 모든 백성의 아버지라고 우긴 것에 대해 반론을 편 것이다. 로크는 또한 인간이 자연상태에서 벗어나 사회 공동체에 편입되고 국가의 통치를 받겠다고 동의하더라도, 신으로부터 부여받은 개인의 자유까지 완전히 국가에 갖다 바친 것은 아니라

검토하고 지정학적 · 경제적 불평등이 여성에게 미치는 영향을 신중하게 따져 볼 필요가 있다는 지적도 있다(Volpp 2003).

고 보았다. 즉, 국가의 통치에 제한적으로 동의하되, 개인이 정치권력으로부터 자유를 지킬 필요가 있고, 그렇게 하려면 자기만의 물리적·개념적 공간이 필요했던 것이다. 그것이 바로 가정 즉, 사적 영역이었다.

물론 로크가 가정에서 남성이 여성을 마음대로 억누를 수 있다고 노골적으로 주장한 것은 아니다. 이 점에서 로크는 조금 모호하다. 로크는 '아버지의 권위'paternal power와 '부모의 권위'parental power를 비슷한 뜻으로 섞어 쓰기도 하고, 가정 안에서 자식이 장성할 때까지 아버지의 권위(또는 아버지와 어머니의 권위)가 필요하다는 식으로 설명하기도 한다. 더 나아가 그는 "백성에 대한 군주의 권위는, 자식에 대한 아버지의 권위와 하인에 대한 주인의 권위와 아내에 대한 남편의 권위와 노예에 대한 노예주의 권위와 구분될 수 있다."라고 함으로써(Locke 1690, Ch.I. §.2), 생살여탈권을 가진 군주의 절대적 권력과 남편의 권위는 다르다고 강조한다. 즉, 가부장제 *paterfamilia* 아래에서 "아내, 자식, 종, 노예"들은 '집안의 어른'master of a family에게 복종해야 하지만 그 복종관계가 군주제 아래에서 왕과 백성 사이의 관계보다는 양반이라는 것이다(Locke 1690, Ch.VII. §.86). 아내를 종이나 노예와 비슷한 반열에 놓고 보면서도, 그래도 가장의 지배가 임금의 지배보다는 낫다고 주장하니 딱한 노릇이 아닐 수 없다. 나는 이 점에서 로크의 유치함이 잘 드러난다고 생각한다. 로크가 보기에 결혼과 가족관계는 상대적으로 화기애애하고 포근한 공간이다(로크는 가족과 조직의 쓴맛을 못 봤던 것 같다). 그는 혼인관계에서는 개인 간 충돌이 거의 없으므로 갈등을 조정할 중립적인 중재자가 필요 없다고 생각했고, 가족영역에서는 개인의—특히 가장의—이익과 가족 전체의 이익이 거의 같다고 보았다. 어떻게 그렇게 자신 있게 생각할 수 있었을까? 자연상태에 있던 인간들이 "필요하기도 하고, 편리하기도

하고, 스스로 그렇게 바라는 바도 있기 때문에" 사회공동체를 이루어 살게 되는데, 이때 제일 먼저 '남자와 아내' 사이에 공동체를 만들고 이것이 '부모와 자식' 간의 공동체로 이어진다고 생각했기 때문이다(Locke 1690, Ch.VII. §.77). 그러니 이렇게 서로가 "필요하고 편리하고 스스로 원해서" 만든 공동체 안에 무슨 큰 갈등이 있을 수 있겠는가 하는 식이다.

그러나 가족 관계 안에서 충돌과 억압과 폭력이 발생한다면—실제로 발생한다—자유주의는 적절하게 대응할 수단이 없다. 왜냐하면 가정이라는 영역 자체가 애초 군주의 정치적 권력으로부터 개인의 프라이버시를 보호한다는 명분으로 고안되었기 때문이다. 군주의 정치적 지배를 공적 영역에만 한정하고 사적 영역으로는 침입하지 못하도록 할 목적으로 공적·사적 영역을 구분했고, 사적 영역 안에서는 큰 갈등이 없을 것이라고 처음부터 가정했기 때문에 막상 사적 영역 안에서 벌어지는 폭력에 대해서는 적절히 대응할 이론적 자원을 찾기 힘들어진 것이다. 즉, 군주의 정치적 권력은 백성의 동의로부터 나오므로 폭정에 대해서 백성이 저항할 권리가 생기지만, 아버지의 권위는 자식과 부인의 동의가 필요 없으므로 아버지의 독재에 대해서는 가족이 저항할 권리가—그리고 국가가 개입할 필요도—없게 된다. 따라서 로크는 왕권신수설은 부정하면서 '부권신수설'은 인정하는, 모순적인 이론을 만들어 낸 것이다. 이런 모순에 대해 페미니즘의 선구적 이론가인 메리 울스턴크래프트(1759~1797)는 다음과 같은 통렬한 비판을 가한다. "여성이 남성보다 자연적으로 약하다는 것이 입증될 수 있는가? 또한 여성이 자연이 정해준 것보다 더 약한 존재가 되도록 스스로 노력해야 한다는 말이 성립될 수 있는가? 이런 식의 주장은 상식에 대한 모독이며 개탄을 불러일으키는 짓이다. 희망컨대, [우리가] 왕권신수설과 마찬가지로,

'부권夫權신수설'the divine right of husbands을 비판하더라도 그것이 세상을 위태롭게 만들지는 않을 것이다. 이러한 확신이 이런 생각에 맹렬히 반대하는 많은 사람들의 목소리를 막지는 못할지라도, 사회에 팽배한 편견을 [정당하게] 공격하면 지혜로운 사람은 그것을 진지하게 고려해 보기 마련이고, 그렇게 될 때 나머지 속 좁은 인간들은 새로운 사조 앞에서 무지한 불평만 늘어놓는 [구시대적인] 존재로 전락하기 마련이다. 자기 딸을 진정으로 존엄한 인격체로 키우고자 하는 어머니라면 무지한 자들의 조소에 아랑곳하지 않고 [남성들의 편견에 맞설] 계획을 밀고 나가야 한다"(Wollstonecraft 1792, Chap.III. 9-10).

그런데 국가가 사적 영역을 완전히 못 본 체 한 것만도 아니다. 여기에 국가의 또 다른 이중성이 있다. 오히려 국가가 사적 영역에 개입하면서도 여성이 국가의 보호를 필요로 할 때에만 사적 영역을 무시했다고 보는 편이 더 정확하다. 예컨대 국가는 여성의 모성, 양육, 섹슈얼리티, 자기 몸의 통제권과 같은 문제에 대해서는 정색을 하고 개입하면서도, 가정 내 폭력이나 여성의 가사노동과 같은 문제에 대해서는 "아, 그건 개인적 문제니 우리한테 묻지 마시오."라고 하면서 발을 뺐던 것이다(Boyd 1997). 오늘날 점차 중요한 핵심 쟁점으로 부각되고 있는 성적 자기결정권(심영희 1998), 여성의 자기 몸에 대한 통제권(김은실 2001), 임신·출산에 관한 재생산권(양현아 2005), 임신 여부를 둘러싼 선택권 등의 문제에 있어서도 국가의 선택적 개입과 선택적 방관은 크나큰 논쟁을 불러일으키고 있다. 여기서 우리는 인권을 침해하는 주체와 인권침해를 당하는 피해자를 유형적으로 세분해서 이해할 필요가 있다. 〈표 5-1〉은 여러 경우의 수를 동원하여 인권의 가해자와 피해자를 분류한 것이다. 일반적으로 말해 지금까지는 주로 ①, ②, ③ 영역의 인권문제, 즉 공적

〈표 5-1〉 인권의 가해자와 피해자

인권 가해자	인권 피해자			
	개인	연고집단 및 특정 개인들	비연고집단 및 개인들	모든 사람

국가	①
	·불공정한 법집행
	·고문 및 가혹행위
	·수감자 가혹행위
		②
		·제노사이드
		·인종차별 법제도
		·동성애자 불법화
		·여성 투표권 제한
		·공교육에서
		  젠더·인종 차별
			③
			·정치적 결사자유
			  제한
			·반대집단에 대한
			  정치적 탄압
			·노동조합 탄압 및
			  노동자 권리 제한
				④
				·핵 실험

비국가
집단
	⑤
	·일반인에 대한
	  무차별 테러공격
		⑥
		·제노사이드
		·인종 차별 또는
		  동성애자 차별 및
		  폭력
		·민간 영역에서의
		  비공식 인종차별
			⑦
			·기업의 노동자
			  권리 제한 및 탄압
			·어린이 노동
			·사설 요양원,
			  장애시설, 기도원
			  등의 조직적
			  인권침해
			·직장 내 차별
			·조직 폭력배
				⑧
				·산업공해
				·삼림훼손
				·자원고갈
				·발암물질
				  제조·판매

개인 및
가족
	⑨
	·가정 내 폭력
	·인신매매 거래
		⑩
		·여성생식기절제
		·여아 매매
		·여아 낙태
			⑪
			·의료요원의
			  노약자, 환자 권리
			  유린
			·프라이버시 침해
			·개인적 인종차별
				⑫
				없음

출처: Fields 2003, 92 수정.

영역(국가)에서 일어난 문제만을 인권이슈로 보는 경향이 있었다. 그러나 지금까지 보았듯이 공적·사적 영역의 모든 주체가 인권침해자가 될 수 있고 따라서 인권문제를 시정하기 위해 공적·사적 영역의 모든 주체가 함께 책임의식을 가져야 한다는 점을 이 표에서 확인할 수 있다. 시민들이 실제로 경험하는 일상적 인권침해를 조사해 보면 국가에 의한 침해보다 사적 영역에서의 침해가 훨씬 더 많다는 결과가 나오곤 한다 (예를 들어, Montgomery 2002). 전체 사적 영역에서의 일상사가 중요한 인권침해라는 페미니즘의 연구가 경험적으로 입증되는 것이다.

4 남성중심적 법률체계

공적·사적 영역의 구분은 필연적으로 국가가 국정을 규제하기 위해 사용하는 적절한 수단과 규제의 범위에 대한 질문을 제기한다. 국가의 가장 강력한 규제 수단은 법이다. 위에서 본 바대로 국가가 여성인권문제에 대해 선택적 개입과 선택적 방관을 해 온 것의 바탕에는 법체계의 문제가 있다.[4] 이 때문에 페미니즘의 국가 비판은 법체계에 대한 비판으로 이어지고 그것은 '페미니즘 법학'이라는 이론체계를 낳았다.

여성인권운동에서는 특히 국제법과 국제인권법에 대한 비판이 많이 제기되었다. 위에서 보았듯이 인권 분야에서 국제법이 차지하는 비중이 크기 때문이다. 다른 분야와는 달리 유독 인권 분야에서는 국제적인 기준설정이 먼저 이루어진 후 국내의 법과 관행이 그것을 따라가는 경우가 많다. 페미니즘 법학은 국제인권법이 은연중에 주로 남성의 권리를 위주로 구성되어 있다고 비판한다.[5] 예를 들어, 〈고문방지협약〉CAT만

---

[4] 한글로 된 좋은 연구서로 조국(2004)을 보라.

하더라도 주로 공적 영역에서의 가혹한 처우만을 고문으로 규정함으로써, 여성이 주로 학대받는 사적 영역은 처음부터 고려의 대상이 아니었다. 심지어 여성인권의 가장 중요한 국제문헌인〈여성에 대한 모든 형태의 차별철폐에 관한 협약〉CEDAW조차도 법의 틀 자체가 국민국가 모델을—여성의 권리침해를 애초 용인했던 바로 그 모델—전제로 하고 있다. 그뿐만 아니라 국제인권법 문헌에서 사용하는 용어 자체도 남성적으로 구성되어 있다. 흔히 모든 사람의 인권을 지칭할 때 'Rights of Man'이라는 남성 대명사로 표현하는데 이는 '인간의 권리'human rights가 아니라 '남자의 권리'male rights로 이해되기 쉽다(Edwards 2006). 그뿐만 아니다. 국제법 영역에서는 오랫동안 여성인권문제를 '여성분과' 등 특수한 영역에서만 취급하고 주류 인권문제로 다루지 않으려 했다(Fellmeth 2000). 이른바 선진적이라는 국제인권법 영역에서조차 여성인권문제가 '게토화'되어 있었으니 여간 심각한 문제가 아니다(O'Hare 1999).

이런 비판의 당연한 귀결로서 국제인권법을 '젠더 인지적'으로 만들어야 하는 것은 물론이고(Cook 1994), 서구 페미니즘이 가정해 온 본질주의적 관점을 해체하고 구체적이고 특수한 경험에서 나오는 관점을 인권법 속에 담아내야 한다는 주장이 줄기차게 제기되어 왔다(Buss 1997). 또한 근본적으로 공적·사적 영역의 인위적 구분을 타파하고, 페미니즘 비판을 대폭 수용하는 '확장' 원칙, 그리고 사적 영역의 인권유린을 국가책임으로 확실하게 명문화하는 '국가책임' 원칙에 의거해 국제인권법을 재구성해야 한다고 페미니즘 법이론가들은 주장하고 있다(Romany 1994).

5 페미니즘 법이론의 국제인권법 비판 중 가장 포괄적인 정리는 Fellmeth(2000)을 보라.

우리는 이런 비판들이 국제법의 실질적 보편화를 지향한다고 정리할 수 있을 것이다.

그런데 캐서린 맥키넌은 인권법을 여성친화적으로 바꾸는 데 만족하지 않고 법률체계 자체가 남성지배적 속성을 띠고 있다는 근원적 비판을 가한다(MacKinnon 1989). 그는 "젠더는 인식론으로 경험되지 않고 존재론으로 경험된다"는 유명한 명제를 제시하면서 여성의 존재론적 경험을 규정하는 것이 남성지배적 법체계라고 단언한다. 왜 법체계가 남성지배적인가? 맥키넌에 따르면 남성우월적 사회에서는 남성적 관점이 마치 젠더를 초월한 '객관적인' 관점처럼 취급된다. 남성은 이런 식으로 남성적 관점을 중립으로 위장한 후 전체 인류의 3/4에 해당하는 여성과 아동을 지배한다. 이렇게 되면 허울 좋은 객관성이란 것이 사실은 위장된 형태의 사회적 권력에 지나지 않게 된다. 그런데도 국가는 이런 불평등한 권력을 법체계 속에 슬그머니 편입시킨다. 이렇게 될 때 두 가지 현상이 발생한다. 첫째, 법은 '객관적인' 형태의 정당성을 갖추게 된다. 둘째, 남성이 지배하는 불평등한 사회의 진짜 현실이 가려져서 잘 보이지 않게 된다. 그러므로 "자유주의적 법치는, 남성의 관점을 인정함과 동시에 그러한 관점을 사회에 강요함으로써, 남성의 지배를 정당화하면서도 그것이 겉으로 잘 드러나지 않도록 해 주는 매개수단에 불과하다"(MacKinnon 1989, 237). 즉, 법률 체계 자체가 남성지배 현실의 대변자 노릇을 한다는 것이다.

이것은 대단히 근원적인 비판이다. 법의 이름으로 시행되는 인권 또는 정의조차도 남성적 개념이라는 말이 되기 때문이다. 여성의 인권을 강조하는 것은 고사하고, '인권'을 거론하는 것 자체가 남성적 지배가 된다는 말이다. 이게 도대체 무슨 소리인가? 기존의 법체계에서 여성인권이 소홀히 다루어졌으니 법을 제대로 보완하자는 것과, 인권이니 정의니 하는 것 자체가 남성중심적 체계라는 것은 전혀 다른 차원의 비판이다. 여기서 "정의와 권리는 남성의 언어"라는 급진적인 주장이 나온다. 많은 페미니즘 연구자들은 남성이 사회를 바라보는 기본적인 관점이 추상적인 권리와 정의원칙에 입각해 있다고 주장한다. 여러 가지 이유가 있겠지만, 양육 과정과 사회화 과정에서 남자아이들은 끊임없이 스스로를 타인과 분리된 독립적인 개체로 인식하면서 자라난다는 것이다. 그 결과 남성은 인간관계를 수학적이고 추상적인 관계로 보는 데 익숙해져서 '엄밀한 산술적 규칙'이 인간관계를 규율해야 한다는 관점을 가지게 된다. 인간관계를 엄밀한 산술적 규칙으로 본다면 정의와 권리는 그러한 규칙을 실행하는 데 아주 적절한 도구가 되는 셈이다. 그러나 남성에 비해 여성은 타인과 분리된 개체로서가 아니라 타인과 연결된 존재로서 스스로를 인식한다. 그리고 엄밀한 산술적 규칙 그리고 앞뒤가 꼭 들어맞는 원칙보다, 상황에 따른 유연한 대응과 타인에 대한 보살핌과 배려를 더 중요한 가치로 생각한다는 것이다. 그러나 이런 차이에도 불구하고 남성이 지배하는 사회에서는 권리와 정의로 이루어진 법 체계를 우월한 가치로, 여성의 '보살핌'의 가치는 열등한 가치로 간주하기 십상이다(Wolff 1996). 공적 영역은 이성적 영역으로 떠받들고, 사적 영역은 비이성적(감성적) 영역으로 무시하는 것이다(Edwards 2006).[6] 이런 관점으로 보면 로크의 자유, 개인, 독립, 평등, 권리와 같은 개념이

---

6 물론 여성의 경험과 활동을 사적 영역에만 국한해 묘사하는 것 자체가 인위적이고 성차별적인 발상일 수도 있다.

남성적 가치라는 사실이 어느 정도 보이기 시작할 것이다.

이런 비판을 논리적으로 확장해 보면, 권리만 주장하다가는 여성의 인권을 오히려 방해할 수도 있다는 결론이 나온다. 예컨대, 자유주의적 권리 담론은 겉으로는 여성해방에 도움이 되는 것 같은 중립적 도구의 형태를 띠고 있지만 그 내용이 추상적으로 이루어져 있기 때문에, 여성이 형식적 권리를 가지면 가질수록 여성의 해방이 점점 더 속 빈 강정처럼 되는 역설이 발생한다는 것이다. 물론 '남여 평등권'이 초기 단계에서 여성에게 형식적으로 법적 권리를 부여해 준 것은 사실이지만 그러한 권리쟁취는 그 정도의 기본적 권리조차 워낙 없었기 때문에 중요하게 보였던 것이지, 결코 그러한 권리 자체가 내재적으로 충분했던 것은 아니었다는 말이다(Conaghan and Millns 2005).

여기서 우리는 마르크스의 인권 비판과 똑같은 관점은 아니지만 페미니즘이론에서도 비슷한 취지의 근원적 비판이 도출되었음을 알 수 있다. 그렇다면 여성인권을 위해 페미니즘 법학이 비판을 넘어 어떤 대안을 제시하는가? 이는 결국 '보실핌'의 가치가 반영된 법체계를 만들자는 말이 되는데 이를 게일 비니언은 '포용'inclusion의 법학이라고 설명한다(Binion 1995). 포용의 법학은 철학적 접근이 아니라 여성의 실제 경험에 주목하는 인류학적 접근을 선호한다. 그리고 이것을 통해 법적 보호와 정치·경제적 권력으로부터 '배제'된 모든 사람을 포용하는 방향으로 법체계를 재건설해야 한다고 생각한다. 이렇게 된다면 포용의 법학은 여성만이 아니라 "모든 약자의 권리"를 위한 법체계가 될 수 있다는 것이다. 포용의 법학을 우리 식으로 표현한다면 '모든 약자를 사랑하는 법학'이라고도 할 수 있지 않을까?

5 자유주의의 문제와 새로운 평등

공적·사적 영역의 구분을 비판하고, 국가의 역할을 비판하고, 법체계를 비판하는 것은 모두 자유주의 이념에 대한 종합적 비판으로 귀결된다. 페미니즘의 보편인권 비판은 본질적으로 페미니즘의 자유주의 비판과 연결된다. 초기 페미니즘 이후 현대의 페미니즘이론들은 거의 모두 자유주의에 적대적이었다. 실제로 페미니즘이론을 다룬 많은 책들이 자유주의 페미니즘을 넘어서 사회주의 페미니즘으로, 그것을 넘어서 마르크스주의 페미니즘으로, 그것을 넘어서 급진 페미니즘으로, 그것을 넘어서 비판 인종페미니즘으로, 그것을 넘어서 분리주의 페미니즘으로……라는 식으로 서술하고 있음을 볼 수 있다. 페미니즘에 있어서 자유주의는 제일 먼저 치고 지나가는 동네북 비슷하게 된 느낌마저 든다. 그런데 우리가 비판이론을 다루는 4, 5, 6장에서 볼 수 있듯이 인권의 관점에서 자유주의를 마음대로 비판할 수는 있어도 자유주의가 완전히 사라진 인권이론을 상상하기는 어렵다. 솔직히 말해 이것은 모든 인권이론가가 직면하는 딜레마기도 하다. 이 때문에 비판이론가들이 흔히 자유주의적 '보편인권'을 급진적으로 재구성하자는—완전히 없애지는 말고!—주장을 내놓는지도 모르겠다.

페미니즘이 자유주의를 비판하는 것은 대략 다음과 같은 이유에서다(Nussbaum 1999b; Phillips 2001). 우선 자유주의는 개인을 중심에 놓는 세계관이다. 이런 개인주의적 성향과 가족, 정체성, 계급 등 집단적 실체에 근거한 가치 사이에 서로 궁합이 맞을 리가 없다. 둘째, 자유주의에서 말하는 평등이란 개념은 너무 추상적이고 형식적이어서 사회 현실

속에 숨어서 작동하는 진짜 권력관계를 소홀히 한다. 우리 경험에 비추어 보아도 자유주의자들이 말하는 평등이란 것은 왠지 싱겁고 공자님 말씀같이 들리지 않는가? 셋째, 현실의 인간이 가진 감정, 욕구, 보살핌과 같은 측면은 무시하고 마치 인간이 이성에만 의존할 수 있는 존재인 것처럼 가정한다는 것이다. 넷째, 자유주의는 홉스의 '비자유주의적 평등주의'와 로크의 '계약주의적 보수주의'가 결합된 산물이므로 애초부터 공적 영역의 자유와 사적 영역의 억압이 공존하는 모순적인 시스템으로 출발했다. 그러니 자유주의의 모든 점이 페미니즘의 비판을 받을 수밖에 없었다.

그러나 위에서 보았듯이 초기의 페미니스트들이 자유주의의 형식적 평등성에 근거해서 여성권리를 주장했던 역사를 무시할 수는 없는 노릇이다. 바로 이 지점에서 자유주의와 페미니즘을 연결시키려는 노력이 나온다(Nussbaum 1999b). 이런 입장은 자유주의라고 해서 다 같은 자유주의가 아니라는 점을 강조한다. 페미니즘이 특히 반대하는 자유주의는 경제적 자유주의이며, 칸트적 자유주의와 밀의 공리적 자유주의는 페미니즘과 대화가 가능하다는 것이다. 어떻게 가능한가? 칸트적-공리적 자유주의는 ① 모든 인간은 자기 인생을 스스로 설계할 수 있는 도덕적 선택능력을 가진 존재다, ② 그러므로 남녀노소, 빈부귀천을 떠나 모든 인간이 평등하고 존엄하다, ③ 따라서 인간은 사회와 정치에 대해 일정한 권리를 요구할 자격이 있다라고 생각한다. 그러므로 이런 자유주의는 사회 내의 불평등한 위계구조와 권력관계를 원리적으로 거부하는 평등주의다. 이런 평등주의적 자유주의라면 페미니즘과 대화할 여지가 있고, 만일 페미니즘의 비판을 수용해서 환골탈태할 수 있으면 여성해방에 효과적인 이념이 될 수도 있다고 말한다. 아니, 한 걸음 더 나아가, 자유주의가 진짜 회개하고 페미니즘의 세례를 받고 다시 태어나야만 원래의 사상에 근접한 참된 보편주의로 재구성될 수 있다는 것이다(Nussbaum 1999b). 이런 관점에서 보면 예컨대 여성의 정치참여에 대한 이론과 실천적 모색은 오늘날에도 여전히 여성인권의 중요한 과제로 남아 있다(전경옥 외 1999).

여기서 핵심문제는 자유주의가 여성의 관점에서 평등한 이론으로 재구성될 수 있는가 하는 점이다. 케이트 내쉬는 페미니즘이 새로운 평등 개념을 발전시킴으로써 자유주의의 재구성에 결정적 기여를 했다고 평가한다(Nash 2002). 페미니즘은 역사적으로 두 가지 평등 개념을 발전시켜 왔다. 첫째, 시간상 '탈젠더화'에 근거한 평등 개념이 먼저 나왔다. 이는 페미니즘 제2차 물결의 초기 운동가들이 지향했던 평등으로 양성평등이 최고의 목표다. 즉, 사회 속에서 젠더 고정관념적인 제도, 풍습, 관행을 타파하고 고용, 승진, 취학 등 모든 영역에서 사회적 역할을 남성과 여성에게 평등하게 개방하자는 것이다. 예컨대, 양성평등을 위해 적극적 차별시정 조치를 시행하는 것과 같은 움직임은 한국 사회에서 지금도 여전히 정책적으로 유효한 개념이다(김경희 2004). 그러나 요즘 들어 남성과 여성 간의 차이를 적극적으로 인정하는 두 번째 이론이 출현하면서 서구에서 점차 영향력이 감소하고 있는 이론이다.

둘째, '차이'를 인정하는 평등 개념. 이 입장은 육체적·사회적·심리적으로 남성과 여성은 다르다는 점을 전제로 한다. 따라서 여성과 남성은 삶의 경험이 다르고 서로 다른 욕구를 지니고 있으므로, 남성과 여성은 각기 고유한 권리를 가져야만 한다는 것이다. 이렇게 본다면 여성은 일률적으로 남성과 대등해지는 것이 목표가 아니라 여성의 고유한 역량, 고유한 사회적 역할, 고유한 젠더특성에 부합되는 방식으로 평등해져야 한다(Nash 2002). 다시 말해, 평등해지되 '서로 다르게 평등해져야' 한다는 것이다. 젠더의 차이를 강조하는 이유는 단순히 성적 정체성을 새롭게 창조하거나 파괴하려는 것이 아니고 자유를 실천하기 위해 가장 적합한 방식을 찾자는 데 목적이 있다(Zerilli 2004). 욕구의 차이와 권리의 차이를 인정하자는 적극적 평등이론은 오늘날 여성의 영역을 넘어 모든 약자(소수자) 영역으로—장애인, 이주노동자, 동성애자, 양성애자, 이민족—확장되었고 '차이의 정치'(이남석 2001) 또는 '정체성의 정치'(Zook 2006 참조)라는 담론을 만들어 낼 정도로 발전했다. 여성의 욕구와 권리를 인정한다면 당연히 장애인의 욕구와 권리, 성적 소수자의 욕구와 권리 등등을 인정할 수 있는 길이 열리게 된다. 이런 이론 발전은 소수자 이슈의 중첩영역에—예컨대, 외국인이면서 여성인 노동자—대한 연구를 개척하기도 했다(김엘림·오정진 2002). 이런 면에서 볼 때 페미니즘 인권 비판은 통상적인 '보편인권' 개념으로 잘 풀리지 않던 특수한 인권 문제들의 창문을 활짝 열어젖히는 선도적인 역할을 수행했다. 나는 이 점이 페미니즘이 근래 들어 보편인권이론에 가장 크게 기여한 점이라고 생각한다. 보편인권이 또다시 반성하고, 원래의 취지에 근접한 '진짜' 보편인권 쪽으로 한발 더 나아갈 계기가 마련된 것이다.

6 새로운 정치의 가능성

페미니즘은 보편인권에 대한 비판과 이론 재정립에 그치지 않고 정치 자체를 새롭게 개념화하는 방향으로 발전하고 있다. 현 시점에서 대략 네 가지 방향으로 페미니즘형 정치의 가능성이 모색되고 있다. 첫째, "개인적인 것이 정치적"이라는 캐럴 하니슈의 구호에서 볼 수 있는 것처럼 여성인권운동은 공적·사적 영역의 분리 타파를 제기해 오고 있다. 이것은 기존의 인권과 완전히 구분되는 '새로운 인권'New Human Rights운동이며, 구조적인 불평등에 대항하는 움직임과 긴밀하게 연결되어 있는 사회운동이다(Strom 2003). 예컨대 신자유주의적 지구화가 초래한 구조조정 정책과 불평등한 경제실상으로 인해 누가 제일 직접적인 고통을 당하고 있는가? 살림살이를 맡은 여성들이 구체적인 생활고를 가장 절실히 겪고 있지 않은가? 따라서 이들이 요구하는 "먹고살 권리, 비싼 식수를 사 먹지 않아도 될 권리, 평화롭게 살아갈 권리" 등은 사적 영역에서 출발한 기초적이고 상식적인 요구지만, 기존의 그 어떤 정치담론도 크게 주목하지 않던 획기적인 새 정치를 요구하는 목소리라는 것이다(Kaplan 2001). 이것은 15세기부터 비롯된 여성인권 사상이 20세기 후반 들어 '여성권리가 곧 인권'이라는 대명제에 도달한 역사적인 지점이기도 하고(Fraser 1999; 2001), 성 해방과 성 정치를 모색하는 새로운 전략이기도 하다(조은 외 2002).

둘째, 페미니즘은 '먹고사는 문제'를 의제화하는 것에서 한 걸음 더 나아가 페미니즘 자체를 전 지구적 인권담론의 틀 안에서 재규정하는 데 성공했다. 이런 관점에 따르면 지구화라는 초국적 현상은 한편으로 인간 삶을 상업화하지만, 다른 한편으로 그 속에 내재되어 있는 '보편'이라는 형식성으로 인해 인권의 확산에 유용한 강력한 정치적 기회구조를 만들어내고 있다고 한다. 여성운동이 이런 기회구조를 일찌감치 포착하여 젠더 주류화 전략을 성공적으로 추진했다는 것이다. 그 결과 여성인권운동은 전 지구적 수준, 일국 수준, 지역사회 수준, 개인 수준을 가로지르는, 초국적이면서도 개인적인 이념으로 등장하게 되었다(Walby 2002). 여성인권운동의 다양한 네트워크가 지구시민사회의 하나의 원형을 보여 주면서 인권의 보편성에 대해 진정한 토론의 장을 제공해 주고 있다는 것이다(허성우 2006; Ball and Gready 2006, 28). 나는 페미니즘의 이런 성공사례로부터 여타 인권운동, 여타 시민사회운동도 지구화와 관련해 배울 바가 많다고 생각한다. 여성운동이 철학적 접근보다 삶의 경험을 강조하는 접근을 통해 지구화에 대한 교조적 비판을 뛰어넘어 그것의 형식적 보편성을 적극적으로 활용하는 데 성공했기 때문이다(Goodhart 2003 참조). 셋째, 2001년에 발생한 9·11사태는 역설적으로 페미니즘의 주장을 다시금 확인시키는 효과를 불러왔다. 실제로 9·11사태가 여성운동에 엄청난 압박을 가한 것이 사실이다. 전쟁의 분위기에서 '지금이 어느 땐데 한가하게……'라는 식으로 페미니즘의 주장을 억누르는 사회분위기가 조성된 것이다. 또 다시 공적 영역의 의제가 사적 영역의 의제를 냉혹하게 밀어붙이는 경향이 나타나고 있다. 하루아침에 전 사회의 언어가 남성적 담론으로 변해버린 느낌마저 든다(Eisenstein 2002). 그러나 잘 살펴보면 9·11사태와 그에 따른 대테러 전쟁은 얼핏 반대 입장인 것 같지만 이들을 묶는 공통점이 있다. 즉, 종교적 근본주의와 테러리즘과 반테러를 내세우는 군사주의는 모두 극단적 형태의 가부장적 이념이라는 점에서 공통된 기반을 가지고 있음을 알 수 있다. 그런 뜻에서 오늘날 전 세계적인 위기와 공포의 주범인 가부장제에 투쟁하는 것이 바로 새로운 세상을 향한 투쟁이므로 페미니즘은 진정한 변혁적 정치의 가능성을 제시하는 이론이라고 볼 수 있다(Androbus 2002).

넷째, 사회 속에서 고정된 젠더역할을 타파하게 되면 사실상 남성에게도 해방의 효과를 가져다 줄 수 있다. 이렇게 보면 여성인권운동은 여성만의 이기적인 해방이 목표가 아니다. 예를 들어, 여성인권운동은 남성이 남성다워야 한다는 문화적·사회적 선입견과 압박에서 남성을 해방시켜 준다는 점에서, 남성과 여성을 다 함께 해방시키는 운동이 된다(hooks 2000). 바로 여기에 여성인권운동의 진가가 있다. 여성의 '차이의 정치학'은 인권의 보편적 토대라는 개념을 진정으로 부흥시켜 모든 사람에게 혜택을 줄 수 있다(Thomas 1995). 이는 위에서 본 대로 보편인권이 페미니즘의 세례를 받아 다시 태어나야만 '진짜' 인권사상으로 재구성될 수 있다는 관점과 연결된다(Nussbaum 1999b).

그런데 여성인권운동이 '여성의 탈주변화' 전략에 성공하면 할수록 역설적으로 긴장이 발생하고 있다. 여성문제가 국내적-국제적 일반 정치 영역에서 점점 더 중심적 의제로 부상하면서 힘을 가진 여성운동의 입지에 의문부호가 던져지기 시작한 것이다. 권력은 상대적이기 때문이다. 이는 전 세계적으로도, 국내적으로도 비슷한 현상이다. 그 결과 여성운동의 '권력화'에 대한 우려의 소리가 나오는 것은 권력 자체의 속성상 어쩌면 당연한 반응일지도 모른다. 그러나 나는 어떤 운동이 현실적 영향력을 획득하는 것과, 비판성을 유지한 채 외부에 남는 것 중 어느 쪽이 옳은가 하는 질문은 잘못된 이분법에 근거한 우문이라고 생각한다. 어느 입장을 취하든 책임이 따르는 것은 마찬가지인데 다만 책임을 져야 할 책임성accountability의 방향과 성격이 다르기 때문이다. 정치권력은 궁극적으로 유권자와 국민에 대해 책임을 져야 하고, 사회운동은 자기주장의 실질적 정당성 그리고 자신들의 지지기반에 대해 책임을 지면 된다. 나는 이 점을 얼버무린 것이 불필요한 오해와 자기혼동, 그리고 책임소재의 모호함으로 이어졌다고 생각한다. 휴고 영이 말한 대로 책임에 대한 엄격한 성찰 때문에 "스스로 정치인이 되지 않기로 결심했다"면, 그 반대로 정치권력이 주는 실질적인 영향력과 책임에 대한 명확한 자각을 바탕으로 해서 "정치를 해야만 하는 이유"를 찾을 수도 있다. 어떤 방향을 선택하든 엄격한 성찰을 통해 목표를 극대화할 수 있는 길을 택하고 그에 합당한 책임을 질 각오를 하면 될 것이다.

7 나오면서

인권운동이 페미니즘의 강력한 비판과 실천에 빚진 바가 무엇일까? 나는 인권의 일반이론이 페미니즘으로부터 '등잔 밑이 어둡다'는 교훈을 배웠다고 생각한다. 여성인권을 제쳐 두고 인권운동이 반쪽짜리 운동을 하면서도 자기 문제를 깨닫지 못했던 점을 지금 돌이켜 보면 참으로 어처구니없을 정도다. 도대체 역사적으로 가장 오래 되고, 가장 많은 사람이, 가장 광범위하게, 가장 조직적으로 억압된, 모든 인권문제 중 가장 큰 사건이었던 여성의 권리침해 문제를 도외시한 채 인권운동을 한다고 했던 역사적 과오를 어떻게 설명할 수 있을까? 나는 바로 이

지점에 경험을 강조하는 페미니즘 인권이론의 핵심 메시지가 들어 있다고 생각한다. 남성중심적 인권이론으로는 절대로 포착하기 어려운 여성의 권리침해 경험을 성공적으로 이론화했기 때문이다. 일반 인권이론은 페미니즘의 비판을 인권의 개념을 원점에서 다시 검토하는 계기로 삼아야 한다. 여성의 경험과 견해를 무시하는 것이 다른 모든 종류의 '주변적' 이슈를 경시하는 출발점이 되기 때문이다(Bunch 1995). 또한 페미니즘 인권운동의 성공은, 자신의 고통을 인권문제라는 틀로 구체화하지 못하는, 얼굴 없고 목소리 없는 수많은 작은 사람들에게 용기를 주었음이 분명하다.

또한 여성인권운동의 치열한 논쟁, 운동과 이론의 결합, 효과적인 전술 등은 모든 시민사회운동의 귀감이 되었다. 크게 보아 여성인권운동은 전 지구적, 일국적, 지역공동체적 문제를 모범적으로 아우르는 운동이 되는 데 성공했다. 특히 여성인권운동가와 페미니즘 연구자는 서로 다른 견해를 가질 때도 있었지만 그 긴장을 초월하여 상대방의 관점에서 문제를 보려고 노력하는 과정을 통해 인권의 주제를 풍부하게 발전시켰다(Riles 2002). 뒷장에서 살펴볼 상대주의의 인권 비판이 주로 이론의 측면에서 제기되었다면('상대주의 운동'이라는 것은 거의 없었다), 페미니즘의 인권 비판은 이론과 운동이 함께 진행되었다. 또한 여성인권운동가들은 보편인권에 대한 치열한 비판을 통해 새로운 보편인권이론을 구축하는 데 성공했다.

페미니즘에서 나온 이런 '운동형 인권이론'은 몇 가지 큰 장점을 가지고 있다. 첫째, 그것은 서로 다른 경험의 다양성을 인정하고, 정치·사회·문화의 변화가능성과 인권개념의 변화가능성을 동시에 인정하는 이론이다(Ackerly 2001). 둘째, 페미니즘의 운동형 이론은 유연한 '포용'

전략을 택함으로써7 기존의 추상적 인권이론보다 외부의 비판에 강하고, 구체적인 정책을 제시할 수 있는 실용성이 있으며, 인권이론가들에게 유용한 영감을 제공해 주는 이론이 되었다. 셋째, 우리가 알다시피 오늘의 페미니즘은 현대의 모든 '이즘' 중에서 잠재적으로 가장 급진적인 이념이다(Sargent 2006, 153). 이런 이념에서 탄생한 새로운 여성인권이론은 일반 인권운동이 개량적 기획으로 빠지지 않도록 지속적으로 근원적인 자극을 부여한다(Thomas 1995, 358). 한국의 페미니즘이 발전시킨 운동형 인권이론으로 어떤 것이 있을까? 나는 대표적으로 다음과 같은 영역에서 한국의 여성인권운동이 운동과 이론을 결합하는 데 성공했다고 생각한다.

① 여성노동자의 경험에 입각한 페미니즘 논의(장미경 2003; 조순경 2000).
② 식민주의와 전쟁의 남성성을 여성인권의 중심문제로 의제화시킴(신혜수 2004; 정진성 2004).
③ 군사문화가 한국인의 의식을 지배하고 있는 현실 폭로(권인숙 2005).
④ 여성에 대한 폭력과 전 사회적 폭력성 간의 연관성 확인(정희진 2002; 2005).
⑤ 사회정책을 통해 젠더 역할을 재구성할 수 있음을 입증(조형 외

---

7 여성인권의 '포용' 전략은 6장 상대주의 이론에서 설명하는 '문화 간 확장 전략과 유사하다(An-Na'im 1992).

2003).

⑥ 민족자결권과 여성운동의 관계 설정(정현백 2003).

이런 운동적·학문적 성취는 우리의 길지 않은 여성인권운동 역사에 비추어 세계사적인 의의를 지니고 있다고 평가해도 지나치지 않을 것이다.

이 장을 마치기 전에 페미니즘과 다음 장에서 다룰 상대주의를 미리 간략히 비교하는 맺음말을 추가할 필요가 있을 것 같다. 두 이론 사이의 관계 설정이 단순히 이론적 문제만이 아니고 현실적 함의를 품고 있기 때문이다. 한국에서 민족주의와 여성운동 간의 논쟁, 해외에서 여성생식기절제를 둘러싼 논쟁 등이 좋은 예다. 흔히 상대주의와 페미니즘은 서로 긴장관계에 있다고들 한다. 자신의 구체성만을 강조하면서 상대방의 구체성을 배격하는 태도 때문이다. 그리고 양자 모두 자기 시스템의 특질 속에 자기 구성원들을 억지로 끼워 맞추려는 경향이 있다. 모든 여성을 '여성'이라는 일반적 특질 속에 가두고, 모든 유색인을 '유색인종'이라는 일반적 특질 속에 가둘 위험이 있다는 것이다. 그럼에도 불구하고 두 이론 사이에는 공통점이 많고 협력할 여지도 충분하다(Brems 1997). 예컨대, 두 이론 모두 추상적 개인이라는 개념에서 출발하지 않고, 특정 상황에 뿌리내리고 서로 연결된 자아의 개념으로부터 논의를 시작한다. 그리고 페미니즘은 보편인권 속에 '젠더' 관점을, 상대주의는 보편인권 속에 '문화 다양성'의 관점을 도입하려 한다. 두 이론 모두 인간을 구체적으로 개념화하려고 시도한다. 물론 보편인권이 젠더와 문화를 초월하려면 인권이 단순히 젠더의 차이에 눈감고, 단순히 문화의 차이를 덮어두는 식이어서는 안 된다. 젠더와 문화를 감안하면서 인권을

'다시 구체화'하고 '다시 맥락화'하려는 시도가 필요한 것이다. 두 이론이 구사하는 전략에는 서로 차이가 있다. 페미니즘이 보편인권에서 왜 여성이 제외되었는지를 추궁하는 공세적 전략으로 나왔다면, 상대주의는 '서구적' 인권이 자문화와 다르다는 이유로 보편인권을 부정하는 방어적 전략을 구사했다고 볼 수 있다. 그렇지만 여기서도 두 이론은 건설적인 전략을 통해 상호협력할 수 있다. 페미니즘이 정통 페미니즘과 식민주의의 역사적 경험을 통합한 광의의 페미니즘으로 변하고, 상대주의가 문화의 비고정성을 인정하는 유연한 상대주의로 변해서 서로 만나면 된다. 에바 브렘스는 그 이후의 과제로서, 양자 사이에 추상적 이론 논쟁을 피하면서 구체적 사례를 중심으로 논의를 진전시키고, 권리 간 충돌에 대해서는 법적 테두리 내의 문제로 한정해 다루는 것이 건설적일 수 있다고 제안한다(Brems 1997).

6장 비판이론 III: 상대주의

"우리는 동쪽도, 서쪽도 보지 않는다. 우리는 앞쪽을 볼 뿐이다."
— 크와미 은크루마

오늘날 인권개념에서 '보편'이라는 말을 빼면 인권이 아닌 것과 다름 없을 정도로 '보편적 인권'은 한 묶음으로 이해되고 있다. 애초 세계인권 선언Universal Declaration of Human Rights을 준비하는 단계에서도 '국제 선언' International Declaration이라는 표현을 썼다가 최종 타이틀에서 '보편 선언' Universal Declaration으로 귀착되었을 정도였다(UNESCO 1949). '나라들 사이의' 선언이라는 말과 '하나이고 공통된' 선언이라는 말 사이에는 큰 차이가 있다. 보편주의를 지향한다고 명시적으로 선언함으로서 격렬한 논쟁의 씨앗이 뿌려졌던 것이다.

1 문화상대주의의 비판과 보편론자의 대응

세계인권선언의 보편주의적 경향에 대한 최초의 공격은 인류학계가 주도했다. 세계인권선언의 초안이 완성되기도 전인 1947년에 미국인류학회AAA는 문화상대주의를 철저히 주장했던 멜빌 허스코비츠의 주도로 '보편'인권에 반대한다는 선언을 내놓았다. 이 선언은 국제사회가 문화적 차이를 존중할 것을 촉구했다. 이것은 '반보편주의'의 선전포고나 다름없었다. 1948년만 해도 많은 개도국들이 식민지배에 놓여 있어서 세계인권선언 작성에 직접 참여하지 못했다.[1] 실제로 세계인권선언의 전문에는 "유엔 회원국의 인민들만이 아니라 유엔 회원국의 법적 관할 아래에 있는 식민지 영토의 피식민 인민들에게도 이런 권리와 자유를 보편적이고 효과적으로 인정"해 주자고 나와 있다. 듣기 나름으로는 식민지 인민들에게도 인권을 보장해 주자고 했으니 이것을 고맙다고 해야 할지,—이것조차 반대가 많았지만—아니면 식민지배에 대한 근본적인 비판 없이 인권만 보장해 주자고 한 것을 회의적으로 봐야 할지 쉽게 판단하기 어렵다. 1장에서 본 것처럼 이런 것도 인권의 전문적 서사방식과 근원적 서사방식이 갈라지게 되는 상징적인 지점이다.

1970년대부터 인권의 보편주의 주장을 비판하는 목소리가 일반 지성계, 대중매체, 정치 등으로 확산되기 시작했다. 이들을 모두 문화상대주의

---

[1] 1945년 유엔 창설에는 51개국이 참여했고 1948년에는 회원국이 58개국으로 늘었다. 1948년 당시 아시아의 유엔 회원국은 중국(타이완), 인도, 필리핀, 태국, 버마 등 5개국에 불과했다.

로 부르기는 어렵지만 어쨌든 크게 보아 상대주의에는 두 가지 종류가 있다(Marks and Clapham 2005). 첫째, '메타-윤리적 상대주의'는 인권이 서구에서 나온 개념이므로 비서구 사회에는 윤리적으로 타당하지 않고 '보편' 인권 자체가 서구의 이념적 가치를 반영한다고 본다. 또한 인권개념을 만드는 과정도 서구가 주도했으므로 그 정당성을 인정할 수 없다는 것이다. 예컨대, 세계인권선언 초안을 작성할 때 중국인 즈앙펑춘, 아랍권에서 찰스 말리크 등 비서구권 인사들이 참여했다고는 하나 그들은 서구에서 교육받았고 본국 문화와는 거리가 있는 인사들이었다고 생각한다.

둘째, 인권개념이 옳고 그름을 떠나 인권을 무기삼아 타문화를 비판하고 변화시키려 하는 것은 또 다른 식민주의이며 획일적인 기준을 강요하는 것이라는 입장이 있다. 이것을 '규범적 상대주의'라 한다. 왜 이를 용납할 수 없는가? 인권을 서구 식민주의의 역사적 연장으로 보기 때문이다. 이런 흐름으로 보면 백인 인권론자는 식민지 관료와 선교사, 장사꾼들을 엮는 거대한 식민주의 먹이사슬의 한 고리에 불과하다. 결과적으로 서구는 비서구권에 대한 패권적 지배를 굳히기 위해서 인권, 정치민주화, 자유시장의 3위 일체를 강요하는 것이다(Mutua 2002). 식민지 지배를 당해 본 민족은 외세의 개입에 대해 콩으로 메주를 쑨다고 해도 믿지 않는 경향이 있다. 필자는 한국에서 민주주의와 인권을 지지하면서도 인권주장에 대해 정서적으로 거부반응을 보이는 비판적 지식인들을 많이 만났다. 실제로 식민지배 당시 온갖 인권침해를 다 저질렀던 서구 제국주의 세력이 이제 와서 또 신식민주의적 경제착취와 정치적 지배를 정당화하기 위해 이념적·문화적 공세를 취하는 것은 심정적으로 용납하기 어렵다(하면 2004 참조). 동등한 세력관계 사이에서 이런 문제를 거론해도 대화가 될까 말까 한데 정치·경제적으로 압도적인 세력이 식민지배의 그림자 아래서 아직도 극빈상태를 면하지 못하고 있는 아시아-아프리카 인민에 대해 '인권' 문제를 제기하는 것은 누가 보더라도 제국주의적 발상이라는 의심을 받을 만하다.[2] 규범적 상대주의자는 국제인권법에 많은 나라들이 '자발적으로' 가입했다는 말도 현실을 도외시한 주장이라고 본다. 미주기구OAS나 아프리카단결기구OAU에 가입하기 위한 전제조건으로 국제인권법을 비준하라는 압력을 받곤 했었다는 것이다. 메타-윤리적 상대주의와 규범적 상대주의가 뒤섞여 나타난 것이 '아시아적 가치' 논쟁이라고 보면 된다(Bauer and Bell 1999 참조).[3] 그런데 겉으로 규범적 상대주의와 비슷한 형식을 취하면서도 내용상으로는 진정한 보편인권을 지지하는 논리도

---

[2] 서구에 대한 이런 비판의 이면을 신중하게 이해할 필요가 있다. 한편으로 서구가 경제적 이익을 확장할 목적으로 인권을 공격도구로 사용하는 측면이 분명 존재하고, 다른 한편으로 비서구권의 권위주의 정권들이 외부로부터의 비판을 무조건 서구의 내정간섭이라고 되받아치는 측면도 있다. 양측 모두 '숨은 저의'(ulterior motives)가 있을 수 있다는 말이다(Nash 2000, 265). 이는 비서구권 인권운동가들이 얼마나 민감한 정치적·문화적 환경 속에서 활동해야 하는지를 시사해 준다.

[3] 아시아적 가치에 대해 아시아의 정치인들 사이에서 전개된 논쟁으로는, 싱가포르 리콴유 수상의 인터뷰 기사(Zakaria 1994)에 대해 한국의 정치인 김대중이 반박한 글(Kim 1994)을 보라. 민주주의와 인권을 놓고 전자는 공동체주의적 상대주의를 후자는 전형적인 보편주의적 입장을 옹호하고 있다. 아시아적 가치 논쟁은 특히 싱가포르, 말레이시아, 인도네시아, 중국 등이 주도했다(박은홍 2000; 이내영·박은홍 2004; Dunne and Wheeler 1999; Sen 1999b 참조). 한국에서는 인권을 상대주의적 관점에서 비판한 정치인이 거의 없었다. 독재정권은 안보상황에 입각해서 인권을 유보하자는 입장이었지 이론적 차원에서 인권개념을 비판하지 않았고 그럴 능력도 없었다. 이는 한국의 보수적 정치이념이 반공주의와 정치현실주의의 결합물이었고, 결코 '철학적' 보수주의를 추구하지 않았음을(또는 못했음을) 보여 준다. 최근 들어 한국에서 등장한 신우파는 보수주의의 철학적 토대를 거론하기 시작했다는 점에서 그 주장의 적실성과 관계없이 진보진영의 철학적 토대에 관한 질문을 거의 자동적으로 제기한 효과를 불러왔다. 나는 앞으로 진보진영의 분화는 필연적이며, 인권과 평화에 대한 태도가 그 분화의 중요한 이론적 기준으로 작용할 것으로 예상한다.

있으므로 양자를 혼동해서는 안 된다. 예를 들어 미국이 실제로는 대단히 이기적이고 제국주의적인 국익을 추구하면서 겉으로는 인권을 앞세운 대외정책을 취하는 경향에 대해 맹렬히 비판하면서도, 이런 현실을 시정하기 위해 국제인권법과 다자주의적 국제기구를 존중해야 한다는, 즉 보편인권을 추구해야 한다는 주장도 있다(예를 들어, Heuer and Schirmer 1998). 나는 한국에서 인권의 근원적 서사방식에 동조하면서 미국 제국주의를 비판하는 입장에는, 이런 식의 순수한 의미에서의 보편인권을 지지하는 사람과 규범적 상대주의자가 함께 섞여 있다고 본다.

또 한 가지, 서구에서도 보편인권을 모두가 지지하지는 않는다는 점을 기억할 필요가 있다(도널리 2002; Donnelly 2003). 서구 내의 반보편주의 움직임에는 세 갈래가 있다. 우선 문화 다원주의자는 보편인권을 강조하는 태도를 도덕적 제국주의라고 비판한다. 이는 인류학계의 우려와 통한다. 그리고 국제관계를 힘의 논리에 따라 해석하면서 인권의 보편적 적용 가능성을 회의적으로 보는 정치현실주의적 입장이 있다(Kennan 1947). 마지막으로, 엄격한 법실증주의에 입각하여 타국의 내정에 대한 간섭은 있을 수 없다는 강경한 국가주권론자가 있다.

문화상대주의의 입장에서 인권 비판이 처음 나오기 시작했을 때만 해도 국제 인권운동계에서는 이 도전을 심각하게 받아들이지 않았다. 최전선에서 투쟁하고 있는 운동진영이 보기에 상대주의 운운하는 이야기는 관념적 논쟁에 지나지 않았기 때문이다 상대주의 비판에는 역설적인 측면이 있다. 원래 세계인권선언은 아리안의 자민족절대주의를 주장했던 나치의 악랄한 '반보편주의'에 대한 반발로 태어난 것이었다. 그런데 세월이 지나 이번에는 다른 맥락에서 인권의 보편성 주장이 문화상대주의의 공격을 받기 시작한 것이다. 이런 공세가 잦아지자 보편인권론자들의 역비판도 나오기 시작했다.

　보편론자들이 문화상대주의의 비판에 대응하는 논리들을 살펴보면 첫째, 서구에서 나온 개념이라고 해서 인권을 무조건 백안시하면 안 된다고 본다. 특히 좌파가 그렇게 말하는 것은 더더욱 안 된다고 생각한다. 예컨대, 마르크스주의만 하더라도 서유럽에서 비롯된 사상이지만 오늘날 남아 있는 공산국가는 쿠바를 제외하고 중국, 라오스, 베트남, 북한 등 모두 아시아권에 있다는 예를 제시한다(Baehr 1999). 둘째, 문화를 단일하고 동질적인 것으로 가정하는 관점도 틀렸다고 본다. 문화 안에 존재하는 불화, 이견, 반대를 인위적으로 묵살하는 관점이라는 것이다. 사람들이 자기가 속한 문화권의 지배적인 규범과 관행을 겉으로 받아들이는 것처럼 보일지 몰라도 그것만 가지고 모든 사람이 자기 문화의 도덕성을 인정한다고 판단해서는 안 된다. 자기 속마음과 달라도 사회의 주류적 가치에 순응해야 한다는 존재론적 압박 때문에 그냥 참고 사는 경우가 많지 않은가? 사회의 약자들은 특히 그러하다. 셋째, 거의 모든 나라가 국제인권법에 동의하는 경향을 강대국의 강요 때문이라고만 보는 것도 과도한 해석이라고 여긴다. 덧붙여, 문화상대주의가 정치적으로 악용될 소지도 적지 않은데, 아시아적 가치를 내세웠던 싱가포르의 리콴유나 말레이시아의 마하티르가 순수하게 학문적인 이유로 이런 논쟁을 제기했을까? 상대주의를 옹호하는 지식인은 자신의 주장이 원래 뜻과는 달리 어떤 악영향을 끼칠지 심각하게 성찰해야 한다. 그리고 보편성 논쟁에는 법적 측면과 일반 대중의 동의라는 측면도 있는데 이런 것들은 무시하고 문화적·철학적 측면의 논쟁에만 몰두하고 있다는 역비판도 제시되고 있다.

　또한 보편인권의 이론적 측면에 대한 반감과 공격에도 불구하고 실제로 제3세계가 보편인권의 논리를 제일 잘 활용했던 점을 무시할 수 없다.

사실상 전후 반식민주의 투쟁과 민족해방의 논리는 주로 제3세대 인권인 연대권과 민족자결권 논리에 의해 정당화되었으며 저개발국이 경제·사회적으로 발전할 권리가 있음을 주장하는 '발전권' 개념도 명백하게 보편인권이론에서 도출된 것이다. 이것을 자기가 친 덫에 자기가 걸리는 '자승자박이론'entrapment theory으로 설명할 수도 있을 것이다. 즉, 보편인권을 주장한 측에서 의도했든 의도하지 않았든 상관없이 일단 인권을 원칙적인 차원에서 인정하고 나면 그 다음에는 스스로의 덫에 걸려 그 길을 계속 갈 수밖에 없다는 것이다(Ball and Gready 2006). 보편론자들은 제3세계의 민족해방주의자들이 실제로는 보편인권을 유용한 투쟁논리로 이용하고 있음을 지적하면서 문화상대주의가 보편인권의 이런 양면성을 직시할 필요가 있다고 주장한다.

결국 보편인권 논쟁의 이론적 초점은 유대-그리스도교와 계몽주의 전통에서 탄생한 서구적 도덕성이 모든 문화권에서 보편적으로 '타당한가' 하는 문제다. 보편주의자는 도덕적 진리 중 적어도 일부는 그 기원과 상관없이 시공을 초월해서 타당하다고 본다. 모든 인간에게 공통된 '욕구', 공통된 '역량', 그리고 인간 존엄성에 대한 합의(인권)가 그런 보편적 진리에 속한다는 것이다. 하지만 문화상대주의자는 도덕적 진리라는 것은 특정한 문화라는 준거틀을 통해서 드러나는 가치이므로 모든 도덕성은 그것의 원산지를 따져 봐야 한다고 대응한다. 따라서 근대적 인권개념이 서구에서 출현한 것이 분명한 바에는 서구적 도덕성에 불과하며, 한 걸음 더 나아가 바로 그 때문에 이질적인 도덕성을 타문화권에 함부로 적용하지 말라는 논리다.

그런데 문화상대주의의 주장을 살펴보면 그것의 격렬한 톤에도 불구하고 완전한 의미에서 반인권적 문화상대주의는 거의 찾아볼 수 없다.

예컨대 자기 문화가 허용한다면 사람을 죽이고 고문해도 상관없다는 '막가파'식 상대주의는 존재하지 않는다. 상대주의자는 인권을 무조건 반대하는 것이 아니라 ① 서구식 보편성 개념이 이론적으로 정당한지, ② 그것을 타문화에 강요하는 것이 정당한지, ③ 비서구권의 문화체계 안에 서구식 인권을 수용할 여지가 있는지, 그리고 ④ 수용한다면 어떤 형태로 수용할 것인지를 주로 고민한다. 비서구권 현지의 인권운동가와 지식인은 이론논쟁보다 인권의 보장과 정치민주화라는 현실 목표에 더 관심이 많다는 점도 기억할 필요가 있다(Bauer 2003). 상대주의 논쟁은 초기의 양분법을 넘어 이제 새로운 차원으로 발전하고 있다. 대략 네 가지 정도의 발전방향이 보이는데, 2, 3, 4, 5절에서 각각 살펴보자.

2 합의의 모색

서로 다른 문화 간 '합의'를 통해 보편인권 논쟁을 해결하자는 주장은 모든 문화권으로부터 공통분모적인 신념과 행동원칙을 찾을 수 있다는 입장이다. 세계인권선언 작성에 중요한 이론적 토대를 제공했던 자크 마리탱이 이런 관점을 견지했다. 서로 다른 문화와 문명권에 '공통적으로 적용되는 신념'을 찾아보자는 것이 세계인권선언 작성의 행동지침이었다(Maritain 1949a; 1949b). R. 파니카는 "번역translation은 심장 이식수술transplants보다 어렵기" 때문에 어느 한 문화전통에 속한 개념을 다른 문화전통에 속한 개념으로 전달하기는 거의 불가능하다고 말한다. 따라서 서로 다른 문화권에 인권개념이 존재하는지를 확인하려면 "실존적이고 기능적인 비교"가 가능한 "동형적 등가물" homeomorphic equivalent 이 존재하는지 여부를 조사해야 한다고 주장한다(Panikkar 1982). 따라서 우리는 이런 입장을 최소한의 합의 모델이라고 부를 수 있을 것이다. 이것은 모든 문화권과 종교전통에 근대인권의 맹아에 해당되는 인도적 윤리관이 포함되어 있고 이런 토대가 20세기 들어 인권의 확산에 큰 역할을 했다는 견해와 맥을 함께 한다(이샤이 2005). 그러나 합의 모델은 문화를 너무 고정적인 것으로 보고 지나치게 협소한 공통분모에만 집착한다는 지적을 받는다. 문화 속의 인권만 이야기하지 역으로 인권이 문화를 변형시킬 수 있는 잠재력은 고려하지 않는 한계가 있다는 것이다(Marks and Clapham 2005).

도널리는 인권의 원칙과 실행 사이의 간격을 인정함으로써 적어도 인권원칙에는 합의할 수 있다는 절충적 입장을 제시한다. 즉, 상대주의자가 인권의 원론적 가치에 동의하는 대신, 보편주의자도 인권이 문화권에 따라 다르게 실천될 수 있는 여지를 인정하자는 것이다. 그렇다면 각 문화권 내부에서 인권을 다양하게 실천할 수 있는 기준이 어디까지인가? 어디까지가 '받아들일 수 있는 상대주의'이고 어디서부터가 '받아들일 수 없는 상대주의'인가? 도널리는 문화 내부의 법적·제도적 제약과 관습적 제약을 구분한다. 예를 들어, 여성이 베일을 쓰기 싫은데 자기나라에서 공식적으로 베일쓰기를 강요한다면, 그리고 그것을 어길 경우 법적으로 처벌한다면 그것은 '받아들일 수 없는 상대주의'다(강한 상대주의). 하지만 법적으로는 그런 규정이 없고 단지 사회풍습상 베일쓰기를 강요하는 것이고, 그것을 어길 경우 물리적 위협 없이 세상 사람들이 단순히 손가락질하는 정도의 제약만 있다면 그것은 '받아들일 수 있는 상대주의'가 된다(약한 상대주의). 이런 경우라면 외부의 보편론자는 간섭해서는 안 되고 문화 내부적으로 스스로 문제를 처리하도록 허용해야 한다는 것이다(약한 보편주의). 도널리는 약한 상대주의와 약한 보편주의는 충분히 서로 합의할 수 있다고 보며 이를 '상대적 보편성'이라고 부른다(Donnelly 2003, 98).

3 문화 간 확장전략

문화 간 인권의 공통분모를 찾자는 주장에 반대하는 사람들은, 비서구권에서 최소한의 인권조차 지켜지지 않는 이유가 인권이 문화적 정당성을 획득하지 못했기 때문이라고 본다. 왜 문화적 정당성을 못 갖췄는가? 서구식 인권이 문화 제국주의라고, 경제적 착취와 정치적 지배의 도구라고, 민족적 우월성에 근거한 주장이라고 의심받기 때문이다. 이런 문제를 극복하기 위해서는 문화 간 교류를 통해서 인권의 기반을 넓히도록 노력해야 하는데 이때 핵심은 '합의'가 아니라 "문화 내부의 담론과 문화 간 대화"다(An-Na'im 1992, 38). 즉, 각 문화 사이의 동질성을 찾는 것이 아니라 이질성을 적극적으로 발굴하여 상호대화로써 해소한 후 인권 속에 포용하자는 것이다. 마찬가지로 자기 문화 안에서도 엘리트들이 독점하고 있는 문화규범을 약자들이 도전해서 바꿀 수 있다고 주장한다.

서구 보편주의를 강력하게 비판하면서 인간 존엄성을 위한 보편적 실천을 모색하는 마카우 무투아의 말을 들어 보자. "보편주의적 신조와 교의를 창조하려고 들면 서로 다른 성격의 사회들을 파괴하거나 고사시킬 위험이 있다—따라서 인간 존엄성을 위한 국제적 합의를 도출하려면 신중하게, 열린 마음으로, 복합성을 존중하면서 접근해야 한다"(Mutua 2002, ix). 무투아는 아프리카에서 행해지는 여성생식기절제FGM 풍습을 서구 인권운동이 비판하는 것에 대해 반대하면서 그런 비판은 야만적이고 가학적이고 미개한 아프리카인들이 여성의 몸을 망가뜨리고 있다는 식의 인식이 은연중에 깔려 있는 인종주의적 발상이라고 반박한다. 제발 그렇게 거만하고 잘난 듯한 태도로 외부에서 찍어 누르듯이 강요하지 말라는 말이다. 그러면 어떻게 할 것인가? 먼저 이 풍습에 대한 사회적 의미와 목적 그리고 그 결과를 조심스럽게 확인하고 현지인들의 견해를 직접 들어 본 후 대화와 이해를 통해 현지인들이 스스로 이 풍습을 조절하거나 없앨 수 있도록 분위기를 조성해야 한다고 무투아는 주장한다. 문화 간 대화와 문화 내 성찰의 효과를 믿고 맡겨 보라는 주장이다. 이를 우리는 '문화 간 대화, 문화 내 성찰을 통한 확장전략'이라고 부를 수 있을 것이다.

그런데, 5장의 페미니즘 인권비판에서 살펴보았지만 문화상대주의와 여성인권의 관계에 대해서는 복잡한 논쟁이 존재한다. 여성인권의 관점에서 보면 문화상대주의를 비판할 여지가 많기 때문이다. 문화에 근거한 집단적 권리개념으로 그 집단 내 여성들의 권리를 억압하는 경우가 없다고 할 수 없다. 이런 비판에 따르면 문화상대주의자 또는 민족주의자들이—스스로 의도하든, 의도하지 않던 간에—문화 또는 민족이라는 논리를 여성과 약자의 권리를 억압하는 정당화 기제로 사용한다는 것이다. 예를 들어 여성생식기절제만 놓고 보더라도 전 세계 인권운동의 대세는 이 문제를 심각한 인권침해로 규정하는 쪽이다. 1995년 베이징 국제여성대회에서 채택한 〈베이징선언〉의 제32조는 다음과 같이 말한다. "우리는, 인종, 나이, 언어, 소수민족성, 문화, 종교, 장애 등의 요인 때문에, 또는 원주민에 속한다는 이유 때문에, 자력화와 발전

을 성취하는 데 있어 다중적인 곤란을 겪고 있는 모든 여성과 여아girls
가 모든 인권과 근본적 자유를 평등하게 누릴 수 있도록 하기 위하여
우리의 노력을 경주하기로 다짐한다." 이 조항은 여성생식기절제에 대
해 포괄적인 반대의사를 표명한 것으로 흔히 해석되고 있다.[4] 그런데
이 문제의 해결방법에 있어서는 페미니스트들 사이에서 상당히 다양한
반응이 나오고 있다는 정도만 여기서 언급하기로 하자. 현지 여성인권
운동 중에는 생식기절제 풍습을 강력히 반대하는 단체로부터 문화적
맥락을 고려하자는 단체까지 여러 가지 입장이 존재한다. 국제앰네스티
에서 전 세계적인 여성폭력 반대캠페인Stop Violence Against Women을 벌였
을 때도 현지 단체들의 의견을 존중하여 이 풍습의 법적인 금지를 주장
하기보다 현지 여성인권단체를 통한 교육, 보건계몽, 설득에 중점을
두었던 전례가 있다. 유엔의 인권보호와 증진을 위한 소위원회도 2000
년에 각국 정부가 "특히 교육과 정보 제공을 통해 이런 관행을 근절시킬
수 있도록" 여론을 조성해야 한다고 권장한 바 있었다.

다시 '문화 긴 대화'로 이야기를 놀리자. 문화상대주의를 고수하던 인
류학계도 개도국에서 벌어지는 인권침해 상황을 목격하면서 상대주의
가 독재정권을 정당화하는 논거로 이용될 수 있음을 깨닫고 인류학적
방법론을 써서 인권침해 메커니즘을 연구하는 쪽으로 방향을 선회하기
에 이른다(Wilson 2004). 애초 세계인권선언을 비판했던 미국인류학계도
결국 인권의 가치를 큰 틀에서 받아들이는 방향으로 입장을 바꾸었다

---

4 선언의 전문은 다음 사이트를 참조하라. 〈www.un.org/womenwatch/daw/beijing/platform
/declar.htm〉(2007. 5. 30 접속). 또한 5장 페미니즘이론의 '비판 인종페미니즘이론'(CRF)
설명을 참조하라.

(Engle 2001). 1999년 6월 미국인류학회의 인권분과위원회는 〈인류학과 인권에 관한 선언〉Declaration on Anthropology and Human Rights을 발표하여 인류학과 인권 간의 해묵은 적대감을 크게 반전시킨 바 있다(조효제 2005b). 이 선언은 다음과 같이 말하고 있다. "하나의 전문분야로서 인류학은 인민의 권리신장과 보호, 그리고 세계 모든 곳에서 인민들의 인간성의 구현, 즉 그들의 문화역량의 온전한 구현을 옹호한다. 어떤 문화권이든 또는 어떤 사회이든 그 구성원들로부터 이 같은 권리 추구의 기회를 박탈하거나 박탈하게끔 허용할 경우 미국인류학회는 그러한 권리침해에 대해 항의하고 저항할 윤리적인 책무를 지닌다. 이런 책무는 세계인권선언과 여타 국제인권법규를 지지하는 것에서 출발하되, 국제법상 포괄되지 않는 영역으로까지 인권의 개념을 확장함을 의미한다."[5]

4 다문화적 공존

오늘날 서구의 정치이념은, 수많은 이견과 대안이 제시되고 있음에도 불구하고, 기본적으로 자본주의형 자유민주주의를 일종의 '엄마 젖'처럼 당연시하는 경향이 있다(Knowles 2001). 다문화주의 정치이념은 자유민주

---

[5] 선언의 전문은 이 사이트를 참조하라. 〈www.aaanet.org/stmts/humanrts.htm〉(2007. 5. 30 접속).

주의를 가치중립적인 자연상태처럼 '절대시'하는 경향에 반기를 들며 등장했다. 비쿠 파레크는 상대주의와 일원론(보편주의) 모두에 장단점이 있음을 인정한다(Parekh 2006). 상대주의는 어떤 사회도 객관적으로 가치를 매기기 어렵고 그 구성원의 특성과 무관하게 객관적으로 선악을 나눌 수 없다고 본다. 또한 도덕적 신념을 사회의 특성과 따로 떼놓을 수 없으며 도덕적 경계를 설정할 수 있는 초문화적 수단도 없다고 가정한다. 이는 분명 설득력이 있는 주장이다. 다음, 도덕적 일원론은 도덕성이 이성적으로 결정될 수 있고 모든 인간에 대해 기본적인 개념을 가정할 수 있으며 적어도 어떤 도덕원칙은 보편적으로 타당하고 적용가능하다고 보기 때문에 또한 매력적이다.

하지만 상대주의는 여러 한계를 지니고 있다. 개인을 사회와 문화에 완전히 예속된 존재로 보지만 위에서 말한 것처럼 내부이견이 없는 완전히 동질적인 사회는 존재하지 않는다. 문화 내부를 들여다보면 경제 · 사회적 권력구조 속에서 구성원들이 철저히 계층화되어 있지 않는가? 또한 문화는 타문화와 상호교류하고 소통하면서 끊임없이 발전한다(정수일 2001 참조). 보편주의도 한계가 있는 건 마찬가지다. 이성만으로는 도덕성을 규정하기 어려우며 그 사회의 전통, 성향, 정서를 고려해야 한다. 인간은 타고난 본성이 아니라, 자기가 속한 사회에 의해 길러지기 때문이다. 어떤 가치를 다른 문화권이 받아들일 때에는 자기 실정에 맞게 우선순위를 정할 수 있어야 한다. 또한 보편적 가치란 것이 너무 추상적이므로 현실을 결정할 수 있는 구체적 가치체계로 번역되어 통합되어야 한다.

따라서 이 둘 중 양자택일은 불가능하고 어떻게든 둘 다 끌어안고 가야 한다는 것이다. 파레크는 '다원적 보편주의 모델'이 유일한 대안이라고 주장하면서 다음과 같은 방법을 제안한다. 첫째, 보편적 가치는 최소주의적 접근부터 최대주의적 접근까지 극히 다양하게 정의할 수 있다. 즉, 보편적 가치를 유연하게 규정할 수 있다는 말이다. 둘째, 보편적 가치는 너무 추상적이므로 가능한 한 규범의 언어로 구체화되어야 한다. 예를 들어 '인간은 존엄하다'라고 말하기보다 '인간을 사고팔지 말라'라고 꼭 집어서 얘기해야 한다. 셋째, 어느 사회의 고유한 제도나 관행을 문화적 가치와 혼동하여 그것이 인권침해적이라고 속단해서는 안 된다. 예컨대 이슬람 여성이 베일을 쓰는 것을 무조건 여성 인권침해라고 손가락질해서는 안 된다는 것이다. 넷째, 모든 사회가 보편적 가치를 해석하고 우선순위를 정할 자유가 있으므로 그 사회 안에서 문화적 가치를 평가해야 한다. 예컨대 조로아스터교에서 시신을 독수리에게 던져 주는 조장鳥葬 풍습의 경우 외부인의 문화적 감성에 어긋나더라도 그들의 전통을 존중해 주어야 한다. 그러나 이슬람의 종교법인 샤리아법에 따르면 절도죄는 오른손을 절단하고, 간통죄는 미혼일 경우 태형 100대, 기혼일 경우에는 돌로 쳐 죽이는데 이런 일은 인간의 신체적 생존조건 자체에 대한 잔혹한 처우이므로 외부의 비판이 정당하다. 다섯째, 세계 각 지역별로 보편적 가치를 정의하고 실행할 수 있는 지역 인권메커니즘을 작동해야 한다(Parekh 1999).

그렇다면 이런 '다원적 보편주의자'는 구체적으로 어떻게 행동해야 할까? 우선 보편주의자로서는 모든 문화권에서 인권이 존중되어야 한다는 보편적 원칙을 지지해야 한다. 그리고 다원주의자로서는 각 문화의 다양성과 상이성을 인정하고, 각 문화가 보편인권을 자신에 맞는 방식대로 해석하고 실행할 수 있는 권리를 존중하며, 사회에 따라 갈등 상황을 해결하는 방식이 다양할 수 있음을 인정해야 한다. 예컨대, 자기권리를 줄기차게 내세우면서 "따지고 요구하는"claims and demands 방식에 익숙한 '쟁취형 사회'가 있을 수 있고, 이타심과 배려, 사회적 책임을 선호하는 '연대형 사회'가 있을 수 있음을 인정해야 한다. 결론적으로, 다원적 보편주의자는 자신의 문화를 절대시하지 않는 대신 보편적 가치를 자기 문화에 맞게 상대화·맥락화시키려 한다. 나아가 그런 방식을 통해 자문화의 변화가능성을 믿는다.

 여기서 언론 및 의사표현의 자유라는 명분으로 특정종교를 모독 하는 경우를 생각해 보자. 이슬람의 예언자 무하마드를 만화로 풍자했다가 큰 소동이 벌어졌던 사건, 또는 살만 루시디라는 영국 작가가 이슬람을 모독하는 작품을 발표했다가 살해위협을 받았던 사건을 기억할 것이다. 타종교를 존중하는 것이 중요한가, 언론의 자유가 중요한가? 파레크는 전자의 손을 들어 준다. 언론자유만이 최선의 가치가 아니라는 것이다. 타자에 대해 불필요한 피해를 주지 말고 사회의 조화와 약자보호, 자존감, 개인과 집단의 존엄을 고려해야 하기 때문이다. 특히 오랫동안 분쟁에 시달리고 조직적으로 탄압당한 역사가 있는 사회나 집단에 대해 무제한의 언론자유를 행사하는 것은 그 자체로서 폭력이고 자유의 적이라는 논리다(Parekh 2006, 295-335; 이에 대한 반대논리는 Dworkin 2006 참조). 1993년 비엔나 국제인권대회의 선언문에서 보편인권을 재확인하면서도 "국가와 지역적 특성의 중요성, 그리고 역사적·문화적·종교적 배경을 유념해야 한다"(제5조)고 언급한 것은 달라진 분위기를 반영하고 있는 증거다.

5 실천을 통한 보편화

보편성을 문화와 도덕적 타당성에만 국한해 해석하는 것에 반기를 드는 주장이 최근에 등장했다. 이 입장은 문화상대주의 논쟁은 끝나기 어려운 논쟁이며 특히 요즘처럼 '문명의 충돌론'까지 나오고 있는 시점에서 인권을 위해 건설적인 논의가 되지 못한다고 지적한다. 오히려 세계인권선언 이후에 국제인권법이 발전해 오면서 점차 국제 실정법이 국가와 개인들에게 도덕적 의무와 책임을 요구하기 시작했고(Drinan 2001), 각국 정부도 국제인권법의 요구를 과거보다 훨씬 더 실질적인 책임으로 느끼기 시작했다는 것이다(Goodhart 2005). 이 입장은 '법에 기초한 보편주의'의 가능성을 보여 주는 것으로 평가할 수 있다. 또한 만인의 정치적 평등을 전제로 하는 인권이념은 국내적·국제적으로 강력한 정치적 메시지를 던져 주며 '평준화 효과'를 발휘하게 된다. 바로 이런 평준화 효과가 국제적으로 가장 잘 발휘된 영역이 민족자결권에 근거한 탈식민화 해방운동이었다. 이는 서구적 인권개념을 비서구권이 반제국주의 해방의 논리로 활용한 것이었는데 이것이 바로 정치적·법적인 차원에서 보편화를 향한 움직임이 성공적으로 일어나고 있는 증거로 볼 수 있다는 것이다. 이런 입장을 '정치적·법적 보편화 기획'이라 부를 수 있다.

6 보편주의를 다시 생각한다

보편주의와 상대주의 논쟁을 이론적으로 정리하면 인권의 존재론과 인식론에 대한 서로 다른 견해라고 볼 수 있다. 우선, 인권의 존재론은 보편주의와 문화상대주의로 나눌 수 있다. 다음, 인권의 인식론을 보자면, 어떤 신념·지식이 존재하려면 그것을 받쳐 주는 기본 토대적 신념·지식이 있어야 한다는 '토대주의'foundationalism와 그러한 토대적 신념을 거부하는 '반토대주의'anti-foundationalism로 나눌 수 있다. 토대주의는 신, 이성, 문화 등 어떤 핵심적 토대를 상정한 바탕에서 그 다음 단계의 신념·지식을 이야기할 수 있다고 주장하는 반면, 반토대주의는 신념·지식과 같은 것도 역사적·사회적 과정을 통해 만들어지고 상대적으로 이해될 여지가 있다고 주장한다. 아래〈표 6-1〉을 통해 우리는 인권의 보편주의적 원조가 '자유주의적 자연권'이론(IV)이고, 여기에 강하게 문제를 제기했던 이론이 '전통주의적 공동체주의'(III)였음을 확인할 수 있다. 그리고 반토대주의적 입장을 수용해 문화상대주의 진영에서 '공동체주의적 실용주의'류(I)의 이론을 제시했고, 이에 대해 보편주의 진영에서도 '세계주의적 실용주의'(II)로 화답했음을 우리는 알고 있다. '공동체주의적 실용주의'(I)와 '세계주의적 실용주의'(II)의 이론 사이에는 대화의 여지가 충분하고 중복되는 합의의 영역이 분명 존재한다. 또한 보편주의 진영 안에서도 인권의 인식론적 토대를 놓고 '세계주의적 실용주의'(II)와 '자유주의적 자연권'(IV)이론 사이에 많은 논쟁이 벌어지고 있음을 기억할 필요가 있다.

〈표 6-1〉 인권의 존재론적·인식론적 좌표

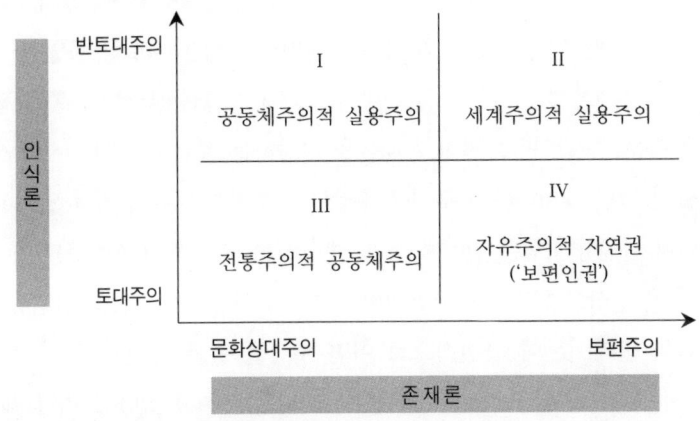

출처: Dunne and Wheeler 1999, 4.

역사적인 관점에서 '보편인권'이 제기되고 그 주장이 세계적으로 확산되는 과정도 흥미 있다. 우리는 지금까지 2장과 3장을 통해 전통적 인권개념이 고대부터 세계 각 문화권에 내재해 있었다 하더라도 근대적 인권이론은 17세기부터 서구에서 발생한 것이 사실이라는 입장을 취했다. 나는 적어도 제1차 인권혁명은 서구 계몽주의 혁명의 산물이었음을 부정하기 어렵다고 생각한다. 그런데 여기서 문제가 발생한다. 우리가 어떤 사조를 역사와 맥락에 특정적인 것으로 파악한다면 사회계약론적 자연권 사상이 모든 사람의 권리라는 형식으로 제기되었다 하더라도 그것은 전 세계적 차원의 문화적 맥락에서는 어차피 서구적 발상일 수밖에 없다는 것이다. 즉, 당시의 보편주의 주장 자체가 서구의 특정한 시대적 발상이었다는 말이다. 이런 주장은 포스트모던이론이나 포스트식민주의이론에서 상식으로 취급되는 명제다. 그렇다면 보편인권 역시 외견상 '자유주의적 자연권'(Ⅳ)의 형식을 취했을지라도 사실상 '서구식 전통'의 사상이었다는 말이 될 수 있다. 이렇게 볼 때 오늘날 토대주의적 문화상대주의와 계몽주의 당시의 자연권 사상은 사실상 동일한 인식론과 존재론에 근거하고 있으면서도, 근대 자연권 사상이 유독 '보편주의'라는 수사로써 보편적 존재론을 지향하는 것같이 보이는 이론을 만들어 냈던 것이다(보편주의를 주장하는 것이 얼마나 엄청난 일이고, 얼마나 실천하기 힘든 일이며, 그게 얼마나 큰 덫이 되어 스스로를 옭아맬 줄은 상상도 하지 못한 채). 따라서 제1차 인권혁명 당시의 '자연권·인간의 권리'이론이 규범적으로 어떤 주장을 했든 상관없이, 사실상은 서구문화권에 한정된 이론이었다고 나는 느끼고 있다. 그러나 제2차 인권혁명의 원천이 되는 세계인권선언이 나오면서 인권이론의 존재론은 거의 완전히 '자유주의적 자연권'(Ⅳ) 항목으로 이동했고, 그 후 '세계주의적 실용주의'(Ⅱ)에 해당하는 절충적 관점이 출현하면서 상대주의 진영에서도 '공동체주의적 실용주의'(Ⅰ)로써 화답한 것이다.

같은 선상에서, T. H. 마셜의 유명한 '시민권'이론을 살펴보자(Marshall and Bottomore 1992). 마셜은 시민권citizenship이 역사적으로 사회 내 대다수 시민이 "형식적으로 평준화되는 경향"을 포착한 개념이라고 보았다. 시민들이 형식적으로 평준화되면서formal equalization 각종 권리를 획득하게 되고, 이런 경향이 자본주의 사회의 불평등한 계급현실을 완전히 타파하지는 못해도 적어도 그것을 순화시키는 효과를 발휘했다는 것이다. 어떻게 해서 시민들이 형식적으로 평준화되었는가? 마셜은 이 과정을 역사적으로 입증할 수 있다고 믿었다. 우선 직업 간 소득불평등이 줄어들었고, 전체 사회가 하나라는 의식이 늘어나면서 공통의 문화와 사회적 연대가 대폭 확장되었으며, 이것이 시민들의 평등을 모색하는 계기가 되면서 결국 '보편적 시민권의 자격'(시민권)이라는 개념으로 귀결되었다는 것이다. 구체적으로 보아 보편적 시민권 자격은 '권리'의 형태로 나타났다. 이런 권리들은 시대적 순서대로 출현했다고 한다. ① 18세기에 출현한 '시민적 권리'는 모든 시민의 법적 평등을 의미한다. ② '정치적 권리'는 19세기에 등장했고 시민들이 참정권·투표권을 획득하는 과정을 뜻한다. 마셜은 특히 정치적 권리를 시민권의 중요한 요소로 보았다. ③ 20세기에 등장한 '사회적 권리'는 시민들의 경제적 평등을 향한 구체적인 조치였다. 마셜의 시민권 개념은 인권의 세대 간 구분과 더불어 대단히 영향력 있는 이론으로 알려져 있다. 그런데 그의 시민권 개념은 두 가지 중요한 점을 함축하고 있다. 하나는, 특정한 국민 국가 안에서 시민들의 시민자격을 주로 이야기했다는 점이다. 사회계약론에서 이야기하는 특정 정치공동체의 영향이 느껴지는 대목이다. 둘째, 영국 특히 잉글랜드의 역사적 경험에 근거하고 있다. 그렇게 보면 역설적으로 영국에는 영국인의 권리만 있다고 했던 버크의 보수적 견해와 비슷한 점이 느껴지기도 한다. 하지만 마셜은—이 점이 특히 중요하다—시민권이론이 설령 잉글랜드의 역사적 경험을 반영하고 있다 하더라도 이것이 다른 나라에도 보편적으로 적용될 수 있을 것이라고 믿었다. 버크와 결정적으로 다른 점이다. 다시 말해 마셜의 시민권이론은 사실상은 특정한 서구 전통의 관점에서 출발한 이론이었지만, 규범적으로는 보편주의적 존재론을 지향하는 보편적 시민권이론으로 제시되었던 것이다. 즉, 실제 내용과 표현방식이 달랐던 것이다. 그 후 시민권이론은 인권이론과 마찬가지로 서구적 기원이라는 토대적 성격이 조금씩 탈색되면서 세계주의적 실용주의를 반영하는 시민권 개념으로 확산·수용되고 있는 중이라 생각한다.

마지막으로, 보편인권의 문제를 전혀 다른 관점에서 보는 입장도 있다(Stammers 2005). 지금까지 살펴본 보편주의 논쟁은 인권을 중심에 놓고 벌어진 논쟁이었다. 그런데 문제를 원점에서 다시 생각해 보자. 도대체 인권이 무엇인가? 인권은 인간의 자유로운 개화human flourishing 를 가로막는 억압에 맞서는 대항권력이다. 이런 억압성은 구체적인 모습은 다르지만 모든 사회의 정치, 경제, 문화 속에서 공통적으로 발견된다. 억압적인 인권침해는 시대와 공간을 초월하여 초역사적이고 초문화적으로 나타나는 현상이다. 인권침해가 없는 완전무결한 사회는 역사상 존재한 적이 없다. 오히려 역사가 진보할수록 '착취의 효율성'이 늘어나는 경향마저 있다(Goertzel 1976). 인권이 보편적이라기보다 억압이 보편적이라는 것이다. 이런 식으로 시공을 초월하여 보편적으로 존재해 온 억압성에 대한 저항담론으로서 근대인권이 발생했는데, 그것이 '보편'이라는 형식논리를 내세우며 제기되었다는 말이다. 이렇게 본다면 서구의 근대인권이 '보편인권'을 주장하면서 등장한 것이 이론적으로 감당하기 어려운 과도한 주장이었을 수도 있고, 실제로 보편의 약속을 지키지도 못했지만,6 어쨌든 보편적인 억압성에 맞서는 체계적인 저항담론을 처음으로 만들어 냈다는 점에는 일정한 의미를 부여할 수 있다.

---

6 보편적인 억압성에 저항하는 담론으로 근대인권이 출현했지만 근대인권은 명분과는 달리 그 당시 시대상황의 틀을 벗어나지 못한 '제한적' 인권을 실천했을 뿐이었다. 실제로 1789년 프랑스혁명 당시 《인간과 시민의 권리선언》을 제정하는 과정에서는 여성의 권리를 의도적으로 배제했다. 이런 현상은 여성, 무산계급, 어린이, 유색인종, 유대인, 동성애자, 장애인, 외국인 등등 오늘날까지 반복되고 있다(이샤이 2005; Stammers 2005).

7 나오면서

지금까지 우리는 인권의 보편주의에 대한 문화상대주의의 도전과 그에 따른 합의의 모색을 간략하게 살펴보았다. 인권의 상대주의 논쟁은 한국 사회와 직접 관계가 없는 이론적 논쟁에 불과한가? 그렇지 않다. 이주노동자가 날로 늘어나는 현실, 그리고 남북한 주민이 함께 모여 살날이 멀지 않아 현실화될 가능성을 배제할 수 없는 상황에서 상대주의 문제는 생각보다 훨씬 급박한 함의를 품고 있다. 이주자를 받아들인 역사가 깊고 리버럴한 정치전통이 있는 서구에서도 요즘 외국계 시민의 사회통합 문제를 놓고 골머리를 앓고 있다. 이것을 우리는 타산지석으로 삼아야 한다. 미국인류학회와 비엔나선언에서 본 대로 요즘은 보편성과 상대성 간의 접점을 찾으려는 움직임이 활발하다. 전통적인 보편론자도 이제는 제한적인 보편주의(Perry 1997)나 '약한 상대주의 또는 약한 보편주의'(Donnelly 2003)에 찬성하는 편이다. 국제법적으로 가장 완전한 보편주의는 모든 인류가 인권의 정신에 완전히 동의하고 그 내용을 완전히 똑같이 실천하는 것이겠지만 그것은 어차피 불가능하다. '가치'의 차원에서는 보편성을 고수하면서도 그것을 '규범'으로 표현하는 차원이나 그것을 '실행'하는 차원에서는 얼마든지 다양한 방식이 가능하다는 점을 인정하지 않을 수 없다. 여기서 나는 보편론자에게 특히 두 가지를 강조하고 싶다. 첫째, 문화상대주의에 가장 좋은 논거를 제공해 온 측은 정작 문화론자가 아니라 서구의 위선적인 보편론자였다는 사실을 잊어서는 안 된다. 입으로 늘 보편을 떠들면서 항상 비서구권에만 비판의 날을 세우거나, 이중기준을 적용하면서 자기 편리한 식으로 인권을 팔아먹을 때 반발하지 않을 사람이 누가 있겠는가? 예를 들어 인권 기준을 적이나 타자에 대해서만이 아니라 스스로에게도 철두철미하게 적용했더라면 문화상대주의가 이렇게까지 대중과 지성계에 영향력을 넓힐 수 있었을까? 보편론자를 자처하는 사람, 특히 강대국일수록 심각하게 생각해 볼 일이다(Chomsky 2001).

둘째, 이에 덧붙여 보편론자가 특히 유의해야 할 지점이 하나 더 있다. 그것은 도덕적·이론적 타당성만으로 인권의 보편성을 주장하면 위험하다는 점이다(Goodhart 2005). 철학이나 역사로 논쟁이 붙으면 서구식 인권에 반대할 논거는 사방에 널려있다. 또한 일단 쌍방 간에 논쟁적인 방식으로 대결이 벌어지면 생산적인 결론이 나오기 어렵다(학생시절 하숙방에서 밤늦게까지 논쟁을 벌여 본 사람들은 잘 알 것이다). 이론적으로 다소 허술하더라도 오히려 현실의 일반적인 추세를 논거로 설득하는 편이 훨씬 더 솔직하고 지혜로울지 모른다. 즉, 이제 지구상 어디에도 최소한 정치적 수사의 차원에서 인권의 가치를 부정하는 나라는 없다. 모든 국가가 국제무대에서 인권이라는 규범에 동의하는 문명국임을 인정받고 싶어 한다. 국제 여론도 마찬가지다. 자기 안방에서 통용되는 '걸쭉한 도덕성'thick morality이 어떠하든 간에, 또 진정한 동기가 무엇이든 간에, 전 세계적 차원에서는 모든 사람이 인권, 민주주의, 자유 등등 보편적인 언어로 표현되는 '담백한 도덕성'thin morality에 동의하고 있다. 또한 인권의 보편적 실천에 있어서도 1948년에 비해 상당한 진전이 이루어졌다. 모든 인류가 동의하는 합의점이 출현했음이 분명하다. 요즘은 오히려 비서구권에서 서구권에 대해 '보편인권'을 똑바로 지키라고 요구하는 경향까지 생겼다.

여기서 인권론의 변화과정을 자동차 여행에 비유해 보자. 예컨대,

근대인권이라는 자동차는 처음에 '보편 차선'이라는 표지판을 당당히 달고 '서구 차선'에서 출발하면서 자기가 분명히 '보편 차선'으로 간다고 믿었다. 그때만 해도 자동차가 워낙 적어서 그렇게 해도 아무 문제가 없었다. 그런데 제2차 인권혁명을 거치면서 도로에 자동차가 많이 늘었다. 그러던 중 문화상대주의자를 태운 차들이 지나가면서 근대인권 자동차에 대해 '운전 똑바로 해, 왜 서구 차선으로 가면서 그런 표지판을 달고 다녀?'라고 외치기 시작했다. 처음에는 '이상한 사람들이네.' 하면서 무시했지만 자세히 보니 이 차도 어느새 원래 차선을 벗어나 저쪽 차선으로 진입하고 있는 게 아닌가. '어, 내가 원래 착각했었나? 그럴 리가 없는데.' 하면서 머뭇거리는데 운전대 앞에 틀어놓은 GPS 내비게이션에서는 계속해서 '보편 차선으로 똑바로 들어가세요.'라는 지시가 나오고 있다. 그러고 보니 이 차가 처음부터 '서구 차선'에서 출발했던 것 같기도 하다. 그리고 다른 차들도 대부분 저쪽 '보편 차선'으로 들어가고 있는 게 보인다. 그제야 창피하지만 이 차 역시 슬그머니 '보편 차선' 쪽으로 진입한다……. 이 엉성한 비유가 현실을 어느 정도 정확히 묘사했기를 바란다.

그런데 인권이 인간의 존엄성을 보호하자는 좋은 뜻에서 출발했는데도 상대주의가 심정적으로 강력한 반향을 불러일으키는 이유가 무엇일까? 인간 심성 깊은 곳에 자리 잡은 '참을 수 없는 자율의 정신'을 건드리는 문제이기 때문은 아닐까? 아무리 좋은 주장이라도 외부에서 거만하게 강요하면 인간은 반발하기 마련이다. 문화 간 대화와 내적 성찰을 강조하는 이유도 스스로 판단하게 하고 내부로부터 변화의 움직임이 나오도록 하는 게 최선이기 때문이다. 이런 점에서 각 문화권 안에서 보편인권을 잘 이해하는 운동가, 지식인, 전문가들의 역할이 중요하다. 인권론자는 '보편'의 이름으로 패권적 지배를 정당화하려는 외부의 움직임을 차단함과 동시에 내부에서는 개방적이고 민주적이고 상호소통적인 대화와 비판을 통해 문화 간 차이를 줄여 가야 한다. 결론적으로, 인권을 지키라고 남에게—특히 약자나 과거의 역사적 피해자에게—과시하듯이 요구하기보다 스스로 실천함으로써 도덕적 영향력을 발휘하는 "겸손한 인권", 그리고 보편주의가 아닌 '보편화 가능성'universalizabilit으로서의 인권을 모색하라는 가르침이 문화상대주의가 인권에 선사한 교훈이다(Sajo 2004 참조). 물론 그러한 모색의 초점이 궁극적으로 정치적 연대와 투쟁으로 모아져야 함은 두말할 필요도 없다.

[보론] 요한 갈퉁, 「무지갯빛 인권을 위한 대화」

지금까지 보았듯이 전 세계 인권의 역사는 제1차 인권혁명을 거쳐 현재 제2차 인권혁명기를 지나고 있다. 저명한 인권·평화학자 요한 갈퉁은 독특한 상상력을 발휘하여 인권의 발전을 인권의 '컬러 코드'로 정리한다(Galtung 1994). 내 경험에 비추어 보면 인권을 세대별로 나누는 방식보다 컬러 코드로 나누는 것이 훨씬 기억하기 쉽고 젊은이들에게 가깝게 다가가는 것 같다. 갈퉁의 인권 컬러 코드는 다음과 같다.

① 제1차 인권혁명을 주도했던 부르주아들은 '청색 인권'The Blue을 주창했다.
② 노동자·농민·무산계급이 주도한 경제·사회적 권리운동은 '적색 인권'The Red 으로 상징된다.
③ 여성·아동·소수자·이주자·원주민 등이 요구한 권리와 발전권, 환경권, 평화권 등은 '녹색 인권'The Green이라고 부를 수 있다.
④ 비서구권 제3세계에서 내세운 자기결정권과 문화상대주의는 '갈색 인권'The Colored 에 속한다.

우리가 이 책에서 지금까지 다룬 내용은 큰 틀에서 이런 컬러 코드에 차례대로 대응되도록 구성되어 있다. 예컨대, 청색 인권(2장 고전 인권이론), 적색 인권(3장 현대 인권이론, 4장 마르크스주의), 녹색 인권(5장 페미니즘, 7장 환경권), 갈색 인권(6장 상대주의) 등이 그것이다. 여기서 이 책의 중간 마무리를 하고 지금까지 다룬 컬러 코드 인권의 내용을 요약하기 위해 독자들에게 기억에 남을 수 있는 작은 선물 하나를 준비했다. 갈퉁이 자기 책『다른 조調로 부르는 인권』*Human Rights in Another Key*을 마치면서 결론으로 실었던 짧은 희곡「무지갯빛 인권을 위한 대화」의 번역문을 아래에 소개한다(Galtung 1994, 154-156).

「무지갯빛 인권을 위한 대화」

등장인물 청색 인권, 적색 인권, 녹색 인권[7], 갈색 인권

청색 여러분들은 모두 너무 지나치신 것 같습니다. 나는 진정한 인간 사회를 위한 기준으로 최저한의 인권만을 주장합니다. 그것만 보장되면 우리가 뭐든지 할 수 있지 않겠습니까? 여러분들이 무슨 일을 했는지 한번 돌아보십시오. 자기가 좋아하는 이념들을 보편화해서 셀 수도 없을 만큼 많은 권리를 만들어 놓고 정치를 인권 속에 꽁꽁 가둬 놓지 않았습니까? 나는 국가라면 모름지기 인간이 자기실현을 하는 데 필요한 기본적인 조건만 보장하면 된다고 봅니다. 여러분들이 국가에 얼마나 많은 짐을 지웠는지 생각해 보십시오.

적색 하지만 당신이 실천한 것은 절반밖에 되지 않았습니다. 당신은 당신을 닮은 부르주아들만 해방시키면서 나머지 절반은 편리하게도 잊어버리지 않았습니까? 특히 그들이 죽든 말든 눈 하나 깜짝 하지 않았지요. 노동계급도 당신들과 똑같이 살 수 있는 정당한 몫이 있지 않습니까? 당신이 한 거라곤 계급사회를 만든 것밖에 없습니다. 당신이 애지중지하는 자유, 말로는 좋지요. 하지만 모든 사람이 자유의 혜택을 누릴 수 있도록 했습니까? 계급구조를 뛰어넘으려면 당신이 좋아하는 시민적

---

7   원문에서 녹색 인권은 여성으로 표현되고 있다.

인권보다 훨씬 더 많은 권리가 필요합니다. 자본은 절대 스스로 그런 양보를 못 합니다. 그러니 국가가 필요한 겁니다.

녹색 두 분이 말씀하시는 걸 듣자하니 인간사회를 바라보는 시각이 참 답답하시군요. 여성, 어린이, 그리고 여러분이 '소수자'라고 부르는 '타자들'은 아예 낄 자리도 없군요. 우리가 살아가는 사회공동체를 유한계급과 노동계급만이 모여 사는 나라, 그리고 자본주의 체제와 동일시하시는군요. 앞의 두 분은 세 가지 점을 망각하신 것 같습니다. 첫째, 여성, 어린이, 외국인을 거의 잊으신 것 같습니다. 사람들이 건강하지 않은데 나라만 튼튼하고 엘리트만 튼튼하면 뭣 하겠습니까? 둘째, 자연과 환경을 깡그리 무시하셨죠? 셋째, 전쟁으로 얼룩진 국제 시스템, 다시 말해 우리가 살고 있는 전체 세계는 안중에도 없으시죠?

갈색 하지만 여러분 모두 19세기의 서구사회, 아니 심지어 18세기 말의 서구사회와 오늘날의 세계를 같은 세상으로 취급하시는군요. 또한 서구문화를—그리고 서구식 토론을—세계문화와 같은 것으로 가정하시는 것 같아요. 발전을 원하는 나라들이 세상에 많다는 점도 망각하셨지요. 발전은 모든 문화권의 잠재력을 계발하는 것이 아닌가요? 그리고 이 세계에는 여러 문명이 존재하지 않습니까? 요컨대, 제가 보기엔 여러분은 서로 다른 점보다 닮은 점들이 더 많아요. 그리고 녹색 선생, 당신은 스스로 여기에 있는 다른 분보다 더 보편주의자이고 더 전향적이고 더 진보적이라고 자처하시지요? 그리고 우리가 당신에게 동의하고 당신의 담론을 찬성할 거라고 생각하시지요? 하지만 녹색 분들 중에 무슬림, 힌두교도, 불교도……들에게 진심으로 관심을 가진 분이 계신가요? 또

아메리카, 태평양, 아프리카의 원주민들에게 관심을 갖는 분이 있으신 가요? 우리는 우리 문명의 가치에 공감하는 사람들입니다. 우리는 우리 문화의 방식으로 인권을 이해하려 합니다. 그렇다고 서구가 인권에 공헌한 것을 완전히 무시하는 것은 아니에요.

청색, 적색 만일 세계가 하나의 국가라면 그 말에 일리가 있겠지요. 그렇게만 된다면, 예를 들어 국가들로 이루어진 국제사회가 하나의 세계국가라면 인권이 전 인류의 권리가 될 수 있겠지요. 하지만 국제사회는 무정부적인 시스템이라서 인권을 부분적으로밖에 시행하지 못하고 있지 않습니까? 국제인권장전에 나와 있는 기본권부터 해결하고 나서 당신의 문화를 돌아보면 좋지 않을까요?

녹색 나도 할 말이 있습니다. 당신의 문화권에서 '이건 우리 문화에 나와 있어'라고 하면서 여성, 어린이, 타자들을 탄압하지 않는다는 보장이 있습니까? 불교도들이야 사연을 손숭한다고 치고 힌두교도들도 그렇다고 일단 칩시다. 하지만 나머지는 어떻습니까? 그리고 당신 나라도 서구나 마찬가지로 국민과 자연을 희생시키면서 성장만을 추구하고 있지 않습니까? 그리고 당신 문화권에서 평화가 아니라 전쟁을 추구한다면 그것은 어떻게 봐야 할까요?

갈색 잠깐, 당신들은 하나같이 언제나 어떤 불문율을 즐기는 것 같군요. 전 세계 모든 나라에 대해서 감 놓아라, 배 놓아라 하는 버릇 말입니다. 청색 선생과 적색 선생은 국가가 이런 권리를 행사할 수 있는 주체라고 생각하시는 것 같아요. 녹색 선생은 국가와 자본이 녹색 가치를 방해한다고 지적하시는군요. 우리가 서구식 사회에서 살지 않을 권리가 있다고 강조한다면 뭐라고 하시겠습니까? 국가가 아닌 작은 공동체에 모여 살고, 다수결 투표가 아니라 대화를 통한 합의를 강조하고, 권리와 의무를 서로 존중하며, 사람들의 동의에 의해 통치하는 그런 공동체에서 살 권리를 강조한다면 뭐라고 하시겠습니까?

청색, 적색, 녹색 하지만 그렇게 했을 때 전체 인권의 기둥인 개인의 권리를 어떻게 보장하지요?

갈색 개인이라는 개념 자체가 존재하지 않는다고 말하면 어떻게 될까요? 개인은 공동체 안에서만 존재할 수 있고, 공동체가 살아야 개인도 살 수 있다고 말한다면 어떻게 될까요?

청색 그러면 의사표현의 자유는 어떻게 하고요…….

적색 일할 권리는 어떻게 하고요…….

녹색 깨끗한 환경권은 어떻게 하고요…….

갈색 모두 중요한 것들이지요. 하지만 그런 가치를 추구할 수 있는 방법은 여러 가지가 있을 수 있습니다. 그건 그렇다 치고 남들에게 설교만 하지 말고 여러분들 사회 안에서 국가가 없는 공동체를 실천해 보시면 어떨까요? 세금을 거부하거나, 주민등록증 소지를 거부하거나, 여권 없이 해외여행을 다녀보시면 어떨까요?

청색, 적색 그러면 당연히 처벌 받겠죠.

녹색 나는 잘 모르겠네요…….

갈색 나도 잘 모르겠어요. 서구에서 더 이상 인권 아이디어가 나올 게 없다고 해서 전 세계적으로 새로운 정치의제나 인권의제가 더 이상 나오지 않을 거라고 말할 수는 없겠지요. 비서구권에서 새로운 인권사상이 나올 수도 있지 않겠습니까?

청색, 적색, 녹색 그럴 수도 있겠지요.

갈색 물론, 서구권에서도 마찬가지입니다. 그럴 수도 있겠지요.

3부 인권민주주의의 모색

A Grammar of Human Rights

7장 시민권과 세계주의

"나는 조국을 위해 기꺼이 헌신할 마음가짐이 되어 있다. 하지만 나는 국가보다 훨씬 더 큰 정의 앞에 경의를 표한다." - 라빈드라나스 타고르

    인권은 처음부터 '인간'이라는 초국적 존재론에서 출발한 개념이다. 인권 앞에는 국적이 있을 수 없다. 그러므로 인권은 세계주의적으로 이해하고 분석해야 논리적으로 맞다. 그러나 또 다른 한편, 우리가 엄격한 국가체제 속에 살고 있고 인권을 보장하기 위해서 일국적 제도와 규범에 의존할 수밖에 없는 것도 우리의 정직한 현실이다. 세계주의라는 이상주의와 국가체제라는 현실 사이 중간 어디쯤에 유엔을 통한 국제주의적 접근방식이 자리 잡고 있다. 하지만 국가의 영향력에 비하면 아직도 국제주의의 영향력은 제한되어 있다. 여기에 인권의 딜레마가 있다. 마음은 세계주의 쪽에 가 있지만 몸은 국가체제 안에 갇혀 있는 존재가 인권인 것이다. 이것은 근대 자유민주주의 이념의 딜레마이기도 하다. 그러므로 아렌트에 따르면 인간의 보편적 권리를 상정하는 '인권'과 특정 국가의 절대적 주권을 상정하는 '국권'은 서로 모순관계를 이룰 수밖에 없다. 한편으로 양자는 서로 충돌하지만, 다른 한편 인권은 국권에 의존할 때에만 실질적인 효력을 발휘할 수 있다. 이 때문

에 나치의 박해로 자기나라에서 쫓겨나 무국적자가 된 사람들은 범죄자나 노예보다도 못한 존재로 전락했다고 한다. 전 세계적인 정치상황 때문에 수백만 명의 사람들이 갑자기 국적 없는 실향민이 되었을 때 그제야 "우리는 권리를 가질 권리, 그리고 일종의 공동체에 속할 권리라는 것이 존재한다는 사실을 알게 되었다"(Arendt 1951, 296-297). 인권의 관점에서 볼 때 보편인권과 국가주권의 모순을 완전히 해결할 수 있는 방법은 두 가지뿐이다. 전 세계가 하나의 정치공동체가 되거나(세계정부), 모든 국가가 모든 사람에게 어느 나라에 가서 살든지 마음대로 결정할 수 있는 권리를 인정하는 것이다. 아렌트가 보기에 근대 인권원칙 중 그나마 '피난처를 구할 권리'가 국가의 경계를 벗어나 국가 간 관계에서도 통용되던 유일한 보편인권이었다. 하지만 이 권리조차도 수많은 무국적자들이 생겨나면서 쉽사리 무시되기 시작했고, "국가의 국제적 권리"에 위배되는 것으로 간주되었다(Arendt 1951, 280). 어쨌든 현재로서는 세계정부든, 무제한의 망명권이든 현실과 동떨어진 이야기가 아닐 수 없다.[1]

나는 개인적으로 인권운동은 궁극적으로 세계주의를 지향할 수밖에 없고 세계주의적 방법론으로 인권을 생각하고 실천해야 한다고 믿는다 (아래 4절 참조). 또한 나는 전 지구적 인권레짐의 가능성과 지구시민사회

---

[1] 바로 이 점에서 '보편인권'의 문제가 드러난다. 원칙적으로는 모든 개인에게 모든 권리가 있는 것처럼 말하곤 하지만 실제로는 특정 정치공동체의 완전한 구성원이 아닌 이상 제대로 된 인권을 요구하기가 어렵기 때문이다. 재일조선인들이 민족, 국적, 시민권, 정치적 귀속성의 문제로 인해 실존적 한계상황을 겪고 있는 사실만 보더라도 추상적인 보편인권개념의 비현실성을 잘 알 수 있다(서경식 2006 참조).

의 잠재력을 강하게 지지해 왔다(안하이어 외 2004; 조효제 2000; 헬드 외 2002). 그런데 요즘 들어 부쩍 국가체제라는 패러다임을 곧바로 뛰어넘어 세계주의의식으로 사고하기가 어렵다는 생각이 든다. 왜? 우리가 오랫동안 국가체제라는 패러다임에서 생각하고 살아왔으며 그것이 우리의 의식과 존재를 규정해 온 현실을 무시할 수 없기 때문이다. 솔직히 말해 인간은—시민사회운동과 인권운동을 포함해서—하루아침에 변하기 어려운 존재다. 어떤 연결고리가 필요한 것이다. 이때 아시아 또는 동아시아 개념은 완전한 세계주의와 엄격한 일국체제 사이의 중간 수준적 개념으로 우리에게 다가온다. 방학 기간 동안 아시아를 여행하고 돌아온 학생들의 눈동자에서 나는 세계주의적 인식과 의식의 작은 불꽃을 발견하곤 한다. 말로 표현하기는 어렵지만 그들의 관점은 이미 달라져 있다. 아무리 가까운 아시아의 이웃이라도 일단 하나의 국경을 넘는 경험을 하는 순간 세계주의적 환경cosmopolitan milieu을 구체적으로 체득하게 되는 것 같다. 그래서 나는 역사, 지리, 현실, 실천, 이론 등의 이유로 아시아 담론에 설득되기 시작한 스스로를 발견하고 있다(Fairbank et al. 1973 참조).

이런 의미에서 나는 인권의 개념과 이슈를 동아시아적인 맥락에 대입해 이해하는 것이 우리 현실에서 가능한 수준의 인권적 세계주의를 인식하고 실천하는 길이라고 생각한다. 지난 수년간 우리나라 인문-사회과학계에서는 아시아 또는 동아시아 공동체 담론이 하나의 뚜렷한 흐름을 형성했다(권혁태 외 2003; 김대환·조희연 2003; 백영서 2000; 쑨 2003; 야마무로 2003; 왕 2003; 이남주 외 2005; 이승철 외 2005). 동아시아 담론을 인권의 관점에서 접근한 저술도 꾸준히 나오고 있다(박경서 2002; 이동연 외 2002; 조경란 2003; 조효제 2005a; 한상진 1996). 이 장은 최근 동아시아의

4개국에서 실증적 연구를 통해 확인된 공통적인 인권이슈를 이론적으로 재정리한 것이다(〈일러두기〉 참조). 그런데 정치적 수준에서 동아시아 공동체 논의가 상당히 활발하지만 그것은 주권, 개발, 안보 중심의 논의를 벗어나지 못하고 있다. 또한 인권 의제는 여전히 주변적인 이슈로 취급되고 있다. 동아시아는 물론이고 아시아 지역은 전 세계에서 지역 인권보호 장치가 없는 유일한 지역이다. 하지만 국가중심적 사고를 넘어서는 시민사회적 대화 없이는 진정한 역내 협력과 안정을 바라기 어렵다. 이런 시민사회 주도형 대화에서 보편적 개념을 기본으로 하는 인권은 대단히 적절한 언어라고 할 수 있을 것이다.

1 변화하는 시민권: 이주노동자의 경우

인권의 문제가 점차 초국적 인권레짐의 영향권 아래에서 이해되면서 이주노동자의 인권문제도 일국적 시민권의 경계를 넘어서고 있다. 〈국제 이주노동자 권리협약〉의 등장이 좋은 예다. 이런 경향을 국가제공형 인권개념에서 개인중심형 보편인권개념으로의 변화로 보는 해석도 있고, '일국형 시민권'에서 '포스트-일국형 시민권'으로의 변신으로 파악하는 해석도 있다(Basok 2003, Nash 2000, 202-215). 지역에 따라 차이가 나긴 하지만 이주노동자들은 대체로 법규가 아예 존재하지 않거나 또는 법규가 존재하더라도 일관성 없는 적용의 피해자가 되기 쉽다(박경태 2005

참조). 이주노동자가 법적 보호의 테두리 바깥에 있거나, 법이 존재하더라도 합당한 법적용을 받기 어려운 이유는 주로 '시민권'이라는 개념에 내재된 이중성 때문이다(2장 참조).

시민권citizenship은 한편으로 '시민의 권리', 다른 한편으로 특정 공동체에의 '정치적 귀속성'political membership, 즉 '시민자격'을 의미한다. 전자는 포용을, 후자는 구별(배제)의 의미를 내포하고 있다. 그러므로 시민권을 주로 시민자격의 의미로 사용하면 할수록 그 정치공동체에 속한 사람만 인정하게 되고 그와 구분되는 집단에 대한 배려는 부차적인 것이 될 수밖에 없다. 즉, 시민(인간)의 권리로서의 시민권과, 정치공동체에 속한 시민자격으로서의 시민권은 서로 배타적 개념으로 작동할 가능성이 높다. 따라서 국가가 공식적 또는 암묵적으로 이주노동자에게 취업이라는 경제적 권리를 부여하더라도 정당한 사회적 구성원이 누리는 시민적·정치적 권리에 대해서는 엄격한 제한을 두는 것이 보통이다. 바로 여기에서 보편적 '인간 자격'에 근거한 인간보호(인권)와, 정치적 '시민자격'에 근거한 인간보호(시민권) 사이의 차이가 두드러지게 나타난다.

이런 개념상의 구분은 과거에도 존재했지만, 옛날에는 둘 사이의 격차가 현실적으로 그리 크지 않았다. 그러나 지구화 시대에 국경의 경계가 점점 덜 엄격해지고 인간의 이동이 늘어난 상황에서 시민권에 근거한 인간보호와 인권에 근거한 인간보호는 현실적으로 큰 차이가 날 수 있다. 다시 말해 과거에는 국가영토 내의 시민들이 시민구성원이라는 자격을 바탕으로 국가로부터 권리를 보호받았다면, 오늘날에는 출신영토에 관계없이 단지 인간이라는 이유로 모든 사람이 국가로부터, 또는 어떤 초국적 권위로부터, 권리보호를 받을 수 있느냐가 논쟁의 초점이 된 것이다. 도널리가 지적하듯이 인권은 개념상 보편적이지만 현실상 국민국가라는 틀 안에서 전개되는 모순적인 담론이었는데 지구화 시대에 들어 그 담론이 점차 특정 국민국가의 틀을 벗어나서 실행되기 시작한 것이다(Donnelly 2003). 즉 '시민권적인 권리'에서 '인권적인 권리'로 인권의 내용이 이동하는 경향이 발생했다고 할 수 있다. 이것을 내쉬는 "진정으로 보편적인 인간권리가 협소하고 특정한 국민국가의 시민권을 대체하고 있는 중"이라고 표현한다(Nash 2000, 203).

이런 논리를 극단적으로 전개해 보면, 시민권을 가진 정규시민citizen이든, 외국계로서 타국의 영토 안에 영주하는 거주민denizen이든 국가로부터 인권을 보호받는 내용에 있어서는 큰 차이가 없다는 말이 된다. 특히 미국과 서유럽에서는 해당국의 시민이 아니라도 합법적 영주권자의 경우 사회복지, 교육, 의료, 실업수당, 심지어 제한적인 정치활동에 이르기까지 권리행사의 폭이 넓어졌다. 불법 체류 이주노동자들도 공식적으로는 법적 인격체가 아니지만 법원의 판결이나 국제인권레짐 적용 등을 통해 "다양한 법적 속성의 보유자"로 바뀌는 경향을 볼 수 있다 (Sassen 2006). 특히 유럽연합 안에서는 이제 정규시민과 영주 외국인 사이의 권리행사에 있어 잔여적 차이조차 거의 사라진 실정이다. 세계 각국에서 영주 외국인에게 지방자치 차원의 투표권을 부여하기 시작했으며 한국에서도 이 제도가 최근 도입된 바 있다.[2] 따라서 이런 '포스트-일국형 시민권' 개념에서는 어디에서 거주하느냐가 중요하지, 시민권을

---

2 2006년 5·31 지방선거에서부터 영주권 취득 후 3년이 지난 외국인들이 처음으로 투표권을 행사할 수 있게 되었다. 아시아에서는 처음이라고 한다. 투표권을 부여받은 6,500명 중 거의 대부분이 화교들이었다.

갖고 있느냐 여부는 큰 문제가 아닐 수도 있다. 물론 이런 말은 하나의 분석적 경향을 보여 준다는 것이지 세계 모든 나라의 모든 영주권자들이 이런 정도로 높은 수준의 권리를 실제로 누리고 있다는 뜻은 아니다. 또한 영주 외국인의 원적국原籍國, 경제적 여력, 종사하고 있는 직업 등에 따라서도 이들이 누릴 수 있는 실질적 권리에 많은 차이가 생긴다. 인권에도 계층화 현상이 발생하는 것이다. 그럼에도 불구하고 국민국가의 시민권 원칙을 중심에 놓고 사고하는 전통적인 관점에서 본다면, 점차 폭넓은 권리를 행사하기 시작한 외국인 거주자는 분명 '포스트-일국형 시민'으로 규정될 수 있는 여지가 있다.

그런데 '포스트-일국형 시민'들이 설령 법적으로 일정한 권리를 부여받는다 하더라도 실제 행사에서는 교육, 권리의식, 의사소통 능력 등의 현실적 조건에 의해 제한받기 마련이다. 그러므로 (합법적) 영주권자들이 자신에게 주어진 법적 권리조차 제대로 행사하지 못하는 것은 법이 없어서가 아니라 사회적으로 배제되기 때문이다. 사회적 배제는 주로 정체성에서 비롯된다. 따라서 합법적 영주권자들은 공적 영역에서는 추상적이고 보편적인 권리를 보유하지만, 사적 영역에서는 정체성에 근거한 실질적인 배제와 차별을 경험하기 일쑤다(4장, 5장 참조). 이런 사적·경험적 세계에서의 부정적 현실은 흔히 공적 영역에서 인정되는 규범상의 평등과 권리를 압도하곤 한다. 여기서 우리는 '법적 권리'*de jure* rights와 '실제적 권리'*de facto* rights 사이의 거대한 격차를 발견할 수 있다. 그렇다면 다음과 같은 질문을 던져 보자.

① 합법적 영주권자에게도 법적 권리와 실제적 권리 사이의 격차가 이렇게 크다면, '합법적이지 않은'('미등록'undocumented/unregistered,

또는 '불법 체류'illegal 이주노동자에게 도대체 어떤 권리가 부여될 수 있는가?

② 만일 합법적이지 않은 이주노동자에게 시민권이 아닌 '인권적 권리'를 부여한다면 어느 정도까지 그것을 보장해 줄 수 있을까? 예를 들어 세계인권선언 제21조는 "모든 사람은 직접 또는 자유롭게 선출된 대표를 통하여 자기나라의 통치에 참여할 권리를 가진다."라고 규정한다. 이것은 특정한 시민권을 전제로 한 인권을 뜻하는데 이는 곧 모든 인권이 모든 인간에게 무조건 주어지는 것이 아니라 특정 조건에서만 행사되는 인권목록도 있다는 뜻이 된다. 이렇게 본다면 "누구에게나 완전히 개방된 보편형 인권"목록과 "제한적이고 특정한 시민권형 인권"목록이 따로 존재한다는 말이 된다. 즉, 합법적이지 않은 이주노동자에게 인권적 대우를 해 주더라도 어차피 그것 역시 보편적이고 완벽한 보호는 아닐 수 있다는 뜻이다. 그렇다면 합법적이지 않은 이주노동자라 하더라도 반드시 보호해 주어야 하는 인권의 범위는 어디까지인가? 최소한의 시민적 권리―예를 들어 고문 금지, 노예화 금지―인가, 경제적·사회적 권리인가, 노동권인가, 또는 이 역시 협상·확장·발전될 수 있는 목록인가?[3]

---

3 2007년 2월 서울고등법원은 미등록 이주노동자라 하더라도 노동조합을 설립할 수 있다는 판결을 내린 바 있다. 재판부는 헌법에 규정된 단결권, 단체교섭권, 단체행동권은 누구에게나 보장된다고 지적하고, 불법 체류 외국인이라도 노동의 대가로 임금을 받는다면 노조를 설립할 수 있다고 밝혔다. 또한 한국의 근로기준법에서도 국적에 따른 근로조건 차별대우를 금지하고 있다고 지적했다.

③ 만일 합법적이지 않은 이주노동자가 일정 기간 어느 나라에 거주한 후 그동안 그 나라 경제활동에 기여한 바와 생존권적 이유에 근거하여 영주권 또는 시민권을 요구하고 나설 경우 그 문제는 순수하게 국가의 법적 재량의 문제인가, 아니면 그것 역시 보편 인권이 옹호해야 할 과제인가? 전 지구적인 불평등이 만연한 세계 현실에서 가난한 나라 사람들이 부자나라로 이주할 수 있는 권리가 어디까지인가? 그리고 그 나라에서 영주권·시민권을 요구할 수 있는 범위가 어디까지인가?4

④ '전 지구적 시민권'(보편적 인권)과 전통적 시민권 사이에 현실적으로 적용 가능한 중범위적 인권의 범위를 설정할 수 있을 것인가? 동아시아적 맥락에서 그러한 인권개념에 합의할 수 있을 것인가?

결론적으로, 국민국가는 언제나 시민들에게 정치적 충성을 강요하면서 동시에 정체성의 측면에서 문화적 순응을 요구해 왔다(Bauman 1990). 국가 구성원 중에 이질적인 요소가 포함될 경우 국가는 합법 거주자와 불법 거주자를 구분하거나, 합법 거주자라 하더라도 단순 영주권자와

---

4 나는 한국의 이주노동자 문제가 일상적인 차별과 인권침해 문제를 넘어서서, 궁극적으로 대한민국 시민권의 문제로 이행될 수밖에 없고, 실제로 그렇게 진행되고 있다고 본다. 내가 만나 본 이주노동자 중 많은 이들이 인권보장만 원하는 것이 아니라 한국 사회에 정착해 살고 싶다는 희망을 토로했다. 그중 인권의식이 높은 사람들은 한국에서 살 수 있는 권리를 요구하기도 했고, 그런 운동을 하겠다는 의사를 표시하기도 했다. 나는 여기서 질문 하나를 던지고 싶다. 이주노동자들이 "우리도 인간이다. 합법이든 불법이든 3D업종에서 뼈 빠지게 일하면서 한국 경제에 기여했다. 이 땅에서 살 수 있는 권리를 달라."고 요구하기 시작한다면 한국의 인권운동은 어떻게 답해야 옳을까?

시민권자로 구분하거나, 또는 합법 거주자에게 부여된 권리라 하더라도 사회적 영역에서 문화적 이질성을 이유로 배제와 차별이 작동하게끔 묵인해 왔다. 또한 이주노동자, 특히 불법 체류자에게는 최소한의 인권 보호에도 미온적이거나, 적용될 수 있는 인권의 목록을 제한하거나, 합법화의 길을 최대한 가로막는 방식을 통해 이들을 배제하는 전략을 채택해 왔다(헬드 외 2002, 492-499; Castles and Miller 1993 참조). 여기서 우리는 이주노동자의 인권문제는 본질적으로 근대국가와 정치적 충성, 문화적 정체성의 이슈가 지구화 시대에 들어 혼합되고 확대된 문제임을 알 수 있다.

2 자력화하는 시민권: 환경의 경우

1972년 스톡홀름 세계사회개발정상회의 이후 전 세계적으로 환경권을 자국의 헌법이나 법률 속에 성문화한 나라가 60개국이 넘는다. 인간의 본질적 이익을 보장하는 위해서 물, 공기, 음식, 생태, 건강한 주거 등 살기 좋은 환경이 선결조건이라는 점을 상기한다면 이런 추세는 오히려 늦은 감이 없지 않다. 환경 권리는 경제적 · 사회적 · 문화적 권리의 핵심이다. 따라서 인간적인 삶과 지속가능한 발전을 위해서 반드시 환경권이 보장되어야 한다. 환경권을 인권의 일반적인 목록에 포함시키는 데에는 두 가지 방법이 있을 수 있다(International Institute for Environment and Development 2001). 기존의 인권목록을 환경문제에 간접적으로 대입하여 해석하는 방식과, 환경을 위해 특정한 인권개념을 좀 더 명확하게 재정의하고 재구성하는 방식이다.

기존의 인권목록을 확대 해석하는 방식 중 대표적인 것으로 경제적·사회적·문화적 권리 속에서 환경권 관련 규정을 '발굴'하는 방법이 있다. 경제적·사회적·문화적 권리는 인간생존의 실질적 기준을 높이는 권리들이다. 예컨대, 국제인권규약은 건강권 확보를 위한 환경의 중요성을 인정하며 어떤 인민 집단이 자기결정권을 통해 자연자원을 이용할 수 있는 권리 또한 인정한다. 그리고 흔히 인지되지 않지만 시민적·정치적 권리 역시 환경권과 긴밀한 관계를 지닌다. 예를 들어, 시민적·정치적 권리는 장기적이고 지속가능한 발전에 적합한 정치질서의 확립에 크게 기여할 수 있다. 그리고 정치적 권리를 통해 환경보호와 형평성 있는 발전을 요구하는 인민의 목소리를 법적으로 보장할 수 있다. 발전의 내용을 통제할 수 있는 자유의지가 발전권의 주요 내용이기 때문이다(Sen 1999a).

그런데 이같이 기존의 인권목록을 활용하는 방식은 환경에 대한 간접적 권리목록이라는 점에서 한계가 있다. 그래서 환경문제를 더욱 명확한 권리개념으로 정의하고 환경친화적인 정책지향을 통해 직접적인 환경권 목록을 규정하는 것이 필요하다. 이런 '새로운 환경 권리'는 실질적 권리와 절차적 권리를 모두 포함하는 것이 된다. 여기에는 세 가지 접근방식이 있다(IIED 2001). ① 깨끗하고 안전한 환경에 대한 권리. 이것은 실질적 권리이며 가장 기본적이고 원초적인 권리임에도 불구하고 명확하게 규정하기가 쉽지 않은 권리다. "깨끗한 물과 음식의 확보"가 기본권이라는 것이 일반적인 해석인데 이렇게 보면 일차적인 환경 권리는 '생존권'과 거의 비슷한 내용이 된다. ② 환경보호를 위해 행동할 수 있는 권리. 이것은 환경보호를 위해 모임을 조직하거나 집회를 열 수 있는 권리를 말하며 일종의 '절차적' 권리이자 그 자체로서 '실질적' 권리이기도 하다. 전 세계적으로, 선진국·개도국을 가리지 않고, 환경보호 행동권리는 흔히 침해받고 있으며 환경보호 운동은 개발의 논리 앞에서 '훼방꾼'으로 낙인찍히곤 한다. 대표적인 시민적·정치적 권리단체인 국제앰네스티와 대표적인 환경단체인 시에라클럽이 '정의의 지구' Just Earth 캠페인을 공동으로 전개했던 사례는, 환경권뿐만 아니라 환경보호 행동권 자체를 위해서도 투쟁이 필요한 현실을 반영한다. ③ 정보와 사법절차에 접근할 수 있는 권리 및 환경문제 의사결정에 참여할 수 있는 권리. 이런 권리는 시민들이 건강한 환경을 조성하는 데 일정한 역할을 하도록 보장한다. 유엔과 각종 지역 인권협정에 이 권리가 명문화되어 있는 경우가 많은데 특히 유럽의 '아루스 협정'Aarhus Convention 은 환경을 위한 정보접근권과 의사결정 참여권이 중요한 인권이라고 인정하고 있다.5 특히 ②항과 ③항의 권리는 환경관련 분쟁에서 중요한 판단기준으로 적용될 수 있다. 3장에서 설명했던 '인권의 작동방식'과 비슷한 내용이다.

    환경권을 전통적이고 간접적인 방식으로 해석하든 직접적이고 명확한 방식으로 재구성하든, 환경 권리가 여타 권리와 동떨어져 존재하는 것은 아니다. 오히려 지속가능한 발전을 위한 현대적 환경권 해석에

---

5 1998년 덴마크의 아루스에서 체결된 환경협정이다. 환경 정보에 대한 대중의 접근권, 환경 사안의 결정시 대중의 참여권, 위의 두 권리가 보장되지 않은 상태에서 내려진 환경 사안에 대한 재심의권 등을 핵심으로 한다. 다음 사이트를 참조하라. 〈http://ec.europa. eu/environment/aarhus/index.htm〉(2007. 5. 30 접속).

따르면, 환경권도 단순히 전통적인 '녹색 이슈'에서 한 걸음 더 나아가 사회 약자 보호의 필요성 즉, 빈곤, 경제·사회적 소외의 극복이라는 맥락에서 추구되어야 한다고 주장된다. 흔히 개발에서 소외되고 공해의 직접적인 피해를 입곤 하는 빈곤층, 여성, 어린이, 농어민, 소수민족 등의 경험과 관점을 적극적으로 수용하고 이들 집단에 우선순위를 부여하는 것이 환경권의 핵심 내용이라는 것이다. 이들은 발전(개발) 논리는 물론이고 전통적인 '녹색 이슈' 논리로부터도 흔히 배제되곤 했던 집단이다. 이런 관점에서 보면 환경권은 본질적으로 아래로부터의 상향식 접근이며, 환경악화로 인해 가장 큰 타격을 받는 국가, 지역, 또는 주민들이 환경에 대한 통제권을 되찾고 환경문제의 해결과정에 적극적으로 영향력을 발휘하며 발전의 내용을 스스로 민주적으로 결정하는 권리를 뜻하게 된다. 다시 말해 환경권은 환경문제를 매개로 해 그것의 직접적인 피해자 집단이 자력화하는 권리를 뜻한다.

여기서 개도국에서 특히 자주 제기되는 환경권의 이슈들을 살펴보자. 개도국에서도 선진국에서 나타나는 환경문제들이 거의 모두 나타나지만 개도국 특유의 정치적·사회적 특성을 반영하는 현상들이 흔히 지적되곤 한다(Hardoy et al. 2001). 우선 자연자원에 대한 접근성이 불평등한 가운데 자원의 관리가 부실하게 이루어지는 경향이 농후하다. 그리고 환경관련 규제 또는 규정이 아예 없거나, 있더라도 일관성 없이 시행되곤 한다. 또한 국제 환경·인권조약을 실천할 정책적 능력이 부족하고 그것과 국내 환경규정 사이의 괴리가 큰 경우가 많다. 자연자원과 환경자원에 대한 지역주민의 통제권이 극도로 제한되어 있어서 환경의 직접적인 피해자, 또는 잠재적 수혜자가 정작 환경정책에 영향을 미치지 못하곤 한다. 이렇게 될 때 지역주민의 주변화 그리고 장기적으로 농어촌 인구가 도시로 유입되고 도시빈민으로 전락할 가능성이 높아진다. 개도국일수록 환경과 발전을 정반대 개념으로 이해하는 경향이 심하며 이런 경향이 극단화되면 환경문제가 전통 고수냐 근대화냐라는 양자택일의 문제로 왜곡되기도 한다. 마지막으로, 환경문제에 가장 가까운 생활반경을 갖고 있으며 그것의 가장 구체적이고 잠재적인 피해자인 여성의 발언권이나 통제권은 무시되기 일쑤다. 이는 환경문제가 결국 사회 약자 집단의 계층화 현실을 그대로 반영한다는 지적을 다시금 확인시켜 준다(McWilliams and Walton 2005).

지금까지 환경권을 인권의 목록 속에 적극적으로 수용할 수 있는 두 가지 방식을 살펴보았는데, 환경권의 개념이 아직도 초기 단계에 놓여 있는 현실만큼이나 환경권의 국제법적 지위 역시 다른 인권과 비교하면 초기 단계에 놓여 있다. 인권과 경제성장, 환경보호를 수렴시키려는 국제규범상의 노력에는 대략 다섯 가지 경향이 존재한다(Maggio and Lynch 1997). 즉, 자기결정권, 자연자원에 대한 주권행사, 발전권, 환경권, 참여권 등이 그것이다. 그런데 현재까지 국제인권법과 국제관습법 체계에서 확실한 법적 실체로 인정된 것은 자기결정권과 자원에 대한 주권행사권밖에 없다. 그 외에 발전권, 환경권, 참여권도 인권법의 맥락에서 확실한 국제규범으로 인정하자는 견해가 점차 대두되고 있으나 아직 합의된 지위를 획득하지 못한 실정이다.

여기서 특히 우리의 주목을 끄는 문제는 발전권과 환경권 사이의 잠재적·실제적 갈등을 어떻게 해소할 것이며, 어떤 식으로 단일한 법적 준거틀 안에서 그것들을 융화시킬 수 있을 것인가 하는 문제다. 발전을 위해서는 종종 환경파괴라는 대가를 치러야 할 경우가 많고, 그것은 경제발전의 대의를 주장하는 국가, 또는 공공 기관과 그로 인해 환경

피해를 입게 되는 현지주민들 사이의 충돌로 나타나기도 한다. 국토개발이라는 명분으로 공권력이 주도하고 민간업체가 시행하는 지속불가능한 벌목, 채광, 막개발, 터널과 댐건설을 포함한 대규모 토목공사의 사례가 전 세계적으로 보고되고 있으며, 이때 지역공동체의 발언권과 선택권은 제한되거나 묵살되는 일이 흔히 발생한다(홍성태 2005). 즉, 경제적 권리를 위해 시민적·정치적 권리를 제한한다는 역설이 성립되는 것이다. 궁극적으로 발전권은 모든 인권의 실현에 달려 있으며, 장기적으로 발전은 환경과 삶의 질을 유지하고 증진하는 데 달려 있기 마련이다. 여기서 지속가능한 발전권 개념은 발전권과 환경권의 상호보완적 공존을 위한 하나의 해결책을 제공할 수 있다.

발전권과 환경권이 대립하는 맥락에서 '참여권'은 흔히 환경권의 옹호론자들에게만 의사결정권이라는 무기를 제공해 주는 도구로 여겨지기 쉽다. 그러나 최근의 국제법적 경향에 따르면 자연자원에 대한 공평한 접근권을 보장하기 위한 방편으로 국가와 비국가 행위자 사이의 참여적 동반자 관계를 강조하는 추세가 엿보인다. 이미 1986년 유엔총회에서 채택된 〈발전권리선언〉에서, 발전의 핵심 목표로 "보편적인 공공의 참여"가 중요하다는 점을 선포한 이래 사회·경제적 발전의 목표와 방법을 정하기 위해 모든 이해당사자들의 참여와 심의가 필수라는 인식이 자리를 잡았다고 해도 과언이 아니다.[6] 그 후 1987년 브룬틀란트 위원회가 발간한 보고서 「우리 공동의 미래」 "Our Common Future"에서도 지속가능한 발전을 위해서는 "의사결정에 있어 효과적인 시민의 참여를

---

6 3장에서 말한 '협업적 인권운동'을 기억하라.

보장하는 정치체제"가 필요하다고 역설했다. 보고서는 특히 원주민과 NGO가 공공의 참여에서 중요한 위치에 있다는 점을 분명히 했다. 이런 입장은 특정한 환경정책 또는 발전정책이 내용상 아무리 옳다 하더라도, 이해당사자들이 의사결정 과정에 참여하지 않는 한 그 정책의 정당성이 훼손된다는 원칙에 기반하고 있다. 자신의 삶과 미래에 영향을 미치는 행위에 대해 참여권, 발언권, 통제권이 없다면(하향식 결정) 그것이 아무리 이성적인 정책이라 해도, 잘못된 정책이 될 수 있다는 것이다. 1994년에 발표된 유엔의 〈인권과 환경에 관한 잠정원칙〉에 의하면 참여권은 다른 인권을 실현하기 위해서도 대단히 중요한 권리다.

이렇게 볼 때 발전과 환경에 대한 참여권은 시민의 당연한 권리(시민권)로 이어지게 된다. 이런 이론적 논의를 '환경 대 발전' 갈등의 현실에 대입해 본다면 그러한 갈등이 빚어지는 사실 자체가 '민주주의의 결손'을 의미하는 것이며 이런 결손을 참여로 보완하는 것은 민주주의의 질적 발전과 자력화 방향으로의 시민권의 진화를 의미하는 것이 될 것이다(8장 참조). 이런 민주주의의 결손을 보완하고 질적으로 승화시키는 것이 반드시 한 나라만의 과제는 아니다. 특히 개도국 발전정책의 맥락에서 원조제공국과 수원국 사이에서도 지속가능한 발전을 위한 민주적인 평등관계 설정을 요구하는 목소리가 높다. 또한 국가 간 참여를 넘어서 비국가 행위자, 민간, NGO 등의 참여 역시 민주주주의의 결손을 보완할 수 있는 다층적 장치로 각광받고 있다. 이 모든 추세는 민주주의적 시민권 이념을 '도구적' 가치로뿐만 아니라 '내재적' 가치 그 자체로서 인정하는 최근의 해석을 반영하는 것이라 할 수 있다(Swift 2006).

3 '인민'의 시민권 : 자기결정권의 경우

자기결정권(자결권)self-determination은 '인민'people의 권리다. 소위 '제3세대 인권' 또는 '연대권'이라고 부르는 권리의 원조에 해당하는 개념이다. 자기결정권은 정의상 집단권리에 속한다. 하지만 정확히 '인민'이 어떤 집단을 지칭하는지에 관해 합의된 해석은 없다. 유네스코의 실무적 해석과 유엔의 원주민집단 관련 실무위원회가 제시한 정의를 종합하면 '인민'은 대략 다음과 같은 특징을 지닌다고 한다(Working Group on Indigenous Populations 1999). 첫째, 인민은 공통의 역사, 전통, 인종·민족적 정체성, 문화적 동질성, 언어적 일치, 종교적·이념적 친화력, 영토적 관련성, 공통의 경제활동 기반 등과 같은 속성을 지닌 개인들이 모인 집단이다. 둘째, 인민은 반드시 그 숫자가 국가 규모 정도로 클 필요는 없지만 사적인 결사체 이상의 규모는 되어야 한다. 셋째, 이 집단이 스스로 하나의 인민이라는 자각이 있거나 그렇게 인식되고자 하는 의지가 있어야 한다. 하지만 집단 내 구성원의 일부는 그렇지 않을 수도 있다. 넷째, 그러한 공통의 특성을 표출할 수 있는 어떤 제도적 표현기제(조직체의 유무)가 존재해야 한다.

다시 말해 집단의 자기결정권은 어떤 인민 집단을 하나의 인격으로 파악하는 데에서 출발한다. 그런데 개인의 권리만 확실히 보장하면 되지 왜 인민의 권리가 따로 필요할까?[7] 어떤 집단에 속한 개인들의 사회

---

7 자유주의 인권이론가들은 집단권에 대해 비판적이거나 소극적인 경우가 적지 않다(예를

적 현실을 제대로 파악하려면 그 개인들의 권리, 의무, 역사, 미래를 만들고 조직하고 결정하는 어떤 조직화된 구조를 상정해야 하기 때문이다(Graff 1994). 사회로부터 완전히 분리된 개인은 현실적으로 의미가 없다. 따라서 집단의 권리는 행위주체의 자유의지가 우선하는가, 구조의 영향력이 우선하는가 하는 고전적인 질문을 연상케 한다. 인권의 관점에서 이 문제를 보면, 행위주체의 권리도 중요하고 구조 차원의 결정권도 인정해야 한다는, '둘 다 맞다'가 정답일 것이다. 구조는 행위주체에게 행동과 판단의 근거가 되는 틀을 제공하고, 행위주체들은 자유의지적 선택을 통해 구조를 만들어간다. 즉, 개인권리와 집단권리는 상호의존하면서 서로가 서로를 형성해 가는 것이다. 이런 식으로 권리를 '구조의 이중성' 속에서 이해 할 때 개인과 집단의 긴장이 해소될 수 있는 이론적 근거가 생길 수 있다(Giddens 1984).

역사적으로 자기결정권은 유럽에서 국민국가가 등장한 시기에 비롯되었다고 한다(이샤이 2005, 309-334). 오스트리아-헝가리제국, 러시아, 독일, 오토만제국 등이 자국 영토 안에서 동화주의적 정책을 추진하면서 소규모 인민집단들의 자결권 요구가 출현했던 것이다. 따라서 자기결정권은 민족자결권으로 해석되었고 외세의 지배에 대한 인민의 집단적 저항을 정당화하는 논리로 활용되었다. 이런 논리는 암묵적으로 '한 인민, 한 국가'라는 주장으로 귀결되었다. 민족자결권은 모든 민족집단에 하나의 단일한 국가를 구성할 수 있는 권리를 부여하고자 했다는 점에서 극단적인 자율해방의 논리라 할 수 있다. 따라서 자기결정권

들어, Forsythe 1993; Graff 1994).

〈민족자결권〉은 처음에는 하나의 법적 수단이라기보다, 이민족 지배의 질곡에서 벗어나기 위한 정치적 수단으로 강렬하게 인식되었다. 그러므로 민족자결권은 역사적으로 현대 국제관계의 주요 동인이었고, 정치적으로 급진적인 이념이며, 법적으로 국제법이론의 모순을 드러내는 개념이다(Cassese 1995).

마르크스는 영국으로부터의 아일랜드 독립을 논하면서 사회주의적 민족자결 원칙을 제시했다(「아일랜드 문제에 관하여」 1867; 1869; 1870). 그것은 다음과 같은 논리였다. 첫째, 피억압민족이 해방되어야만 억압민족의 노동계급과 피억압민족의 노동계급이 연대하여 공동의 적인 자본가계급에 대항할 수 있다. 둘째, 억압민족의 부르주아는 타민족을 억압함으로써 그 관계를 자민족 내부의 무산계급에 대한 이데올로기적인 헤게모니를 정당화하는 데 이용한다. 따라서 무산계급의 입장에서 보면 자기민족이 타민족을 지배하는 것은 "자민족 지배계급의 사슬에 스스로 묶여 있는 셈"이 된다(DM, 590). 셋째, 피억압민족의 해방은 억압민족의 지배계급이 가진 정치·경제·군사·이데올로기적 토대를 약화해 억압민족 내 무산계급의 혁명투쟁을 돕는다. 그리고 레닌은 국제주의를 위한 중간단계로서 민족해방 투쟁을 옹호했다. 그런데 이것이 모든 민족주의를 옹호하는 것은 아니었다. 레닌은 '피억압민족'이라는 특수 상황에서는 모든 억압에 반대한다는 의미에서 민족해방을 지지하되, 모든 억압이 사라지고 사회주의가 도래하면 민족 개념 자체가 부차적이 될 것으로 생각했다. 따라서 사례별로 정치적 고려에 따라 "국제 무산계급 해방과 일반 민주주의 발전에 도움이 된다면" 민족해방을 지지할 것이라고 했던 것이다. 그러므로 마르크스와 레닌에 있어 민족해방은 그 자체가 목적이라기보다 무산계급 해방을 위한 전술에 가까웠다고 볼 수 있다.

아래 내용은 주로 로나 K. M. 스미스의 해설을 골격으로 민족자결권의 복합적인 성격을 정리한 것이다(Smith 2005). 제1차 세계대전 이후 구제국의 지역을 분할하는 데 적용된 원칙이 현대적 민족자결권 원칙의 한 기원을 이루었다. 우드로 윌슨의 논리에 따르면 인민의 동의로 정부가 구성되며, '민족적 국가주의'ethnic nationalism가 국민국가의 초석이 된다고 했다. 그 후 성립된 국제연맹은 민족자결권을 받아들이면 무한정 많은 소수집단에게 자율을 허용함으로써 통합국가가 제공할 수 있는 질서와 자유를 침해하고 국제관계에서 무질서를 초래할 것이라고 우려했다. 따라서 설령 소수민족에게 국가지위를 부여했더라도—체코슬로바키아의 예를 들면—그것은 그들의 자결권을 존중했다기보다 전승국들의 정치적 타협의 소산인 경우가 더 많았다. 1945년 유엔헌장에 이르러서야 민족자결권이 하나의 국제법적 원칙으로 명백하게 제시되었다. 유엔헌장의 제1조 2항은 "인민들의 동등한 권리와 자기결정권의 존중에 기초한 민족 간의 선린"을 강조했고, 제55조에서도 같은 표현이 되풀이되었다. 이후 민족자결권 원칙은 국제인권 A, B 규약에서도 재차 확인되면서 국제법의 영역으로 확고히 자리 잡았다. 이 조항이 국제법에 포함된 근본적인 이유는 식민주의를 청산해야 한다는 시대적 요청에 따른 것이다. 1960년 유엔총회에서 채택된 〈피식민국 독립부여선언〉(흔히 '반식민선언'이라 함)은 이런 추세의 결정판이었다. 그러나 국제법상 민족자결원칙은 언제나 "기존 주권국가의 영토적 통합성territorial integrity이나 정치적 일치를 훼손하지 않아야 한다."라는 단서조항과 함께 제시되었기 때문에 항상 모순적이고 긴장을 동반한 개념으로 발전했다. 심지어 1960년의 반식민선언에서도 영토적 통합성에 대한 언급이 포함되었을 정도였다. 반식민선언 40주년을 기념하여 2000년에 유엔은 2001년부터 2010년까지의 10년을 제2차 식민철폐 국제기간으로 정한 바 있다.

민족자결권과 관련된 이론적 문제가 제기되는 이유는 인민이라는 개념이 모호하게 정의되어 있기 때문이다(Smith 2005). 제2차 세계대전 후 아시아·아프리카에서 반식민투쟁을 전개했을 때 '인민'이란 주로 "식민지 영토에 거주하고 있는 사람들"로 해석되었다. 이는 그 이전 시대인 국제연맹 당시에 자기결정권의 주체를 식민지배 여부와 상관없이 주로 특정 '민족집단'으로만 보았던 것과는 다른 경향이었다. 따라서 전후 반식민주의 시대의 인민은 명백한 외세집단이 지배하는 식민 영토 안에서 자신들의 근거지를 배타적으로 주장할 수 있는 집단이라고 간주되었다. 즉, 국제연맹 당시의 민족집단에게는 '민족적 정체성'이 중요한 요소였지만, 전후 반식민시대의 인민에게는 '영토적 근거'가 중요한 요소로 등장했던 것이다. 반식민주의의 원래 의도는 '국가 또는 국가와 유사한 공동체'가 타 민족에 의해 식민화된 상태에서 인민들의 자발적 결정으로 그 식민 상태에서 벗어나 독립할 수 있도록 하자는 것이었다. 따라서 반식민주의의 논리 속에는 식민화되기 이전의 어떤 선행적인 국가—또는 그와 유사한—상태로 되돌아간다는 암시가 깔려 있었다. 그리고 식민지배하의 인민은 하나라고 은연중에 가정했다. 그러므로 자기결정권은 식민지배하의 "한 영토에 속한 하나의 인민이" 민족해방을 성취한다는 전제를 깔고 있었다. 따라서 국제법적 전통에서 보자면 국가와 인민은 완전히 동의어는 아니지만 서로 긴밀하게 결부된 개념으로 발전해 왔다. 즉, 식민지배하의 단일 국민을 인민이라고 호칭한다는 무언의 합의가 전제되어 있었던 것이다. 유엔의 특별보고관은 "민족자결권이란 공통의 미래를 보장할 수 있는 정치적 실체를 수립하려는 한 특정한 인간 공동체, 즉 한 인민의 권리"라고 정의하기도 했다.

오늘날 피식민 상태의 인민이 민족자결권을 보유한다는 것은 국제관습법으로 확립되었고 이것이 강행규범 $ius\ cogens$ 의 지위를 획득했다고 보는 학자들이 많다. 하지만 인민의 자발적 결정만으로 국가의 지위를 획득하기는 쉽지 않다. 영토적 통합성 원칙 및 정치적 일치의 원칙과 충돌할 가능성이 높기 때문이다. 또한 국가중심적 세계질서 아래에서 세계 각국이 타 국가 안의 소수 인민의 자기결정권을 언제나 지지하고 승인한다고 보기도 어렵다. 자기 영토 안의 소수 인민(원주민)들이 자기결정권을 주장하고 나설 때의 위험을 의식하지 않을 수 없기 때문이다. 벨기에는 이 논쟁에서 가장 급진적인 입장을 취했다. 즉, 해외의 식민지가 아닌 자국 영토 안의 소수 민족이나 소수 원주민들이 실질적인 '피식민 상황'에 놓여 있다면, 이들에게도 자기결정권을 부여하자는 제안을 내놓았던 것이다. 이것을 '벨기에 테제' 또는 '담수 테제'[8] blue water thesis라고 한다. 그러나 대다수 식민세력, 특히 해외에 식민지를 두고 있으면서 동시에 자국 영토 안에도 소수 원주민들이 있던 서구 식민지배 국가들은 벨기에의 제안을 단호히 거부했다. 이들은 아프리카 지역처럼 해외의 식민지 영토에 대해서는 자기결정권과 (점진적인) 완전독립에 동의했지만, 자기 영토 안의 소수 집단에 대해서는 그러한 조치에 강하게 반대했다. 이런 입장을 '해수 테제'[9] salt water thesis라고 한다 (Emerson 1960).[10] 그 결과 자기결정권(민족자결권)은 전후 반식민주의

---

[8] 자국의 내륙에 기반을 둔 소수집단까지 인정하자는 뜻.
[9] 해외의 식민영토에 대해서만 자기결정권을 인정한다는 뜻.

운동의 맥락에서만 주로 해석되게 되었다.

그런데 이런 식으로 자기결정권을 제한적으로 해석하면 식민지배하의 인민은 외세의 지배로부터 해방되는 '1회성' 사건만으로 자기결정권을 한정해서 인정받게 되는 결과가 발생한다. 일단 법적으로 해방된 인민은 이미 자기결정권을 행사했으므로 그것으로써 자기결정권 주장은 종결된 셈이 된다. 예를 들어 어느 민족이 식민지배에서 해방되면 민족자결권을 회복했으므로 더 이상의 자결권 요구는 있을 수 없는 것이 되어 버린다. 그러나 국제적 현실은 단순히 식민지배라는 법적 테두리 안에서만 해석할 수 없는 복잡한 정치적·경제적 현실을 포함하고 있다. 예컨대 식민지배가 아니지만 실질적 종속 상태에 놓여있는 인민들이 자율과 독립을 원할 경우 그것이 민족해방적 자기결정권의 범위에 들어가는 것인지, 그렇다면 그런 권리를 어느 정도나 인정할 수 있을 것인지 등이 문제가 된다. 여기서 우리는 자기결정권의 의미를 다층적으로 해석해야 한다는 문제에 직면한다. 이렇게 본다면 자기결정권은 다음과 같은 복수의 현실을 포함하는 개념으로 확대된다(Smith 2005). ① 인민의 국가 설립 권리(전통적인 민족자결권), ② 국민이 정부 형태를 결정하고 국정에 참여할 권리, ③ 국가의 영토 보전 권리 및 내정 불간섭 권리, ④ 국가 내 또는 국가 간 영토에 걸쳐 있는 소수민이

---

10 현재까지도 유엔에서는 '해수 테제'가 유력하게 받아들여지고 있다. 그러나 소수 원주민들의 집단권 요구가 거세게 제기되고 점차 다문화적 공존의 이념이 수용되면서, 이들 소수집단에게 완전독립까지는 아니더라도 제한적인 형태로나마 정치적·문화적 자치권을 부여하자는 입장이 출현했다(Carter 2005, 99-105). 이때 원주민들은 주거지에서의 지방자치, 교육자치, 문화자치, 정체성 유지 등의 권리를 행사하게 된다.

경제적·문화적 또는 기타 자율성을 향유할 수 있는 권리, ⑤ 국가의 문화적·사회적·경제적 발전 권리. 이중에서 특히 ④항은 "식민지배가 아닌 상태에서의 자기결정권"이라는 일반적 개념으로 논의가 가능한데 이 점은 흔히 오늘날 전 지구적으로 갈등과 분쟁을 낳는 주원인 중의 하나로 지목되면서 관심의 초점이 되었다.

물론 "식민지배가 아닌 상태에서의 자기결정권"이 언제나 갈등과 충돌을 의미하지는 않는다. 1993년 체코슬로바키아는 평화로운 방식으로 체코와 슬로바키아로 분리되었고, 2006년 몬테네그로는 주민투표를 통해 세르비아몬테네그로에서 분리독립했다. 그 결과 몬테네그로는 2006년 가을 유엔총회에서 유엔회원국으로 받아들여졌고 이로써 유엔회원국은 총 192개국이 되었다. 그러나 이런 선례는 오히려 예외적이며 구 유고슬라비아의 경우에서 보듯 자기결정권이 영토적 통합성, 정치적 일치 원칙과 충돌할 때 분쟁과 유혈의 가능성이 훨씬 높아지곤 한다. 이스라엘과 팔레스타인 사이의 해묵은 갈등 역시 자기결정권과 영토적 통합성, 정치적 일치 간의 적절한 황금비를 찾지 못한 결과라고 볼 수 있다. 유엔의 결정도 일관성이 없는 경우가 많다. 예컨대 영국 지배로부터 홍콩이, 포르투갈 지배로부터 마카오가 각각 중국지배로 환원되었을 때 영토의 역사적 귀속성만을 판단기준으로 했고 두 지역 거주민들의 자기결정권은 인정되지 않았다. 예컨대 홍콩 주민들은 자기결정권을 행사할 기회를 부여받지 못한 채 중국 본토로 귀속되었다고 해석할 여지도 없지 않다.

이처럼 자기결정권 또는 집단권 개념은 때론 모순적인 결과를 낳기도 한다. 집단권 개념 안에 두 가지 다른 종류의 권리가 혼재되어 있기 때문이다(Kymlicka 1994). 첫째, 어떤 공동체가 외부로부터의 압력에 대항하여 자기 집단의 진로를 스스로 결정하려고 하는 권리가 있을 수 있다. 이는 집단과 집단 사이에서 주장되는 권리이며 우리가 흔히 민족자결권—또는 집단의 자기결정권—이라고 하는 것과 같은 권리다. 둘째, 공동체가 개인의 차원을 넘어서서 집단의 차원에서 행사하려고 하는 권리가 있을 수 있다. 이는 어떤 공동체 내부에서 집단의 논리와 개인의 논리가 맞설 때 집단의 논리가 이기는 경우를 뜻하며, 따라서 개인에 앞서는 집단우월권이라고 할 수 있다. 집단우월권은 집단권리와 개인권리 사이에서 긴장을 불러일으킬 가능성이 적지 않다. 문화상대주의와 페미니즘의 논쟁에서도 보았듯이 집단 차원의 동질성을 전제로 일치된 견해를 구성원에게 강요할 때 그런 생각에 동의하지 않는 개인이나 소집단이 반드시 나오기 마련이다. 우리가 한반도의 통일문제를 집단적 인권의 문제로 분석할 때에도 이런 점들을 조심스럽게 고려할 필요가 있다. 남한 내부에서도 한반도 통일문제를 주로 고전적인 민족자결권 문제로만 보는 세대와, 민족자결권과 집단우월권이 섞여 있는 복합적 문제로 보는 세대 간의 차이가 드러나고 있다고 생각되기 때문이다. 논리적으로만 본다면 개인의 선택권이 민주적으로 보장된 상태에서 평화적으로 도출된 집단권을 주장하는 것이 가장 이상적일 것이다(위의 '구조의 이중성' 설명 참조).

위에서 말했듯이 유엔을 통해 확립된 민족자결의 논리는 식민지배—특히 유럽열강의 지배—아래에 있던 전형적인 제3세계 국가들에 가장 잘 부합하는 개념이었다. 하지만 오스트레일리아의 아보리지니 원주민의 요구, 캐나다 퀘벡 주민의 요구, 또는 러시아의 체첸지역 주민의 요구, 또는 태국 남부지역의 소요사태에서 보듯이 '일국 내 자기결정권'의 문제는 자기결정권의 문제를 극히 복잡하게 만드는 구체적인 사례들이다. 이는 분리독립 투쟁, 정치적 자율, 경제적 자율, 문화적 자율, 사회적 자율, 분권화 등 여러 면에서 현대 국가체제에 이론적·실질적으로 도전하고 있다.

결론적으로, 자기결정권 개념은 식민지배하 인민의 해방이라는 단순한 구도에 적용될 때에는 큰 문제가 없었지만 그 외의 다른 맥락에서는 논쟁적인 개념으로 등장하고 있다(Smith 2005). 원주민 집단에 속한 개인들이 자기결정권과 관련된 제소를 유엔 자유권위원회에 접수한 적이 있었으나, 자기결정권은 집단권이므로 개인이 제소할 수 있는 대상이 아니라는 이유로 받아들여지지 않았다. 이에 반해 아프리카인권위원회에서는 자기결정권과 관련한 개인의 청원을 다룬 선례가 있고, 그런 경우 완전한 자기결정권보다 한 단계 아래인 자기결정권의 '변형적 형태'로 인정한 적이 있다. 하지만 아프리카에서조차 오늘날 자기결정권보다는 영토적 통합성이 더욱 강조되고 있는 현실을 도외시할 수 없다. 현재 지구상에는 법적으로 식민지배 아래에 놓여 있는 영토가 거의 사라진 상태다. 따라서 오늘날 자기결정권을 놓고 벌어지는 전 세계적 논의는 고전적 의미에서의 민족해방적 자기결정권이 아닌 포스트식민주의적 자기결정권 논의가 주를 이루고 있다. 안토니오 카세스는 여러 차원의 집단 자기결정권을 해결할 방안으로 네 가지 전략을 제시한다(Cassese 1995). 첫째, 민족자결권의 문제가 역사적으로 해소되지 않은 전형적인 미제사건일 경우 기존 국제법 원칙을 적용한다. 둘째, 주권국가 안에 존재하는 확실한 인민집단의 경우 자기결정권의 내용과 범위를 명확히 설정한다. 셋째, 소수민 집단, 원주민 집단에 대해서는 자치규정을 설정한다. 넷째, 이런 소수민 집단 중 예외적인 경우에 한해 국제사회의 합의 아래 민족자결권을 보장한다.

아래에서는 이 장의 서두에서 말했듯이 인권의 초국적 본질에 부합되는 사회과학적 연구방법론이 무엇인가 하는 문제를 간략히 살펴보기로 하겠다.

4 방법론적 세계주의와 인권

2006년 4월 10일 미국 전역에서는 '전국 이주노동자 권리 행동의 날' 행사가 벌어졌다(The Christian Science Monitor 2006). 불법 장기체류 이주노동자 특히 히스패닉계 이주자의 문제를 둘러싸고 촉발된 격렬한 논쟁 와중에 일어난 일이었다. 이날 시위에는 히스패닉계 외에도 한국계, 인도계, 중국계, 독일계, 영국계, 하이티계, 우크라이나계, 팔레스타인계, 아일랜드계, 폴리네시아계, 동남아계, 파키스탄계, 무슬림 등이 동참했다. 원래 전국 10개 도시의 참여가 예상되었지만 90여 개 이상의 도시에서 크고 작은 집회가 개최되었다. 그리고 출신 민족별 집단뿐만 아니라 미국 내의 노동단체, 반전단체, 반지구화단체 등 다양한 시민사회단체들이 자발적으로 행사에 참여했다. 이들이 내건 주장은 다양했다. 일차적인 요구는 시민권 취득제한 법률의 반대였으나 이 외에도 노동권 보장, 공민권 요구, 가족 상봉, 이민법 개정, 반지구화 등 다양한 이슈가 제기되었다. 이 때문에 혹자는 이 날의 움직임을 '21세기형 미국 민권운동'으로 규정하기도 했다. 이듬해 2007년 5월 1일에도 전국적으로 같은 목표의 시위가 일어나 이 운동이 단순히 일회성의 움직임이 아님을 보여 주었다. 이 사건은 여러 가지 측면에서 전 지구적 인권이슈로 간주할 수 있는데, 그 이유는 다음과 같다.

- 사건의 발단이 경제적 격차에 의한 인간의 이주와 정주, 그리고 정치적 동기에 의한 국민국가 귀속성과 시민적 정체성의 문제에서 비롯되었다.
- 극히 다양한 이질적 배경을 가진 집단 간의 연계와 연대를 통해 사건이 진행되었다.
- 외견상 전혀 상관이 없어 보이는 이슈들이 시민권이라는 특정 이슈의 우산 아래 결집하여 다초점형 요구로 나타났다.
- 사회운동의 전통적인 방식인 규격화된 독립단위형 modular 행동양식—시위, 농성, 물리적 동원—과, 새로운 네트워킹 방식 및 인터넷 선전전이 결합되었다.
- 초국적 차원과 일국적 차원의 인권문제들이 혼재되어 나타났다.

그렇다면 국내적·국제적 차원의 문제들이 복잡하게 뒤얽힌 이런 인권이슈를 어떻게 접근하고 어떻게 연구해야 할 것인가?

19세기에 본격적으로 등장한 근대 사회과학은 자연과학의 방법론을 전통적인 인문학 영역에 적용한 지식체계였다. 그런데 사회과학은 진공 속에서 등장한 것이 아니었다. 사회과학의 소위 '삼위일체'를 이루는 경제학, 정치학, 사회학은 근대국가라는 영토적 경계 안에서 생성되었고 그 경계 안에 국한된 경제활동, 정치활동, 사회활동을 주 연구 과제로 상정함으로써 근대국가의 성립·발전을 가능케 한 '새로운 지식체계'로 등장했다. 즉, 사회과학이라는 학문 자체가 근대 국민국가의 성립과 불가분의 관계를 가지며, 근대 사회과학의 성격 안에 이미 '내장된 국가주의' embedded statism 가 존재한다는 것이다(Taylor 1996). 이런 사회지식의 일국 중심적 경향을 '방법론적 일국주의' methodological nationalism

라고 하며 이것은 다음과 같은 원칙에 기반을 두고 있다(Beck 2003). 첫째, 국가가 큰 단위이고 사회는 작은 단위다. 둘째, 지구상에는 단일한 세계 사회가 있는 것이 아니라 '다수의 사회들'이 존재한다. 셋째, 영토에 기반을 둔 국가라는 그릇 속에 사회가 담겨 있다. 넷째, 국가와 사회는 상호결정 관계에 있다. 국민국가는 개별 시민권의 창조자·보호자이며 시민들은 반대로 국가의 행위에 영향을 미친다. 다섯째, 국가·사회는 국내-국제를 나누는 양분법에 의거해 존재하며 이것이 전통적으로 정치적 존재론의 기반이 되어 왔다. 여섯째, 사회적·경제적 과정은 국가가 파악한 통계에 의해 처리되고 실증적 사회과학의 범주는 국가가 창출한 통계자료의 범주를 답습하고 있다. 그 결과 모든 자료는 '일국적' 자료이며 엄밀한 의미에서 초국적 자료는 존재하지 않는다. 마지막으로, 방법론적 일국주의는 국가 내부와 외부를 가르는 '구분의 원칙'에 기반을 두고 있으므로 그 원리상 전 인류를 포괄하는 방법론이 아니다. 따라서 지금까지의 사회과학은 '국민국가의 틀에 갇힌 수인'과 다를 바가 없었고 이런 식의 방법론은 인류를 보편적으로 가정하는 인권의 원칙과 합치될 수 없다.

이런 문제들은 전통적 사회 연구방법론인 통계에 근본적인 회의를 품게 만든다. 통계stat-istics라는 말의 어원이 보여 주듯 그것은 원래 국가state-가 생산한 사회적 구성물-istics을 뜻한다. 그러므로 통계는 국가 내의 사회적 관계를 측정한다는 본질적인 편향을 지니고 있다. 따라서 국가주의가 내장된 기존의 사회과학은 날로 중요해지고 있는 인권을 연구할 수 있는 방법론으로 부적합하다. 즉, "현실은 철저하게 세계주의화하고 있는데도 우리의 사고와 의식습관, 그리고 학문경향으로 인해 이런 일국적 시각과 방법론적 일국주의의 비현실성이 잘 드러나지 않고 있다"는 것이다(Beck and Sznaider 2006, 10). 그렇다면 국제적인 인권문제인 전 지구적 불평등 문제를 통해 방법론적 일국주의의 한계를 살펴보자. 잘 알려진 대로 전 세계 인류의 1/5이 하루 1달러 미만으로 살아가고 있으며, 북반구에서 남반구로 이전되는 공적 자금은 답보상태에 있다. 또한 북에서 남으로 유입되는 민간 자본은 감소일로에 있으며, 남에서 북으로 역류하는 부채상환금은 개도국에 대한 공식개발 원조금 총액을 훨씬 상회하는 수준이다. 그러나 이같이 불합리한 상황을 개선하려는 현실적 노력은 미미한 수준에 머물러 있다. 왜 그런가? 선진국 자본의 무자비한 수탈논리와 국제관계의 무윤리성 등을 비롯해 수많은 구조적 설명을 들 수 있을 것이다.

그러나 또 다른 한편 좀 더 근원적인 차원에서의 지식사회학적인 설명도 가능하다. 이런 설명에 따르면 일국 내 불평등을 파악하도록 고안된 지식체계가 전 지구적 불평등의 실상을 구체적으로 파악하지 못하게끔 가로막고 있다고 한다. 예를 들어, 우리가 전 지구적 불평등이라고 할 때 그 말이 정확히 무엇을 의미하는가? 가장 통상적인 방법은 각국의 일인당 평균소득을 평면비교하는 것이다. 그러나 잘 알다시피 지구화로 인한 불평등은 한 나라 안에서, 그리고 나라들 사이에서 동시에 진행되는 특징을 보인다. 그렇다면 전 지구적 불평등을 개선한다는 것이 각국 내의 불평등을 감소시킨다는 뜻인지, 아니면 한 나라를 하나의 단위로 놓고 각 나라들 사이의 불평등을 개선한다는 뜻인지 분명치 않다. 더 나아가 중국과 같이 경제성장과 불평등 심화를 동시에 경험하고 있는 개도국의 경우 외부로부터 불평등을 개선하기 위한 적극적인 개입이 어느 정도나 정당화되는지에 관해 합의된 견해가 없다. 또한 인도처럼 아직 개도국이고 극심한 불평등 상태에 있으면서도 급속한 경제성장을 배경으로 해외원조 수혜국에서 제공국으로 변신한 경우, 일국 단위로서 전 지구적 불평등 퇴치 캠페인의 대상이 될 수 있느냐 하는 의문이 제기될 수 있다. 여기서 우리는 한 나라 내의 불평등을 묘사하는 일국적 준거틀을 뛰어넘지 않으면 전 지구적 불평등의 전모는 고사하고, 전 세계 빈곤층 스스로가 경험하는 불평등의 실상도 결코 포착할 수 없으며, 실질적인 정책의 개발도 어려울 것임을 알 수 있다.

울리히 벡은 국민국가라는 프리즘이 어떤 식으로 전 지구적 불평등의 현실을 '현실이 아닌 것'으로 왜곡하는지를 다음과 같이 설명한다(Beck 2003). 첫째, 국민국가로 분절되어 있는 세계에서 전 지구적 불평등에 대해서 적절한 책임을 물을 수 있는 메커니즘이 존재하지 않는다. 즉 국민국가적 세계질서가 구조적으로 전 지구적 불평등을 묵인한다는 것이다. 둘째, 사회적 불평등이라는 관념은 특정한 평등성의 규범을 전제로 한다. 따라서 우리가 통상적으로 불평등하다고 말할 때에는 한 나라 내의 평등성 규범에 비추어 불평등하다고 하는 것이다. 일국 내의 평등성 규범은 동일한 시민권에 기반을 두어 형성된 것이다. 그러나 전 지구적인 차원에서는 보편시민권 개념이 존재하지 않으며 이런 상태에서는 전 지구적인 평등성 규범이 있을 수 없으므로 전 지구적 불평등은 불평등으로 잘 인식되지 않는다. 보편적 개념인 인권과 국민국가적 개념인 시민권이 충돌한 경우다. 셋째, 사회 불평등은 오직 국내적으로만 이해될 수 있고, 국가 사이에는 비교가 불가능하다. 넷째, 한 나라 안에 초점을 맞추는 방법론적 일국주의에서는 한 나라 안에서의 양극화는 선명하게 부각되지만 전 지구적 불평등 문제는 배경 그림자처럼 희미하게 인식되는 '용암溶暗 현상'fading-out phenomenon이 발생한다. 이렇게 될 때 각국은 자국의 이윤을 극대화하는 동시에 '현실이 아닌 것'으로 생각되는 외부세계를 향해 자신의 내적인 경제 리스크를 재분배하는 행위를 정당화한다. 그렇게 하면서도 죄의식을 느끼지 못하는 것이다.

요컨대 방법론적 일국주의에 의존해서는 전 지구적 불평등을 적절히 파악할 수 없고, 보편적 인권의식을 갖출 수도 없다. 이런 방법론적 일국주의의 한계를 뛰어넘어 새로운 사회과학 패러다임을 창조하려는 노력이 등장하고 있다. 이런 학문경향을 '전지구적 사회과학'global social sciences(Shaw 2003a), 또는 '신비판이론'new critical theory(Beck 2003; Beck and Sznaider 2006), 또는 '세계주의 정치학'cosmopolitan political science(Grande 2006)이라 부르며 이런 방법론은 인권연구에 큰 함의를 가진다. 예를 들어, 만일 우리가 인권을 모든 인간의 권리로 받아들이고, 모든 종류의 인권이 불가분성 관계에 있다는 점을 수용한다면, ① 인류 전체 차원에서 권리-의무의 대응관계가 발생한다는 점을 받아들여야 하고, ② 전 지구적 차원에서 경제적 인권문제를 해결할 수 있는 메커니즘을 고안해야 하는 것이다(Pogge 2002). 존 빈센트의 말처럼 현 세계의 빈곤 특히 생계권과 식량권의 문제는 '상시적 비상사태'resident emergency이며 이 문제를 해결하지 않고는 국제사회가 최소한의 규범적 정당성도 가질 수 없다. 세계사회가 이런 '연대주의'를 실천할 때 진정한 문명사회라고 말할 자격이 생기게 된다는 뜻이다(Gonzalez-Pelaez and Buzan 2003). 이처럼 우리가 인권을 세계주의적 관점에서 이해할 때, 선진국은 말할 것도 없고 우리나라처럼 중상위권에 속하는 국가들도 빈곤국의 경제적 인권을 더욱 심각하게 고려할 필요가 있다. 세계정부가 존재하지 않는 상태에서 완전한 권리-의무의 대응관계를 설정하기는 어렵겠지만 그렇다 하더라도 빈곤국 국민의 기본적 욕구를 충족시킬 의무가 잘사는 나라의 국민들에게 발생한다는 점을 명확히 인식해야만 할 것이다(Henkin 1990, 47-48). 그렇다면 이 같은 전 지구적 사회과학 또는 세계주의적 정치학의 구체적인 특징은 무엇인가?

첫째, 세계주의적 방법론이 국민국가의 종말을 예견하거나 그것을 주장하는 이론은 아니다. 다만 국민국가가 미래에도 계속 존속하겠지만 그것을 준거틀로 해서는 포착할 수 없는 전 지구적 범주에 속하는 영역들이 속속 출현하고 있다는 점을 강조한다(Shaw 2003a). 전 지구적 사회과학은 국민국가라는 인위적 단위를 뛰어넘어 "사회적 관계가 지닌 원래의 고유한 복합성을 회복하려는 시도"(Shaw 2003a)이므로, 사회과학을 다시 인간중심적 학문으로 되돌려 놓고 그것을 통해 진정한 의미에서의 인간해방, 인권을 중심에 두는 사회과학을 모색하려는 노력이라고 생각된다. 즉, 세계주의적 관점은 그 어감과는 달리 초국가를 주장하는 공허한 거대담론이 아니며, 현실로서의 국민국가를 부정하지 않고, 현실 인간 삶의 중층적인 실상과 조건을 놓쳐서는 안 된다는 입장을 견지한다(Nussbaum 1994).

둘째, 전 지구적 사회과학은 국내와 국제를 나누는 전통적 구분법이 단순한 기술적 구분이 아니라 '자기충족적 예언'의 기능을 한다는 점을 강조한다. 그러나 동시에 전 지구적 지식의 추구가 일국적 민주주의의 에토스를 위협한다는 우려도 거부한다(Beck 2003).

셋째, 세계주의적 정치학은 '사회들'의 공간적 최대치인 세계사회를 무비판적으로 수용하지 않는다. 또한 세계정부를 추구하는 것도 아니다. 따라서 방법론적 세계주의는 '일국적인 것'을 하나의 변수로 인정하면서도, 다양한 영토적 범위에 걸쳐서 발생하고 있는 초국적 정치적 현상을 새로운 분석단위로 재규정할 것을 제안한다(Grande 2006). 이렇게 할 때 국민국가의 틀로 포착되지 않는 전 지구적 사회운동과 같은 초국적 정치동원 형태들을 관찰할 수 있고, 국민국가의 틀을 벗어난 정치적 갈등 예컨대 국제적 계급구조와 같은 현상의 고유한 내재적 구조를 드러낼 수 있게 된다.

넷째, 전 지구적 사회과학은 지구시민사회 개념과 직접 연결되고, 이는 지구시민사회적 행동이 창출되는 활동 중심locus에 대한 관심으로 이어진다. 예컨대 신자유주의적 지구화 경향은 경제 세계를 통합하려 하고 이것의 활동 중심은 IMF, WTO, 세계경제포럼 등으로 나타나며, 정치적 지구화 경향은 정치 세계를 통합하려 하고 이것의 활동 중심은 UN과 같은 국제기구로 나타난다. 그러나 지구시민사회는 전 지구성에 입각하여 사회 세계를 통합하려 하고 이것의 활동 중심은 세계사회포럼 등으로 나타난다는 것이다. 사회 세계의 통합을 강조하는 경향으로 인해 지식 통합을 포착하려는 학제화 inter-disciplinarization 경향도 함께 늘어나게 된다. 그러므로 사회변동과 지식변동 간의 불가분성을 이해하는 것이 전 지구적 사회과학의 핵심이다. 여기서 우리는 전 지구적 사회과학을 실천하는 것이 사회 세계, 즉 지구시민사회의 형성과 맞물려 있으며 더 나아가 원래적 의미의 인권발전과도 직결된다는 것을 알 수 있다.

이렇게 봤을 때 인권의 영역에서 세계주의적 연구방법론을 적용할 경우 다음과 같은 다층적 초점의 연구를 동시에 수행할 수 있을 것이다 (Beck and Sznaider 2006, 사례는 필자 추가).

· 국지적 수준의 연구초점: 한국에 와 있는 방글라데시 노동자가 일상적으로 경험하는 인권침해.
· 국가적 수준의 연구초점: 한국과 베트남 사이에 발생하고 있는 국제결혼의

형태 비교 및 파생되는 문제점 비교.
· 초국적 수준의 연구초점 : 한국인과 결혼한 베트남인이 본국과의 연계를 유지하는 양상을 한국과 베트남에서 함께 연구. 이들의 초국화를 촉진, 또는 저해하는 가치관, 행정절차, 사회적·문화적 편견 등과 관련해 두 나라 각각의 준거틀을 양자의 체계적인 관계틀 안에 도입하여 해석.
· 전 지구적 수준의 연구초점 : 한국·중국·베트남·필리핀 사회가 이주노동을 경험하는 것이 전 지구적 차원으로 볼 수 있는 이주노동의 경험과 어떻게 연관되고 어떻게 구분되는가. 이것을 단일한 세계주의적 분석틀로 연구할 수 있는가.

인권 분야에서 방법론적 세계주의로 나아가기 위한 중간 수준의 연구도 활발히 이루어지고 있다. 이것은 국내 수준의 연구와 국제 수준의 연구를 통합하는 모델이다. 토드 랜드먼은 국내 수준에서 비교정치학적 접근과 국제 수준에서 국제법적·국제관계론적 접근을 통합해야 국제인권레짐의 실질적인 효과를 측정할 수 있다고 말한다(Landman 2005, 8장 참조). 〈표 7-1〉은 전 세계 민주화 과정에서 인권보장을 위한 투쟁이 진행되는 양상을 국내·국제 수준에서 비교연구하고 통합한 모델이다. 이 표를 읽을 때 던져 봐야 할 질문은 세 가지다. ① 우리가 스스로 경험했던 한국의 민주화 과정에 대해 국내적 접근과 국제적 접근을 수렴시켜 이해할 경우 어떤 새로운 통찰을 얻을 수 있는가? ② 현재 한국의 인권보장 수준이 어디쯤 와 있는가? ③ 인권운동과 민주화운동이 거의 같은 현상으로 나타나는데 이것이 주는 함의가 무엇인가? 전 세계 민주화 물결의 경험에 비추어 보면 시민적·정치적 권리에 근거한 민주주의 요구가 성공할 경우 자본주의·자유주의적 민주화('약한' 민

〈표 7-1〉 인권보장의 국내·국제적 통합연구 모델

인권침해자(국가)	국내 인권운동	국제 인권공동체
1단계 ǀ 폭력적 탄압		
·폭력적 탄압	·국내 저항 미약, 억압 상황 ·국내 상황 극히 위험 ·인권운동 위축 ·국제 인권운동 지원 요청	·국내 저항세력으로부터 정보 입수 ·국제·지역 인권기준 활용 ·국제 NGO, 세계여론, 우호적 국가 동원 ·독재국에 직접 압력 구사 ·독재국에 압력 구사하도록 타국가 로비 ·국내 운동세력 지원
2단계 ǀ 사실 부정·반격		
·인권 정당성 부정 ·인권운동의 신뢰성 부인 ·국가주권 강조 ·내정간섭에 대한 부정적 국내 여론 조장	·국내 저항세력 증가 ·새로운 국내 지원세력 동원 ·국가의 반격에 의한 피해	·양자 간·다자간 압력 지속
3단계 ǀ 전술적 양보		
·면피용 인권개선 ·인권주장 일부 인정 ·국가의 상황 통제력 약화, 운신의 폭 줄어듦 ·자신의 덫에 걸리는 '자승자박'(entrapment)	·국내의 일정한 성과와 국제운동의 지원으로 고무됨 ·국내 인권운동이 활동 중심으로 부상 ·국제 인권운동과 연계 유지, 정보교환 ·국제 법규범 활용 ·국가의 인권개선 주장에 대해 지속적 인권침해 증거제시 ·국가의 면피용 양보를 '자승자박'으로 이용	·국가의 도덕적 수치심 자극 ·인권공약 준수하도록 압력
4단계 ǀ 정책·정권 변화		
·인권규범 인정 ·인권실천은 일관성 결여 ·국제인권 조약 비준 ·국내법에 인권 제도화 ·인권피해 구제절차 도입 ·과거 인권침해 인정, 사과 ·공무원에 대한 인권교육	·새로운 정치공간 내로 인권운동 확장 ·인권이 전 사회적 담론으로 확산 ·인권의 효용성에 대한 기대치 고조 ·권리주장의 오용 경향 발생	·국가의 인권공약이 유지되도록 위·아래로부터의 압력 유지 ·새 정권의 정치적 위치가 공고해지면 인권공약을 경시할 가능성 있음

5단계 ǀ 인권 존중		
·법의 지배 정착 ·인권보호 일상화	·인권의 주류화, 내면화 ·인권보호가 당연시됨 ·'인권문화' 출현	·국내 인권운동과의 연계 감소 ·전 지구적 차원의 인권운동으로 연계망 구축

출처: Ball and Gready 2006, 112-113 수정.

주주의)로 귀결될 가능성이 높은데 이를 우리가 어떻게 받아들일 것인가? 경제적·사회적 권리에 근거한 다음 단계의 민주화('강한' 민주주의)를 어떻게 추동할 것인가?(8장 참조).

5 나오면서

지금까지 우리는 아시아의 맥락에서 몇 가지 대표적인 인권쟁점들을 살펴보았다. 구체적으로 이주노동자의 시민권, 환경권과 참여권, 민족자기결정권 등의 공통적인 문제를 이론적으로 분석했다. 그리고 인권을 초국적인 개념으로 이해할 수 있는 분석의 도구로서 방법론적 세계주의를 설명했다. 여기서 우리는 크게 세 가지 의미를 끌어낼 수 있을 것이다.

첫째, 정치적 차원의 의미로 볼 때, 오늘날 아시아의 인권은 인권의 통상적인 목록들보다 더 넓은 의미에서 정치체, 민주주의 및 시민권의 정의와 범위를 놓고 첨예하게 각축을 벌이고 있다. 이 말은 아시아권에서 일반적인 인권문제가 없다는 뜻이 아니다. 다만 인권을 둘러싸고 치열한 논쟁이 벌어지고 있는 영역이 정치체 및 민주주의 발전의 일반적인 쟁점 속에서 시민권을 정의하는 문제와 상당 부분 일치한다는 뜻이다. 타국에 거주하는 인간이 누릴 수 있는 시민권의 한계, 환경문제에 대해 행동하고 의사결정에 참여할 수 있는 권리는 고전적인 시민권과 민주주의의 문제다. 인민의 자기결정권 역시 비슷한 위상에서 논할 수 있다. 즉, 개인의 문제를 개인이 자율적으로 해결하려는 정치이념이 고전적 자유주의라면, 이 구도를 집단에 확대 적용하여 집단의 문제를 집단 자율적으로 해결하도록 하자는 자기결정권은 이념상 집단적 자유주의라고 볼 수 있다. 물론 이것 역시 "식민지배가 아닌 상태에서의 자기결정권"이라는 새로운 문제의 대두로 인해 해석이 복잡해졌지만 결국 문제의 핵심은 인간(들)의 자율과 평등을 보장해 주어야 한다는 민주주의의 내재적 가치로 귀결되는 것이다.

둘째, 시민사회 차원의 의미로 볼 때, 이런 논의는 자연스럽게 동아시아지역 시민사회에 대한 행동에서의 함의로 이어진다. 즉, 인권이 역내 평화체제에 기여해야 한다는 말은 결국 국내 시민권, 국세 시민권, 전지구적 시민권 등의 영역을 다양하게 발전시켜야 한다는 말이 된다. 이는 자국 내의 시민권 개념을 확실히 자리 잡게 하면서 동시에 그 개념을 융통성 있게 확장하는 과제를 모두 포함한다. 여기서 나는 2005년 한국을 방문했던 어느 재일 조선인 활동가의 말을 소개하고 싶다. 그는 재일 조선인의 정체성에 가장 잘 부합하는 인권이 무엇인가 하는 질문에 일본-남한-북한을 관통하는 역내 거주·이전의 자유를 원한다고 답변했다. 이런 희망은 결국 지역 내 초국적 시민권의 현실적 필요성을 강조한 것이다. 따라서 앞으로 동아시아 시민사회의 '인권 대화'는 결국 민주주의와 심화된 시민권을 중심으로 전개될 가능성이 높다고 생각된다. 그러므로 한국 인권운동은 이런 영역을 현실적으로 개척할 필요가 있다. 예를 들어 재일조선인의 포스트-일국형 시민권 및 인권보장을 위한 연대, 남한에 정착한 탈북자에 대한 사적 차별의 철폐운동, 국내에 유입된 이주노동자들의 노동권, 인권에 대한 세계주의적 방법론에 입각한 분석과 대응, 아시아 내 비민주 국가 예컨대 버마에 대한 적극적인 연대, 동아시아 내 환경문제—예를 들어, 황해권 철새보호, 황사방지 대책 같은—에 대한 공동대응 등은 우리 인권운동이 깊숙이 관여해야 할 세계주의적 과제다. 앞에서 말했듯이 '전 지구적 시민권'(보편적 인권)과 전통적인 시민권 사이에 현실적으로 적용 가능한 중범위적 시민권의 범위를 어떻게 설정할 것인가 하는 문제도 인권운동이 앞장서서 제기해야 할 것으로 생각된다.

마지막으로, 최근 논의되는 아시아 인권레짐의 구축(Hashimoto 2004)에서도 타 대륙의 기존 선례를 답습하는 차원에서 한 걸음 더 나아가 역내 민주주의와 21세기형 시민권의 개념을 적극적으로 수용·발전시키는 방향으로 나아가야 할 것이다. 그러한 방향의 최선봉에는 아시아 인권 NGO들이 있다(Baik 2005). 한국의 인권운동도 아시아 인권운동과 아시아 시민사회에 가시적인 기여를 해야 할 것이고 앞으로는 이것이 한국 인권운동의 시대적 소명이 될 수 있을 것이다.

8장 인권과 민주주의

"민주주의의 문제를 해결하려면 더 많은 민주주의를 실천하는 수밖에 없다."
— 존 듀이

　　인권이 우리 시대에 인기 있는 담론이 된 것은 인권이 내재적으로도 도구적으로도 중요한 이념이기 때문이다(Riles 2002). 게다가 현대인의 성향에도 잘 들어맞는 이념이라 할 수 있는데 우선, 자기주장을 하는 데 익숙한 현대의 사조와 인권담론에는 자연스런 친화성이 있다. 또한, 복잡한 문제에 확실한 우선순위를 부여해 준다. 인권주장을 하면 긴 이야기할 필요 없이 간단히 논의를 정리할 수 있기 때문이다. 그리고 인권은 처음에 개인을 중심에 놓고 발전한 개념이므로 현대의 개인주의적 풍조와도 잘 어울린다. 게다가 인권을 주장한다는 것은 누군가에게 그것을 반드시 구제해 줄 의무를 요구한다는 말과 마찬가지이므로 권리-의무의 대응구도가 명확하게 설정된다. 더 나아가, 권리는 구체적인 제도를 근거로 '모든' 인간에게 안전을 제공해 준다는 희망을 준다. 정리하자면, 인권은 "구구한 정치적 이슈에 대해 결정적인 해답을 제시하고 전 세계의 정의를 약속"하기 때문에 이토록 인기 있는 담론으로 떠오른 것이다(Campbell 2006, 5). 그런데 인권이 이렇게 중요하고 인기 있는 이념이며, 우리 시대를 한마디로 『권리의 시대』*The Age of Rights*라고 부를 수 있다면(Bobbio 1996; Henkin 1990), 그것이 사회공동체 전체의 의사결정 즉, 정치와는 어떤 관련을 맺을 수 있고 또 맺어야 하는가? 더 나아가, 6월 항쟁 이후 민주주의를 지속·심화해야 할 우리 시대의 핵심과제와 인권담론 사이의 관계를 어떻게 이해하고 어떤 식으로 설정하고 어떤 경로를 모색할 것인가?(정해구 외 2004 참조). 이 질문은 우리가 이 책을 시작하면서 제시했던 목표 중의 하나와—인권과 정치의 관계 설정을 통해 인권을 공동선적인 담론으로 발전시킬 수 있는 길을 모색한다는—직결되어 있다. 안타깝게도 이 질문은 그것의 중요성에 비해 지금까지 소홀하게 다루어져 온 것이 사실이다.

1 민주주의와 인권

시민적·정치적 권리와 민주주의

현대 민주주의 사상의 대표적 이론가인 데이비드 헬드는 민주주의를 두 가지 원칙, 즉 "민民의 지배"와 사람들 사이의 "정치적 평등"으로 정의한다(Held 2006, 1). 이것은 민주주의의 작동원리를 "집단적 수준의 의사결정에 대한 민의 통제", "시민들 사이의 평등"으로 규정한 데이비드 비덤의 생각과 일치한다(Beetham 1999, 4-5; 90-91). 이들의 정의를 따르면 민주주의는 제도나 절차가 아닌 '원칙'의 문제며, 종류의 문제가 아니라 '정도'의 문제며, 절대적 개념이 아니라 '상대적' 개념이다(Marks and

Clapham 2005, 63). 그런데 민주주의의 이런 작동원칙은 국민국가 맥락의 국내 정치에만 적용되는 개념이 아니라 모든 인간집단과 인간관계에 적용될 수 있는 개념이다. 민주주의는 전 지구적, 초국적, 일국적, 국지적, 풀뿌리 수준에서 다 논의될 수 있고, 공적 영역과 사적 영역, 공식적 관계와 비공식적 관계에 모두 적용될 수 있다. 따라서 민주주의가 적용되는 수준과 범위에 따라 어떤 사회 또는 관계에서의 민주적 성숙도를 판별할 수 있을 것이다.[1] 통상적으로 민주주의와 인권을 연결시키는 논리구조는 대략 다음과 같다. 우선, 인권은 고대 민주주의의 이념을 근대 민주주의 이념으로 발전시키는 데 있어 핵심적인 다리 역할을 했다(Plattner 2001). 또한, 민주주의 체제는 다른 정치체제에 비해 인권을 보장하기가 더 수월하고, 역으로 인권은 다수결 민주주의 아래에서 배제되기 쉬운 소수의견을 보호함으로써 민주주의가 '다수의 횡포'로 전락하지 않도록 해 주는 안전장치가 된다.

그런데 이런 전통적 설명은 막연한 느낌이 든다. 민주주의라는 집단적 정치철학과 인권이라는 개인중심적 정치철학 사이의 연결고리를 지나치게 도식적으로 설명하기 때문이다. 인권과 민주주의가 정확히 어느 지점에서 만나는가? 인권에도 여러 종류가 있는데 도대체 어떤 인권이 민주주의와 특히 연관이 있는가? 인권이 민주주의에 구체적으로 어떤

---

[1] 개인 간의 내밀한 사작정서적 관계에서도 민주주의가 필요하고 또 가능하다고 주장하는 기든스는 그런 맥락에서 다음과 같이 말한다. "민주주의라고 하면 어떤 결정(가장 중요한 결정은 정책 결정일 것이다)을 내리는 데 있어 다른 어떤 수단보다도 의논의 힘, 즉 '더 나은 주장의 힘'(force of the better argument)이라는 수단을 중시한다는 뜻이다. 민주적 질서는 중재와 협상, 그리고 필요하면 타협에 이를 수 있는 제도적 조치를 제공한다"(Giddens 1992, 186).

영향을 주는가? 이런 질문에 대해 민주주의와 인권을 이론적으로 잘 정리한 비덤의 분석을 중심으로 이 절을 설명해 보자(Beetham 1999). 비덤에 따르면 민주주의의 기본원칙인 '민의 통제'와 '민의 평등'을 효과적으로 시행하려면 두 가지가 보장되어야 한다. 첫째, 민주주의를 보장할 수 있는 정치제도들이 뿌리내리고 있어야 한다. 정당한 정치경쟁 보장, 공정한 선거, 대표성 있는 입법부, 독립된 사법부, 자유로운 언론, 권력의 상시적인 견제장치, 시민의 불만을 처리하는 기구 등이 그런 제도에 속한다. 둘째, 시민적 · 정치적 권리가 보장되어야 한다. 여기서 시민적 · 정치적 권리도 두 종류로 세분해서 봐야 한다. 우선 집단의 의사결정을 위해 시민들 사이의 관계를 규정하는 권리가 있을 수 있는데 이것을 '민주' 권리라고 한다. 민주 권리는 참정권, 선거권, 피선거권, 의사표현의 자유, 집회의 자유, 결사의 자유 등을 말하며 이런 권리들이야말로 민주주의와 직접적인 관련이 있다. 이런 민주 권리가 보장되지 않으면 일반 민주주의는 한 발자국도 전진하기 어렵다(민주 권리, 민주주의, 인권의 체계적인 지수화를 논의한 분석으로는 Klug et al. 1996, 1-33 참조). 하지만 민주 권리를 보장하기 위해서는 또 다른 인권의 도움이 필요하다. 그런 인권을 '자유' 권리라고 하며 그것은 개개인의 안전과 자유에 관한 권리를 가리킨다. 자유 권리의 기본정신은 인간의 자율성이다(Madhok 2005). 자율성에 기반을 둔 자유 권리를 통해 개인의 안전이 보장되어야만 시민들이 함께 모여 집회도 할 수 있고 선거에도 참여할 수 있을 것이다. 자유 권리에는 생명권, 안전권, 자기결정권, 노예가 되지 않을 권리, 사상과 양심의 자유(조국 2001 참조), 종교의 자유, 사생활의 자유, 거주이전의 자유, 강제노역을 당하지 않을 자유, 적법절차 권리, 소급입법 금지 원칙 등이 있다. 요컨대 자유 권리가 있어야 민주 권리를 행사할 수 있고, 민주 권리가 보장되어야 절차적 민주주의를 실천할 수 있다는 말이다. 따라서 자유 권리와 민주 권리를 합친 시민적·정치적 권리는 절차적 민주주의의 핵심 요소이자 필요조건이 된다.[2] 즉, 비텀의 해석에 따르면 시민적·정치적 권리는 민주주의를 가능케 하는 강력한 수단인 것이다.[3]

절차적 민주주의와 인권 간의 긴장관계에 대해서도 언급할 필요가 있다. 위에서 말했듯이 '다수의 횡포'와 '소수 의견의 보호'를 둘러 싼 이슈는 민주주의의 고전적 과제다. 절차적 민주주의를 강조하는 사람들은 다수의 정당한 결정에 대해 소수가 인권을 빌미로 발목을 잡아서는 안 된다고 생각하는 경우가 많다(내가 관찰하기로 전체적 순응압력이 강한 한국 사회에서는 소수의 인권보호보다 다수의 결정에 훨씬 더 가치를 두는 것 같다). 하지만 둘 사이의 관계를 긴장관계로만 보는 것은 오해다. 우선, 집단적 수준에 해당되는 문제만이 의사결정에 부칠 의안이 될 수 있다는 점을 분명히 알아야 한다. 개인의 자유 권리에 해당하는 문제는 처음부터 다수결의 심의대상이 되지 못한다. 그리고 집단적 수준에 해당하는 문제라 하더라도 개인들이 의견을 자유롭게

---

[2] 흥미롭게도 비텀은 인권이 민주주의에 대해 이런 관계를 가지고 있으므로 민주화를 위해서는 민주주의 자체를 요구하는 것보다 인권(시민적·정치적 권리)을 요구하는 편이 훨씬 더 효과적일 것이라고 주장한다(Beetham 1999, 92). 이런 관점에서 보면 인권을 주장한다는 말은 특정 정치체제를 적극적으로 요구한다는 말과 거의 같은 뜻이 된다(〈표 7-1〉 참조). 즉, 이념이나 체제와 상관없이 '인권만' 보장하라고 요구하기는 어렵다는 말이 될 수도 있다. 도널리 역시 같은 맥락에서 국제인권기준을 준수하라는 것이 곧 권력교체를 의미하는 경우가 있을 수 있다고 지적한다(Donnelly 2003, 137).
[3] 캐롤 C. 굴드는 인권이 민주주의의 수단뿐만 아니라 목적 자체가 되어야 한다는 적극적인 입장을 옹호한다(Gould 2004).

개진할 수 있고 의사결정 과정에 충분히 참여할 수 있어야(민주 권리)[4] 진정한 민주주의라 할 수 있다. 이 두 가지 점을 전제로 해야만 대중의 특정한 견해를 다수결이라는 이름으로 선포할 수 있다(엘스터 2000 참조; Beetham 1999). 따라서 소수의견을 완전히 무시한 다수결이라는 것은 말 자체가 성립될 수 없고, 반대로 자유 권리와 민주 권리가 완전히 보장된 상태에서 내려진 다수결은 당연히 민주적 정당성의 무게를 지닌다고 말할 수 있다.

이에 관한 연구 하나를 살펴보자. 랜드먼은 전 세계 국가들이 국제인권법을 비준하고 국제인권레짐에 참여하는 것이 실제 인권보호에 얼마나 효과가 있을까 라는 질문을 제기한다(Landman 2005). 다시 말해, 국제인권레짐의 확장이 실질적인 인권보호 수준을 향상시킬 것이라는 인과적인 가설을 세운 후 그것을 실제로 증명할 수 있는지 여부를 조사한 것이다. 이 질문에 대답하기 위해 랜드먼은 1976년부터 2000년 사이 25년간 전 세계 193개국의 횡단 시계열 데이터 4,825건을 분석했다. 193개국이라면 지구상의 거의 모든 나라가 포함된 수치다. 이 기간은 국제인권 A, B 규약이 발효되고(1976), 냉전이 끝났으며(1989~91), 민주주의의 제3의 물결(1974~90)과 그 후 제4의 물결에 근접한 기간이어서 이런 류의 국제비교에 안성맞춤인 시기였다. 이런 분석을 통해 랜드먼은, 국제인권법이 인권보호에 일정한 역할을 한 것은 사실이지만 그것만으로 인권보호 수준을 향상시키는 데 효과적이었다고 하기에는

---

4 '민주 권리'에는 직접행동민주주의를 실천할 수 있는 권리도 포함된다(Carter 2005; 아래 참조).

미흡하다는 결론을 내렸다. 오히려 더 큰 정치적·사회적 틀 안에서 국제인권법을 이해해야 한다는 사실을 발견한 것이다. 랜드먼은 그러한 정치적·사회적 독립변수로서 민주주의, 경제발전, 국제적 상호의존도(정부 간 국제기구와 국제 NGO 참여),[5] 무역개방 등의 요인을 찾아냈다. 이들 변수들의 수준이 높을수록 국제인권레짐에 대한 참여도와 인권보호 수준도 높아진다는 점을 알아낸 것이다. 이 연구를 통해 국제법만으로 인권보호를 설명하는 법실증주의와, 국익 추구만으로 국제관계를 설명하는 현실주의이론[6]이 둘 다 미흡하다는 사실이 드러났다. 왜냐

---

5 각국 정부가 국제기구들로 이루어진 전 지구적 거버넌스 네트워크에 참여하기 시작하면 나라들 사이에 '가치의 이전효과'(value transfer effects)와 '시범효과'(demonstration effects)가 발생하면서 국제인권레짐에의 참여도와 인권보호 수준이 높아진다고 한다(Landman 2005).

6 근대국가 체제는 국가주권 원칙과 내정불간섭 원칙으로 이루어져 있다. 그렇다면 국가가 자신의 행동에 제약요인으로 작용하기 쉬운 국제인권레짐에 왜 참여하는 것일까? 국가의 합리적 선택과 국익에 반하는 행동이 아닌가? 여기에는 복잡한 동기와 계산이 깔려 있다. 우선 국가는 국익을 추구하기 위해 국제인권레짐에 참여한다(Donnelly 2003). 여기서 말하는 국익은 가시적이고 물질적인 이익뿐만 아니라, 비가시적인 도덕적 이해관계(인권)도 포함하는 광범위한 개념이다. 국가도 개인과 마찬가지로 체면과 평판에 근거한 정당성에 신경을 많이 쓴다는 말이다. 또한 개인관계에서와 마찬가지로 국가 사이에도 도덕적 호소력(또는 도덕적으로 보이는 행동)이 적어도 수사적 차원에서는 상당히 영향을 미친다. 국제체제가 어느 정도는 상호의존적인 시스템이므로 도덕적 측면을 완전히 무시한 채 행동하면 그것이 국가의 이미지에 끼치는 장기적 손해가 근시안적인 국익보다 훨씬 클 수도 있다. 통신과 매스컴의 발전으로 즉각적인 국제여론이 조성되는 현실도 여기에 한몫을 하고 있다. 국제인권법상의 의무가 모든 나라에 공통적으로 적용되므로 자기나라가 참여해도 큰 손해 볼 것 없다는 계산도 작용한다(Evans 2001). 또한 지구화시대에 자본에 의해 국가주권이 침해되고 있는 상황에서 각국 정부는 국제인권레짐의 협상에 참여함으로써 국가가 여전히 국제문제 해결의 유력한 의사결정자라는 사실을 확인받고 싶어 한다(Evans 2001). 그리고 인권에 상대적으로 관심이 있는 나라들은 국제인권레짐으로부터 외교적 자원을 끌어내고 싶어 하기도 한다. 이런 여러 이유로 국가는 주권과 내정에 크게 위협이 되지 않고 국가의 위신을 높일 수 있다고 판단할 경우에 국제인권레짐에 참여하게 된다. 일단 인권레짐의 영향권 아

하면 한편으로 국제법 외에 정치적·사회적 변수들이 더 중요하다는 점, 그리고 다른 한편으로 국가들이 국익에만 근거해 이기적으로 행동하지 않고 어쨌든 국제인권법에 참여한다는 점이 동시에 입증되었기 때문이다. 그런데 랜드먼이 발견한 인권보호의 독립변수들이 민주주의 및 시장경제라는 사실은 시사하는 바가 크다. 여기서 우리는 랜드먼이 인권보호라는 종속변수를 측정하기 위해 주로 시민적·정치적 권리지표를 사용했음을 기억할 필요가 있다. 다시 말해, 전형적인 자본주의형 자유민주주의 체제에서 '민주주의-시장경제-시민적·정치적 권리'가 삼벌식triadic 관계를 이루면서 서로 의존관계를 이룬다는 사실이 경험적으로 입증된 것이다. 그런데 이것을 뒤집어 보면 국제인권레짐이 자유주의·자본주의·민주주의적 국제질서의 중요한 기둥이라는 뜻도 된다. 따라서 이런 질서를 개도국에 강요할 때 그것은 '인권 제국주의'의 연장으로 볼 수 있다는 비판적인 시각도 있다(Nowak 2005).

 지금까지 다룬 시민적·정치적 권리와 아래에서 다룰 경제적·사회적 권리의 중간 영역에 위치하는 연구사례 한 편을 더 살펴보자. 랜드먼에 앞서 통계적 방법론으로 인권의 국제비교연구를 수행했었던 마이클 하스는 다음과 같은 사실을 발견했다고 보고했다(Haas 1994). 첫째, 가난하면서 비민주적인 나라에서 특히 인권이 유린되기 쉽다. 둘째, 경제 발전이 이루어지고 시민들의 교육 수준이 향상되고 군부통치가 종식되고 자유민주주의가 시행되면 인권이 개선될 가능성이 높아지며, 인권 개선 경향은 사회민주주의로 나아갈수록 뚜렷해진다. 셋째, 인권 후진

래에 들어선 이후에 발생하는 국가행동 변화에 대해서는 〈표 7-1〉을 참조하라.

〈표 8-1〉 고전적 인권발전 모델

법체계 및 사회·정치·경제적 조직의 충족조건		인권발전의 구성요소들			
		정치적 자유	법적 보호	평등과 참여	적극적 권리(매우 드묾)
법체계	·법체계의 확실성	·법의 지배 ·정부의 제한	·인권법 ·시민적 자유 성문화	·시민·정치적 권리	·경제사회적 권리
사회· 정치· 경제적 조직	·합리적 사법체계	·보편적·세속적 정치권력	·정치·경제에서 공적·사적 영역 구분	·사회적으로 배제된 집단을 포괄 ·계층화된 사회 불평등 시정 조치의 정당성	·산업발전에 따른 부작용을 전 사회가 함께 분담할 필요성에 대한 공감대 존재
	·사법 행정 절차의 정례화	·정치 커뮤니케이션이 국민에게 법의 지배를 효과적으로 교육시킴	·재화와 용역의 현대적 분배 체계	·최저한의 평등기준으로 집단 간 갈등 해소장치 ·소수자의 권리보호	·보건복지·교육 정책을 뒷받침하는 경제 인프라
	·정책결정 조직의 제도적 분화	·사회적 권력균형에 상응하는 제도적 감시와 견제	·정부의 소극적 의무에 대한 분쟁을 처리하는 제도적 조정자 ·전문화된 구제절차	·권력 경쟁을 정례화하는 제도화된 정당정치	·사회생활의 여러 단계에 행정력 침투
	·법집행을 통한 사회적 선택과정	·다원화된 권력을 통한 사회적 선택과정	·시장의 활동을 통한 사회적 선택과정	·집단 간 협상을 통한 사회적 선택과정	·중앙계획을 통한 사회적 선택과정

출처: Claude 1976, 40 수정.

국의 인권을 향상하기 위해서는 그 나라의 통신 인프라와 경제 인프라를 구축할 수 있는 경제원조를 통해 다원주의적 경제·정치 체제의 기반을 조성하는 것이 가장 효과적이다. 양심수 석방운동과 같은 특정

이슈운동이 단기적으로 효과가 있을 수도 있겠지만, 장기적으로는 "물질적으로 풍족한 자유민주주의"liberal, prosperous democracy의 전제조건을 창출하는 것이 인권개선에 가장 도움이 된다. 특히 인권개선을 위한 압력수단으로서 경제제재 조치를 취하거나 경제원조를 중단하면 인권개선에 도움이 되지 않는다. 물론, 인도적 지원의 지속 여부를 인권침해국에 대한 하나의 압력수단으로 고려해 볼 수는 있겠지만 전면적인 경제제재는 인권개선에 아무 효과도 기대할 수 없다. 여기서 우리는 하스의 연구가 민주주의, 시장경제, 인권을 연결시킨다는 점에서 위에서 살펴본 랜드먼의 결론 및 아래 〈표 8-1〉의 고전적 인권발전 모델과 대동소이하면서도, 느낌과 강조점은 다르다는 사실을 알아차릴 수 있다. 즉, 단순히 각국의 인권상황을 기술하는 것에서 한 걸음 더 나아가, 빈곤국이면서 인권후진국인 나라의 인권상황을 개선하려면 경제제재나 단기적인 시민적·정치적 권리문제에 치중하기보다, 경제지원을 제공하는 편이 장기적으로 더욱 효과가 있다는 점을 경험적으로 입증했다는 데 의의를 둘 수 있을 것이다.

〈표 8-1〉은 법과 정치적·경제적 조직을 비교연구하여 인권이 발전할 수 있는 조건을 정리한 모델이다. 법의 지배와 시민적·정치적 권리를 강조하는 자본주의적 자유민주주의형 인권발전 모델이라고 할 수 있다. 그런데 시장경제를 시행하는 절차적 민주주의 체제에서 시민적·정치적 권리가 보장된다 하더라도[7]—시민적·정치적 권리보장이 권위

---

[7] 사실은 이것 역시 이상적인 상황을 전제로 한 것이다. 자본주의적 자유민주주의 체제에서도 시민적·정치적 권리가 제한되는 경우가 많다. 한국의 국가보안법이 대표적인 사례다.

주의 시대와 비교해서 중요한 발전임이 분명하지만—그것만으로 사람들의 삶이 실질적으로 향상된다는 보장은 없다. 민주화 이후의 한국 사회를 봐도 마찬가지다. 민주주의를 공적 영역에만 적용되는 사상으로 이해할 때, 경제를 비롯한 민간 영역에서 야기되는 불평등과 인권침해는 공론화되기 힘들다. 다시 말해 경제적·사회적 권리를 고려하지 않고 인권과 민주주의의 관계를 온전히 기술하기란 불가능에 가깝다.

경제적·사회적 권리와 민주주의

경제적·사회적 권리와 민주주의를 설명하기 전에 한 가지 기본 전제가 필요하다. 경제발전과 경제적·사회적 권리는 다르다는 사실이다 (Beetham 1999). 우리는 흔히 '일단' 경제가 발전해야 경제적 인권이 보장될 수 있다고 단순하게 가정하곤 한다. 그러나 위에서 본 대로 경제가 발전하면 개개인의 삶의 질이 향상될 가능성이 높아지는 것은 사실이지만 경제발전과 경제적 인권이 언제나 직접 대응되는 것은 아니다(김진업 2001 참조). 예컨대, 경제가 발전한 선진국에서도 적극적인 사회정책 없이는 경제적·사회적 권리가 보장되지 않는 경우가 많으며(의료보장 미흡, 노숙인, 빈곤계층의 대물림 등), 저발전국이라 하더라도 국가가 사람들에게 최소한의 경제적·사회적 권리를 보호해 줄 의무로부터 면제되는 것은 아니다. 어려워도 그 수준에서 인권을 보장해야 하는 것이다. 이것조차 힘든 경제적 수준이라면 그 국가는 당연히 국제사회로부터 인도적 지원을 받을 권리가 있고, 국제사회는 그 국가를 지원해야 할 의무가 생긴다. 그러므로 경제적 인권보장에 초점을 맞춰 문제를 바라보면 경제발전의 절대적 수준도 중요하지만, 그것만큼이나 경제자원의 재분배를 가능하게 하는 경제구조, 사회제도, 공공정책도 중요함을 우리는 인식해야 한다. 경제적·사회적 권리는 사회보장, 노동권, 휴식과 여가권리, 의식주, 모성보호, 어린이·청소년 권리, 교육권, 문화향유권 등을 포함한다. 〈세계인권선언〉 22조에서 정의하듯이 "인간의 존엄성과 인격의 자유로운 발전을 위해서 반드시 필요한" 물질적·정신적 기반이자 최소한의 생존조건인 것이다.

우리나라의 경우 경제발전에 대해서는 전 사회가 대다수 동의하는 것 같지만, 경제적·사회적 권리에 대해서는 대중의 동의가 아주 부족하다고 생각된다. 그러므로 나는 현 단계에서 경제발전보다는 경제적 인권에 대한 민주적 합의와 정치적 의지가 더 중요하다는 의견을 내놓고 싶다. 그렇다고 경제발전이 필요 없다고 말하는 것이 아니고, 무한정하게 경제적 인권을 보장해야 한다고 말하는 것도 아니다. 단지, 미래의 어떤 시점까지 경제발전을 하고 난 다음에야 경제적 인권을 돌볼 여력이 생길 수 있다는 가정은 잘못이라는 점을 말하려는 것이다. 그것은 문제를 불확실한 미래로 항상 미루는 것밖에 되지 않는다. 모든 사회는 경제발전과 상관없이 자기 사회의 현 발전 단계에서 경제적·사회적 권리를 보장할 수 있고, 또 보장해야만 한다.

여기서 경제적·사회적 권리와 민주주의의 관계를 두 차원으로 나눠 생각해 보자(Beetham 1999). 첫째, 민주주의를 위해 경제적 인권이 얼마나 필요한가? 결론부터 말하자면 경제적 인권이 보장되지 않는 민주주의는 겉치레에 불과하다. 이것을 R. H. 토니는 "민주주의에의 위협"이라고 불렀다(Tawney 1952, 218-222). 최소한의 물질적 생존조건조차 보장되지 않을 때 자유, 법적 권리, 민주적 참여를 실행하기는 대단히 어려워진다. 물질적 조건은 민주주의에 세 가지 결과를 초래한다. 첫째, 어느 개인이 부의 축적과 지위의 상승으로 권력을 독점할 정도가 되면 민주주의를 위해 그것을 제한해야 할 필요가 생긴다. 언론의 소유지분, 불공평한 선거비용, 정당의 재정, 재벌의 정치로비 등이 그런 예에 속한다. 둘째, 그 반대의 경우로 사람들이 권력에서 배제될 정도가 되면 민주주의를 위해 경제적·사회적 권리를 보호해 줄 필요가 생긴다. 생계수단, 주거, 식수, 위생, 기초의료, 교육, 노동할 권리(취업), 노동 내 권리(노동조건) 등이 그런 예에 속한다. 셋째, 이렇게 권력에서 배제되는 사람들이 많아지면 그것의 영향이 그 사람들에게만 국한되지 않고 사회 전체로 퍼지는 여파효과spillover가 발생한다는 점을 기억해야 한다. 실업인구가 늘어나면 범죄, 도시빈민, 가족해체, 가정폭력, 자살, 마약 등의 사회적 문제가 증가하고 공공재원이 줄며 정치가 불안정해지는 등 민주주의에 나쁜 결과가 생기기 마련이다. 이처럼 물질적 조건과 지위의 불평등은 직·간접적으로 민주주의에 악영향을 발생시킨다. 따라서 '민주주의를 살리기 위한 사회적 의제'가 필요하며 그러한 의제의 핵심이 경제적·사회적 권리라는 점을 우리는 알 수 있다(인권운동사랑방 사회권위원회 1999 참조).[8]

세계인권선언에 경제적·사회적 권리조항이 포함된 이래 이것이 자유시장 경제원칙에 어긋난다는 이유로 경제적 인권에 반대하는 의견이

---

8 그런데 경제적 인권에 반대하는 사람들은 경제적 인권이 경제발전의 발목을 잡는다고 비판한다(Beetham 1999). 투자를 저하하고 경쟁력을 떨어뜨린다는 이유에서다. 여기서 핵심은 투자를 어떻게 규정하느냐의 문제다. 장기적으로 보아 사람들의 교육과 보건에 투자하는 것이 경제적으로 보더라도 가장 좋은 투자라고 할 수 있다. 경쟁력의 문제는 경제정책과 인플레, 임금 수준 등의 문제이지 경제적 인권과 직접 연관시키기 어렵다.

많이 제시되었다. 특히 고전적 자연권을 신봉하는 이들은 사적 소유권이 인간권리의 핵심이므로 어떤 경우에도 침해될 수 없다고 주장한다(2장, 3장 참조). 그러나 모든 인간에게 큰 영향을 끼치는 경제활동을 순수하게 개인적이고 신성불가침한 영역으로 간주하는 것은 논리적으로 타당하지 않다(곽노현 1995 참조). 인간에게 집단적으로 영향을 미치는 모든 활동은 집단적 수준에서 의사결정의 적용을 받을 수 있고 또 받아야 한다. 헬드는 집단적 의사결정의 대상이 되는 재산과 그렇지 않은 재산을 구분할 수 있다고 제안한다(Held 2006, 285-286). 우선, 개인의 소비용 가용재산consumption property의 경우 집단적 의사결정에서 제외할 수 있다고 본다. 소비용 재산은 많든 적든 개인의 사적 소유권 영역으로 인정해 주자는 말이다. 부자들의 과시적 소비가 눈에 거슬리더라도 그 정도는 권리로서 인정해 줄 수 있다는 뜻이다. 그러나 헬드는 생산적 재산과 금융적 재산productive & financial property은 엄격한 민주적 통제의 대상이 되어야 한다고 말한다. 예컨대 경제자원을 무한정 축적할 수 있는 권리로서 기업지분이나 주식 소유권까지 기본적인 자연권으로 인정할 수는 없다는 것이다. 그러므로 경제적 인권과 생산적·금융적 재산 간의 관계를 제대로 설정하는 것이 민주주의의 사활적 과제라는 말이 된다. 우리가 여기서 경제적·사회적 '자선'이 아니라 경제적·사회적 '권리'를 말하고 있음을 상기한다면, 불리한 위치에 있는 사람들의 욕구를 충족시키기 위해 유리한 위치에 있는 사람들이 의무의 주체로서 세금을 더 부담해야 함은 너무나 당연하다. 그것이 인권의 기본원칙이다(Henkin 1990, 45-48). 최소한의 경제적 인권도 보호되지 않아 민주주의 체제가 위협받게 될 경우 사적 소유권을 그토록 중시하는 사람들의 존립기반 자체가 흔들릴 수 있음을 기억할 필요가 있다. 이는 세계인권선언에도 분명히 나와 있는 원리요 상식이다. "모든 사람은 …… 사회 전체의 복리에 도움이 되는 정당한 필요사항을 충족시키기 위해 제정된 법률에 의해서 제한을 받는다"(제29조).

둘째, 경제적·사회적 권리를 위해 민주주의가 얼마나 필요한가라는 문제를 살펴보자(Beetham 1999). 이 문제는 민주주의를 위해 경제적 인권이 얼마나 필요한가 하는 첫째 질문보다 외견상 좀 더 복잡한 것처럼 보인다. 그런데 우리가 경제발전과 경제적 인권을 구분하는 입장을 계속 견지한다면 이 문제 역시 원론적 차원에서 쉽게 해소될 수 있다. 즉, 위에서 본 대로 재산권의 범위 설정, 경제 구조와 사회정책, 사회적 소외계층을 바라보는 기본적 인식과 해결방안 등은 민주적 토론과 집단적 의사결정의 대상이 되어야 한다. 그랬을 때 권위주의 체제에서보다 사회적 소외계층의 목소리가 직·간접적으로 논의과정에 반영될 가능성이 훨씬 더 높아진다. 그러나 역사적 경험을 돌이켜 보면 권위주의와 경제적 인권의 관계는 더 복잡한 모습으로 나타난다.

우파 권위주의 정권은 경제적 인권을 경제발전에 종속시키는 경향이 있다(Beetham 1999). 이들은 경제발전을 위해 인권을—시민적·정치적 권리와 경제적·사회적 권리를 합한—유보할 필요가 있다고 주장한다. 그러나 왜 그래야만 하는지, 어떤 조건과 어떤 수준에서 인권을 제한해야 하는지에 대해서 어떤 권위주의 정권도 만족스런 설명을 제시한 적이 없다. 인권탄압을 해도 경제발전이 안 된 경우가 많았고, 예외적으로 인권탄압과 경제발전이 함께 이루어진 경우도 있었다. 또한 발전의 구체적 내용에 대한 민주적 합의 없이 지도자가 독단적으로 '이게 발전이다'라고 정해 줄 수 없다는 근원적인 비판도 있다(Sen 1999a). 대부분의 국제비교 연구는 인권탄압과 경제발전 간의 일반적인 인과관계를 입증하지 못했다(이정우 2002). 노동운동을 탄압하고 투자를 집중하기 위해 경제성장 초기단계에서 반대파의 목소리를 억제하는 것이 '아주 잠깐' 효과적일지도 모른다는 가설이 나와 있는 정도다. 연결시키기 힘든 두 변수를 인과적으로 설명하려는 태도는 애초부터 잘못된 가정에 입각한 무리한 시도일 가능성이 높다. 또한 정치탄압과 경제성장이 동시에 이루어진 경우—극히 예외적이고 일시적인—를 일반화해서 모든 나라, 모든 경우에 이런 모델이 적용가능하다고 단정 짓는다거나, 시대가 달라졌는데도 그런 모델을 계속 적용할 수 있다고 강변하는 태도는 크나큰 오류다. 그리고 설령 인권탄압과 경제발전이 상관관계를 이룬다 하더라도 그 과정에서 희생된 인권—시민적·정치적 권리와 경제적·사회적 권리를 합한—에 대한 평가는 단순히 경제지표로 환산될 수 없다. 경제발전을 위해 인권탄압을 묵인하자는 말은 가장 나쁜 의미의 공리주의적 사고방식에 지나지 않는다(2장에서 본 '터스키기 매독실험' 사건을 기억하라). 더 나아가, 우파 권위주의 경제발전론자들은 비민주적 환경에서 조성된 경제불평등이 '나중에'—그게 언제인지는 확실치 않지만—쉽게 교정될 수 있다고 가정하는 경향이 있다. 그러나 현실은 정반대다. 일단 잘못 형성된 경제구조와 성장방식, 경제운용 방식은 '나중에도' 두고두고 화근이 되기 일쑤다.

좌파 권위주의와 경제적 인권의 관계는 또 다르다. 사회주의 국가들은 국가성립 초기에 일시적으로 산업화와 경제적 인권을 일정 부분 달성했다. 그러나 그 과정에서 시민적·정치적 권리가 극심하게 억압당했고, 후반으로 갈수록 경제 침체와 소비재의 만성적 부족으로 인해 경제적 인권의 대의명분조차 퇴색했던 것 또한 사실이다(박호성 1994 참조). 좌우파 권위주의의 경험에서 우리가 얻을 수 있는 교훈은, 민주주의가 경제적 인권의 충분조건인지 아닌지는 확실치 않다 하더라도, 적어도 필요조건은 될 수 있다는 사실이다. 따라서, 원론적으로 경제적·사회적 권리를 위해 민주주의가 얼마나 필요한가 하는 질문을 받는다면 민주주의를 옹호하는 것이 인권을 위해 훨씬 더 안전한 선택이라고, 그리고 예외적 사례에 근거해서 문제를 일반화할 수는 없다고 대답할 수 있다.

결론적으로, 시민적·정치적 권리는 민주주의의 핵심 요소이며, 경제적·사회적 권리는 민주주의와 상호의존 관계를 이룬다. 여기서 더 나아가, 민주적 거버넌스 자체를 인권으로 요구해야 하며, 현존 민주주의의 권력구조에 본질적 변화를 줄 수 있도록 인권의 평등주의적 작동 방식으로써 민주주의를 변화시킬 수 있는 가능성을 찾아야 한다는 적극적인 입장도 있다(3장 1절 참조; Marks and Clapham 2005, 61-70).

신자유주의와 인권

신자유주의는 이 시대의 핵심적인 경제 경향이다(헬드 외 2002). 경제적·사회적 권리와 민주주의를 다루면서 신자유주의를 거론하지 않을 수 없다. 신자유주의적 지구화가 경제적 인권과 민주주의를 동시에 약화시키고 있다는 증거가 많기 때문이다. 그렇다면 신자유주의가 도대체 무엇인지, 그것이 인권에 어떤 문제를 일으키고 있는지, 신자유주의가 팽배한 시대에 인권운동이 어떤 영역에 특히 치중해야 할지 간략하게 살펴보자.

신자유주의neo-liberalism는 말 그대로 '새로운 자유주의'다. 따라서 고전적 경제 자유주의의 현대판이라고 할 수 있다. 신자유주의는 상업적 거래의 회수, 빈도, 반복성을 높여 시장기능을 심화·확대하고, 시장에 방해가 되는 모든 개입 특히 정부의 개입을 차단해 경제적 효율성을 극대화하려는 정치경제 철학을 말한다. 다시 말해, '시장천당, 규제지옥'을 부르짖는 세계관이다. 신자유주의는 기업활동의 자유, 재산권 강조, 계약의 극대화, 자유무역, 국제적 분업, 탈규제, 민영화 등을 정책 수단으로 즐겨 사용한다.

우리는 흔히 현재 신자유주의의 정책으로 인해 빚어진 결과를 놓고 신자유주의를 평가하는 경향이 있다. 예를 들어 양극화 또는 불평등의 예를 들어 신자유주의를 비판하곤 한다. 이 때문에 현재 전 인류의 인권을 침해하는 주범으로 신자유주의에 의한 빈곤문제를 지목하고 그 대안을 찾는 연구가 많다(구갑우 2000; 유엔사회개발연구소 1996; 이대훈 1998; 이정옥 1999; 초스도프스키 1998; Pogge 2002). 그런데 대부분의 경우 신자유주의는 이런 식의 외부비판에 눈 하나 깜짝하지 않는다. 언제나 신자유주의가 '부족해서' 그렇다고 대답한다. 전 지구적 불평등 문제에 대해서도 대답은 마찬가지다. 정부의 잘못된 개입이 일종의 '시장실패'를 낳았고 이것 때문에 신자유주의를 제대로 '못 해서' 문제가 생겼다고 끝까지 버틴다. 즉, 신자유주의의 '부족'이 최적화에 미치지 못하는 자원배분을 야기했고 이것에 대해 신자유주의는 책임을 질 수 없다는 논리다. 이야기가 이렇게 흘러가면 절대로 의미 있는 결론이 나올 수 없다. 목표와 지향이 다른 두 세계관이 논쟁을 벌이면 흔히 평행선을 긋는 현상이 여기서도 나타난다.

이런 이유로 나는 신자유주의 논쟁에 있어 과감한 발상의 전환이 필요하다고 생각해 왔다. 신자유주의적 경제정책의 결과를 비판하기보다 신자유주의의 근본이념을 있는 그대로 비판해야 하는 것이다. 일종의 '내재적' 접근을 통해 신자유주의가 진정으로 의도하는 지향점 자체를 드러내는 방식이 훨씬 더 효과적인 비판일지도 모른다. 이와 유사한 입장에서 룩스는 다음과 같은 질문을 던진다(Lukes 2006b). "신자유주의적 시장이 원래 의도했던 대로 원활히 기능할 때도 나타나는 결함이 무엇일까?" 즉, 신자유주의가 만족할 만한 상태로 시장이 운영된다 하더라도 발생할 수밖에 없는 문제점이 무엇일까? 이렇게 물어야 신자유주의를 제대로 비판대에 세울 수 있을 것이다. 첫 번째로, 룩스는 시장이 완벽하게 성공할 경우, 우선 전체 세상이 상품화될 것이라고 본다. 전 사회가 거대한 쇼핑몰로, 모든 인간관계가 상거래관계가 되는 세상이 신자유주의가 꿈꾸는 지상낙원이다. 이런 식으로 세상이 상품화되면 다음과 같은 특징이 나타날 것이다. ① 모든 사물과 인간이 상거래의 도구로 대상화된다objectification. ② 모든 사물은 내재적인 가치를 상실하고 대체가 능한 것이 된다fungibility. ③ 모든 사물이 측정 가능한 변수로 계량화된다 commensurability. ④ 모든 사물이 화폐가치로 환산된다monetary equivalence. 우선, 이런 상태는 인간을 목적으로 간주하는 휴머니즘 전통과 인간 개개인의 존엄성을 주창하는 인권원칙에 정면으로 위배된다(Ringmar 2005 참조). 두 번째, 신자유주의적 시장논리가 세상을 완전히 지배하면 불평등은 예외가 아니라 정상이 된다. 불평등은 경쟁의 당연한 결과이자 노력을 촉발하는 강력한 유인책으로 찬양받는다. 따라서 신자유주의가 보기에 불평등은 좋은 결과이며, 세상을 발전시키는 원동력이다. 세 번째, 시민권의 토대가 잠식된다. 이것은 다시 두 가지로 나누어 생각할 수 있다. 우선, 민영화와 공공 부문에 시장논리가 도입되면 유권자와 정치적 대표자 사이의 연계가 단절되고 대의민주주의의 기본 전제인 정치적 책임성이 상실된다. 선거 때 유권자들은 분명 우리의 정치적 대표를 뽑았는데 그 대표가 직접 공공서비스를 관리하지 않고 항상 문제를 공기업의 '사장'에게 물어보라고 하면 유권자로서는 책임을 물을 곳이 없어진다. 그러므로 신자유주의에서는 입법부의 권력이 가장 취약해진다(Sassen 2006). 네 번째, 시민권의 질이 저하된다. 공공재에 해당되어야 할 영역이 이윤의 논리 앞에 노출되고 왜곡되기 때문이다. 이런 경향은 지적 재생산 영역(교육), 정보·인식을 가공하고 처리하는 영역(언론·미디어), 심신건강을 유지하는 영역(보건의료)[9]에서 특히 심각하게 나타난다.

이런 진단에 근거하여 우리는 신자유주의 시대에 인권운동이 끝까지 고수해야 할 여섯 가지 이슈영역에 대한 체계적 아이디어를 발견할 수 있을 것이다.

① 상품화 경향에 대항하는 탈상품화 논리와 기업통제의 필요성을 인권운동의 중요한 화두로 설정한다(김동춘 2006; Howen 2002).
② 불평등 현실을 상쇄하는 사회복지 시스템을 구축한다(김용득 2005; 이영환 2004; 2005; 정원오 2005).
③ 시민권의 토대를 잠식하는 정치적 책임성 상실에 대응하여 '민주주의의 민주화'를 모색한다(최장집 2005; 2006).
④ 지적 재생산 영역에서 교육권을 수호한다(김상봉 2005).
⑤ 정보·인식 영역에서 민주적 언론·미디어를 구축한다(최영묵 2005; Cammaerts 2007; Kaplan 2002).
⑥ 심신건강의 영역을 방어하기 위해 보건의료의 공공성을 확보한다(Kim 2005).

9 인간의 건강을 결정하는 요인 중 개인적 차원의 행동변화보다 구조적·물질적 조건이 훨씬 큰 영향을 미치는 것으로 나타난다고 한다(2007. 1. 12. 조홍준의 인터뷰를 정리).

리처드 스위프트는 신자유주의에 따른 민주주의의 약화를 다음과 같이 설명한다(Swift 2002). 전통적인 자유민주주의 모델은 강한 시장, 형식적 민주주의, 안정된 시장운영을 위한 법질서의 유지, 그리고 시민적·정치적 권리로 이루어져 있다. 이를 '약한 민주주의'라 부를 수 있을 것이다. 그런데 약한 민주주의 모델에 대항했던 '국가사회주의 모델'은 내부모순과 민주주의의 결여로 인해 붕괴했고 그 모델 자체의 적실성도 상실했다. 이 와중에서 약한 민주주의는 시장성이 더욱 강화되면서 '신자유주의적 약한 민주주의' 모델로 진화했다. 이것을 '더 약한 민주주의'라고 부를 수 있는데 이 모델은 자기에게 조금이라도 비판적인 입장에 대해 시대착오적인 국가사회주의 모델을 답습하려 한다는 식의 부당한 비난을 가한다. 이것이 오늘날 전 세계가 처해 있는, 신자유주의적 약한 민주주의의 현실이다. 그러나 우리는 신자유주의적 약한 민주주의와 국가사회주의 모델을 둘 다 극복하는 어떤 새로운 민주주의 즉, '강한 민주주의' 모델을 만들어 낼 필요가 있다. 강한 민주주의는 경제 부문 및 사적 영역의 민주적 통제, 시민적·정치적 권리와 경제적·사회적 권리의 동시 실천, 지방분권, 시민사회의 강화 등으로 요약할 수 있다. 이렇게 본다면 인권은 강한 민주주의 모델을 건설하는 데 핵심적 역할을 담당할 수 있는 담론으로 부각된다.

2 직접행동민주주의와 인권운동

나는 인권이 어떤 선험적인 원칙에서 비롯되었다기보다, 역사와 장소를 초월해서 인간을 괴롭히는 권력에 대한 반작용으로 표출된 것이라는 사회구성주의적 관점에 공감한다(1장 참조). 각 시대마다 지배적인 억압권력이 발생하고 그것에 대항하는 움직임으로서 새로운 인권이 끊임없이 나타나는 현상을 "권리주장의 역사적 패턴"이라 부를 수 있겠다(Stammers 1993, 79). 지금까지 흔히 국가, 자본주의, 식민지배, 주류 정체성 등 특정한 범주의 인권탄압 주체에 대항해 그때그때 새로운 인권 개념이 출현했다고 해석해 왔고 그에 따라 세대별 인권을 나누는 방식이 등장하기도 했다. 이런 식의 접근이 틀린 것은 아니다. 하지만 그런 것들을 관통해서 해석할 수 있는 단일한 해석적 범주로서 권력의 일반적 속성에 더욱 주목해야 할 필요가 있다.

권력과 인권 제도화의 역설

인권과 관련된 권력의 속성을 여기서 한번 정리해 보자. 첫째, 시대와 장소를 초월해 억압권력이 다양한 형태를 띠고 나타나지만 모든 인간은 그러한 권력에 대해 언제나 여러 형태로 저항해 왔다(Stammers 1995). 예컨대, 현대 한국의 인권운동은 독재권력과 자본권력에 대한 저항형태와 밀접한 연관을 맺으면서 발전해 왔다(류은숙 2003 참조). 둘째, 그런데 모든 저항이 인권이라는 형식으로 표현된 것은 아니다. 권력투쟁에 근거한 저항이나 '보편적' 인간을 상정하지 않은 저항—예컨대, 어떤 폭군이 우리 부족을 탄압할 때에는 저항하면서도 이웃 부족을 탄압할 때는 전혀 문제시 하지 않는—등, 근대적 인권담론으로 쉽게 포괄되지 않는 저항형태도 많았다. 근대의 인권담론은 인류의 공통적인 저항 현상을 인권이라는 담론으로 특수하게 형태화framing하고, 정교한 논리로써 이론화하고, 권리주장을 정당화했으며, 구체적으로 목록화했다. 또한 인권담론에 강력한 규범성을 부여했다. 셋째, 억압권력이 시대와 장소에 따라 특정한 형태로 출현하지만 그러한 억압권력을 정치·경제·사회·문화·인간관계 등의 모든 영역에서 어느 정도 정형화할 수 있다. 또한 대항권력의 형태도 시대와 장소를 초월해 어느 정도 정형화할 수 있다. 이렇게 대항권력을 권리의 형식으로 정형화·성문화한 것을 보편인권이라고 규정할 수 있다(6장 참조). 넷째, 대항권력도 일종의 권력이므로 공식화되는 순간부터 어느새 억압권력으로 조금씩 변질되기 시작한다. 어떤 권력에 저항하는 '대항권력'은 목적을 달성하고 나서부터는 다른 것들을 억누르는 새로운 '억압권력'으로 조금씩 탈바꿈하기 쉽다(Evans 2001). 대항권력 스스로는 의도하지 않았겠지만 이것이 모든 권력의 운명이다. 바로 이 때문에 어떤 고정된 국가권력, 경제권력, 이념, 정체성을 절대선으로 간주해서는 안 된다. 역사가 이를 증명한다. 특정 시점에서 저항성을 가졌다고 해서 영원히 신선하게 저항적일 수는 없다.

인권운동과 모든 사회운동의 진정한 존재의의는 모든 억압권력—국가, 자본주의, 공산주의, 제국주의, 전체주의, 근본주의, 파시즘, 신자유주의, 가부장제, 권위주의, 주류정체성, 군사주의 등등—에 영원히 저항한다는 점에 있다. 인권운동은 모든 권력의 본질을 예리하게 꿰뚫어 본다는 점에서 진정으로 인간해방을 추구하는 운동이다(김중섭 1999 참조; Eschle and Stammers 2004).¹⁰ 이런 관점에서 보아야 한국의 민주화운동, 서구의 68운동, 반지구화운동, 동구권의 반공산주의운동, 제3세계의 반제국주의운동을 인권의 일관된 틀로 해석할 수 있다. 또한 인권운동은 특정시점에서 특정한 권력에 대항하기 위해 다른 어떤 권력에 의존한다 하더라도 그 대항권력을 절대화해서는 안 되며 스스로를 역사적 관점에서 상대화해서 볼 수 있어야 한다(Stammers 2005). 바로 이 때문에 인권운동은 끝없는 투쟁이 될 수밖에 없다.¹¹ 어제 우리가 '비정상성'에 도전했다면 내일은 '정상성'에 또다시 도전해야 하는 것이다(조희연 2004).

권력의 이런 속성은 인권운동에 고민스런 딜레마가 된다. 억압권력에 열심히 투쟁하고 대안을 제시하여 관철시켰는데 이것 역시 언젠가는 억압권력이 된다는 말인가? 이것을 '제도화의 역설'이라고 한다. 제도화의 역설은 두 차원에서 설명할 수 있다. 첫째, 인권이 제도화, 법제화, 기구화되면 어제까지의 대항권력적 성격이 자기도 모르는 사이에 희석된다. 물론, 인권의 성격상 인권피해자를 위한 제도적 장치라는 가시적

10 필자의 경험에 비추어 보아도 인권운동가들은 다른 시민사회운동가들에 비해서 거시적·미시적 권력관계를 특히 예리하게 꿰뚫어 보고 대인관계를 포함한 모든 형태의 권력에 민감하게 반응하는 것 같았다. 이것은 인권운동만이 갖출 수 있는 특징적인 관점이다. 인간관계를 권력의 관점에서 해석할 줄 아는 시각이다. 이것은 '민의 평등'이라는 민주주의의 대원칙에 가장 근원적으로 부응하는 시각이다. 그런 점에서 나는 모든 시민사회운동이 인권운동의 시각으로 권력의 본질을 통찰하는 안목을 갖춰야 한다고 생각한다. 권력의 여러 차원을 이론적으로 설명한 룩스의 『권력: 급진적 견해』의 개정판을 참조하라(Lukes 2005). 이 책에 대한 논평과 응답이 『Political Studies Review』의 2006년 특집호에 실려 있다(Dowding 2006; Hayward 2006; Hindess 2006; Lukes 2006a; Morriss 2006; Shapiro 2006).
11 문화적 차원에서 지배적 중심담론의 변환과정을 구성-해체-재구성이 끊임없이 이어지는 과정으로 파악하는 시각도 있다(박상진 2006).

형식이 사라지는 것은 아니다. 그리고 인권이 제도화되더라도 극단적 보수세력은 제도화된 인권조차 끊임없이 비판하기 때문에 인권은 체제 안에서 일정한 견제와 비판의 기능을 여전히 수행할 수 있다. 그러나 큰 틀에서 보면 제도화된 인권은 기존의 권력질서를 유지하고, 기존질서 안에도 건강한 양심이 살아있다는 식의 체제 정당화를 수행하는 역할을 담당하게 된다(Stammers 1999). 닐 스태머즈는 인권이 제도화되는 순간 저항담론에서 체제 유지담론으로 '전환'switching된다고 비판한다. 그렇다면 도대체 인권운동은 어떻게 해야 하나? 스태머즈에 따르면 인권은 "제도화되기 직전에, 그리고 입법화되지 않았을 때"에 기존의 권력구조에 가장 확실하게 도전할 수 있다고 한다(Stammers 1999, 998). 한 연구에 따르면 운동가들의 인권주장은 구체적인 법조문이 아니라 세계인권선언의 전문前文과 비슷하며 인권운동은 마땅히 그런 식의 정신을 유지해야 한다고 한다(Ackerly 2001; 한국 인권운동의 다양한 관점의 집대성은 한국인권재단 2000 참조). 실제로 세계인권선언의 전문을 읽어보면 감정이 입과 열정에 있어 대자보의 격문 비슷한 느낌이 든다. 그런데 이런 근원적인 비판을 현실에 적용할 때는 그 미묘한 차이를 신중하게 받아들여야 한다(이론가들로부터 영감을 얻을 수는 있지만 그들이 하자는 대로 다 따라 하기는 어렵다!). 현실에서 기존 권력을 비판할 때 가장 많이 듣는 소리가 "그렇다면 대안이 뭐냐?"라는 반문이다. 그리고 구체적인 대안 없이 비판만 할 경우 권력에 대한 영향력은 눈에 띄게 떨어진다. 대항운동을 제대로 조직하기도 어려워진다. 실제로 민주화 이후 한국 시민사회운동은 큰 틀에서 '입법운동'이 주류를 이루었고(홍일표 2006), 그것이 현실에 미친 긍정적 기능을 무시할 수 없다. 제도화의 핵심은 법의 제정, 개정, 이행, 준수를 둘러싼 투쟁이고 그것을 위해 민주적 법실증주의에 대한 신중한 이해가 필요하다. 그러므로 인권운동은 제도화와 권력비판을 동시에 추구해야 한다. 즉, 한 단계의 제도화가 이루어지면 법조문의 잉크가 마르기도 전에 새로운 차원의 대항권력을 조직하기 시작해야 하는 것이다. 한번은 정부 관료로부터 "인권운동이 언제나 비판만 하기 때문에 어떻게 해야 할지 고민"이라는 말을 들은 적이 있다. 그때 나는 "그것이 바로 인권운동의 본질"이라고 말해 주었다. 인권운동은 영원히 권력의 쇠파리 역할을 해야 할 운명인지도 모른다.

둘째, 제도화의 역설을 "민주제도 자체의 이중성"으로 해석할 수도 있다. 우리는 흔히 다음과 같은 의문을 품기 쉽다. 어째서 비교적 민주적으로 출발했다는 정부조차 시민사회가 보기에는 늘 실망만 안겨 주는가? 왜 민주세력이 권력을 잡고 나면 민주진영의 기대를 번번이 저버리는가? 이 질문에 대한 답은 현대 민주주의 자체의 제도적 특성 속에 이미 내장되어 있는지도 모른다. 이 문제를 연구한 리카르도 블라우그는 '좋은' 대의민주주의 체제에서도 민주주의를 발생시키는 정치적·사회적 장소가 이중으로 형성된다고 말한다(Blaug 2002). 절차적 민주화가 이루어지고 민주세력이 권력을 잡더라도 한쪽에는 제도권력이 시행하는 '집권민주주의'가, 다른 한쪽에는 비제도권이 실천하는 '비판민주주의'가 동시에 발생하게 된다는 것이다. 집권 민주세력이 실시하는 '집권민주주의'incumbent democracy는 민주주의를 장려하기 위해 시민사회의 참여를 강조하곤 한다. 이때 선호하는 참여방식은 일정한 통로를—예를 들어 자문위원회 같은—통한 질서 있는 참여다. 질서 있는 참여의 목적은 사회 내 각종 이익집단들의 요구를 기존제도에 정확히 반영하여 자원배분의 정당성을 획득하려는 것이다. 따라서 집권민주주의가 생각하는 참여는 본질적으로 도구적이다. 민주세력이 권력을 잡았고 시민사회 참여의 수준이 전보다 높아졌다 하더라도 집권민주주의가 규정하는 민주주의는 중앙제도적이고 '대의민주제의 핵심'을 보존하는 방식이 될 수밖에 없다.

반면, '비판민주주의'critical democracy가 상정하는 민주주의는 전혀 다른 모습이다. 비판민주주의는 인권운동이 상상하는 민주주의와 비슷하다. 그것은 우선 현실이 자아내는 고통에 대한 반응으로서 민주주의를 생각한다. 비판민주주의가 생각하는 참여는 구체적이고 실질적이고 긴밀한 의사소통이다. 제도권력을 의혹의 눈길로 바라보며 민주주의를 제도로서가 아니라 개인적 차원에서 "온 몸으로 느끼는 경험"으로 이해한다(Blaug 2002, 108). 참여를 통해 시민이 자력화되는 과정을 경험하므로 참여는 도구가 아니라 목적 자체가 된다. 인권의식도 참여와 자력화를 촉진하는 역할을 한다. 또한 직접행동이라는 비제도적 언어를 통해 집권권력에 '말'을 거는 경우가 많아진다. 제도적 민주주의와 병행하거나 또는 그것을 우회해서 'DIY민주주의' 또는 '직접행동민주주의'를 일상적으로 실천하곤 한다. 비판민주주의의 작동방식을 관찰해 보면 민주주의의 실제 양상이 정당정치적 경로를 통한 '정상적' 모델과는 상당한 거리가 있는 것 같이 생각된다. 물론 비판민주주의에도 단점이 있다. 비판민주주의는 제도와 절차를 지키자는 요구를 무조건 보수주의와 동일시하는 경우가 많고, 거시적 권력정치의 현실을 단편적인 기준으로만 판단하는 경향이 있다. 또한 민주적인 정부와도 적대적 관계를 유지하기 쉬우므로 민주주의 자체를 위협하는 경우가 생기기도 한다.

요컨대, 대의민주주의에서 권력구조 안의 서로 다른 장소에 자리잡고 있는, 전혀 다른 두 가지 민주주의 사이에서는 의사소통이 제대로 이루어지기 어렵다. 대의민주제의 핵심원칙과 직접민주주의적 본능이 충돌하기 때문이다. 블라우그에 따르면 집권민주주의가 아무리 참여를 강조해도 그것은 "자기제한적인 참여"에 불과하며, "제도화된 참여 중독증"에서 헤어나기 어렵다.[12] 그는 또한 집권민주주의가 비판민주주의를 '도와준답시고' 재정·제도·조직 등으로 지원하기 시작하면 비판민주주의의 정신을 죽이는 결과가 나오기 쉽다고 지적한다.[13] 따라서 제도 안에서 '혁명적' 민주주의의 이상을 유지하기는 불가능하다. 그런 뜻에서 완전한 민주주의는 영원한 '도망자'fugitive인지도 모른다. 대의민주주의를 시행하는 한 해결하기 어려운 과제다. 그런데 왜 20세기 후반 들어 전 세계적으로 대의민주주의의 문제가 더욱 두드러지게 드러나고 있는 것일까? 인권담론의 확산과 직접행동민주주의의 확대 경향에서 그 해답을 찾을 수 있다.

직접행동민주주의와 지구화

'직접행동민주주의'direct action democracy는 참여민주주의 그리고 직접민주주의와 가까운 관계에 있지만 동일한 개념은 아니다(Held 2006 참조). 직접행동민주주의에 관해 가장 포괄적인 분석을 제시한 카터에 따르면 직접행동민주주의는 지구화 시대에 전 세계적으로 나타나는 특징적인 정치현상이다(Carter 2005). 그것은 근대성 개념 속에 내재되어 있는

---

[12] 참여를 주장하는 집권민주주의도 이러하다면 처음부터 참여에 관심이 없는 집권민주주의라면 어떻게 될 것인가?
[13] 우리나라에서도 정부의 시민사회단체에 대한 보조금지급 문제가 논란이 되고 있다.

현상이며, 한편 민주주의의 결손에 대한 반응이고 다른 한편 민주적 자력화의 수단이자 목표기도 하다. 따라서 직접행동민주주의는 "간혹 통상적인 정치를 무정부적으로 거부하는 것같이 보이기도 하지만, 실은 자신의 권리가 박탈당했거나 정치적 접근성이 차단되었다고 느끼는 사람들이 표출하는 [정치적] 대응"으로 이해할 수 있다(Carter 2005, 2). 따라서 직접행동민주주의는 제도정치의 문법과 언어를 멀게 느끼는 사람들이 구사하는 정치의 문법이자 대화방식이다. 직접행동민주주의는 '정치적인 것'the political을 중시하는 입장보다 '사회적인 것'the social을 강조하는 입장에서 더 잘 수용된다. 직접행동민주주의는 사회의 갈등구조가 통상적 정치채널로 수렴되지 못하는 민주주의의 결손 시기에 '민주주의의 분출'이라는 형태로 나타난다. 민주주의의 분출은 소규모·일상적으로 나타날 수도 있고 대규모·간헐적으로 나타날 수도 있다(오창익 2006; Swift 2002). 하지만 민주주의의 결손 문제가 어제오늘의 일이 아닌데 왜 이 시대 들어 갑자기 전 세계적으로 직접행동민주주의가 이렇게 많이 출현하게 되었는가? 크게 세 가지 이유를 들 수 있겠다. 첫째, 인권담론과 참여민주주의 풍조가 확산되면서 시민들이 민주주의를 도구적 가치만이 아니라 내재적 가치로 여기는 경향이 늘어났다. 7장에서 보았듯이 공공의 의사결정에 있어 정책의 내용과 관계없이 이해당사자들의 민주적 참여 자체가 정치의 정당성을 보장하는 핵심요소가 된 것이다. 이것은 인간의 자력화, 표출적 자신감, 자기주장을 옹호하는 인권의식과 동전의 양면을 이룬다. 둘째, 시민들이 권력을 행사하거나 권력에 대항하는 통로를 다양하게 구사할 줄 알게 되면서 기존의 권력관계에 대한 불만을 직접적이고 즉각적으로 표출하는 방식을 선호하게 되었다. 이것은 대의민주주의의 간접성, 직접민주주의의 비현실성을 모두 우회하는 방식이다. 즉, "인권의 확립과 보호를 위해 기존의 권력관계에 직접 도전하는 대중적 저항방식, 그리고 사회운동이 창조한 정치적·사회적 요구에 기반을 둔" 전략을 시민들이 직접 구사하기 시작한 것이다 (Stammers 1995, 508). 위에서 본 대로, 시민들이 집권민주주의와 비판민주주의 사이에 존재하는 넘기 힘든 벽을 분명히 인식하게 된 것도 이런 풍조에 한몫을 했다. 권위주의 시대에는 권력의 성격이 원래 비민주적이어서 그런가보다 하고 체념했지만, 민주화가 되고 나서도 집권민주주의가 실시하는 민주주의 모델이 생각했던 것과는 많이 다르다는 사실을 새삼 발견한 것이다. 이것을 이념적 선회나 정치적 '배신'의 차원으로만 해석할 수는 없다. 그런 뜻에서 민주화 이후의 민주주의를 경험하고 있는 한국 국민은 아직도 민주정치의 입구를 겨우 지난 상태에 있다고 할 수 있다. 민주주의에 대한 기대치와 현실 간의 괴리를 정치인도 유권자도 객관적으로 인식할 필요가 있다는 말이다. 셋째, 지구화 경향이 심해지면서 정치적 책임성의 방향, 정치적 관할권의 범위, 전 지구적 이슈의 책임소재, 신자유주의적 개방 등이 큰 문제로 부각되었다. 어딘지 모르는 먼 곳에서 자신에게 큰 영향을 주는 일이 벌어질 때 사람들은 그 결정과정에 "영향을 미칠 수 있는 권리"를 요구하게 되고(Gould 2004) 그것을 관철하기 위해 통상적인 대의민주주의적 정치채널을 제치고 직접 나서서 자기 목소리를 높이게 된다. 한미FTA 협상을 둘러싼 논쟁에서도 이런 현상이 극명하게 표출되었다. 즉, 초국적인 민주주의의 결손 문제에 대응하기 위해 시민들이 직접행동을 통한 대항권력의 조직화에 나서는 것이 자연스런 현상이 된 것이다. 이것을 카터는 다음과 같이 설명한다. "IMF, 세계은행, WTO, 신자유주의적 정책 등에 저항하는 움직임은 대중의 직접행동이 정부정책에 반대하는 대항권력의 효과적인 한 형태라는 사실을 잘 보여 준다"(Carter 2005, 151).

사스키아 사센은 지구화 과정을 통해 정치적 권위에 큰 변화가 발생하고 그것이 직접행동민주주의에 엄청난 함의를 준다는 점을 강조한다(Sassen 2006). 우리는 흔히 지구화와 국민국가를 대비하면서, 지구화라는 외재적 요인에 의해 국민국가라는 내재적 실체가 영향을 받는다고 단순히 가정하기 쉽다. 그러나 사센은 국민국가의 역사적 역동성에 주목하여 국가기구 자체의 변환이 지구화 과정을 추동한다고 본다. 통념적인 인과관계를 역전시킨 주장이다. 근대 국민국가의 역사를 보면 '일국적인 요소들'이 조립되었다가, 부분적으로 분해되고, 다시 재조립되는 과정을 겪고 있다는 것이다. 서구에서 1980년대 초부터 일국적인 요소들 중 일부가 분해되어 전 지구적 차원과 국가 하위 차원에서 특수한 형태로 재조립되기 시작했다. 이런 현상을 사센은 일국적인 요소들의 '탈국가화'라고 부른다. 이 중에서 어떤 것들은 전 지구적 실체로 재조립—예를 들어 국제기구와 국제레짐—되었고, 다른 것들은 지방화되거나 또는 재국가화되는 방식으로 재조립—예를 들어 민족주의 이념강화—되었다. 즉, 탈국가화한 부분들이 특수한 형태의 '영토-정치권위-권리'의 복합체로 재조립되는 과정 전체가 지구화라는 것이다. 그러나 이런 복합적 과정이 워낙 다양하고 다층적으로 진행되므로 우리 눈에 잘 띄지도 않고 흔히 전 지구적 차원에서 재조립되는 부분(국제기구와 국제레짐)만 지구화로 오해하기 쉽다. 그런데 탈국가화는 국가 내부와 외부의 권력 분포를 모두 변화시킨다. 국가 내부를 놓고 보자면 20세기 역사 속에서 노-사 간, 정부-시민 간 권력분포의 무게중심이 노동과 시민 쪽으로 서서히 옮아 왔다. 이 과정에서 결정적 역할을 한 것이 국가기구 내의 입법부였다. 그러나 신자유주의적 지구화는 탈규제, 민영화, 공공

서비스의 시장화를 통해 입법부 중심의 정당정치 책임성을 약화하고 그 대신 행정부를 강화했다. 행정부는 입법부를 통한 신법의 제정보다 구법의 새로운 해석을 통해 권력을 증대하고 신자유주의적 의제를 실행한다. 입법부가 퇴조하면서 노동세력도 퇴조하며 시민에 대한 감시와 통제가 늘어난다. 그리고 탈국가화에 따른 국가외부적 권력변화는 ① 초국적 경제기구 출현, ② 지구시민사회 부상, ③ 국제인권레짐의 발전으로 이어진다. 초국적 경제기구는 일국적인 요소들 중 일부가 재조립된 것이므로 과거 국가기구의 일부가 탈국가화해서 새롭게 형성된 특수한 초국적 현상이라고 해석할 수 있다. 사센의 분석을 통하면 왜 직접행동민주주의가 출현하는지에 대해 암시를 얻을 수 있다. 즉, 지구화 시대에 정당정치와 입법부가 약화되면서 노동과 시민사회가 정치적 책임성을 묻기 위해 새로운 통로를 찾는 과정에서 직접행동민주주의가 활발해졌고 이것은 다시 전 지구적 차원에서 국제인권레짐이 제공하는 규범과 정당화논리로 뒷받침되고 있다는 것이다.

인권 민주주의의 모색

지난 수년간 한국 사회를 뒤흔들었던 대형 이슈들, 예컨대 전투적 노사분규, 방폐장 선정, NEIS, 의약분업, 이라크 파병, 각종 촛불 시위, 대추리 사건, FTA 체결문제 등은 모두 직접행동민주주의의 확산과 밀접한 관련이 있다. 따라서 나는 오늘날 한국 사회에서 직접행동민주주의의 문제를 규범적으로 논의할 시점은 지났다고 생각한다. 그것이 이상적인 ─또는 고전적인─대의민주주의와 정당정치 원칙에 비추어 바람직한지 아닌지를 떠나 직접행동민주주의는 이미 우리 민주주의의 일부가 되어 있고 당분간 그것과 더불어 살 수밖에 없는 것이 현실이다. 블라우그는 비판민주주의를 다룰 수 있는 유일한 방법은 그것의 독자적인 실체를 인정하고, '대의민주제의 핵심'으로 환원되지 않는 다른 종류의 민주주의가 존재한다는 사실을 인정하는 길뿐이라고 지적한다(Blaug 2002). 비슷한 관점을 직접행동민주주의에 적용해도 좋을 것이다. 사회의 모든 갈등을 의회와 정당정치로 수렴해야 한다는 원칙 자체는 타당하지만, 한국의 시민사회는 정당정치와 병존하면서 정치적으로 정책결정에 큰 영향력을 발휘하는 방식으로 독특하게 발전해 왔다. 아시아 각국의 시민사회와 비교해 보아도 한국 시민사회의 예외적 특징이 뚜렷하게 드러난다(이남주 외 2005). 한마디로 한국 사회는 구성원들의 정치적 엔트로피가 대단히 높고, 시민사회라는 판도라의 상자가 이미 열려 있는 정치공동체로 보는 게 정확할 것이다. 따라서 대의민주주의로 잘 수렴되지 않는 한국의 시민사회주도형 참여·직접행동민주주의를 과도기적 현상이나 비정상으로만 볼 것이 아니라 그것이 발생하게 된 역사적·전통적 배경을 이해하고 그것의 존재를 인정하며 그것의 메시지를 '대의민주제의 핵심'에 반영하려는 노력이 오히려 자연스럽다고 생각된다. 특히 직접행동민주주의가 인권의 이름으로 표출될 때는 더욱 그러하다. 나는 한편으로 일각에서 제기하는 지속적인 운동정치 모델과, 다른 한편으로 정당정치형 대의민주주의 모델이 둘 다 우리 현실을 정확하게 반영하지 못한다고 본다. 전자는 현실성이 떨어지고 후자는 시대성이 부족하다. 따라서 한국 민주주의의 현실적 과제는 대의민주주의와 직접행동민주주의가 건설적으로 공존하는 어떤 새로운 민주주의 모델이어야 하지 않을까? 그런 점에서 나는 인권원칙을 정치의 일반원칙 속에 대폭 반영·확장하고, 직접행동민주주의를 과감하게 수용한,

지구화시대에 부합하는 민주주의를 '인권 민주주의'라고 부를 수 있다고 생각한다. 그러한 민주주의는 위에서 말한 '강한 민주주의'와 비슷한 형태가 될 것이다.

여기서 한 가지 분명히 강조하고 싶은 점이 있다. 직접행동민주주의와 일상적인 시위는 같은 개념이 아니다. 바로 이 지점에서 1장에서 말한 '원칙 있는 인권정치'를 다시 불러올 필요가 있다. 인권운동은 정치적 분석과 숙고에 기반을 두고 인권증진 효과를 극대화할 수 있는 여러 방법들 중의 하나로서 직접행동민주주의를 선택한다. 권리주장과 공동체에 대한 책임과 의무를 조화시키고(Binion 1995), 필요하다면 민주주의의 제도화에 기여하는 것도 원칙 있는 인권정치의 중요한 일부다. 그리고 직접행동민주주의를 집단이기주의로 받아들이기 쉬운 일반 대중과 적극적인 커뮤니케이션을 모색하는 것도 인권정치의 핵심적 과제라고 생각한다. 시민과의 소통이 없이는 직접행동민주주의형 인권정치의 대중적 정당성이 약화될 수밖에 없기 때문이다.

인권을 놓고 대중과 소통하는 일은 쉽지 않다. 한국에서 인권의 대중적 커뮤니케이션은 두 가지 형태로 이루어진다. 하나는 천부인권론에 근거해서 "인권은 고귀한 것이니 무조건 존중하라"는 식의 '찍어 누르기' 방식, 또 하나는 눈높이를 아주 낮춰서 "세상의 아름답고 좋은 것은 모두 인권이에요"라는 식의 '초교파적' 방식이 있다. 전자는 일반 대중으로 하여금 인권을 멀리하도록 만들기 쉽고, 후자는 인권개념을 무분별하게 희석한다. 이 두 방식을 넘어서려면 일반 대중이 정치를 어떤 방식으로 평가하는지를 이해하는 일이 첫걸음이다. 일반 대중이 생각하는 인권은 흔히 '정치적' 개념이기 때문이다. 예를 들어, 대중은 선거에서 정치인을 어떤 기준으로 선택하는가?(Popkin 1991). 일반인들은 하루

종일 정치만 생각하지도, 그렇다고 아무 생각 없이 즉흥적으로 판단하지도 않는다. 새뮤얼 L. 폽킨에 따르면 대중은 정치를 판단할 때 '간이정보 합리성'low-information rationality이라는 독특한 기준을 사용한다. 간이정보 합리성은 전문가적인 평가와 피상적·감성적 평가의 중간쯤에 해당하는 실용적인 평가기준이다. 일반 대중은 과거의 경험, 일상생활에서의 느낌, 미디어 정보, 선거운동, 주변의 평가 등으로부터 수집된 정보를 경제적으로 요약하는 방식으로 정치를 판단한다. 즉, 입력된 다양한 정치정보를 지름길과 같은 판단으로 단숨에 평가함으로써 다양하고 깊이 있는 정치데이터를 저비용으로 처리한다고 한다. 이런 과정을 통해 정당과 정치인에 대한 '통상적 서사방식'이 결정되고 이것이 정치를 평가하는 주된 기준이 된다는 것이다. 나는 인권 분야에서도 이 방식을 원용할 수 있다고 본다. 대중이 정치를 판단하는 기준과 비슷한 내용으로 인권의 간이정보를 가공하여 그들에게 제공하고 그것을 통상적 서사방식으로 만들어 가는 것이 인권 주류화 전략의 핵심이 되어야 한다고 생각한다. 다시 말해, 인권을 너무 고상하게 또는 너무 유치하게 묘사하는 것을 둘 다 피하면서 대중의 실용적인 평가기준에 맞춰 인권개념을 제시할 필요가 있다는 말이다. 물론 '처절한' 인권개념으로 정면 승부해야 할 경우도 있고, 대중적 판단기준에 맞춰 유연하게 접근해야 좋은 경우도 있을 것이다. 필요하다면 '인권'이라는 말을 아예 쓰지 않는 것이 더 좋은 때도 있을 수 있다. 이것을 판단하는 것 역시 인권정치에 해당된다고 나는 생각한다. 그런데 인권 민주주의에도 맹점이 있다. 모든 활동은 의도하지 않은 결과를 초래할 수 있기 때문이다.

3 인권과 권익

인권담론의 폭발적인 증가는 의도하지 않은 결과를 불러왔다. 인권의식이 높아지면서 일반적인 권리주장의 풍조도 대폭 확산된 것이다(Glendon 1991). 인권과 권익은 같은 말이 아니다. 비슷한 단어들을 한 줄로 세워보면 '인권-권리-권익-사익' 이런 식이 될 것이다. 문제는 이 모든 개념이 비슷한 강도와 확신을 지니고 제기되거나 주장되는 경우가 많고, 인권과 구분되지 않고 두루 섞여서 쓰이는 경우가 많다는 것이다. 사람들은 '권리'를 주장하기만 하면 도덕적 정당성이 부여된다고 믿는 것처럼 보이기도 한다. 일반인을 상대로 인권 특강을 해 보면 "권리와 권리가 충돌할 때 어떻게 해야 하는가?"라는 질문을 흔히 받게 된다. 아무 데나 '권'자를 붙인다고 인권이 되지는 않는다. 인권개념에 인플레가 오면 왜 문제가 되는가? 답은 간단하다. 화폐에 인플레가 오면 교환가치가 떨어지듯이 인권에 인플레가 오면 규범적 가치가 땅에 떨어지기 때문이다. 심한 경우 인권이 희화화될 우려도 있다. 이렇게 되면 인권은 꼭 보호해 주어야 할 절대적 가치가 아니라, '우는 아이 젖 주는' 식의 귀찮은 요구 비슷한 개념으로 전락한다. 요즘 들어 사익을 주장하면서 거창하게 인권 운운하는 경우도 적지 않게 발견할 수 있다. 이런 식의 권리주장에는 결국 개인주의적 이기주의가 깔려 있다. 마르크스가 인권을 비판한 주근거가 바로 이 점이었다는 것을 우리는 이미 살펴보았다(4장 참조). 권리주장이 극단화되면 전 사회는 극심한 이익집단정치 또는 집단이기주의로 가게 된다. 이익집단이란 다른 집단에 대해 특별한 요구를 제기하는 잠재적·실질적 집단을 말한다(Goertzel 1976). 이익집단의 존재는 다원적 사회의 자연스런 일부며 다원주의 정치이론의 핵심요소다. 그러나 여기서 특히 문제가 되는 것은 제도정치가 다양한 이익의 갈등을 선택·배제·중재하지 못하는 상태에서 모든 이익이 절대적 권리의 이름으로 주장되는 상황이다. 자기이익을 통상적으로 주장하는 것과, 절대적 대응의무를 발생시키는 권리로서 주장하는 것은 하늘과 땅 차이다. 이런 현실을 정확히 지적하고 있는 한 인권운동가의 목소리를 들어보자. "우리 사회에서 인권은 이제 일반화되었습니다. 많은 집단과 사람들이 '이권'인지 '인권'인지 모를 정도로 자신의 권리를 찾는 데만 열심입니다. 인권이라는 용어가 이렇게 대중적 행태로 정착하는 모습을 보이기도 합니다만, 그것을 지금까지 알리고 주동해 온 운동단체들은 인권운동을 대중화하지 못했습니다"(오완호 외 2007, 18). 이런 식의 이권주장, 이익집단정치는 인권운동과 민주주의에 치명타가 된다. 예컨대, 전문직종의 '업권적'業權的 사보타지가 공공정책을 마비시키는 사례를 우리는 흔히 목격하고 있다. 인권의 저항적이고 도덕적인 어떤 핵심가치를 희석하면서까지 인권가치를 떨어뜨리고 싶어 할 사람은 없을 것이다. 따라서 "인권의 천막은 모든 이익집단이 다 들어올 수 있을 만큼 넓어서는 안 된다"(Gearty 2006, 144). 이 말은 다음과 같은 권리의 언어로 표현될 수 있다. "우리는 압제와 강제에 반대하여 인권의 이름으로 개인의 자유를 옹호하듯이, 공동체의 파괴에 반대하여 인권의 이름으로 건강하고 민주적인 공동체를 꾸려갈 권리를 요구할 수 있다"(한상진 2006, 99). 그러므로 사회공동체를 배려하지 않는 권리주장은 인권이 아니다. 그것은 분열적·이기적·단자적 사익추구일 뿐이다. 인권운동은 이런 경향에 단호히 맞설 의무가 있다.

또한 어떤 권리는 그 자체가 의무를 포함하는 경우도 있다. 세계인권선언의 성안 과정에서 자문을 요청받았던 마하트마 간디는 1947년 5월 25일 유네스코 사무총장이던 줄리언 헉슬리에게 이런 편지를 보냈다. "…… 나는 글도 못 깨치셨지만 지혜로우셨던 우리 어머니로부터 가치 있는 권리는 의무를 잘 완수하는 데서 비롯된다는 점을 배웠습니다. 따라서 인간이 살아갈 수 있는 권리는 우리가 세계시민으로서 의무를 다할 때에만 생겨날 수 있을 것입니다"(Gandhi 1949, 18). 나는 간디 어머니를 직접 뵙지 못했지만 그 후에 선포된 세계인권선언을 읽을 때마다 그분의 음성을 듣는 것 같은 기분이 든다. "모든 사람은 자신이 속한 공동체에 대해 한 인간으로서 의무를 진다"(세계인권선언 제29조). 이런 점들을 고려할 때 우리는 '진짜' 인권주장과 무책임한 권익담론 간의 미묘한 차이와 함축성을 예민하게 의식할 필요가 있다. 거듭 강조하지만 좋은 것이 모두 인권은 아니다. 인권개념이 아니라 여타 좋은 개념을 써서—예컨대, 민주주의, 사회정의, 평화, 특정 이념, 평등, 형평, 휴머니즘 등—문제를 해결할 수 있는 경우도 많음을 우리는 인정해야만 할 것이다. 〈표 8-2〉는 인권, 권익, 사익을 구분하는 데 도움이 되도록 필자가 고안한 판단기준이다.

이 표의 한 축은 권리를 구성하는 한 가지 기준인 의무와 재량이다(〈표 3-1〉 참조). 반드시 지켜야 할 의무가 발생하는 규범적·법적 권리만이 인권에 속할 수 있다. 또 다른 축은 이익의 성격을 구분한 것이다. '본질적 인간이익'은 인간으로서 살아가기 위해 반드시 필요하다고 역사적·보편적으로 인정되고 법규범 등으로 성문화된 이익을 말한다(3장 '이익이론' 참조). 본질적 인간이익은 인권의 작동방식 중 인도주의와 공동체 배려 원칙이 포함된 이익이다. '순수한 자기이익'은 말 그대로 자기만의 이익이다. 이 표에서 I 항목(인권)과 IV 항목(사익)은 비교적 쉽게

〈표 8-2〉 인권과 권익의 판단기준

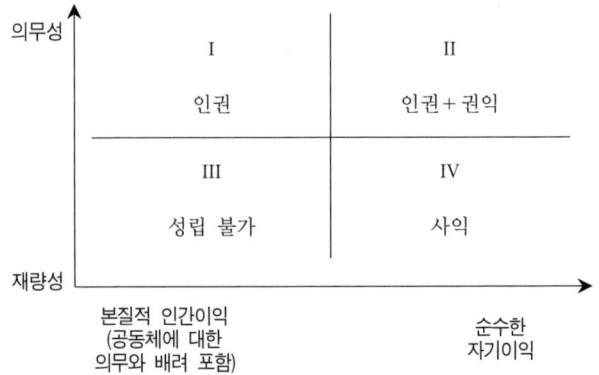

구분할 수 있다. 그런데 제일 판단하기 어려운 부분이 II 항목이다. 그 이유는 순수한 자기이익 중에도 인권 역사나 국제기준, 헌법 및 일반법률에 의해 '인권'으로 인정되는 이익이 일부 존재하기 때문이다. 또한 법률에 의해 권리로 규정된 자기이익도 있다. '소유권' 같은 것이 대표적이다.

여기서 나는 세 가지를 강조하고 싶다. 첫째, 인권이 인간을 억압하는 권력에 맞서는 대항권력으로 탄생한 사회구성주의적 개념이라면 I 항목은 투쟁과 저항의 발자취를 간직하고 있는 역사적 유산의 저장고라고 보아야 할 것이다. 수많은 사람에 의해 인권이라고 인정된 경험을 반영하고 있는 '집단적' 합의의 영역이라는 말이다.

둘째, 이 표는 역사 속에서 진화하고 변할 수 있는 가능성을 가진 유동적인 판단기준임을 기억해야 한다. 예컨대 '사익'(IV) 항목 또는 '인권+권익'(II) 항목에 있던 이슈가 '인권'(I) 항목으로 이동하여 인권목록에 포함되는 경우가 생길 수 있다. 구체적으로 어떤 아이템이 미래에 그렇게 될지는 아무도 모르지만 특정 시점에서 문제가 되는 억압권력의 성격과 그에 대한 저항의 양상이 궁극적으로 I 항목에 포함될 인권목록을 결정하게 된다. 이렇게 봤을 때, 억압을 당하는 어떤 집단이 각종 철학적 토대(예: 자연권, 칸트, 자유의지, 인간이익 등)에 근거하여 일정한 권리를 강력하게 요구하기 시작하고, 많은 사람들이 그러한 요구의 도덕적 규범성과 정당성을 인정하면 그 요구가 '인권'이 된다는 말이다. 본질적 인간이익, 권리주장, 정당화 등 세 가지 흐름이 맞아떨어질 때 어떤 '이익'이 인권으로 격상될 수 있다. 그러므로 권리를 주장하고 그것을 인권으로 인정하고 그것을 존엄한 것으로 규정하는 과정에는 권리주장의 주체, 인권운동가, 이론가, 의무의 주체 등 모든 당사자가 관여하게 된다(Knowles 2001, 175). 결국 인권의 내용은 인간이 창조해 가는 어떤 것이다. 놀스는 인권의 형성과정에 대한 이런 설명이 "이론이라 할 수도 없는 이론"no-theory theory이긴 하지만, 역사를 통해 모든 인권이 이런 식으로 발전한 게 사실이라고 솔직히 말한다. 그러므로 이런 '인권인정투쟁'을 전개해 나가는 과정에서 인권운동과 인권정치의 역할이 중요하게 부각될 수밖에 없다. 물론 I 항목에 자리 잡은 인권목록 중에서도 사회가 발전함에 따라 실제로 별 문제가 되지 않는 상징적인 권리로 위상이 바뀌는 경우가 생기기도 한다. 또한 목숨을 건 투쟁 끝에 인권을 확보해 놓았는데 시대상황이 바뀌면서 사람들이 그런 권리에 대해 무관심하게 되어 문제가 발생하는 경우도 생긴다(예를 들어 저조한 투표율).

셋째, 여기서 우리는 법과 정치의 지속적인 역학관계를 찾을 수 있다.

예컨대 최종적으로 I 항목에 인권으로 포함된 목록은 법실증주의의 확고한 영역에 속하게 된다. 그러나 다른 항목의 이슈들이 투쟁과 정당성 확보과정을 거쳐 I 항목의 법실증주의 영역으로 이동할 수도 있다는 말은 결국 법실증주의만으로 인권을 이해할 수는 없고 법실증주의를 가능하게 만드는 더 큰 사회적·정치적 역학을 인정해야 한다는 뜻이다. 캠벨은 이런 두 가지 고려사항을 절충해 '민주적 법실증주의'로써 인권의 내용을 결정해야 한다고 제안한다(Campbell 2006). 필자는 여기서 한 걸음 더 나아가 '강한 민주주의적 법실증주의'로써 인권의 내용을 결정해야 한다고 생각한다. 그것이 인권 민주주의이기도 하다.

4 인권과 사회정책

권리에 기반을 둔 정책

인권이 민주주의 체제에서 구체적인 기여를 하려면 아무래도 정책의 영역에서 인권담론을 적용시키는 방식이 제일 확실하다. 인권이 탄압 패러다임에서 웰빙 패러다임으로 확대된 경향도 인권이 법의 영역에서 정책의 영역으로 대거 이동하는 현상을 촉진했다. 인권과 사회정책이 제일 먼저, 제일 활발하게 만난 분야는 복지정책, 특히 복지서비스 분야였다. 앞에서 말했듯이 복지개념을 시혜에서 권리로 변화시키는 데에는 인권담론이 결정적인 역할을 했다(3장 참조). 복지서비스 안에서도 전통적으로 자기주장을 하기 힘들었던 서비스 이용자들, 예를 들어 환자, 장애인, 노약자 등에 대해 '권리에 기반을 둔 접근'이 강조되었다(Mabbett 2005 참조). 이는 자기권리를 주장하기 힘든 경우라 하더라도 그 사람의 본질적 이익을 위해 인권이 정당화될 수 있다는 '이익이론'에서 비롯된 관점이다(3장 참조). 물론 복지제도 자체가 아직 발전하지 못한 상황이라면 일반 복지정책의 확대와, 복지서비스 전달에 있어서의 '권리에 기반을 둔 접근'을 함께 모색해야 할 것이다. 권리에 기반을 둔 접근은 책임·의무의 대응주체를 새롭게 재구성할 것을 요구하기도 한다(Flynn 2005).

복지를 시혜로 간주하는 모델보다 권리에 기초하는 모델이 어떤 장점을 가지고 있는가? 국가는 일반적으로 권리형 접근을 귀찮아하고 두려워한다. 원래 정책과정은 행위자, 이해당사자, 자원배분의 우선순위, 정치와 정책 등이 복잡하게 얽혀 있는 블랙박스와 같은 것이다. 그런데 이런 영역에다 권리개념을 도입하면 어떻게 될까? 인도주의 활동의 맥락에서 인권에 기반을 둔 접근의 장점을 열거하고 있는 휴고 슬림과, 공공정책 영역에서 권리에 기반을 둔 접근의 중요성을 강조하는 너스봄의 견해를 합쳐서 이 질문에 대한 답을 찾아보자(Nussbaum 1999a, 58-59; Slim 2002, 15-19). 첫째, 권리를 강조하게 되면 보편적 가치를 갖춘 도덕적·정치적·법적 테두리 안에서 사회정책을 시행할 수 있게 되므로 사회정책이 정치·경제의 잔여적 영역이 아니라 모든 정치·경제의 목적이 되는 핵심영역으로 격상한다. 사회정책의 지위와 정당성에 큰 변화가 오는 것이다. 또한 인권은 단순히 개인 간의 선의에 기초한 담론이 아니므로 사회 전체의 공적 약속이라는 의미를 지니게 된다. 둘째, 이와 더불어 인권적 접근은 똑같은 서비스를 받더라도 사람들을 비굴하게 만드는 것이 아니라 존엄성을 유지할 수 있게 해 주는 효과를 낳는다.

셋째, 인권은 인간을 자력화해 더욱 높은 수준의 복지정책을 요구할 수 있는 자신감 있는 존재로 만들어 준다. 정책의 대상자들을 단순히 정책의 수동적인 수혜자가 아니라 선택권과 자율성을 행사할 수 있는 주체로 부각할 수 있는 것이다. 요즘 사회정책에서 시민의 참여와 선택권을 많이 강조하는 이유도 바로 이 때문이다. 그리고 이렇게 접근해야 정책의 만족도에도 긍정적인 변화가 올 수 있다. 넷째, 인권의 목록이 인간에게 꼭 필요한 복리를 이미 잘 규정하고 있으므로 어떤 정책을 시행해야 할지 정책 아이디어를 짜낼 고민을 하지 않아도 된다. 게다가 인권의 목록과 작동방식을 참고하면 정책을 시행·평가할 수 있는 객관적 기준을 마련할 수 있고 일정한 정책 프로그램을 개발하기도 쉽다(Thede 2005 참조; 3장 참조). 다섯째, 어떤 문제 영역에서 그것에 대해 정당하고도 시급한 권리가 있다는 주장이 제기되면 그 문제는 선명한 의제화로 이어질 수 있다. 그리고 정책의 중요성, 우선순위, 실행방법에 대해 논란이 벌어질 때 권리가 교통정리를 해 줄 수 있다. 인권개념으로써 정책의 복잡한 실타래를 단칼에 풀 수 있다는 것이다. 마지막으로, 보편적인 인권으로 정책에 접근하면 '결과론적 계산'이 먹혀들 여지가 줄어든다. 정책을 시행하다 보면 배제되는 사람들이 생기긴 하지만 어쨌든 많은 사람이 혜택을 보면 좋은 것 아니냐는 식의 주장을 원천적으로 배제할 수 있기 때문이다(아래 '공리주의' 설명 참조).

만일 일반 사회정책 전체를 권리에 기반을 둔 모델로 재구성한다면 어떤 요소가 반드시 포함되어야 할까? 팀 스테인턴은 권리에 기반을 둔 사회정책 모델에는 네 가지 요소가 포함되어야 한다고 주장한다(Stainton 2005). 첫째, 사람들이 자신의 주장을 정확히 표출할 수 있도록 지원해야 한다. 둘째, 사람들이 자신의 요구를 충족시키기 위해 필요한 지원체계를 알아내고 확보하고 직접 관리할 수 있도록 도와야 한다. 셋째, 사람들이 자원에 대한 통제권을 행사할 수 있도록 해야 한다. 넷째, 이런 지원체계가 사회정책 거버넌스의 핵심요소가 되어야 한다. 나는 이 중에서도 특히 셋째 요소가 중요하다고 생각한다. 잘 알려져 있다시피 사회정책에 대한 접근성과 이용도, 정책의 효과 등은 사회계층, 지위, 교육 수준, 성별 등에 따라 큰 차이가 난다. 똑같은 정책이라 하더라도 그 정책효과가 제대로 나타나는 계층과 그렇지 않은 계층 사이에 큰 격차가 생기기 마련이다. 그러므로 어떤 정책을 수립할 때 권리에 기반을 둔 접근을 하려면 사회정책의 효과가 떨어지는 집단이 자원의 통제권을 가질 수 있도록 적극적인 방안을 강구해야 한다. 이들 집단이 자력화할 때까지 그 집단에 대해 자원배분의 우선순위를 부여하는 것까지 포함해 '조건의 평등'까지 추구해야 하는 것이다(Baker et al. 2004). 그러므로 우리는 권리에 기반을 둔 정책이 인권의 기본 전제인 평등을 실천하는 접근임을 기억해야만 한다.

인권과 효용성은 반대인가?

권리에 기반을 둔 정책을 거론할 때 빠지지 않고 등장하는 이슈가 있다. 그것은 현대 사회정책의 대전제인, 희소한 자원의 효율적인 배분과 효용의 극대화 원칙, 즉 공리주의 원칙을 어떻게 이해할 것인가라는 문제다. 위에서 보았듯이 고전적 공리주의는 인간을 수단으로 간주해 심각한 인권침해를 야기할 가능성이 적지 않다(2장 참조; Gearty 2006, 51-54 참조). 그렇다면 공리주의 원칙을 완전히 배제하고 권리에 기반을 둔 접근만으로 사회정책을 수립할 수 있을 것인가? 이것도 사실은 불가능하다. 이런 점은 인권운동에 딜레마를 제기한다. 한국의 정책전문가나 관료들은 기본적으로 효율성과 효용성이라는 잣대로만 세상을 본다. 물론 효율과 효용을 무시할 수는 없다. 하지만 정책의 또 다른 잣대인 사회정의, 형평, 인권과 같은 가치에 대해서 너무나 무지하고 무관심하다는 데 문제의 심각성이 있다. 아직까지도, 역사의 유물인 구빈원적 사고, 그리고 복지수급자의 혜택은 정상노동자의 최저수입보다 낮아야 한다는 열등수급식 사고방식으로 정책에 접근한다. 이 문제에 대한 서구, 특히 유럽 쪽 문헌을 보면 인권존중과 형평적 관점을 기본 전제로 깔고 있어서인지 이런 가치를 훼손시키지 않는 범위 안에서 효율성과 효용논리를 포함시키자는 조심스런 태도가 역력하다. 그러나 한국에서는 정반대로 최소한의 인권적·형평적 요소를 포함시키는 데에도 엄청난 노력이 든다. 따라서 우리의 경우, 효용의 극대화라는 현대 사회정책의 대원칙에 동의하면서도 인권과 형평성의 잣대를 최대한 반영하는 이중적 접근이 필요하다고 생각된다. 하지만 공리주의 원칙과 인권의 요소가 사이좋게 공존할 수 있을까?

우리는 2장에서 '두 단계 공리주의'의 제안을 살펴보았다. 이와 비슷한 관점을 좀 더 발전시킨 프리덴은 이 문제를 "인권을 존중하는 수정 공리주의"로 풀자고 제안한다(Freeden 1991, 83-100). 그는 우선 공리주의의 기본개념인 복리(쾌락)에는 물질적 행복만 있는 것이 아니므로 인간의 자율성, 표출적 의지 등 넓은 뜻에서의 인간이익도 인간 복리의 중요한 일부로 인정하자고 말한다. 복리의 개념을 이렇게 넓게 규정하고 나면 인구집단 전체 단위의 복리뿐만 아니라 인간 한 사람 한 사람의 어떤 절대적 가치(인권) 역시 복리로 인정할 수 있다. 이것을 1차적 가치판단 영역이라고 부른다. 그 후, 인권을 침해하지 않는 범위 안에서 제한된 자원을 효율적으로 사용하여 효용의 최적화를 시도한다. 이것을 2차적 가치판단 영역이라고 한다. 수정 공리주의가 고전적 공리주의와 다른 점은 인간 복리를 폭넓게 규정한다는 점, 개인을 집단의 수단으로 간주하지 않고 인권을 인정한다는 점, 그리고 효용의 극대화가 아니라 최적화를 지향한다는 점 등이다. 물론 프리덴의 절충적 해결책도 완전한 것은 아니다. 하지만 전 세계 현실에서 인권이 비교적 잘 지켜지는 나라를 실제로 찾아보면 그런 체제는 "인권을 보장하면서 전체 인간의 복리를 최적화하려는 공리주의적 정치 성향"을 가졌음을 알 수 있다고 프리덴은 지적한다(Freeden 1991, 90). 필자가 관찰한 바에 비추어 보아도 이 설명은 설득력이 있다.

오늘날 한국 사회는 민주화 이후의 새로운 사회발전 모델을 창출하기 위해 진통을 겪고 있다. 그 과정에서 많은 제안이 나오고 있는 것을 본다. 좌파든 우파든 아직도 정치이념 중심적 사고방식을 유지한 채 그것을 21세기에 맞도록 변형·적용할 방법을 고민하고 있는 것 같다. 하지만 나는 인권공동체 바깥의 일반 정치논의에서 인권을 핵심가치로 거론하는 경우를 아직 보지 못했다. 지금까지 나온 아이디어를 보면 주로 사회국가, 사회투자국가, 사회서비스국가, 사회연대국가, 변혁적 중도, 강한 중도, 또는 공동체적 자유주의 등이 거론되는 것 같다. 그런데 이런 이념중심적 사고방식에서 한발 물러나 다음과 같은 발상의 전환을 통해 새로운 사회발전 모델을 찾아보면 어떨까.

① 모든 사회정책에서 인권을 우선적인 근본가치로 전제한다.
② 효용의 최적화를 위해 객관적인 효용의 산출을 집단적 의사결정의 기준으로 삼는다.[14] 불가피한 정책흥정 trade-off을 이성적으로

선택할 수 있는 유권자를 육성한다.
③ 민간 영역과 사적 영역에까지 민주적 원칙을 확대하는 강한 민주주의를 모색한다. 이런 강한 민주주의 원칙에 의거하여 ①항 인권의 내용과 수준을 결정한다.

5 나오면서

라스키는 『정치의 문법』*A Grammar of Politics*을 통해, 정치에서 '권리'가 의미하는 바를 다음과 같이 분석한다(Laski 1931, 141). "모든 권리 시스템은 세 가지 본질적 측면을 가진다. 첫째, 궁극적으로 타인과 구분되는 개인의 이익이 존재한다. 둘째, 개인이 그 안에서, 그것을 통해, 개성을 표출할 수 있는 여러 집단의 이익이 있다. 셋째, 제 사회세력이 가하는 전체 압력의 총체적 결과인 정치공동체의 이익이 있다. 우리는, 각 개인이 자기이익을 마음대로 결정하도록 허용해서는 안 되는 것처럼 정치공동체 내의 집단들이 갈등을 통해 그들의 이익을 스스로 규정하도록

---

14 이런 식의 접근 중 대표적인 것으로 '증거에 입각한 정책'(evidence-based policy)을 들 수 있다. 증거에 입각한 정책은 ① 사실에 기반을 둔 데이터(통계, 서베이 자료 등), ② 분석적 사고, ③ 이해당사자의 의견 반영 등으로 이루어진다. 물론 전문가적 효용의 산출이 민주정치를 대신할 수는 없다. 하지만 사회발전을 위한 모든 정책논의가 과학적인 기반에서 출발해야 한다는 점에는 반대의견이 없을 것이다.

내버려 두어서는 안 된다. 우리는 공동의 규칙에 따라 살아가야 하기 때문이다. 따라서 우리는 이런 공동의 규칙을 시행하고 해석하는 메커니즘을 만들 필요가 있다. 규정이 허락하는 한 우리는 그 메커니즘이 집단과 개인의 권리와 평등을 보장할 수 있도록 만들어야 한다. 그 어떤 정치 체제도 특수 이익의 영향력을 방지하지 못할 것이라는 점을 우리는 알아야 한다. 힘없는 사람을 밀어내고 자기 몫을 챙기려는 힘센 개인 또는 집단이 언제나 생길 것이다. 그러므로 우리는 가능한 한 최대 다수의 사람들에게 살 만한 가치가 있는 삶의 수준을 보장해 줄 수 있는 제도를 모색해야만 한다"(Laski 1931, 141). 나는 이 말을, 한편으로 개인과 이익집단의 사익을 통제하면서, 다른 한편으로 힘없는 많은 사람의 삶의 수준을 최대한 보장해 주는 공동선적인 정치 체제를 확보해야 한다는 뜻으로 이해한다. 라스키의 주장은 루소의 일반의지와 공동체 내의 자유개념을 연상시키는 주장이다. 자칫하면 개인의 자유보다 집단의 '자유'를 앞세우는 주장처럼 들리기도 한다. 그러나 형식적 인권이 실질적 삶의 영역에서 공허한 개념이 되기 쉽다는 점을 감안한다면, 그리고 개개인의 형식적 인권이 힘센 개인이나 집단에 의해 짓밟히기 쉽다는 점을 기억한다면, 라스키가 생각하는 권리의 진정한 의미를 포착할 수 있을 것이다. 즉, 형식적 권리를 떠받쳐 주는 실질적인 메커니즘, 어떤 정치적 맥락이 만들어져야 한다는 말이다. 인권은 진공 속에서 상상할 수 없고 특정한 정치 · 경제 · 사회적 맥락을 통해야만 제대로 작동할 수 있는 이념이다. 맥락이 무엇이냐에 따라 인권은 인간을 풍요롭게 할 수도 있고 인간을 서로 소외시킬 수도 있다. 형식적으로는 인권이 지켜지지만 실제로는 살맛 나지 않는 사회가 만들어질 수도 있다. 같은 인권이라 하더라도 그 인권이 실현되는 사회 · 경제 · 정치제도의 기본 전제와 성향에 따라 전혀 다른 모습의 인권이 표출될 수 있기 때문이다. 예컨대 개인주의가 팽배한 정치문화·사회성향을 가진 곳에서는 인권이 개인중심적인 이익과 자기선택권만을 극단적으로 강조하는 형태로 나타날 수 있다. 반대로 공동체에 대한 배려가 기본으로 깔려 있는 정치문화·사회성향을 가진 곳에서는 인권이 연대의 맥락에서 타인을 배려하는 형태로 나타날 수 있다. "누구든지 공동체를 통하지 않고서는 자신의 인격을 자유롭고 온전하게 발전시킬 수 없기" 때문이다(세계인권선언 제29조). 권리담론은 홀로 서 있을 수 없고 어떤 도덕적 가이드를 받아야만 한다(Waldron 1987, 194-195). 인권이 이기적인 맥락에서 표출될 경우, 인권담론과 사익담론이 교묘하게 결합하여 장기적으로 민주주의를 병들게 할 가능성이 높다. 그런 위험을 방지하기 위해서 인권담론이 공동체적인 맥락에서 '건설적으로' 표출될 수 있도록 정치공동체 전체의 민주적 개입이 필요하다라는 것이 라스키 주장의 핵심이다.

인권에 정치적·경제적·사회적 맥락이 중요하다는 점을 다른 각도에서 바라볼 수도 있다. 인권은 역사 속에서 진화하고 변화한다. 그리고 어떤 인권은 과거와 현재의 맥락이 변했기 때문에 전혀 다르게 해석해야 하는 경우도 생긴다. 예를 들어 오늘날 시대상황이 바뀌면서 오히려 시민들의 낮은 투표율을 걱정해야 하는 상황이 발생하고 있다. 이를 도대체 어떻게 해석해야 할까? 애써 확보한 인권이라 하더라도 정치적·사회적 맥락이 변하면 그 인권을 다른 식으로 해석하고 그것의 새로운 적용방식을 모색해야 할지도 모른다. 심지어 일각에서는 유권자 무관심에 대응하기 위해 선거참여 여부와 선거내용을 공개하는 '공공투표제'public voting를 도입해야 한다는 파격적인 주장도 내놓고 있다

(Sturgis 2005). 그러나 투표율이 떨어진다고 해서 정치적 참여가 낮아지는 것은 아니다. 투표권이라는 전통적 정치참여 형태로부터 직접행동민주주의라는 새로운 정치참여 형태로 '민주 권리'를 행사하는 방식이 확장된 것이다(두 방식이 병행하고 있다고 보는 게 정확할 것이다). 따라서 인권의 쟁취와 행사가 정치적·경제적·사회적 맥락 속에서 끊임없이 변하고, 다른 식으로 해석되며, '예기치 못한' 형태로 새롭게 출현한다는 사실을 알 수 있다. 이런 관점에서 보면 인권은 민주주의를 앞장서서 변화시켜 가는 선도주자이며 그런 뜻에서 모든 시민사회운동은 기본적으로 "인권이라는 테두리"를 받아들여야 할 것이다(Schulman 2004).

현존하는 인권운동은, 주로 두 가지 방식으로 정치와 민주주의를 대면한다. 한 편에는 인권의 탈정치성, 탈이념성, 불편부당성을 강조하는 '초연한 인권운동'이, 또 다른 한 편에는 특정한 이념이나 사상에서 출발해 인권을 그것을 위한 도구로 보거나 그것으로 가는 중간단계로 보는 인권운동이 자리한다. 두 가지 방식 모두 일장일단이 있다. 나는 전자의 경우, 탈정치성 자체가 하나의 이념적 도구라는 사실을 예리하게 인식하기를 바라며, 후자의 경우 대항권력을 포함한 모든 권력의 잠재적 억압성에 대해 더욱 철두철미하게 인식하기를 바란다. 그렇다면 내가 생각하는 이상적인 인권운동의 모습은 무엇인가? 그것은 우리 사회 공동선의 맥락에서 인간의 존엄성을 주창하는 인권운동이다. 그것은 강한 민주주의를 지지하고, 직접행동민주주의를 옹호하며, 집단의 문제해결을 위한 사회정책에 기여하는 인권운동이다. 그것은 또한 모든 억압권력에 예민하게 반응하고 저항하되, 새로운 억압권력을 낳지 않도록 스스로 성찰할 줄 아는 인권운동이다.

9장 결론

"제대로 조직된 사회라면 권리를 주기적으로 아니 끊임없이 수정해야만 한다."
— E. H. 카

　　인권을 연구한다는 것은 "가변적인 개념과 상반되는 견해들로 가득 찬 지뢰밭"으로 걸어 들어가는 거나 마찬가지라고 한 이론가가 있었다 (Campbell 2006). 실제로 이 책을 쓰는 동안 각 장을 구성하는 일부터 내용서술에 이르기까지 살얼음판을 걷는 듯한 기분으로 여기까지 왔다. 인권은 이론적으로도 정서적으로도 워낙 팽팽한 긴장을 내포하고 있는 개념이어서 아무리 객관적으로 기술한다 하더라도 어떤 일정한 시각을 전제할 수밖에 없기 때문이다. 지금부터는 인권의 총체적인 개념정의를 내리는 것으로 결론 장을 시작하려고 한다. 그것을 위해 인권에 대해 전일적인 접근을 주장하는 필즈의 견해와 나의 생각을 합해서 인권의 10대 명제를 제시해 보겠다(Fields 2003, 73-99).

　　① 모든 인간은 발전할 수 있는 잠재력을 지닌 존재다. 이때 '발전'이란 지적 · 창조적 · 정의적情誼的 요소를 모두 포함하는 말이다. 인간은 생물학적인 존재로부터 고도로 정신적인 존재까지, 극히 폭넓은 스펙

트럼에 위치할 수 있는 잠재력을 가졌다. 이 점은 역사, 인류학, 심리학, 사회학을 통해 실증적으로 증명된다. 인권은 인간이 모든 차원에서 가능한 한 최대한의 존재론적 잠재력을 발휘할 수 있도록 일깨워 주는 것을 목표로 한다.[1]

② 인간은 방법론적 개인주의만으로 파악할 수 없는 존재다. 인간은 인간 공동체 안에서 태어나고, 인간 공동체의 문화적·사회적·경제적 관계망 속에서 형성되고 발전하고 제약 받는다. 인간의 개인적 자율성과 집단적 자율성도 이런 공동체적 관계망 속에서 이해되어야 하는 상대적 개념이다. 완전한 의미에서의 단자적·독립적 인간은 존재 불가능하며, 만일 그런 존재를 상상할 수 있다 하더라도 그런 경우 '인권'이란 말은 성립될 수 없다. 인권은 권리와 의무의 대응관계를 발생시키는 공동체적 개념이기 때문이다. 혼자만 존재하는 인간에게는 권리를 주장할 대상도 존재하지 않는다.

③ 인간의 발전적 잠재력은 문화적인 측면이나 물질적인 측면에서 역사적으로 특정하게 형성된다. 우리가 오늘날 이해하는 현대적 의미의 인권관 역시 역사적으로 특정한 시기, 특정한 문화권에서 출현했고 형성되었다. 제1차 인권혁명 당시 출현한 인간의 권리개념이 근대적 인권개념의 원류다. 근대적 인권개념은 인간사회의 문제를 해결하는 하나의

---

1 이런 발전적 잠재력을 인간에만 국한시킨 필즈와는 달리 나는 그것이 오직 인간만의 고유한 속성인지에 대해서는 불가지론적인 입장을 취한다. '인간의 권리만을 주장하는 입장이 '종 중심주의'(speciesism)에 빠질 수 있음을 지적하는 동물권 옹호론자도 있기 때문이다(Grant 2006, 13). 나는 이 책에서 인간 종을 중심으로 인권을 설명했지만 '이익이론'을 원용하여 인권의 개념을 인간이 아닌 존재에까지 확장시킬 수 있는 가능성을 열어 두었다(3장 참조).

방안으로서 '권리'라는 담론을 구체적인 형태로 체계화했다. 또한 근대 인권개념은 '자연권'이라는 이론으로 인권담론을 철학적으로 정당화했다(인권의 철학적 정당화 논리는 그 후 여러 갈래로 갈라졌다). 이와 동시에 인권담론에 독특한 윤리성과 규범성이 부여되었다. 따라서 여러 저항담론 중에서도 인권은 독특한 근대적 저항담론이다. 근대 인권개념의 출현에는 이렇듯 특정한 역사적 맥락이 있었지만, 그것이 전 세계적으로 확산된 데는 다중적인 원인이 존재한다. 우선, 서구의 정치적·경제적·문화적 지배와 헤게모니가 근대 인권담론의 확산에 큰 역할을 한 것은 사실이다. 그러나 각 문화권 안에 다양한 형태로 전통적인 인간 존중 사상의 맹아가 존재했기에 근대 인권개념이 세계 각지에서 비교적 원활하게 수용되었던 사실 또한 부정할 수 없다(이샤이 2005). 그리고 제2차 인권혁명기를 거치면서 인권이 오늘과 같이 정형화, 성문화, 법제화된 데에는 양차대전, 전후질서, 국제인권정치 등의 특정한 역사적 맥락이 있었으며 또한, 인간역사를 통해 잔혹성과 폭력에 대한 의식이 서서히 순화되었던 것도 인도주의적 인권관의 발전에 큰 역할을 했다. 과거에는 '정상적인' 행동이라고 생각되었던 것들, 예컨대 인신공양, 노예제도, 노골적인 정복과 지배, 제노사이드, 고문과 신체형, 정적 살해, 전시 강간, 인종탄압 등의 행위가—아직도 일어나고 있긴 하지만—이제는 비정상적이고 야만적인 과거의 유습으로 간주되고 있다. 장기적 역사추세 내에서 폭력성이 줄어드는 현상을 스티븐 핑커는 '감수성의 변화'(Pinker 2007), 슬라보예 지젝은 '자발적인 도덕 감성의 확대'(Žižek 2007)라고 부른다. 한국 사회에서도 이런 변화가 빠르게 나타나고 있다. 예전에는 당연시하고 심지어 미화하던 관행들—충성심을 강요하면서 군인에 가하던 구타, 사랑의 매라는 이름으로 학생에 가하던 일상적

체벌, 순종을 요구하면서 여성에 가하던 억압과 폭력 등—이 오늘날에는 적어도 규범상으로는 설자리를 잃었다. 명예로부터 폭력이, 규율로부터 가학이, 인내심으로부터 피학이 분리된 것이다. 이제는 "신체적·심리적 고통을 없애는 것이 사회정책의 핵심적 목표가 되었다. 이런 추세는 동물의 처우로까지 확대되었다"(Carter 2005, 57). 인권담론은 이러한 반폭력화, 비잔혹화, 탈군사화 경향과 서로 영향을 주고받으며 성장해 왔다.

④ 어떤 식으로든 인간의 발전적 잠재력과 발전적 포부를 저해하는 모든 구조, 제도, 관행, 집단을 우리는 '지배권력' 또는 '억압권력'이라고 부를 수 있으며 바로 이것이 인권침해의 주범이다. 단, 인간의 발전적 잠재력과 포부는 모든 사람에게 동일한 것이 아니다. 오늘날 한국인을 포함한 다수의 인류가 세계인권선언에서 상정하는 근대 산업사회의 맥락에서 인정되는 발전적 잠재력과 포부를 지니고 산다고 말해도 좋을 것이다. 예컨대, 민주적인 정치·사회 체제 속에 살면서 개인과 집단의 자유로운 발언권을 인정받고 싶어 하고, 물질적으로나 사회지위에 있어 저 정도면 살 만하다 싶은 수준의 현대적 삶을 영위하고자 하는 발전적 잠재력과 포부가 있다는 말이다. 하지만 모든 인류가 이런 근대 산업사회적 발전적 포부를 지니고 있는 것은 아니라고 본다. 자기가 속한 공동체의 특성, 역사적 맥락, 사회발전 단계, 문화적 선호 등에 따라 발전적 잠재력과 포부는 상당히 가변적으로 형성될 수 있다. 예컨대, 외부세계와 비교적 고립되어 살고 있는 이슬람권의 청소년에게는 컴퓨터에 대한 접근성보다 이맘(이슬람 예배지도자)이 되는 것이 보다 중요한 발전적 포부일 수도 있다. 물론, 외부의 영향력이 들어갔을 때 그것에 대한 반응도 다양한 모습으로 형성된다고 봐야 한다. 이런 다양

성을 무시한 채 단일하고 '보편적인' 발전적 잠재력·포부를 강요하는 것 자체가 또 다른 억압권력이 될 가능성이 있다. 억압권력은 크게 보아 두 가지 형태로 나타난다. 첫째, 노예무역, 정복, 식민지배, 여성·인종·종교집단 등의 법적·제도적 차별 등 '의도적 억압권력'이 있다. 둘째, 경제적·물질적 불평등, 정치적·사회적 기회 박탈, 지역에 근거한 비공식적 차별, 사적 영역에서의 배제, '의도적 억압'의 역사적 잔재 등 '구조적 억압권력'이 있을 수 있다.

⑤ 억압권력은 새로운 구조, 제도, 관행, 집단을 지향하는 반대움직임을 발생시킨다. 억압받는 집단이 새롭게 표출하는 발전적 잠재력과 포부를 '대항권력'이라고 한다. 억압권력과 대항권력은 시대와 장소에 따라 다양하게 나타난다. 한국의 경우 20세기의 역사적 경험을 짙게 깐 바탕에서 근대적 인권담론과 유사한 대항권력이 출현했다(<표 9-1> 참조). 대항권력을 행사하는 방식은 혁명과 폭력투쟁에서 비폭력 평화투쟁에 이르기까지 다양한 형태를 지닌다. 역사적으로 보아 특정 시점의 저항은 거의 언제나 어느 정도 '비합법적' 투쟁을 포함하기 마련이다(Fields 2003, 83). 기존의 구조, 제도, 관행이 법적으로 규정되어 있는 경우가 대부분이므로 그것을 극복하기 위해서는 비합법을 전제로 할 수밖에 없기 때문이다. 따라서 오늘날의 맥락에서 보자면 시민적 불복종 또는 '직접행동민주주의'가 근원적 의미에서 대항권력의 핵심적 모드가 될 수 있다(Carter 2005).

⑥ 새롭게 출현한 대항권력이 억압권력으로 변질된 경우가 많다. 특히 제도화된 대항권력은 억압권력화하기 쉽다. 이것이 모든 권력의 속성이다. 인권의 발전은 억압권력의 형태가 변해가는 것이라고 말할 수도 있다. 예를 들어, 절대국가의 억압권력에 저항하면서 출현한 시민

적·정치적 권리는 부르주아적 경제권력을, 사회불평등의 억압권력에 저항하면서 출현한 경제적·사회적 권리는 중앙집권적 국가권력을(특히 공산주의권에서), 식민지배의 억압권력에 저항하면서 출현한 민족자결권은 경제적 제국주의와 자국 내 지배계층 권력을 각각 유지시키는 역기능을 했다. 대항권력이 어떤 식의 억압권력으로 변질될지는 미리 예측할 수 없다. 그러나 인권운동은 권력의 보편적 속성에 대해 예민하게 주의를 기울임으로써 새로운 억압권력의 출현을 다른 사람보다 더 빨리 감지하고 그 풍향계 역할을 할 수 있다. 그런데 작은 변화조차 어려운 사회현실을 감안할 때 대항권력의 제도화를 무조건 거부할 수도 없다. 구더기가 무섭더라도 일단 장을 담아야 할 경우가 오히려 더 많다고 봐야 할 것이다. 이때 대항권력의 제도화는 흔히 법의 형태로 귀결되곤 한다. 그러한 법이 쉽사리 억압권력으로 전락하지 않도록 예방하려면 법을 만들고 시행하는 과정에 시민들이 높은 수준에서 직접 참여하는(안경환·한인섭 2005; Dworkin 1977, 216-217) 일종의 '규범적 법실증주의' 또는 '민주적 법실증주의'를 모색해야 한다(Campbell 2004; 2006).

⑦ 인권은 추상적·철학적으로 유추하기보다 역사적 경험 속에서 도출된 현실적 개념으로 파악하는 것이 더욱 적절하다. 인간은 자율과 행복의 최저조건이 보장되지 않으면 자신의 생명까지도 버릴 수 있는 가치지향적 존재이다. 따지고 보면 인권은 "거대한 서사"가 없는 인류 최초의 이념이다(Slim 2002, 6). 인권에는 정전canon도 성인saint도 없다. 모든 인류의 작은 염원과 작은 투쟁의 땀방울들이 만들어 낸 담론이므로 위대한 성인 대신 작은 사람들이 있으며, 거대담론 대신 상식적이고 절박한 호소가 있는 것이다. 따라서 인권의 의미를 찾으려면 실제로 인권투쟁에 나섰던 모든 사람들의 경험에서 찾아야 한다. 역사적 인권개

념에서 일정한 '개념적 정형'을 굳이 찾는다면 프랑스혁명이 내건 '자유, 평등, 박애'의 사상이 인권가치를 그나마 가장 가깝게 표현하고 있다고 볼 수 있다. 물론 이런 특정한 가치가 인간의 권리로 수용되는 과정, 즉 '사회적 인정'을 획득하는 과정 역시 인권투쟁의 중요한 역사였다. 사회적 인정 투쟁은 헤겔 이래 역사철학적 특성으로 받아들여지고 있다. 특정한 가치를 인간의 권리로서 사회적으로 인정한다는 말은 그것과 대응되는 의무를 사회적으로 부과한다는 뜻이 된다. 따라서 자유라는 가치에는 타인을 자유존재로 인정할 의무가, 평등이라는 가치에는 모든 인간의 공통적인 욕구를 충족시킬 의무가, 박애라는 가치에는 타인과 함께 서로 '공감할 수 있는 대화'empathetic dialogue를 나누어야 할 의무가 만인에게 부과된다(Habermas 1996 참조). 이 세 가지 가치는 상호 간에 긴장과 모순을 함축하고 있으나 그러한 긴장을 감수하더라도 그것들이 하나의 전체를 이루는 것으로 파악해야 옳다. 이런 입장은 현대 인권의 '불가분성' 원칙과 연결된다.

⑧ 인권적 가치들이 사회적 인정을 획득하는 과정은 20세기 후반 들어 가속화되고 있다. 이제 개인만이 아니라 다양한 집단이 사회적 인정을 요구하는 권리의 주체로 등장했다. 또한 권리를 충족시킬 의무가 있는 주체 역시 다변화되어 국가뿐만 아니라 비국가 집단, 개인 및 가족 등도 의무의 주체로 인정되기 시작했다. 복합성이 증대된 현대세계의 현실에 비추어 볼 때 인권의 가해자와 피해자는 대단히 복잡한 형태로 분화될 가능성이 높다(<표 5-1> 참조). 그리고 제1차 인권혁명의 특징이 시민적 · 정치적 권리를 강조하면서 출현한 데 있다면, 제2차 인권혁명은 경제적 · 사회적 · 문화적 권리를 더욱 강조하는 특징을 보인다. 우리가 위의 ②항에서 본 대로 인간이 인간 공동체 안에서 태어나

고, 문화적·사회적·경제적 관계망 속에서 형성·발전되며 또 제약받는다는 점을 감안하면 경제적·사회적·문화적 권리의 중요성을 더욱 인식해야만 할 것이다. 나는 시민적·정치적 권리가 역사적으로 특정한 체제인 자본주의적 자유주의의 이론적 배경과 긴밀히 연관되어 있다는 점을 여러 번 지적한 바 있다. 또한 경제적·사회적 권리를 사회주의권에서 특히 강조했었다는 사실도 수차 언급했었다. 그러나 어떤 체제에서든 가장 기초적인 차원에서 인간존재의 물질적 토대(경제적·사회적 권리)와, 최소한의 의사표현 자유 및 이동의 자유(시민적·정치적 권리)가 모두 인간의 생존에 필요불가결한 요소를 이룬다. 이런 점에서 가장 기본적인 차원에서 보더라도 모든 인권의 불가분성은 논리적으로 타당하며 그 중요성을 아무리 강조해도 지나치지 않다(논조를 약간 달리해, 물리적-생명보존을 인간의 일차적 욕구로 파악하는 견해로는 Nordahl(1992)을 보라).

⑨ 어떤 특정 이슈를 인권이라는 문제틀로 파악하려고 framing 할 때는 두 가지 차원을 염두에 두어야 한다. 첫째, '전체 인권원칙'에 부합하는 방식으로 사고하고 실천해야 한다. 전체 인권원칙이란 국제적으로 공인되는 인권기준과 인권목록, 인권의 진정한 목표와 동기, 인권의 불가분성, 인권의 작동방식, 공동선에의 기여 등을 아우르는 총체적 접근원칙이다. 인권의 목록만큼이나 인권의 작동방식도 중요한 고려사항이 된다(3장 참조). 인권의 일부만을 따로 떼어내 개념조작하여 어떤 목적을 위해 악용하는 '부분적 인권정치'는 특히 배격해야 할 것이다. 원칙 있는 인권정치는 역동적·포괄적 인권정치를 지향한다(1장 참조). 둘째, 권리의 논리구조에 맞게끔 사고하고 행동해야 한다. 어떤 이슈를 인권문제로 파악하려면 권리의 주체, 의무의 주체, 권리의 근거, 권리의 내용을 언제나 명확히 개념화하는 분석적 태도가 요청된다.

⑩ 인권담론이 현실에서 큰 영향력을 발휘하고, 인권의 패러다임이 탄압 패러다임에서 웰빙 패러다임으로 변하면서, 대중이 권리를 주장하는 강도, 범위, 속도, 영향력이 모두 급격하게 증대했다. 인권담론의 양적·질적 변화로 인해 사적인 권익주장도 대폭 늘었으며, 정치 일반에 대한 기대치와 요구도 대폭 증가했다. 이런 현상은 포스트민주화 시대의 특징이자 전 세계적인 현상이다. 시민의 자력화 경향, 표출적 성향, 적극적 권리주장, 권익정치의 폭발 등으로 인해 이제는 누가 권력을 잡든 대의민주주의—정치정당성의 전통적 기반—만으로 해석하기 어려운 비판민주주의와 직접행동민주주의의 현실을 직시하고, 그것을 인정해야만 정상적으로 권력을 유지할 수 있게 되었다(8장 참조). 이에 따라 이제는 인권이론이 민주주의의 일반 이론과 수렴되는 듯한 경향을 보이기도 한다. 이런 경향은 인권담론에 극히 중요한 함의를 가지며 향후 인권정치의 향방을 시사하고 있다.

이 책에서 나는 인권에 대한 비판을 많이 다루었다. 하지만 필자 스스로 인권에 대해 애착이 없다면 그런 비판을 굳이 활자로 표현할 필요도 없었을 것이다. 그렇다면 나는 인권에 대해 도대체 어떤 호감을 가지고 있는가? 다시 말해, 인권담론이 도대체 어떤 장점을 지니고 있기에 인권을 그토록 비판하면서도 인권에 대해 이렇게 긴 러브레터를 써야만 했던가? 사람마다 다를 수 있겠지만 나는 다음과 같은 점들이 인권담론의 고유한 특징이라고 생각한다. 이 책에서 산발적으로 말했던 것들을 총 정리하는 셈이다.

우선, 인권은 처음부터 '모든 인간'을 상정하는 보편적 개념으로 출발했다. 애초부터 터를 넓게 잡은 개념이다. 물론 보편적·세계주의적 인권개념에 모순과 위선성이 많다는 것을 지금까지 익히 살펴보았다. 그러나 나는 그러한 결함만큼이나 세계주의적 이상이 가지는 미래지향적 잠재력을 높이 평가한다. 현실이 이상에 못 미친 점을 인정하지만 '보편'이라는 포부 자체가 나쁜 것은 아니다(리영희 2006 참조).

둘째, 인권은 인간의 평등에 대한 신념에 확고하게 뿌리내린 이념이다. 나는 인권만큼 확고하게 인간의 존재론적 차원에서 평등을 옹호하는 그 어떤 이념이나 사상도 알지 못한다. 이 점은 휴머니즘과 자연스럽게 연결되어 인권을 인간적이고 겸손한 이념으로 만들어 준다. 적개심에 불타지 않고 인간평등을 열렬하게 고창하는 인도적 미덕을 가진 이념이다. 지브 만코비츠는 이런 말을 한 적이 있다. "사람들은 이념을 믿지 않는다. 사람들은 자기가 믿는 사람의 이념을 믿는다." 나는 이 말을, 인권이라는 휴머니즘적 인간품성과 사회기풍이 앞서야 그 어떤 이념도 제대로 진가를 발휘할 수 있다는 뜻으로 받아들인다.

셋째, 인권은 탄생 자체가 모든 형태의 억압권력에 저항하는 담론으로 출발했다. 진정한 의미에서의 해방담론이다. 따라서 모든 권력관계에 특히 민감하게 반응하며 인간의 자력화와 표출성을 장려한다. 즉, 인권에는 인간내면에 깊숙이 자리 잡은 주체적 의식을 자극하는 독특한 능력, 사람의 가슴을 적시는 정서적 호소력이 있다. 또한 인권은 권력의 실체를 볼 수 있는 '특수렌즈'를 제공해 주어서 그전까지 사람들의 눈에 보이지 않던 갖가지 형태의 억압권력을 하나씩 드러내는 기능을 수행한다. 솔직히 말해 장애인들의 인권, 동성애자들의 인권, 수용시설에 갇힌 사람들의 인권, 이주노동자 2세들의 교육권 등은 그전까지만 해도 일반인의 인식의 레이더망 아래에 숨어있던, 존재하지 않는 거나 다름없던 문제였다. 오직 인권만이 이런 문제들을 실제로 '존재하는 문제'로 제대로 파악할 수 있게끔 해 준다.

넷째, 인권은 근대 사회과학의 대명제인 이익에 근거한 신식 이념이자('이익이론'), 동시에 규범성과 윤리성을 강조하는 구식 이념이기도 하다. 인권의 순진하고 고풍스런 측면으로 인해 각계각층의 사람들이 단일한 주장 아래 모여들 수 있음을 기억해야 할 것이다('합의의 지형').

다섯째, 인권은 이념과 사상 중에서 드물게 법적 담론이라는 강력한 무기의 지원을 받고 있다. 물론 인권의 법률화 경향에 문제가 적지 않음을 여러 번 지적했지만, 인권의 저항성과 법적 제도화 사이에서 균형을 잡을 수만 있다면 법이론과 법률체계는 인권의 든든한 현실적 우군이 될 수 있다.

여섯째, 인권이 지향하는 목표는 구체적이고 현실적이다. 인권은 처음부터 아주 높은 추상성을 전제로 하는 이론체계가 아니며 어떤 최대치의 유토피아를 추구하는 사상도 아니다. 그리고 인권은 최소한의 요구를 절대적으로 추구한다는 점에서 '최소절대화'Absolmin라는 흔치 않은 방식으로 작동한다.[2] "다른 건 몰라도 최소한 이것만큼은 지켜 줘야 타인을 같은 인간으로 대접해 주는 것이고, 우리 스스로도 부끄럽지 않은 인간이라 할 수 있지 않겠는가?"라는 식의 접근방식은 나지막한 목소리지만 거부하기 힘든 설득력을 지니고 있다. 또한 인권은 목표와 함께 그것을 추구하는 수단(작동 방식)이 명확하게 정해져 있다. 동서고

---

[2] '최소절대화'라는 표현은 'Absolute-minimum'을 가리킨다. 절대적으로 최소한의 요구만을 한다는 뜻이 아니라, 요구 자체는 최소한으로 하는 것처럼 제시하되, 그것만큼은 양보 없이 절대적으로 관철해야 한다는 뜻이다. 이는 롤스의 개념에서 아이디어를 얻어 필자가 만든 용어다.

금을 통해 수많은 이념들이 고결한 목표와 덜 고결한 수단 사이의 괴리를 극복하지 못하고 역사의 뒤안길로 사라졌던 선례를 우리는 기억해야 한다.

마지막으로, 인권은 구사회운동과 신사회운동을 잇는 유일한 사회운동 형태다(Cohen and Rai 2000). 인권운동과 인권 하위운동들은 정치변화와 사회변혁을 동시에 추구하기 때문에 생명의 정치인 신사회운동과 해방의 정치인 구사회운동에 모두 관여할 수 있다(Cohen and Rai, 7). 그러므로 내쉬가 말했듯이 인권은 "새로운 양식의 민주주의"를 만들 수 있는 중요한 구성요소가 된다(Nash 2000, 43). 인권의 이런 가치와 통합력을 모든 시민사회운동이 재발견해야 마땅하다. 특히 한국의 시민사회운동은 시민사회를 둘러싼 구조, 환경, 가치, 영향력의 차원 중에서 특히 '영향력'의 차원이 상대적으로 커져 있다. 그런 만큼 모든 시민사회운동은 인권이라는 보편적 틀로써 스스로 지향하는 가치를 업그레이드할 필요가 있다(박래군 2003; Cho 2002; 2005). 바로 이런 점들 때문에 나는 인권을 지지한다. 많은 이들이 인권의 자장磁場 속으로 끌려 들어오는 이유도 이와 비슷할 것이라고 나는 믿는다.

지금까지 이 책 전체를 통해 기존의 인권이론을 정리하는 데 중점을 두었으므로, 실제 내 목소리로 논증한 사항은 거의 없었다. 하지만 여기서 다음과 같은 상식적인 질문 하나를 던짐으로써 결론삼아 인권에 대한 내 생각을 제시하려고 한다. 한국의 근현대사 과정에서 인권이 어떤 역할을 했고 인권이 앞으로 어떤 역할을 할 수 있을 것인가? 다시 말해, 인권의 렌즈로 우리의 20세기를 읽을 수 있으며, 인권으로 21세기를 꿈꿀 수 있는가? 이 질문은 인권이 한국 사회의 분석적·평가적 도구가 될 수 있는가, 그리고 인권이 한국 사회에 규범적인 비전을 제시할 수 있는가 하는 질문으로 번역될 수도 있다. 나는 인권의 세대개념과 컬러 코드 개념을 활용하면 우리의 지난 20세기를 '상당 부분' 읽을 수 있고, 앞으로의 21세기를 '상당 부분' 꿈꿀 수 있다고 생각한다. 왜 그런지 설명하기 위해 필자는 〈표 9-1〉을 만들어 보았다. 먼저, 이 표는 연대기적 순서가 아니라 인권의 세대개념으로 구분되어 있음을 기억하기 바란다. 그리고 이 표에는 약간의 추가설명이 필요한 부분이 있다.

첫째, 나는 저발전·빈곤에 대한 투쟁으로서 ⑥번 항목에 '빈곤해방의지'와 '노동해방운동'을 함께 배치했다. 경제적 인권운동에 이 두 가지 과제가 모두 포함되기 때문이다. 흔히 빈곤해방의지는 ①번 항목과 함께 박정희 전 대통령이 주도했고, 노동해방운동은 ②번 항목과 함께 민주화운동 진영이 이끌었다고 생각하곤 한다. 따라서 경제발전이냐 인권이냐 하는 잘못된 이분법이 오랫동안 우리의 정치적 상상력을 지배해 왔다. 내가 보기에 이것은 민주화운동 진영이 동시대를 직접 살아서 체험한 결과로서 형성된 독특한 주관적 인식론을 반영하는 해석이다. 그러나 이 해석은 스스로의 경험세계 전반을 객관적으로 묘사하지 못하고 있다. 그 결과, 실제로 민중이 경제적·사회적 권리투쟁에서 달성했던 두 가지 큰 성취('빈곤해방의지'와 '노동해방운동')에 대해 스스로 절반을 깎아버리는 우를 범했던 것이다.

한국의 경제발전은 광범위한 교육 수준, 규율 있는 노동윤리, 사적 자본축적률, 미국 및 일본과의 경제관계, 그리고 무엇보다도 빈곤타파를 지향한 국민적 에토스 등으로 뒷받침되었다. 이것은 국제학계의 정설이다. 나는 제3세계 활동가들과 개도국 발전을 연구하는 학자들로부터 일부 극빈국 민중들이 빈곤에서 벗어나려는 의지가 '너무' 없다는 장탄식을 듣곤 한다. 평생 아시아와 아프리카의 여러 개도국과 한국에서

〈표 9-1〉 한국 근현대사와 인권운동

	억압권력	대항권력	미해결 과제	지향점
시민적·정치적 권리	① ·권위주의 독재 ·정치적 권리 억압	② 정치해방운동 (민주화 운동)	③ 회복적 정의 ·과거사 정리 ·진실과 화해	④ 청색 권리 ·인권 민주주의 ·개인·집단의 자율성
경제적·사회적 권리	⑤ ·저발전·빈곤	⑥ 빈곤해방의지 + 노동해방운동	⑦ 분배적 정의 ·불균등 성장 ·경제 양극화 ·사회 안전망 미비	⑧ 적색 권리 ·복지국가 ·노동자 권리 ·지속가능 발전권
집단적·연대적 권리	⑨ ·식민 지배 ·민족자결권 박탈	⑩ 민족해방운동 (일제 강점기 독립투쟁)	⑪ 자기결정적 정의 ·분단체제 지속 ·전쟁 위협 ·평화체제 수립과제	⑫ 녹색 권리 ·평화권 ·한반도 자기결정권 ·북한에 대한 인도적 지원 ·북한 인권개선 ·생태권 ·젠더 등 '차이의 정치' ⑬ 갈색 권리 ·제3세계 지원 ·이주노동자 권리

근무하고 한국에서 은퇴했던 외교관인 고 로빈 크롬턴Robin Crompton 씨는 언젠가 필자에게 "잘 살아보려고 노력하는 게 정상인 한국 사람들과, 철저하게 무기력하고 무관심한 게 정상인 사람들 사이에 너무나 큰 차이가 있는 것 같다"는 경험담을 토로한 적이 있었다. 이런 관점은

인권의 '자유의지이론'과 연결된다. 꼭 된다는 보장은 없지만 어쨌든 빈곤에서 벗어나겠다고 스스로 마음먹을 수도 있고, 그렇지 않을 수도 있다는 것이다. 물론 민중의 염원만으로 발전을 설명하는 방식은 문화결정론 또는 환원주의의 위험이 있다. 하지만 그 점을 감안하더라도, 전 세계적으로 비교해 봤을 때, 한국인의 빈곤탈출 의지가 유독 강렬했다는 점, 그리고 그러한 열망이 하나의 주요한 발전 동인이었다는 점을 부정하기는 어렵다. 나는 잘 살아보겠다고 발버둥을 쳤던 한국인의 노력 자체가 위대한 인권운동이었다는 믿음을 가지고 있다. 경제발전의 성공 여부와 관계없이 그러한 노력 자체가 빈곤해방운동이었다는 말이다. 조국광복의 성공 여부와 관계없이 우리 독립운동이 위대한 민족해방운동이었고, 영국의 소금세에 저항한 간디의 소금행진이 경제적 성과와 관계없이 위대한 독립투쟁이었던 것과 같은 이치다. 산업화의 와중에서 권리운동―정체성―독특한 문화가 혼합되어 발생했던 노동해방운동과(이종구 외 2004; 2006 참조), 보통사람들의 생활세계에서 흔히 인권운동이라는 자각도 없이 벌어졌던 빈곤해방의지가 다 경제적 · 사회적 권리운동이었다. 우리는 노동자의 권리를 부르짖던 '각성의 운동가들'과, 집세 걱정을 하면서 허리띠를 졸라매던 '익명의 운동가들'을 모두 인권운동사의 정당한 양대 주체로 기억해야만 한다. 노동운동가들의 투사적인 용기와, 아끼던 소를 팔아 자식들 대학을 보내던 농민들의 강인한 미래지향 의지에 똑같이 경의를 표해야 한다.

인권운동에서 빈곤해방의지를 인권운동의 정당한 일부로 인정하지 않을 경우 우리 주변의 '익명의 운동가들'은 쉽사리 보수주의 정치 의 인질이 되곤 한다(흔히 인질이 되었다는 자각도 없이). 그러한 빈곤해방의지를 독재세력이 어떻게 활용하고 조작했는지, 그 과정에서 대중의 암묵적 동의가 있었는지 등은 본질을 벗어난 질문이다. 빈곤해방운동에서 한국 정부가 기여한 몫이 있다면 그것은 이미 형성되어 있던 민중의 빈곤해방의지와 역량에 조직적·심리적 동력을 일부분 제공하고 유도한 정도다(Sen 2006). 그런데 박정희는 정치수사의 차원에서 빈곤해방운동을 자기 정당성의 근거로 독점했고, 이 문제를 경제발전이냐 민주주의·인권이냐 하는 식의 허구적 이분법으로 고착시켜 결과적으로 민주화 진영도 그러한 틀에서 세상을 보도록 만들었다. 그 결과 민주화 진영은 박정희가 독재만 했다거나, 아니면 설령 박정희 때 경제가 발전했다 하더라도 그것은 차라리 안 하느니만 못 한 성장위주의 모델이었다 하는 식의 미흡한 논리만 주로 되풀이해 왔다. 이 때문에 민주화 진영이 '투쟁은 잘 하지만 먹고사는 문제엔 무능한' 집단이라는 잘못된 논리 앞에 쉽게 노출되고 있는 것이다. 이것은 박정희식 인식론의 뿌리 깊은 유산이다. 먹고사는 문제도 핵심적인 인권문제이며 모든 인권은 불가분의 관계를 이룬다. 따라서 인권·사회운동은 어떤 일이 있어도 '밥이냐 인권이냐'라는 식의 허구적 논쟁구도를 허용해서는 안 된다. 그러므로 우리는 '잘살아 보세.'라는 염원과 '노동자도 인간이다.'라는 절규가 사실은 동전의 양면이었다는 점을 이해하려면 '이중 해석학적 접근'이 필요하다는 점을 알 수 있다.

둘째, 각 세대별 인권항목의 미해결 과제로 ③ 회복적 정의restorative justice 또는 이행기 정의transitional justice,[3] ⑦ 분배적 정의, ⑪ 자기결정

---

[3] 민주주의 제3의 물결 시대를 거치면서 과거사를 청산하자는 움직임은 전 세계적인 현상이 되었다. 특히 민주주의 이행기에 있어 과거 인권침해 사건의 처리 여부가 민주주의 공고화의 핵심과제로 등장했다. 과거 역사를 직시해야 한다는 명제 자체에 반대하는 사람은 많지

적 정의를 들 수 있다. 이것은 오늘날에도 계속되고 있는 미완의 과제이며 한국의 민주주의를 위해 어떤 식으로든 해결해야 할 숙제다. 전 세계적으로도 민주주의의 공고화를 위해서는 인권투쟁의 부족한 결과로 초래된 미해결 과제를 언젠가는 해결하고 넘어가야 한다는 것이 이론적·현실적 상식으로 인정되고 있다. 이 부분에 대한 정리와 종결 없이 민주주의와 사회발전이 어렵다는 것이다. 그러므로 나는 정치적 입장과 이념을 떠나 인권적 사고를 '논의의 문턱'으로 인정하는 사람이라면 누구나 불균등 성장, 경제 양극화, 사회 안전망 미비, 분단체제 극복(백낙청 2006), 전쟁 위협과 평화, 과거사 정리, 진실과 화해, 북한에 대한 인도적 지원과 북한인권 상황 개선 등의 문제에 똑같이 관심을 기울이면서, 인권적 작동방식을 통해 문제해결을 모색해야 한다고 믿는다.

셋째, 표의 ④ 청색 권리, ⑧ 적색 권리, ⑫ 녹색 권리, ⑬ 갈색 권리

않지만 어떤 방식으로 진행할 것인가가 중요한 쟁점이 된다. 초기에는 '정의'(justice) 대 '불처벌'(impunity)이라는 구도로 진행되던 논쟁이(라틴아메리카 모델), 후기에 들어서는 '정의' 대 '진실규명·화해'(truth and reconciliation)라는 구도로 초점이 바뀌었다(남아프리카 모델). 한국의 과거사청산은 '진실규명·화해 모델에 속한다. 민주주의의 공고화를 위해 과거사 정리가 필요한 이유는 다음과 같다. 첫째, 형법체계의 대원칙상 실정법을 위반한 범죄에 대해서는 정당한 응보가 당연하다. 그렇지 않으면 법의 존재의의를 찾을 수 없다. 둘째, 과거사 청산은 미래의 유사한 범죄행위에 대해 억지효과를 발휘한다. 셋째, 법의 지배(법치)를 증명하고 과거와의 단절을 명시하는 것은 기성세대와 미래세대 모두에게 확실한 교육효과가 있다. 사법부 역시 이 과정을 통해 진정한 권위를 되찾을 수 있다. 넷째, 인권피해자에 대해 일정한 회복적 기능을 발휘할 수 있다. 다섯째, 공식적 기록을 남김으로써 역사적 정당성의 서사를 확립할 수 있다. 여섯째, 과거사는 덮어둔다고 사라지지 않는다. 어떤 형태로든 과거사를 정리하지 못하면 계속해서 정당성의 문제가 야기되고 민주주의의 미래에 악영향을 끼치기 쉽다. 이것은 특히 과거사 정리에 반대하는 사람들이 유념해야 할 지점이다(2007. 3. 1. 첸휘웬(陳慧雯)의 설명을 정리; 김종철 2007; 조현연 2000; 최정기 2002; Han 2005; Hayner 2000; Kim 2004; Thompson 2002 참조).

항목에 지향점으로 제시된 컬러 코드 인권은 특히 인권의 불가분성 원칙에 따라 다 함께 추구해야 할 목표라고 할 수 있다. 그렇다면 한국의 정치가 추구해야 할 큰 목표들과 전일적 인권운동의 지향점이 대부분 일치한다는 말인가? 이 질문에 나는 '그렇다'라고 답할 수밖에 없다. 청색 권리로서 인권 민주주의와 개인·집단의 자율성을 옹호하고, 적색 권리로서 복지국가와 노동자 권리를 지지하며(신정완 2000; 유철규 2004), 녹색 권리로서 평화와 한반도 문제 해결, 젠더와 생태적 가치를 모색하고(박병상 2003), 갈색 권리로서 제3세계를 지원하고 이주노동자를 돕는 것이(외국인노동자대책협의회 2001; 조효제 2000) 우리가 지향하는 인권적 사회공동체의 목표가 되어야 한다고 나는 생각한다.

이와 같은 이유 때문에 나는 인간다운 세상을 꿈꾸는 우리 정치공동체의 모든 구성원이 청색, 적색, 녹색, 갈색의 인권을 기억하고 이해하고 실천하기를 원한다. 그것이 말처럼 쉽지는 않을 것이다. 우선 첫 단계로서 친인권공동체 내 하위문화들 간의 상호소통이 필요하다. 인권의 전문적 서사방식에 속한 사람은 정의로운 인간세상을 원하는 이들 중에도 인권에 대해 거부반응을 보이는 사람이 적지 않음을 이해하고, 인권의 기본 전제와 이념적 배경에 대한 자기 성찰을 게을리 해서는 안 된다. 인권의 근원적 서사방식에 속한 사람은 자신이 인권에 대해 특히 문제시하는 부분이 인권의 특정 측면(보편주의 주장, 자본주의의 도구적 구성요소, 비일관성, 인권을 빙자한 패권논리, 특정 권력관계 및 가부장제의 유지 등)에 집중되어 있음을 인정하고, 인권담론이 지난 세기에 애써 발전시켜 온 인권의 실행체계에 대해 건설적인 비판을 제시할 수 있도록 지성적·정치적 사려를 발휘할 필요가 있다. 인권의 응용적 서사방식에 속한 사람은 인권을 각 분야에 적용하는 것을 넘어서 현장의 문제의식과 통찰로써 인권이론 자체를 발전시키는 공헌을 할 필요가 있다. 또한 모든 인권운동은 통념적 서사방식이 인권에 제기하는 문제의식에 대해 민감하게 귀 기울이는 자세를 가져야 한다. 이런 다양한 성찰의 초점은 넓은 의미에서의 정치, 즉 인간사회의 공동선에 인권이 어떻게 기여할 수 있을 것인가에 맞춰져야 할 것이다. 왜 그래야 하는가에 대한 이론적 해답을 찾으려 했던 것이 『인권의 문법』 전체를 관통하고 있는 일관된 주제였다.

부록 1. 〈세계인권선언〉[1] [1948년 12월 10일 유엔총회 제정]

전문(前文)

우리는 인류가족 모두에게, 그들이 원래부터 존엄성과, 남들과 똑같은 권리와, 남에게 빼앗길 수 없는 권리를 가지고 있다는 사실을 인정해 주는 것이, 자유롭고 정의로우며 평화적인 세상의 밑바탕이 된다는 점을 인정한다.

최근에 일어났던 전쟁에서처럼 인권을 무시하고 멸시했던 것이 과연 어떤 결과를 초래했던가를 기억해 보라. 인류의 양심을 분노하게 만들었던 야만적인 일들이 일어나지 않았던가? 그러므로, 오늘날 보통사람들이 바라는 지극한 소망이 있다면 그것은 다름 아닌 '이제 제발 모든 인간이 언론의 자유, 신념의 자유, 공포와 결핍으로부터의 자유를 누릴 수 있는 세상이 왔으면 좋겠다'고 희구하는 것이라고 모두가 한목소리로 외치게 되었다.

인간이 폭정과 탄압을 견디다 못해 최후의 수단으로 혁명적인 항거에 나서지 않으면 안 될 정도로까지 극한상황에 몰리지 않게 하려면, 어떤 일이 있어도 반드시 법치를 통해 인권을 보호해야만 할 것이다.

또한 오늘날 여러 나라들 사이의 친선관계 발전을 도모하는 일도 참으로 긴요한 과제가 되었다.

유엔의 여러 인민들은 3년 전에 만들어진 〈유엔헌장〉 속에서 기본 인권에 대한 신념, 인간의 존엄 및 가치에 대한 신념, 남성과 여성의 동등한 권리에 대한 신념을 재확인했으며, 더욱 폭넓은 자유 속에서 사회진보를 촉진하고 생활수준을 향상시키자고 서로 다짐했었다.

또한 유엔 회원국들은 유엔과 협력하여 인권과 기본적 자유를 모두 함께 존중하고 그것을 준수하도록 노력하자고 공약한 바도 있다.

그런데 이러한 약속을 온전히 구현하려면 도대체 인권이 무엇인지, 도대체 자유가 무엇

---

[1] 이 번역문은 1948년에 나온 〈세계인권선언〉(Universal Declaration of Human Rights)을 필자가 옮긴 것이다. 선언문의 난삽한 내용을 오늘날 한국독자에게 내용적으로 잘 전달하는 데 중점을 두고 번역했다. 원래 〈세계인권선언〉의 원문은 영어, 프랑스어, 스페인어, 러시아어, 중국어, 아라비아어 등 6개 국어로 작성되었다. 유엔이 운영하는, 전 세계 366개 언어로 표현된 〈세계인권선언〉의 다음 사이트를 참조하라. 〈www.unhchr.ch/udhr/index.htm〉 (2007. 5. 30 접속). 당시에는 남여 성차를 초월한 중성적(inclusive) 언어사용이 보편화되지 않았던 시대였음을 감안하면서 본 선언문을 읽어야 할 것이다(예: '형제애').

인지에 관해 모든 사람이 이해할 수 있도록 하는 것이 무엇보다 가장 중요한 일이 아니겠는가?

따라서 이제, 유엔총회는, 사회 속의 모든 개인과 모든 조직이 본 선언을 언제나 마음 속 깊이 간직하면서, 가르침과 배움을 통해 이러한 권리와 자유를 존중하도록 힘쓰며, 국내에서든 국제적으로든, 계속 향상되는 진보적 조치들을 통해, 이미 독립해 있는 유엔 회원국의 인민들뿐만 아니라 유엔 회원국의 법적 관할 하에 있는 식민지 영토의 피식민 인민들에게도, 이러한 권리와 자유를 보편적이고 효과적으로 인정해 주고 지켜 주도록 노력하기 위하여,

모든 인민과 모든 국가가 다함께 달성해야 할 하나의 공통적인 기준으로서 〈세계인권선언〉을 선포하는 바이다.

제1조

모든 사람은 태어날 때부터 자유로운 존재로 태어났고, 한 사람 한 사람의 존엄과 권리는 모두 똑같다. 사람은 이성과 양심을 가지고 있으므로 서로 상대방을 형제애의 정신으로 대해야 할 것이다.

제2조

모든 사람은 예컨대 인종, 피부색, 성, 언어, 종교, 정치적 견해 또는 그 밖의 견해, 어느 민족 출신 또는 높고 낮은 사회적 출신, 재산의 많고 적음, 혈통이나 가문, 그 밖의 지위 등에 따른 어떤 종류의 구분도 없이, 이 선언에 나와 있는 모든 권리와 모든 자유를 누릴 자격이 있다.

더 나아가, 어떤 개인이 속한 나라 또는 영토가 독립국이든, 신탁통치 지역이든, 비자치 지역이든, 또는 그 밖의 어떤 주권상의 제약을 받고 있는 지역이든 상관없이, 그 곳의 정치적 지위나 사법관할권상의 지위나 국제적 지위를 근거로, 어느 곳에 사는 주민은 지위가 높고, 다른 곳에 사는 주민은 지위가 낮다는 식으로 구분해서는 절대로 안 된다.

제3조

모든 사람은 자기 생명을 지킬 권리, 자유를 누릴 권리, 그리고 자기 자신의 안전을 지킬 권리가 있다.

제4조

어느 누구도 노예가 되거나 타인에게 예속된 상태가 되어서는 안 된다. 노예제도와 노예 매매는 그 어떤 형태로든, 그 명칭이 무엇이든, 자발적이든 아니든 간에, 일절 금지한다.

제5조

어느 누구도 고문이나, 잔인하고 비인도적이거나 모욕적인 대우 또는 형벌을 받아서는 안 된다.

제6조

모든 사람은, 그 어디에서건, 법 앞에서 다른 사람들과 똑같은 한 인간으로 인정받을

권리를 가진다.

제7조

모든 사람은 법 앞에서 평등하며, 그 어떤 차별도 없이 법의 평등한 보호를 받을 자격이 있다. 모든 사람은 이 선언에 위배되는 그 어떤 차별에 대해서도, 그리고 그러한 차별을 선동하는 그 어떤 행위에 대해서도, 남들과 똑같이 보호를 받을 자격이 있다.

제8조

모든 사람은 헌법 또는 법률이 보장하는 기본권을 침해당했을 때에 해당국가의 법원에 의해 효과적인 법률구제를 받을 권리를 가진다.

제9조

어느 누구도 정당한 근거 없이 함부로 체포되거나, 감옥에 갇히거나, 해외로 추방당하지 않는다.

제10조

모든 사람은 자신의 권리가 무엇인지 또 자신의 의무가 무엇인지를 판별하고, 자신이 행한 행위가 과연 범죄인지 아닌지를 심판 받을 때에, 독립적이고 불편부당한 법정에서, 다른 모든 사람과 똑같이 공평하고 공개적인 심문을 받을 권리를 가진다.

제11조

1. 형사상의 범죄를 저지른 혐의로 기소당한 모든 사람은, 자신의 변호를 위한 법적 장치가 잘 갖춰져 있는 공개재판에서 재판을 받아 법률에 따라 정식으로 유죄 확정판결이 나기 전까지는 무죄로 추정받을 권리를 가진다.

2. 어떤 사람이 어떤 행위를 하거나 하지 않았던 것이, 그 당시만 해도 국내법 또는 국제법상으로 아무런 문제가 없었고 범죄도 아니었는데, 나중에 와서 뒤늦게 그것을 유죄라고 판결해서는 안 된다. 이것은 어느 누구에게나 마찬가지이다. 또한 나중에 와서, 범죄를 저지른 당시에 법적으로 처벌할 수 있었던 것보다 더 무거운 처벌을 뒤늦게 부과해서도 안 된다.

제12조

어느 누구의 프라이버시, 가정, 자기 집, 또는 통신에 대해서도 타인이 함부로 간섭해서는 안 되며, 어느 누구의 명예와 평판에 대해서도 타인이 그것을 침해해서는 안 된다. 모든 사람은 그러한 간섭과 침해를 받았을 때에 법의 보호를 받을 권리를 가진다.

제13조

1. 모든 사람은 자기 나라의 영토 안에서는 어디에든 갈 수 있고, 어디에서든 살 수 있는 자유를 누릴 권리가 있다.

2. 모든 사람은 자기나라를 포함한 어떤 나라로부터도 출국할 권리가 있으며, 또한 자기 나라로 다시 돌아올 권리가 있다.

제14조

1. 모든 사람은 박해를 피하여 다른 나라에 가서 피난처를 찾고 그것을 누릴 권리를

가진다.
2. 그러나 이 권리는 비정치적인 범죄 때문에 제기된 법적 소추, 또는 유엔의 목적과 원칙에 위배되는 행위 때문에 제기된 법적 소추의 경우에는 해당되지 않는다.

제15조
1. 모든 사람은 적어도 어느 한 나라의 국민이 될 권리, 즉 국적에 대한 권리를 가진다.
2. 어느 누구도 정당한 근거 없이 함부로 자신의 국적을 빼앗기지 않으며, 또한 자기 국적을 바꾸거나 다른 나라의 국적을 취득할 권리를 빼앗기지 않는다.

제16조
1. 성인이 된 남성과 여성은 인종, 국적 또는 종교에 따른 어떠한 제약도 받지 않고 결혼할 수 있는 권리를 가지며, 가정을 이룰 권리를 가진다. 남성과 여성은 결혼해서 사는 동안 그리고 이혼하게 될 경우에, 혼인과 관련된 모든 문제에 있어 서로 똑같은 권리를 가진다.
2. 결혼은 다른 누구의 뜻에 의해서가 아니라 오직 당사자 간의 자유롭고 완전한 합의에 의해서만 유효하다. 그렇지 않은 경우는 합법적인 결혼으로 인정될 수 없다.
3. 가정은 사회의 자연적이고 기본적인 구성단위이므로 사회와 국가의 보호를 받을 자격이 있다.

제17조
1. 모든 사람은 혼자서 재산을 소유할 수 있는 권리, 그리고 다른 사람들과 함께 공동으로 재산을 소유할 수 있는 권리를 가진다.
2. 어느 누구도 자기 재산을 정당한 근거 없이 함부로 빼앗기지 않는다.

제18조
모든 사람은 사상의 자유, 양심의 자유, 그리고 종교의 자유를 누릴 권리를 가진다. 이러한 권리에는 자신의 종교 또는 신념을 바꿀 자유도 포함된다. 또한 이러한 권리에는 가르침, 실천, 예배, 의식을 행함에 있어서, 혼자 또는 다른 사람과 함께, 공개적으로 또는 사적으로, 자신의 종교나 신념을 겉으로 표현할 수 있는 자유가 포함된다.

제19조
모든 사람은 의사표현의 자유를 누릴 권리를 가진다. 이 권리에는 남의 간섭을 받지 않고 자기 의견을 가질 수 있는 자유와, 모든 매체를 통하여 국경을 뛰어넘어 정보와 사상을 모색하고 받아들이고 전파할 수 있는 자유가 포함된다.

제20조
1. 모든 사람은 평화적 집회의 자유와, 평화적 결사의 자유를 누릴 권리를 가진다.
2. 어느 누구도 자기가 원하지 않는 집단이나 단체에 소속될 것을 강요당해서는 안 된다.

제21조
1. 모든 사람은 자기가 직접 참여하든, 또는 자유롭게 선출된 대표를 통해서 간접적으로

참여하든 간에, 자기나라의 국정에 참여할 권리를 가진다.
2. 모든 사람에게는 자기나라의 공직을 맡을 권리가 똑같이 주어져 있다.
3. 정치권력의 기본은 바로 인민의 의지이다. 인민의 의지는 사이비 선거가 아닌, 정기적으로 실시되는 진정한 선거를 통해서만 표출된다. 이러한 선거는 보통선거와 평등선거로 이루어지고, 비밀투표 또는 비밀투표에 해당하는 자유로운 투표 절차에 따라 실시되어야 한다.

제22조

모든 사람은 사회의 구성원으로서 사회보장을 받을 권리를 가진다. 모든 사람은 국가의 자체적인 노력과 국제적인 협력을 통하여, 그리고 각 나라가 조직되어 있는 방식에 따라, 또한 각 나라가 보유하고 있는 자원의 형편에 맞추어, 자신의 존엄성과 인격의 자유로운 발전을 위해서 반드시 필요한 경제적 권리, 사회적 권리, 문화적 권리를 실현할 수 있는 권리를 가진다.

제23조

1. 모든 사람은 노동할 권리, 자유롭게 직업을 선택할 권리, 공정하고 유리한 조건으로 노동할 권리, 그리고 실업상태에 놓였을 때에 보호받을 권리를 가진다.
2. 모든 사람은, 어떠한 차별도 받지 않고, 동일한 노동에 대하여 동일한 보수를 받을 권리를 가진다.
3. 모든 노동자는 자신과 그 가족이 인간적으로 남부끄럽지 않게 품위를 지키고 살아갈 수 있도록 보장해주는, 정당하고 유리한 보수를 받을 권리를 가진다. 또한 이러한 보수가 부족할 경우, 필요하다면 여타 사회보호 수단으로써 부족한 보수를 메울 수 있는 권리를 가진다.
4. 모든 사람은 자신의 이익을 보호하기 위하여 노동조합을 결성하고 노동조합에 가입할 수 있는 권리를 가진다.

제24조

모든 사람은 휴식할 권리 그리고 여가를 즐길 권리를 가진다. 이러한 권리에는, 너무 과도한 노동을 하지 않게끔 노동시간을 적절한 수준으로 제한할 수 있는 권리, 그리고 정기적인 유급 휴가를 받을 권리가 포함된다.

제25조

1. 모든 사람은 자신과 가족의 건강과 안위에 적합한 생활수준을 누릴 권리를 가진다. 이러한 권리에는 먹거리, 입을 옷, 주거, 의료, 그리고 생활에 필요한 사회서비스 등을 누릴 권리가 포함된다. 또한 직업을 잃었거나, 질병에 걸렸거나, 장애를 당했거나, 배우자와 사별했거나, 나이가 많이 들었거나, 그 밖에 자신의 힘으로 구제할 수 없는 상황에 처하여 살길이 막막해진 모든 사람은 사회나 국가로부터 생계보장을 받을 권리를 가진다.
2. 자식이 딸린 어머니, 그리고 어린이와 청소년은 전체 사회로부터 특별한 보살핌과

도움을 받을 자격이 있다. 모든 어린이와 청소년은 그 부모가 결혼한 상황에서 태어났든, 미혼인 상황에서 태어났든 상관없이, 모두 똑같이 사회적 보호를 누릴 수 있어야 한다.

제26조
1. 모든 사람은 교육 받을 권리를 가진다. 적어도 초등교육과 기초교육 단계에서는 무상교육을 실시해야 한다. 초등교육은 의무적으로 실시해야 한다. 보통 사람들이 큰 어려움 없이 기술교육과 직업교육을 받을 수 있어야 하며, 고등교육 즉 대학교육은 다른 차별 없이 오직 학업능력에만 입각하여 모든 사람에게 똑같이 개방되어야 한다.
2. 교육은 인격을 온전하게 발달시키고, 인권과 기본적 자유를 더욱 존중할 수 있도록 하는 데 그 방향을 맞춰야 한다. 교육은 모든 국가, 인종집단 또는 종교집단들이 서로 이해하고 서로 너그러운 마음으로 포용하며 친선을 도모할 수 있도록 해야 하고, 평화유지를 위한 유엔의 활동을 촉진시켜야 한다.
3. 부모는 자기 자녀가 어떤 교육을 받을지를 우선적으로 선택할 권리를 가진다.

제27조
1. 모든 사람은 자기가 속한 공동체의 문화생활에 자유롭게 참여할 권리, 예술을 즐길 권리, 학문적 진보와 그 혜택을 함께 누릴 권리를 가진다.
2. 모든 사람은 자신이 만들어낸 모든 학문, 문예, 예술의 창작물에서 생기는 정신적·물질적 이익을 보호받을 권리를 가진다.

제28조
모든 사람은 이 선언에 나와 있는 권리와 자유가 온전히 실현될 수 있도록 보장해 주는 사회체제 및 국제체제 내에서 살아갈 자격이 있다.

제29조
1. 모든 사람은 자신이 속한 공동체에 대하여 한 인간으로서 의무를 진다. 따지고 보면 누구든지 공동체를 통하지 않고서는 자신의 인격을 자유롭고 온전하게 발전시킬 수 없지 않겠는가?
2. 모든 사람은 자신의 권리와 자유를 온전하게 행사할 수 있지만, 다음과 같은 경우에는 예외적으로 그러한 권리와 자유가 제한될 수 있다. 즉, 다른 사람에게도 나와 같은 권리와 자유가 있다는 사실을 적절하게 인정하고 존중해 주기 위해 제정된 법률에 의해서 제한을 받는다. 또한, 민주사회에서의 도덕심과 공중질서 그리고 사회전체의 복리를 위해 정당하게 필요한 사항을 충족시키기 위해 제정된 법률에 의해서도 제한을 받을 수 있다.
3. 이러한 권리와 자유는 어떤 경우에도 유엔의 목적과 원칙에 위배되는 식으로 행사해서는 안 된다.

제30조
이 선언의 그 어떤 내용도 다음과 같이 악의적으로 해석해서는 안 된다. 즉, 어떤 국가,

집단 또는 개인이 자기들에게, 이 선언에 나와 있는 권리와 자유를 파괴하기 위한 활동을 할 수 있는 권리가 있다거나, 그런 활동에 가담할 수 있는 권리가 있다는 식으로 이 선언을 해석해서는 절대로 안 된다.

부록 2. 〈대한민국 헌법〉[2] [전문개정 1987년 10월 29일: 헌법 제10호]

전문(前文)

유구한 역사와 전통에 빛나는 우리 대한국민은 3·1운동으로 건립된 대한민국임시정부의 법통과 불의에 항거한 4·19민주이념을 계승하고, 조국의 민주개혁과 평화적 통일의 사명에 입각하여 정의·인도와 동포애로써 민족의 단결을 공고히 하고, 모든 사회적 폐습과 불의를 타파하며, 자율과 조화를 바탕으로 자유민주적 기본질서를 더욱 확고히 하여 정치·경제·사회·문화의 모든 영역에 있어서 각인의 기회를 균등히 하고, 능력을 최고도로 발휘하게 하며, 자유와 권리에 따르는 책임과 의무를 완수하게 하여, 안으로는 국민생활의 균등한 향상을 기하고 밖으로는 항구적인 세계평화와 인류공영에 이바지함으로써 우리들과 우리들의 자손의 안전과 자유와 행복을 영원히 확보할 것을 다짐하면서 1948년 7월 12일에 제정되고 8차에 걸쳐 개정된 헌법을 이제 국회의 의결을 거쳐 국민투표에 의하여 개정한다.

제1장 총강

제1조
① 대한민국은 민주공화국이다.
② 대한민국의 주권은 국민에게 있고, 모든 권력은 국민으로부터 나온다.

---

[2] 대한민국 헌법은 전문, 본문 130조, 부칙 6조로 구성되어 있다. 여기에서는 국민의 인권, 권리, 의무와 직접 관련이 있는 부분만 발췌하여 실었다.

제2조
① 대한민국의 국민이 되는 요건은 법률로 정한다.
② 국가는 법률이 정하는 바에 의하여 재외국민을 보호할 의무를 진다.

제3조
대한민국의 영토는 한반도와 그 부속도서로 한다.

제4조
대한민국은 통일을 지향하며, 자유민주적 기본질서에 입각한 평화적 통일 정책을 수립하고 이를 추진한다.

제5조
① 대한민국은 국제평화의 유지에 노력하고 침략적 전쟁을 부인한다.
② 국군은 국가의 안전보장과 국토방위의 신성한 의무를 수행함을 사명으로 하며, 그 정치적 중립성은 준수된다.

제6조
① 헌법에 의하여 체결·공포된 조약과 일반적으로 승인된 국제법규는 국내법과 같은 효력을 가진다.
② 외국인은 국제법과 조약이 정하는 바에 의하여 그 지위가 보장된다.

제7조
① 공무원은 국민전체에 대한 봉사자이며, 국민에 대하여 책임을 진다.
② 공무원의 신분과 정치적 중립성은 법률이 정하는 바에 의하여 보장된다.

제8조
① 정당의 설립은 자유이며, 복수정당제는 보장된다.
② 정당은 그 목적·조직과 활동이 민주적이어야 하며, 국민의 정치적 의사형성에 참여하는데 필요한 조직을 가져야 한다.
③ 정당은 법률이 정하는 바에 의하여 국가의 보호를 받으며, 국가는 법률이 정하는 바에 의하여 정당운영에 필요한 자금을 보조할 수 있다.
④ 정당의 목적이나 활동이 민주적 기본질서에 위배될 때에는 정부는 헌법재판소에 그 해산을 제소할 수 있고, 정당은 헌법재판소의 심판에 의하여 해산된다.

제9조
국가는 전통문화의 계승·발전과 민족문화의 창달에 노력하여야 한다.

제2장 국민의 권리와 의무

제10조
모든 국민은 인간으로서의 존엄과 가치를 가지며, 행복을 추구할 권리를 가진다. 국가는 개인이 가지는 불가침의 기본적 인권을 확인하고 이를 보장할 의무를 진다.

제11조

① 모든 국민은 법 앞에 평등하다. 누구든지 성별·종교 또는 사회적 신분에 의하여 정치적·경제적·사회적·문화적 생활의 모든 영역에 있어서 차별을 받지 아니한다.
② 사회적 특수계급의 제도는 인정되지 아니하며, 어떠한 형태로도 이를 창설할 수 없다.
③ 훈장 등의 영전은 이를 받은 자에게만 효력이 있고, 어떠한 특권도 이에 따르지 아니한다.

제12조

① 모든 국민은 신체의 자유를 가진다. 누구든지 법률에 의하지 아니하고는 체포·구속·압수·수색 또는 심문을 받지 아니하며, 법률과 적법한 절차에 의하지 아니하고는 처벌·보안처분 또는 강제노역을 받지 아니한다.
② 모든 국민은 고문을 받지 아니하며, 형사상 자기에게 불리한 진술을 강요당하지 아니한다.
③ 체포·구속·압수 또는 수색을 할 때에는 적법한 절차에 따라 검사의 신청에 의하여 법관이 발부한 영장을 제시하여야 한다. 다만, 현행범인인 경우와 장기 3년 이상의 형에 해당하는 죄를 범하고 도피 또는 증거인멸의 염려가 있을 때에는 사후에 영장을 청구할 수 있다.
④ 누구든지 체포 또는 구속을 당한 때에는 즉시 변호인의 조력을 받을 권리를 가진다. 다만, 형사피고인이 스스로 변호인을 구할 수 없을 때에는 법률이 정하는 바에 의하여 국가가 변호인을 붙인다.
⑤ 누구든지 체포 또는 구속의 이유와 변호인의 조력을 받을 권리가 있음을 고지받지 아니하고는 체포 또는 구속을 당하지 아니한다. 체포 또는 구속을 당한 자의 가족등 법률이 정하는 자에게는 그 이유와 일시·장소가 지체 없이 통지되어야 한다.
⑥ 누구든지 체포 또는 구속을 당한 때에는 적부의 심사를 법원에 청구할 권리를 가진다.
⑦ 피고인의 자백이 고문·폭행·협박·구속의 부당한 장기화 또는 기망 기타의 방법에 의하여 자의로 진술된 것이 아니라고 인정될 때 또는 정식재판에 있어서 피고인의 자백이 그에게 불리한 유일한 증거일 때에는 이를 유죄의 증거로 삼거나 이를 이유로 처벌할 수 없다.

제13조

① 모든 국민은 행위시의 법률에 의하여 범죄를 구성하지 아니하는 행위로 소추되지 아니하며, 동일한 범죄에 대하여 거듭 처벌받지 아니한다.
② 모든 국민은 소급입법에 의하여 참정권의 제한을 받거나 재산권을 박탈당하지 아니한다.
③ 모든 국민은 자기의 행위가 아닌 친족의 행위로 인하여 불이익한 처우를 받지 아니한다.

제14조
　모든 국민은 거주·이전의 자유를 가진다.
제15조
　모든 국민은 직업선택의 자유를 가진다.
제16조
　모든 국민은 주거의 자유를 침해받지 아니한다. 주거에 대한 압수나 수색을 할 때에는 검사의 신청에 의하여 법관이 발부한 영장을 제시하여야 한다.
제17조
　모든 국민은 사생활의 비밀과 자유를 침해받지 아니한다.
제18조
　모든 국민은 통신의 비밀을 침해받지 아니한다.
제19조
　모든 국민은 양심의 자유를 가진다.
제20조
　① 모든 국민은 종교의 자유를 가진다.
　② 국교는 인정되지 아니하며, 종교와 정치는 분리된다.
제21조
　① 모든 국민은 언론·출판의 자유와 집회·결사의 자유를 가진다.
　② 언론·출판에 대한 허가나 검열과 집회·결사에 대한 허가는 인정되지 아니한다.
　③ 통신·방송의 시설기준과 신문의 기능을 보장하기 위하여 필요한 사항은 법률로 정한다.
　④ 언론·출판은 타인의 명예나 권리 또는 공중도덕이나 사회윤리를 침해하여서는 아니된다. 언론·출판이 타인의 명예나 권리를 침해한 때에는 피해자는 이에 대한 피해의 배상을 청구할 수 있다.
제22조
　① 모든 국민은 학문과 예술의 자유를 가진다.
　② 저작자·발명가·과학기술자와 예술가의 권리는 법률로써 보호한다.
제23조
　① 모든 국민의 재산권은 보장된다. 그 내용과 한계는 법률로 정한다.
　② 재산권의 행사는 공공복리에 적합하도록 하여야 한다.
　③ 공공필요에 의한 재산권의 수용·사용 또는 제한 및 그에 대한 보상은 법률로써 하되, 정당한 보상을 지급하여야 한다.
제24조
　모든 국민은 법률이 정하는 바에 의하여 선거권을 가진다.

제25조
　모든 국민은 법률이 정하는 바에 의하여 공무담임권을 가진다.
제26조
　① 모든 국민은 법률이 정하는 바에 의하여 국가기관에 문서로 청원할 권리를 가진다.
　② 국가는 청원에 대하여 심사할 의무를 진다.
제27조
　① 모든 국민은 헌법과 법률이 정한 법관에 의하여 법률에 의한 재판을 받을 권리를 가진다.
　② 군인 또는 군무원이 아닌 국민은 대한민국의 영역 안에서는 중대한 군사상 기밀·초병·초소·유독음식물공급·포로·군용물에 관한 죄 중 법률이 정한 경우와 비상계엄이 선포된 경우를 제외하고는 군사법원의 재판을 받지 아니한다.
　③ 모든 국민은 신속한 재판을 받을 권리를 가진다. 형사피고인은 상당한 이유가 없는 한 지체 없이 공개재판을 받을 권리를 가진다.
　④ 형사피고인은 유죄의 판결이 확정될 때까지는 무죄로 추정된다.
　⑤ 형사피해자는 법률이 정하는 바에 의하여 당해 사건의 재판절차에서 진술할 수 있다.
제28조
　형사피의자 또는 형사피고인으로서 구금되었던 자가 법률이 정하는 불기소처분을 받거나 무죄판결을 받은 때에는 법률이 정하는 바에 의하여 국가에 정당한 보상을 청구할 수 있다.
제29조
　① 공무원의 직무상 불법행위로 손해를 받은 국민은 법률이 정하는 바에 의하여 국가 또는 공공단체에 정당한 배상을 청구할 수 있다. 이 경우 공무원 자신의 책임은 면제되지 아니한다.
　② 군인·군무원·경찰공무원 기타 법률이 정하는 자가 전투·훈련 등 직무집행과 관련하여 받은 손해에 대하여는 법률이 정하는 보상 외에 국가 또는 공공단체에 공무원의 직무상 불법행위로 인한 배상은 청구할 수 없다.
제30조
　타인의 범죄행위로 인하여 생명·신체에 대한 피해를 받은 국민은 법률이 정하는 바에 의하여 국가로부터 구조를 받을 수 있다.
제31조
　① 모든 국민은 능력에 따라 균등하게 교육을 받을 권리를 가진다.
　② 모든 국민은 그 보호하는 자녀에게 적어도 초등교육과 법률이 정하는 교육을 받게 할 의무를 진다.
　③ 의무교육은 무상으로 한다.
　④ 교육의 자주성·전문성·정치적 중립성 및 대학의 자율성은 법률이 정하는 바에

의하여 보장된다.
⑤ 국가는 평생교육을 진흥하여야 한다.
⑥ 학교교육 및 평생교육을 포함한 교육제도와 그 운영, 교육재정 및 교원의 지위에 관한 기본적인 사항은 법률로 정한다.

제32조
① 모든 국민은 근로의 권리를 가진다. 국가는 사회적·경제적 방법으로 근로자의 고용의 증진과 적정임금의 보장에 노력하여야 하며, 법률이 정하는 바에 의하여 최저임금제를 시행하여야 한다.
② 모든 국민은 근로의 의무를 진다. 국가는 근로의 의무의 내용과 조건을 민주주의원칙에 따라 법률로 정한다.
③ 근로조건의 기준은 인간의 존엄성을 보장하도록 법률로 정한다.
④ 여자의 근로는 특별한 보호를 받으며, 고용·임금 및 근로조건에 있어서 부당한 차별을 받지 아니한다.
⑤ 연소자의 근로는 특별한 보호를 받는다.
⑥ 국가유공자·상이군경 및 전몰군경의 유가족은 법률이 정하는 바에 의하여 우선적으로 근로의 기회를 부여받는다.

제33조
① 근로자는 근로조건의 향상을 위하여 자주적인 단결권·단체교섭권 및 단체행동권을 가진다.
② 공무원인 근로자는 법률이 정하는 자에 한하여 단결권·단체교섭권 및 단체행동권을 가진다.
③ 법률이 정하는 주요방위산업체에 종사하는 근로자의 단체행동권은 법률이 정하는 바에 의하여 이를 제한하거나 인정하지 아니할 수 있다.

제34조
① 모든 국민은 인간다운 생활을 할 권리를 가진다.
② 국가는 사회보장·사회복지의 증진에 노력할 의무를 진다.
③ 국가는 여자의 복지와 권익의 향상을 위하여 노력하여야 한다.
④ 국가는 노인과 청소년의 복지향상을 위한 정책을 실시할 의무를 진다.
⑤ 신체장애자 및 질병·노령 기타의 사유로 생활능력이 없는 국민은 법률이 정하는 바에 의하여 국가의 보호를 받는다.
⑥ 국가는 재해를 예방하고 그 위험으로부터 국민을 보호하기 위하여 노력하여야 한다.

제35조
① 모든 국민은 건강하고 쾌적한 환경에서 생활할 권리를 가지며, 국가와 국민은 환경보전을 위하여 노력하여야 한다.
② 환경권의 내용과 행사에 관하여는 법률로 정한다.

③ 국가는 주택개발 정책 등을 통하여 모든 국민이 쾌적한 주거생활을 할 수 있도록 노력하여야 한다.

제36조
① 혼인과 가족생활은 개인의 존엄과 양성의 평등을 기초로 성립되고 유지되어야 하며, 국가는 이를 보장한다.
② 국가는 모성의 보호를 위하여 노력하여야 한다.
③ 모든 국민은 보건에 관하여 국가의 보호를 받는다.

제37조
① 국민의 자유와 권리는 헌법에 열거되지 아니한 이유로 경시되지 아니한다.
② 국민의 모든 자유와 권리는 국가안전보장·질서유지 또는 공공복리를 위하여 필요한 경우에 한하여 법률로써 제한할 수 있으며, 제한하는 경우에도 자유와 권리의 본질적인 내용을 침해할 수 없다.

제38조
모든 국민은 법률이 정하는 바에 의하여 납세의 의무를 진다.

제39조
① 모든 국민은 법률이 정하는 바에 의하여 국방의 의무를 진다.
② 누구든지 병역의무의 이행으로 인하여 불이익한 처우를 받지 아니한다.

[……]

제3장 국회

제41조
① 국회는 국민의 보통·평등·직접·비밀선거에 의하여 선출된 국회의원으로 구성한다.

[……]

제4장 정부

제1절 대통령

제67조
① 대통령은 국민의 보통·평등·직접·비밀선거에 의하여 선출한다.

제76조
① 대통령은 내우·외환·천재·지변 또는 중대한 재정·경제상의 위기에 있어서 국가의 안전보장 또는 공공의 안녕질서를 유지하기 위하여 긴급한 조치가 필요하고 국회의 집회를 기다릴 여유가 없을 때에 한하여 최소한으로 필요한 재정·경제상의 처분을 하거나 이에 관하여 법률의 효력을 가지는 명령을 발할 수 있다.

제77조
① 대통령은 전시·사변 또는 이에 준하는 국가비상사태에 있어서 병력으로써 군사상의 필요에 응하거나 공공의 안녕질서를 유지할 필요가 있을 때에는 법률이 정하는 바에 의하여 계엄을 선포할 수 있다.
② 계엄은 비상계엄과 경비계엄으로 한다.
③ 비상계엄이 선포된 때에는 법률이 정하는 바에 의하여 영장제도, 언론·출판·집회·결사의 자유, 정부나 법원의 권한에 관하여 특별한 조치를 할 수 있다.

제79조
①대통령은 법률이 정하는 바에 의하여 사면·감형 또는 복권을 명할 수 있다.

[……]

제5장 법원

제109조
재판의 심리와 판결은 공개한다. 다만, 심리는 국가의 안전보장 또는 안녕질서를 방해하거나 선량한 풍속을 해할 염려가 있을 때에는 법원의 결정으로 공개하지 아니할 수 있다.

제110조
① 군사재판을 관할하기 위하여 특별법원으로서 군사법원을 둘 수 있다.
② 군사법원의 상고심은 대법원에서 관할한다.
③ 군사법원의 조직·권한 및 재판관의 자격은 법률로 정한다.
④ 비상계엄하의 군사재판은 군인·군무원의 범죄나 군사에 관한 간첩죄의 경우와 초병·초소·유독음식물 공급·포로에 관한 죄 중 법률이 정한 경우에 한하여 단심으로 할 수 있다. 다만, 사형을 선고한 경우에는 그러하지 아니하다.

[……]

제9장 경제

제119조
① 대한민국의 경제질서는 개인과 기업의 경제상의 자유와 창의를 존중함을 기본으로 한다.
② 국가는 균형 있는 국민경제의 성장 및 안정과 적정한 소득의 분배를 유지하고, 시장의 지배와 경제력의 남용을 방지하며, 경제주체간의 조화를 통한 경제의 민주화를 위하여 경제에 관한 규제와 조정을 할 수 있다.

제121조
① 국가는 농지에 관하여 경자유전의 원칙이 달성될 수 있도록 노력하여야 하며, 농지의 소작제도는 금지된다.

제123조
① 국가는 농업 및 어업을 보호·육성하기 위하여 농·어촌종합개발과 그 지원 등 필요한 계획을 수립·시행하여야 한다.
② 국가는 지역 간의 균형 있는 발전을 위하여 지역경제를 육성할 의무를 진다.

제124조
국가는 건전한 소비행위를 계도하고 생산품의 품질향상을 촉구하기 위한 소비자보호운동을 법률이 정하는 바에 의하여 보장한다.

[……]

참고문헌

곽노현. 1995. 「재벌에 대한 법적 규제: 경제민주주의적 관점」. 『韓國放送通信大學校 論文集』 19: 219-239.
구갑우. 2000. 「지구적 통치와 국가형태: 시민사회의 전망」. 『경제와 사회』 45: 8-35.
권인숙. 2005. 『대한민국은 군대다: 여성학적 시각에서 본 평화, 군사주의, 남성성』. 청년사.
권혁태 외. 2003. 『아시아의 시민사회: 개념과 역사』. 아르케.
김경희. 2004. 『양성평등과 적극적 조치』. 푸른사상.
김대환·조희연 편. 2003. 『동아시아 경제변화와 국가의 역할전환: '발전국가'의 성립, 진화, 위기, 재편에 대한 비교 정치경제학적 분석』. 한울아카데미.
김동춘. 2004. 『미국의 엔진, 전쟁과 시장』. 창비.
─────. 2006. 『1997년 이후 한국사회의 성찰』. 도서출판 길.
김동춘·한홍구·조효제 편. 2006. 『편견을 넘어 평등으로: 인권을 위한 강의』. 창비.
김두식. 2004. 『헌법의 풍경』. 교양인.
김상봉. 2005. 『도덕교육의 파시즘: 노예도덕을 넘어서』. 도서출판 길.
김엘림·오정진. 2002. 『외국인 여성노동자의 인권보장 연구』. 한국여성개발원.
김용득. 2005. 『한국 장애인 복지의 이해』. 인간과복지.
김은실. 2001. 『여성의 몸, 몸의 문화정치학』. 또하나의문화.
김종철. 2005. 「헌법에 의한 지배는 가능한가」. 안경환 외. 『법·정치와 현실』. 나남출판.
─────. 2007. 「과거청산 없인 '법치'도 없다」. 『경향신문』. 2007. 2. 7.
김중섭. 1999. 「후기 산업사회에서의 인권실행과 새로운 사회운동: 동서 유럽의 비교연구」. 『현상과 인식』 23(3): 87-106.
김진업 편. 2001. 『한국자본주의 발전모델의 형성과 해체』. 도서출판 나눔의집.
김진업. 2003. 「마르크스와 자연법」. 『성공회대학논총』 17: 389-415.
도널리, 잭. 2002. 『인권과 국제정치』. 박정원 역. 오름.
로티, 리차드. 2000. 「인권·이성·감성」. 스티븐 슈트, 수잔 헐리 편. 『현대사상과 인권』. 민주주의 법학연구회 역. 사람생각.
롤스, 존. 2003. 『정의론』. 황경식 역. 이학사.
류은숙. 2003. 「인권운동 사랑방의 활동을 중심으로 본 한국 인권운동의 전개」. 김진균 편. 『저항, 연대, 기억의 정치 1: 한국 사회운동의 흐름과 지형』. 문화과학사.
리영희. 2006. 『역정: 나의 청년시대』. 한길사.

매슬로, 아브라함 H. 2005. 『존재의 심리학』. 정태연·노현정 역. 문예출판사.
바삭, 카렐 편. 1986. 『인권론』. 박홍규 역. 실천문학사.
박경서. 2002. 『인권대사가 체험한 한반도와 아시아』. 서울: 올림사.
박경태. 2005. 「이주노동자를 보는 시각과 이주노동자 운동의 성격」. 『경제와사회』 67: 88-112.
박래군. 2003. 「오늘의 인권현실과 과제」. 『기억과전망』 봄: 173-187.
박명림. 2002. 『한국 1950: 전쟁과 평화』. 나남.
박병상. 2003. 『참여로 여는 생태공동체: 어느 근본주의자의 환경 넋두리』. 아르케.
박상진. 2006. 「새로운 동아시아의 상상 - 구성과 해체, 재구성의 변이」. 『한국언어문화』 29: 291-331.
박은홍. 2000. 「마하티르 노선과 말레이시아의 도전」, 『역사비평』 가을호: 129-144.
박찬운. 1999. 『국제인권법』. 한올.
박호성. 1994. 『평등론: 자유민주주의·사회민주주의·맑스주의의 이론과 현실』. 창작과비평사.
박홍규. 2001. 『그들이 헌법을 죽였다』. 개마고원.
백낙청. 2006. 『한반도식 통일, 현재진행형』. 창비.
백영서. 2000. 『동아시아의 귀환』. 창비.
버겐탈, 토마스. 1992. 『국제인권법 개론』. 양건·김재원 역. 교육과학사.
서경식. 2006. 『난민과 국민 사이: 재일조선인 서경식의 사유와 성찰』. 임성모·이규수 역. 돌베개.
서동진. 2005. 「인권, 시민권 그리고 섹슈얼리티: 한국의 성적 소수자 운동과 정치학」. 『경제와사회』 67: 66-87.
서준식. 2002. 『서준식 옥중서한: 1971-1988』. 야간비행.
―――. 2003. 『서준식의 생각』. 야간비행.
셀라스, 커스틴. 2003. 『인권, 그 위선의 역사』. 오승훈 역. 은행나무.
신영복. 1998. 『감옥으로부터의 사색: 신영복 옥중서간』. 돌베개.
신정완. 2000. 『임노동자기금 논쟁과 스웨덴 사회민주주의』. 여강.
신혜수. 2004. 『한국정신대문제대책협의회: 일본군 '위안부' 관련 국제기구 권고자료집』. 여성가족부.
심영희. 1998. 「여성의 인권: 성적 자기결정권을 중심으로」. 한상진 편. 『현대사회와 인권』. 나남출판.
쑨 꺼. 2003. 『아시아라는 사유공간』. 김월회 역. 창비.
아이프, 짐. 2001. 『인권과 사회복지실천』. 김형식·여지영 역. 인간과복지.
안경환. 2005. 「법과 정치의 궁극적 목적은 무엇인가」. 안경환 외. 『법·정치와 현실』. 나남출판.
안경환·한인섭. 2005. 『배심제와 시민의 사법참여』. 집문당.

안하이어, 헬무트, 메어리 칼도어, 말리스 글라시우스. 2004.『지구시민사회: 개념과 현실』. 조효제·진영종 역. 아르케.
야마무로, 신이찌. 2003.『여럿이며 하나인 아시아』. 임성모 역. 창비.
양현아 편. 2005.『낙태죄에서 재생산권으로』. 사람생각.
엘스터, 존. 2000.「다수결 원칙과 개인의 권리」. 스티븐 슈트, 수잔 헐리 편.『현대사상과 인권』. 민주주의 법학연구회 역. 사람생각.
오완호 외. 2007.「지역 활동가에게 듣는 지역인권운동의 현황과 전망」.『인권』 01: 17-20.
오창익. 2006.「평화 시위는 어떻게 가능한가」.『한겨레』. 2006. 8. 25.
왕 후이. 2003.『새로운 아시아를 상상한다』. 이욱연 역. 창비.
외국인노동자대책협의회. 2001.『외국인 이주노동자 인권백서』. 다산글방.
유엔사회개발연구소. 1996.『벌거벗은 나라들: 세계화가 남긴 것』. 조용환 역. 한송.
유철규 편. 2004.『박정희 모델과 신자유주의 사이에서: 산업화 이념의 재고찰과 대안의 모색 (II)』. 함께읽는책.
이남석. 2001.『차이의 정치: 이제 소수를 위하여』. 책세상.
이남주 외. 2005.『아시아의 시민사회(II): 현재와 전망』. 아르케.
이내영·박은홍. 2004.『동아시아의 민주화와 과거청산 한국·필리핀·태국의 비교연구』. 아연출판부.
이대훈. 1998.『세계의 화두』. 개마고원.
이동연 외. 2002.『동아시아 인권의 새로운 탐색』. 삼인.
이봉철. 2001.『현대인권사상』. 아카넷.
이상돈. 2005.『인권법』. 세창출판사.
이샤이, 미셸린. 2005.『세계인권사상사』. 조효제 역. 도서출판 길.
이승철 외. 2005.『동아시아 공동체: 비전과 전망』. 한양대학교 출판부.
이영환. 2004.『한국사회와 복지정책』. 나눔의 집.
이영환 편. 2005.『한국의 사회복지운동』. 인간과복지.
이원웅. 1998.「국제인권레짐과 비정부기구(NGO)의 역할」.『국제정치논총』 38(1): 127-146.
이재승. 2007.「긴급조치의 매듭, 국회가 잘라야」.『한겨레』. 2007. 2. 1.
이정옥. 1999.「세계화와 대안운동의 전개: '생산참여형 소비자 운동' 사례를 중심으로」.『사회와 역사』 56: 11-43.
이정우. 2002.「민주주의와 경제발전」.『정책포럼』 33: 4-39.
이종구 외. 2004.『1960-1970년대 한국의 산업화와 노동자 정체성』. 한울아카데미.
──. 2006.『1960-70년대 한국 노동자의 계급문화와 정체성』. 한울아카데미.
인권운동사랑방 사회권위원회. 1999.『인간답게 살 권리: IMF 이후 사회권 실태보고서』. 사람생각.
장미경. 2003.『여성 노동운동과 시민권의 정치』. 아르케.

전경옥·노혜숙·김영란. 1999.『女性의 政治的 權利認識과 政治參與』. 集文堂.
정수일. 2001.『고대문명교류사』. 사계절.
정원오. 2005.『노숙인 인권상황 실태조사』. 국가인권위원회.
정인섭 편역. 2000.『국제인권조약집』. 사람생각.
정인섭. 2004.『사회적 차별과 법의 지배』. 박영사.
정진성. 2004.『일본군 성노예제: 일본군 위안부 문제의 실상과 그 해결을 위한 운동』. 서울대학교 출판부.
정태욱. 2002.『정치와 법치』. 책세상.
정해구·김혜진·정상호. 2004.『6월항쟁과 한국의 민주주의』. 민주화운동기념사업회.
정현백. 2003.『민족과 페미니즘』. 당대.
정희진. 2002.『저는 오늘 꽃을 받았어요: 가정폭력과 여성인권』. 도서출판 또하나의문화.
―――. 2005.『페미니즘의 도전: 한국 사회 일상의 성 정치학』. 교양인.
조경란. 2003.「동아시아 인권담론, 그 전략적 해체와 재구성을 위하여」.『진보평론』봄호: 241-263.
조국. 2001.『양심과 사상의 자유를 위하여』. 책세상.
조순경 편. 2000.『노동과 페미니즘』. 이화여자대학교 출판부.
조시현. 1999.「중대한 인권침해행위에 대한 시효문제」.『인권토론회: 반인도적 범죄와 공소시효문제: 국제법의 흐름과 국내법의 정비방향을 중심으로』. 국회일본군위안부문제연구모임.
조용환. 2002.「국제형사재판소 규정이행을 위한 국내법의 정비방향」.『國際人權法』5: 119-183.
조은·조주현·김은실. 2002.『성 해방과 성 정치』. 서울대학교 출판부.
조현연. 2000.『한국 현대정치의 악몽: 국가폭력』. 책세상.
조현조. 2003.「인민혁명당 사건을 통해본 인권의 문제」.『기억과전망』봄: 157-172.
조형·강인순·정진주. 2003.『여성의 시민적 권리와 사회정책: 한국 여성노동자의 삶의 질을 중심으로』. 한울.
조효제 편역. 2000.『NGO의 시대: 지구시민사회를 향하여』. 창작과비평사.
조효제 편. 2005a.『아시아 인권의 현장담론』. 에이미디어.
조효제. 2005b.「아시아 인권의 열쇠말: 시민권, 헌정이념 그리고 '문화'의 도전」. 조효제 편.『아시아 인권의 현장담론』. 에이미디어.
조희연. 2004.『비정상성에 대한 저항에서 정상성에 대한 저항으로』. 아르케.
중화전국부녀연합회 편. 1992.『중국여성운동사』. 박지훈 외 역. 한국여성개발원.
지젝, 슬라보예. 2006.「반인권론」. 김영희 역.『창작과 비평』132(여름): 379-404.
차병직. 2006.『인권』. 살림출판사.
초스도프스키, 미셸. 1998.『빈곤의 세계화: IMF 경제신탁통치의 실상』. 이대훈 역. 당대.

최영묵. 2005. 『시민 미디어론』. 아르케.
최장집. 2005. 『민주화 이후의 민주주의: 한국 민주주의의 보수적 기원과 위기』. 제2판. 후마니타스.
―――. 2006. 『민주주의의 민주화: 한국 민주주의의 변형과 헤게모니』. 후마니타스.
최정기. 2002. 『비전향 장기수: 0.5평에 갇힌 한반도』. 책세상.
페인, 토머스. 2004. 『상식, 인권』. 박홍규 역. 필맥.
푸코, 미셸. 2000. 『감시와 처벌』. 오생근 역. 나남.
하먼, 크리스. 2004. 『민중의 세계사』. 천경록 역. 책갈피.
한국인권재단 편. 2000. 『21세기의 인권 I, II』. 한길사.
한상범. 1997. 『헌법이야기』. 서울: 현암사.
한상진. 1996. 「인권논의에서 왜 동아시아가 중요한가?」. 『계간 사상』 겨울호.
―――. 2006. 「인권의 질과 문화적 정체성: 동양의 문화를 새롭게 인식해야 할 이유」. 『인권평론』 1: 91-127.
한상진 편. 1998. 『현대사회와 인권』. 나남출판.
한상희. 1999. 「헌법재판에서의 사회과학적 변론: Brown사건과 생계보호기준 사건의 비교를 중심으로」. 『건국대학교법학연구소 일감법학』 4: 75-100.
한인섭. 2006. 『형법과 사회통제』. 박영사.
한홍구. 2003. 『대한민국사 1, 2』. 한겨레신문사.
허성우. 2006. 「지구화와 지역 여성운동 정치학의 재구성」. 『한국여성학』 22(3): 169-198.
헬드, 데이비드 외. 2002. 『전지구적 변환』. 조효제 역. 창작과비평.
홍성태. 2005. 『개발공사와 토건국가』. 한울.
―――. 2006. 「삶의 질과 인권」. 『인권』 12: 40-41.
홍일표. 2006. 『민주화 이후 한국 시민입법운동의 구조와 동학, 1988년~2005년』. 서울대학교 대학원 사회학과 박사학위논문.

Ackerly, Brooke A. 2001. "Women's human rights activists as cross-cultural theorists". *International Feminist Journal of Politics* 3(3): 311-346.
Alinsky, Saul D. 1971. *Rules for Radicals: A Pragmatic Primer for Realistic Radicals*. New York: Vintage Books.
Alston, Philip. 2005. "Ships passing in the night: The current state of the human rights and development debate seen through the lens of the Millennium Development Goals". *Human Rights Quarterly* 27(3): 755-829.
Alves, Jose A. Lindgren. 2000. "The declaration of human rights in postmodernity". *Human Rights Quarterly* 22(2): 478-500.

Anderson, Perry. 2005. "Arms and rights: Rawls, Habermas and Bobbio in an Age of War". *New Left Review* 31(January-February): 5-40.
An-Na'im, Abdullahi Ahmed. 1992. "Toward a cross-cultural approach to defining international standards of human rights: The meaning of cruel, inhuman, or degrading treatment or punishment". In: Abdullahi Ahmed An-Na'im (ed.). *Human Rights in Cross-Cultural Perspectives: A Quest for Consensus*. Philadelphia: University of Pennsylvania Press.
Antrobus, Peggy. 2002. "Feminism as transformational politics: Towards possibilities for another world". *Development* 45(2): 46-52.
Arendt, Hannah. 1951/1973. *The Origins of Totalitarianism*. New York: Harcourt Brace Jovanovich. [아렌트, 한나. 2006. 『전체주의의 기원』. 이진우·박미애 역. 한길사.]
Arnold, T. Clay. 2006. "Executive power, war on terrorism, and the idea of rights". *Politics & Policy* 34(4): 670-688.
Baehr, Peter R. 1999. *Human Rights: Universality in Practice*. London: Macmillan Press.
Baik, Tae-Ung. 2005. "Asia: The reality of human rights". In: Rhona K.M. Smith and Christien van den Anker (eds). *The Essentials of Human Rights*. London: Hodder Arnold.
Baker, John, Kathleen Lynch, Sara Cantillon, Judy Walsh. 2004. *Equality: From Theory to Action*. Basingstoke: Palgrave Macmillan.
Ball, Olivia and Paul Gready. 2006. *The No-Nonsense Guide to Human Rights*. Oxford: New Internationalist Publications.
Ball, Alan R. and B. Guy Peters. 2005. *Modern Politics and Government*. 7th Edition. Basingstoke: Palgrave Macmillan.
Barber, Benjamin R. 1988. "Political participation and the creation of Res Publica". In: Alan Ritter and Julia Conaway Bondanella (eds). *Rousseau's Political Writings: Discourse on Inequality, Discourse on Political Economy, On Social Contract*. Translated by Julia Conaway Bondanella. New York: W.W. Norton and Company.
Basok, Tanya. 2003. "Human rights and citizenship: The case of Mexican migrants in Canada". Working Paper 72. The Center for Comparative Immigration Studies. University of California, San Diego.
Bauer, Joanne R. and Daniel A. Bell (eds). 1999. *The East Asian Challenge for Human Rights*. Cambridge: Cambridge University Press.
Bauer, Joanne. 2003. "The challenges to international human rights". In: Mahmood Monshipouri, Neil Englehart, Andrew J. Nathan and Kavita Philip (eds). *Constructing Human Rights in the Age of Globalization*. Armonk, NY: M.E.

Sharpe.

Bauman, Zymunt. 1990. "Modernity and ambivalence". In: Mike Featherstone (ed.). *Global Culture: Nationalism, Globalization and Modernity*. London: Sage.

Beck, Ulrich. 2003. "The analysis of global inequality: From national to cosmopolitan perspective". In: M. Kaldor, H. Anheier and M. Glasius (eds). *Global Civil Society 2003*. Oxford: Oxford University Press.

Beck, Ulrich and Natan Sznaider. 2006. "Unpacking cosmopolitanism for the social sciences: A research agenda". *The British Journal of Sociology* 57(1): 1-23.

Beetham, David. 1995. "Introduction: Human rights in the study of politics". In: David Beetham (ed.). *Politics and Human Rights*. Oxford: Blackwell Publishers.

———. 1999. *Democracy and Human Rights*. Cambridge: Polity Press.

Bentham, Jeremy. 1794/1987. "Supply without Burthen or Escheat *vice* Taxation: Being a proposal for a saving of taxes by an extension of the law of escheat: including strictures on the taxes on collateral succession, comprised in the budget on 7th December, 1795". In: Jeremy Waldron (ed.). *'Nonsense upon Stilts': Bentham, Burke and Marx on the Rights of Man*. London: Methuen.

———. 1843/1987. "Anarchical fallacies: Being an examination of the Declaration of Rights issued during the French Revolution". In: Jeremy Waldron (ed.). *'Nonsense upon Stilts': Bentham, Burke and Marx on the Rights of Man*. London: Methuen.

Binion, Gayle. 1995. "Human Rights: A Feminist Perspective". *Human Rights Quarterly* 17(3): 509-526.

Blaug, Ricardo. 2002. "Engineering democracy". *Political Studies* 50(1): 102-116.

Bloch, Ernst. 1965. "Man and citizen according to Marx". In: Erich Fromm (ed.). *Socialist Humanism: An International Symposium*. Garden City, NY: Anchor Books.

Bobbio, Norberto. 1996. *The Age of Rights*. Translated by Allan Cameron. Cambridge: Polity.

Boyd, Susan B. (ed.). 1997. *Challenging the Public/Private Divide: Feminism, Law, and Public Policy*. Toronto: University of Toronto Press.

Brems, Eva. 1997. "Enemies or Allies?: Feminism and Cultural Relativism as Dissident Voices in Human Rights Discourse". *Human Rights Quarterly* 19(1): 136-164.

Brysk, Alison. 2005. *Human Rights and Private Wrong: Constructing Global Civil Society*. New York: Routledge.

Bunch, Charlotte. 1995. "Transforming human rights from a feminist perspective". In: Julie Peters and Andrea Wolper (eds). 1995. *Women's Rights Human Rights:*

International Feminist Perspectives. New York: Routledge.
Burke, Edmund. 1790/1909-14. *Reflections on the Revolution in France*. Edited by Charles W. Eliot. Vol. XXIV, Part 3. The Harvard Classics. New York: P.F. Collier & Son.
Buss, Doris Elisabeth. 1997. "Going global: Feminist theory, international law, and the public/private divide". In: Susan B. Boyd (ed.). *Challenging the Public/Private Divide: Feminism, Law, and Public Policy*. Toronto: University of Toronto Press.
Cammaerts, Bart. 2007. "Media and communication strategies of glocalized activists: Beyond media-centric thinking". In: Bart Cammaerts and Nico Carpentier (eds). *Reclaiming the Media: Communication Rights and Democratic Media Roles*. Bristol: Intellect.
Cammaerts, Bart and Nico Carpentier. 2007. "Reclaiming the media: Communication rights and expanding democratic media roles". In: Bart Cammaerts and Nico Carpentier (eds). *Reclaiming the Media: Communication Rights and Democratic Media Roles*. Bristol: Intellect.
Campbell, Tom. 1983. *The Left and Rights: A Conceptual Analysis of the Idea of Socialist Rights*. Boston: Routledge & Kegan Paul.
Campbell, Tom. 2004. *Prescriptive Legal Positivism: Law, Rights and Democracy*. London: UCL Press.
Campbell, Tom. 2006. *Rights: A Critical Introduction*. London: Routledge.
Carr, Edward Hallett. 1946. *The Twenty Years' Crisis 1919-1939: An Introduction to the Study of International Relations*. 2nd Edition. New York: Harper & Row.
Carter, April. 2005. *Direct Action and Democracy Today*. Cambridge: Polity. [카터, 에이프릴. 2007. 『직접행동 민주주의론』. 조효제 역. 교양인. (근간)]
Cassese, Antonio. 1995. *Self-determination of Peoples: A Legal Reappraisal*. Cambridge: Cambridge University Press.
Castles, Stephen and Mark J. Miller. 1993. *The Age of Migration: International Population Movements in the Modern World*. London: Macmillan.
Cavalieri, Paola. 2006. "Animals and limits of justice". *Logos* 5(3). 〈www.logosjournal.com/issue_5.3/cavalieri.htm〉(2007. 5. 30 접속)
Chenoy, Kamal Miltra. 2004. "World Social Forum presents real alternative to globalization". World Social Forum India Official Website. 〈www.wsfindia.org/eval2004d.php?myvar=6〉(2007. 5. 30 접속)
Cho, Hyo-Je. 2002. "Human rights in Korea at the crossroads: A critical overview". *Korea Journal* 42(1): 204-227.
―――. 2005. *Human Rights and Civic Activism in Korea*. Seoul: A-Media Press.

Chomsky, Noam. 1999. *The Umbrella of U.S. Power: The Universal Declaration of Human Rights and the Contradictions of U.S. Policy*. New York: Seven Stories Press.

──── . 2001. "Human rights priorities and responsibilities for citizens". In: David Barnhizer (ed.). *Effective Strategies for Protecting Human Rights: Economic Sanctions, Use of National Courts and International Fora and Coercive Power*. Aldershot: Ashgate/Dartmouth.

──── . 2005. "What we know: On the universals of language and rights". *Boston Review*. 30(3-4). 〈http://bostonreview.net/BR30.3/chomsky.html〉(2007. 5. 30 접속)

Christian Science Monitor (The). 2006. "US immigrants mobilizing for major 'action'". *The Christian Science Monitor* 10 April.

Claude, Richard P. 1976. "The classical model of human rights development". In: Richard P. Claude (ed.). *Comparative Human Rights*. Baltimore: The Johns Hopkins University Press.

Cohen, Robin and Shirin M. Rai. 2000. "Global social movements: Towards a cosmopolitan politics". In: Robin Cohen and Shirin M. Rai (eds). *Global Social Movements*. London: The Athlone Press.

Conaghan, Joanne and Susan Millns. 2005. "Special issue: Gender, sexuality and human rights". *Feminist Legal Studies* 13: 1-14.

Cook, Rebecca J. 1994. "Women's international human rights law: The way forward". In: Rebecca J. Cook (ed.). *Human Rights of Women: National and International Perspectives*. Philadelphia: University of Pennsylvania Press.

Copelon, Rhoda. 1994. "Intimate terror: Understanding domestic violence as torture". In: Rebecca J. Cook (ed.). *Human Rights of Women: National and International Perspectives*. Philadelphia: University of Pennsylvania Press.

Corlett, J. Angelo. 2005. "The Marxist Critique of human rights". In: Rhona K.M. Smith and Christien van den Anker (eds). *The Essentials of Human Rights*. London: Hodder Arnold.

Deroin, Jeanne and Pauline Roland. 1851. "Letter from Prison of St. Lazare, Paris". In: Miriam Schneir (ed.). 1972. *Feminism: The Essential Historical Writings*. New York: Vintage Books.

de Tocqueville, Alexis. 1835/1899. *Democracy in America*. Translated by Henry Reeve. 〈http://xroads.virginia.edu/~HYPER/DETOC/toc_indx.html〉(2007. 5. 30 접속)

Diamond, Martin. 1975. "The revolution of sober expectations". In: Irving Kristol, Martin Diamond, G. Warren Nutter. *The American Revolution: Three Views*. New

York: American Brands.
Dodds, S. 2001. "Philosophy of property". In: N.J. Smelser and P.B. Baltes (eds). *International Encyclopedia of the Social & Behavioral Sciences*. Pergamon.
Donnelly, Jack. 2003. *Universal Human Rights in Theory and Practice*. 2nd Edition. Ithaca, NY: Cornell University Press.
Dowding, Keith. 2006. "Three-dimensional power: A discussion of Steven Lukes' *Power: A Radical View*". *Political Studies Review* 4(2): 136-146.
Dowling, Emma. 2005. "The capability approach and human rights". In: Rhona K.M. Smith and Christien van den Anker (eds). *The Essentials of Human Rights*. London: Hodder Arnold.
Drinan, Robert F. 2001. *The Mobilization of Shame: A World View of Human Rights*. New Haven: Yale University Press.
Duchrow, Ulrich. 2005. "Capitalism and human rights". In: Rhona K.M. Smith and Christien van den Anker (eds). *The Essentials of Human Rights*. London: Hodder Arnold.
Dunne, Tim and Brian C. Schmidt. 2005. "Realism". In: John Baylis and Steve Smith (eds). *The Globalization of World Politics: An Introduction to International Relations*. 3rd Edition. Oxford: Oxford University Press.
Dunne, Tim and Nicholas J. Wheeler. 1999. "Introduction: Human rights and the fifty years' crisis". In: Tim Dunne and Nicholas J. Wheeler (eds). *Human Rights in Global Politics*. Cambridge: Cambridge University Press.
Durkheim, Emile. 1961. *Moral Education: A Study in the Theory and Application of the Sociology of Education*. Translated by Everett K. Wilson and Herman Schnurer. New York: Free Press of Glencoe.
Dworkin, Ronald. 1977. *Taking Rights Seriously*. London: Duckworth.
―――. 1981. "Is there a right to pornography?" *Oxford Journal of Legal Studies* 1(2): 177-212.
―――. 2006. "Right to ridicule". *The New York Review of Books* 53(3). 〈www.nybooks.com/articles/18811〉(2007. 5. 30 접속).
Edwards, Alice. 2006. "The 'feminizing' of torture under international human rights law". *Leiden Journal of International Law* 19(02): 349-391.
Eisenstein, Zillah. 2002. "Feminisms in the aftermath of September 11". *Social Text* 20(3): 79-99.
Emerson, Rupert. 1960. *From Empire to Nation: The Rise to Self-Assertion of Asian and African Peoples*. Boston: Beacon Press.

Engels, Friedrich. 1865. *The Prussian Military Question and the German Workers' Party.* ⟨www.marxists.org/archive/marx/works/1865/02/12.htm⟩(2007. 5. 30 접속).

Engle, Karen. 2001. "From skepticism to embrace: Human rights and the American Anthropological Association from 1947-1999". *Human Rights Quarterly* 23(3): 536-559.

Engler, Mark. 2000. "Toward the 'rights of the poor': Human rights in liberation theology". *Journal of Religious Ethics* 28(3): 339-365.

Eschle, Catherine and Neil Stammers. 2004. "Taking part: Social movements, INGOs, and global change". *Alternatives* 29(3): 333-372.

Evans, Tony. 2001. *The Politics of Human Rights: A Global Perspective.* London: Pluto Press.

──. 2003. 'Universal human rights: 'As much round and round as ever onward'". *International Journal of Human Rights* 7(4): 155-168.

──. 2005. "International human rights law as power/knowledge". *Human Rights Quarterly* 27(3): 1046-1068.

Fagan, Andrew. 2006. "Human rights". *The Internet Encyclopedia of Philosophy.* ⟨www.utm.edu/research/iep⟩(2007. 5. 30 접속).

Fairbank, John K., Edwin O. Reischauer, Albert M. Craig. 1973. *East Asia: Tradition and Transformation.* Boston: Houghton Mifflin.

Fellmeth, Aaron Xavier. 2000. "Feminism and international law: Theory, methodology, and substantive reform". *Human Rights Quarterly* 22(3): 658-733.

Fields, A. Belden. 2003. *Rethinking Human Rights for the New Millennium.* New York: Palgrave Macmillan.

Flynn, David. 2005. "What's wrong with rights: Rethinking human rights and responsibilities". *Australian Social Work* 58(3): 244-256.

Flynn, Jeffrey. 2003. "Habermas on human rights: Law, morality, and intercultural dialogue". *Social Theory and Practice* 29(3): 431-457.

Forsythe, David P. 1993. *Human Rights and Peace: International and National Dimensions.* Lincoln: University of Nebraska Press.

Fraser, Arvonne S. 1999. "Becoming Human: The Origins and Development of Women's Human Rights". *Human Rights Quarterly* 21(4): 853-906.

Fraser, Arvonne S. 2001. "Becoming Human: The Origins and Development of Women's Human Rights". In: Marjorie Agosin (ed.). *Women, Gender, and Human Rights: A Global Perspective.* New Brunswick, NJ: Rutgers University Press.

Freeden, Michael. 1991. *Rights.* Minneapolis: University of Minnesota Press.

Freeman, Michael. 2002. *Human Rights: An Interdisciplinary Approach.* Cambridge: Polity Press. [프리먼, 마이클. 2005. 『인권: 이론과 실천』. 김철효 역. 아르케.]
———. 2005. "The historical roots of human rights before the Second World War". In: Rhona K.M. Smith and Christien van den Anker (eds). *The Essentials of Human Rights.* London: Hodder Arnold.
Friedman, Elisabeth. 1995. "Women's human rights: The emergence of a movement". In: Julie Peters and Andrea Wolper (eds). 1995. *Women's Rights Human Rights: International Feminist Perspectives.* New York: Routledge.
Fromm, Erich (ed.). 1965. *Socialist Humanism: An International Symposium.* Garden City, NY: Anchor Books.
Fukuyama, Francis. 2006. "Identity, immigration, and liberal democracy". *Journal of Democracy* 17(2): 5-20.
Gaete, Rolando. 1993. *Human Rights and the Limits of Critical Reason.* Aldershot: Dartmouth.
Galtung, Johan. 1994. *Human Rights in Another Key.* Cambridge: Polity Press.
Gandhi, Mahatma. 1949. "Letter". In: UNESCO (ed.). *Human Rights: Comments and Interpretations.* London: Allan Wingate.
Garling, Marguerite. 2004. *Enhancing Access to Human Rights.* Versoix, Switzerland: International Council on Human Rights Policy.
Gasper, Des. 2005. "Needs and human rights". In: Rhona K.M. Smith and Christien van den Anker (eds). *The Essentials of Human Rights.* London: Hodder Arnold.
Gearty, Conor. 2006. *Can Human Rights Survive?* Cambridge: Cambridge University Press.
George, Vic and Robert M. Page (eds). 2004. *Global Social Problems.* Cambridge: Polity.
Gewirth, Alan. 1982. *Human Rights: Essays on Justification and Applications.* Chicago: University of Chicago Press.
Giddens, Anthony. 1984. *The Constitution of Society: Outline of the Theory of Structuration.* Cambridge: Polity Press.
———. 1987. *The Nation-State and Violence: Volume Two of A contemporary Critique of Historical Materialism.* Berkeley: University of California Press.
———. 1992. *The Transformation of Intimacy: Sexuality, Love and Eroticism in Modern Societies.* Cambridge: Polity.
Glendon, Mary Ann. 1991. *Rights Talk: The Impoverishment of Political Discourse.* New York: Free Press.
Goertzel, Ted. 1976. *Political Society.* Chicago: Rand McNally.

Gonzalez-Pelaez, Ana and Barry Buzan. 2003. "A viable project of solidarism?: The neglected contributions of John Vincent's basic rights initiative". *International Relations* 17(3): 321-339.
Goodhart, Michael. 2003. "Origins and universality in the human rights debates: Cultural essentialism and challenge of globalization". *Human Rights Quarterly* 25(4): 935-964.
―――. 2005. "Universalism". In: Rhona K.M. Smith and Christien van den Anker (eds). *The Essentials of Human Rights.* London: Hodder Arnold.
Goodman, Ryan and Derek Jinks. 2003. "Measuring the effects of human rights treaties". *European Journal of International Law* 14(1): 171-183.
Gould, Carol C. 2004. *Globalizing Democracy and Human Rights.* Cambridge: Cambridge University Press.
Grande, Edgar. 2006. "Cosmopolitan political science". *The British Journal of Sociology* 57(1): 87-111.
Grant, Catharine. 2006. *The No-Nonsense Guide to Animal Rights.* Oxford: New Internationalist.
Gready, Paul. 2003. "The politics of human rights". *Third World Quarterly* 24(4): 745-757.
Greene, Robert A. 1997. "Instinct of Nature: Natural Law, synderesis, and the moral sense". *Journal of the History of Ideas* 58(2): 173-198.
Haas, Michael. 1994. *Improving Human Rights.* Westport, CT: Praeger.
Habermas, Jurgen. 1996. *Between Facts and Norms: Contributions to a Discourse Theory of Law and Democracy.* Translated by William Rehg. Cambridge, MA: MIT Press. [하버마스, 위르겐. 2006. 『의사소통행위이론 1, 2』. 장춘익 역. 나남.]
Han, In Sup. 2005. "Kwangju and beyond: Coping with past state atrocities in South Korea". *Human Rights Quarterly* 27(3): 998-1045.
Hardoy, Jorge E. et al. 2001. *Environmental Problems in an Urbanizing World: Finding Solutions in Africa, Asia, and Latin America.* London: Earthscan.
Harris, Angela P. 2003. "Race and essentialism in feminist legal theory". In: Adrien Katherine Wing (ed.). *Critical Race Feminism: A Reader.* 2nd Edition. New York: New York University Press.
Hart, H.L.A. 1955. "Are there any natural rights?". *The Philosophical Review* LXIV(2): 175-191.
Harvard Law Today. 2006. "Rethinking Langdell". *Harvard Law Today* December: 1-5.
Hashimoto, Hidetoshi. 2004. *The Prospects for a Regional Human Rights Mechanism in East Asia.* New York: Routledge/Taylor & Francis Books.

Hathaway, Oona A. 2002. "Do human rights treaties make a difference?". *The Yale Law Journal* 111(8): 1935.

Hayner, Priscilla B. 2000. *Unspeakable Truths: Facing the Challenge of Truth Commissions*. London: Routledge.

Hayward, Clarissa Rile. 2006. "On power and responsibility". *Political Studies Review* 4(2): 156-163.

Hegel, G.W.F. 1820/2001. *Philosophy of Right*. Translated by S.W. Dyde. Kitchener, Ontario: Batoche Books.

Heilbroner, Robert L. 1980. *Marxism: For and Against*. New York: W.W. Norton and Company.

Held, David. 2006. *Models of Democracy*. 3rd Edition. Cambridge: Polity Press. [헬드, 데이비드. 2007. 『민주주의의 모델』. 후마니타스. (근간)]

Henkin, Louis. 1990. *The Age of Rights*. New York: Columbia University Press.

Henkin, Louis, Gerald L. Neuman, Diane F. Orentlicher, David W. Leebron. 2003. *Human Rights*. New York: Foundation Press.

Herman, Arthur. 2006. "The first neoconservative". *The Wall Street Journal* 22 September: W4.

Heuer, Uwe-Jens and Gregor Schirmer. 1998. "Human Rights Imperialism". *Monthly Review* March.

Hindess, Barry. 2006. "Bringing states back in". *Political Studies Review* 4(2): 115-123.

Hobbes, Thomas. 1642/1651. *De Cive*. London: Printed by J.C. for R. Royston. 〈http://socserv2.socsci.mcmaster.ca/~econ/ugcm/3ll3/hobbes/index.html〉 (2007. 5. 30 접속).

──. 1651. *Leviathan; or, The Matter, Forme, & Power of a Common-wealth, Ecclesiasticall and Civill*. London: Andrew Crooke.

Hoffman, John. 2001. "Defining feminism". *Politics* 21(3): 193-199.

Hohfeld, Wesley Newcomb. 1913. "Some fundamental legal conceptions as applied in judicial reasoning". *Yale Law Journal* 23: 16-59.

Hohfeld, Wesley Newcomb. 1917. "Faculty analysis in easement and license cases". *Yale Law Journal* 27: 66-101.

hooks, bell. 2000. *Feminist Theory: From Margin to Center*. 2nd Edition. Cambridge, MA: South End Press.

Howard, Rhoda. 1983. "The full-belly thesis: Should economic rights take priority over civil and political rights? Evidence from Sub-Saharan Africa". *Human Rights Quarterly* 5(4): 467-490.

Howard-Hassmann, Rhoda E. 2005. "The second great transformation: Human rights leapfrogging in the era of globalization". *Human Rights Quarterly* 27(1): 1-40.

Howen, Nicholas. 2002. *Beyond Voluntarism: Human Rights and the Developing International Legal Obligations of Companies*. Versoix, Switzerland: International Council on Human Rights Policy.

Ignatieff, Michael. 2001. *Human Rights as Politics and Idolatry*. Princeton: Princeton University Press.

International Institute for Environment and Development (IIED). 2001. *Environment and Human Rights: A New Approach to Sustainable Development*. London: IIED.

Jones, Adam (ed.). 2004. *Gendercide and Genocide*. Nashville: Vanderbilt University Press.

Jones, James H. 2006. "The Tuskegee syphilis experiment". ⟨www.infoplease.com/ipa/A0762136.html⟩ (2007. 5. 30 접속).

Juviler, Peter. 2000. "Political community and human rights in postcommunist Russia". In: Adamantia Pollis and Peter Schwab (eds). *Human Rights: New Perspectives, New Realities*. Boulder, CO: Lynne Rienner Publishers.

Kaldor, Mary. 1999. *New and Old Wars: Organized Violence in a Global Era*. Cambridge: Polity.

Kant, Immanuel. 1790. *The Science of Right*. Translated by W. Hasti. ⟨http://etext.library.adelaide.edu.au/k/kant/immanuel/k16sr⟩ (2007. 5. 30 접속).

────. 1795. *Perpetual Peace: A Philosophical Sketch*. ⟨www.mtholyoke.edu/acad/intrel/kant/kant1.htm⟩ (2007. 5. 30 접속). [칸트, 임마누엘. 1992. 『영원한 평화를 위하여』. 이한구 역. 서광사.]

Kaplan, Roger. 2002. *Journalism, Media and the Challenge of Human Rights Reporting*. Versoix, Switzerland: International Council on Human Rights Policy.

Kaplan, Temma. 2001. "Women's rights as human rights: Women as agents of social change". In: Marjorie Agosin (ed.). *Women, Gender, and Human Rights: A Global Perspective*. New Brunswick, NJ: Rutgers University Press.

Kapur, Ratna. 2005. "Feminist critiques of human rights". In: Rhona K.M. Smith and Christien van den Anker (eds). *The Essentials of Human Rights*. London: Hodder Arnold.

Keller, Helen. 1903/1996. *The Story of My Life*. Edited by Candace Ward. Mineola, NY: Dover Publications.

Kennan, George F. 1947. "The sources of Soviet conduct". *Foreign Affairs* 25(4): 566-582.

Kim, Chang-yup. 2005. "The Korean economic crisis and coping strategies in the health section: Pro-welfarism or neoliberalism?". *International Journal of Health Services* 35(3): 561-578.

Kim, Dae Jung. 1994. "A response to Lee Kuan Yew: Is culture destiny?: The myth of Asia's anti-democratic values". *Foreign Affairs* 73(6): 189-194.

Kim, Dong Choon. 2004. "Forgotten war, forgotten massacres – the Korean War (1950-1953) as licensed mass killings". *Journal of Genocide Research* 6(4): 523-544.

Klug, Francesca, Keir Starmer and Stuart Weir. 1996. *The Three Pillars of Liberty: Political Rights and Freedoms in the United Kingdom*. London: Routledge.

Knowles, Dudley. 2001. *Political Philosophy*. London: Routledge.

Koh, Harold Hongju. 2005. "America's Jekyll-and-Hyde exceptionalism". In: Michael Ignatieff (ed.). *American Exceptionalism and Human Rights*. Princeton: Princeton University Press.

Kramer, Matthew H., N.E. Simmonds, Hillel Steiner. 1998. *A Debate over Rights: Philosophical Enquiries*. Oxford: Clarendon Press.

Kristol, Irving. 1975. "American revolution as a successful revolution". In: Irving Kristol, Martin Diamond and G. Warren Nutter. *The American Revolution: Three Views*. New York: American Brands.

Ku, Charlotte et al. 2001. "Exploring international law: Opportunities and challenges for political science research: A roundtable". *International Studies Review* 3(1): 3-23.

Kymlicka, Will. 1994. "Individual and community rights". In: Judith Baker (ed.). *Group Rights*. Toronto: University of Toronto Press.

Lacey, Nicola. 2004. "Feminist legal theory and the rights of women". In: Karen Knop (ed.). *Gender and Human Rights*. Oxford: Oxford University Press.

Landman, Todd. 2005. *Protecting Human Rights: A Comparative Study*. Washington, DC: Georgetown University Press.

Landman, Todd. 2006. *Studying Human Rights*. New York: Routledge.

Laski, Harold J. 1920. *Political Thought in England: From Locke to Bentham*. London: Williams and Norgate.

──────. 1931. *A Grammar of Politics*. 2nd Edition. New Haven: Yale University Press.

Law, Iain. 2005. "Utilitarianism and human rights". In: Rhona K.M. Smith and Christien van den Anker (eds). *The Essentials of Human Rights*. London: Hodder Arnold.

Le Grand, Julian, Carol Propper and Ray Robinson. 1992. *The Economics of Social Problems*. London: Macmillan.

Levine, Andrew. 1981. *Liberal Democracy: A Critique of Its Theory*. New York: Columbia University Press.

Lindholm, Tore. 1992. "Prospects for research on the cultural legitimacy of human rights: The cases of liberalism and Marxism". In: Abdullahi Ahmed An-Na'im (ed.). *Human Rights in Cross-Cultural Perspectives: A Quest for Consensus*. Philadelphia: University of Pennsylvania Press.

Locke, John. 1690/1980. *Second Treatise of Government*. Edited by C.B. Macpherson. Indianapolis: Hackett Publishing Company. [로크, 존. 1996. 『통치론: 시민정부의 참된 기원, 범위 및 그 목적에 관한 시론』. 강정인·문지영 역. 까치.]

Lukes, Steven. 1985. *Marxism and Morality*. Oxford: Clarendon Press.

———. 1990. "Marxism and morality: Reflections on the revolutions of 1989". *Ethics & International Affairs* 4(1): 19-31.

———. 2005. *Power: A Radical View*. 2nd Edition. New York: Palgrave Macmillan.

———. 2006a. "Reply to comments". *Political Studies Review* 4(2): 164-173.

———. 2006b. "Pathologies of markets and states". *Ralph Miliband Lecture LSE*. 16 March. ⟨www.lse.ac.uk/collections/LSEPublicLecturesAndEvents/pdf/20060316-Lukes.pdf⟩(2007. 5. 30 접속).

Mabbett, Deborah. 2005. "The development of rights-based social policy in the European Union: The example of disability rights". *Journal of Common Market Studies* 43(1): 97-120.

Macdonald, Margaret. 1984. "Natural rights". In: Jeremy Waldron (ed.). *Theories of Rights*. Oxford: Oxford University Press.

Machan, Tibor R. 1993. "In defense of property rights and capitalism". *The Freeman: Ideas on Liberty* 43(6). ⟨www.fee.org/publications/the-freeman/article.asp?aid=1848⟩(2007. 5. 30 접속)

MacKinnon, Catharine A. 1989. *Toward a Feminist Theory of the State*. Cambridge, MA: Harvard University Press.

Macpherson, C.B. 1962. *The Political Theory of Possessive Individualism: Hobbes to Locke*. Oxford: Clarendon Press.

———. 1973. *Democratic Theory: Essays in Retrieval*. Oxford: Clarendon Press.

———. 1980. "Editor's introduction". In: John Locke. 1690/1980. *Second Treatise of Government*. Edited by C.B. Macpherson. Indianapolis: Hackett Publishing Company.

Madhok, Sumi. 2005. "Autonomy and human rights". In: Rhona K.M. Smith and Christien van den Anker (eds). *The Essentials of Human Rights*. London: Hodder Arnold.

Maggio, Greg and Owen J. Lynch. 1997. *Human Rights, Environment, and Economic Development: Existing and Emerging Standards in International Law and Global Society*. The Centre for International Environmental Law. 〈www.ciel.org/Publications/olpaper3.html〉(2007. 5. 30 접속).

Mandelbaum, Michael. 2002. *The Ideas that Conquered the World: Peace, Democracy, and the Free Markets in the Twenty-First Century*. New York: Publicaffairs.

Maritain, Jacques. 1949a. "Introduction". In: UNESCO (ed.). *Human Rights: Comments and Interpretations*. London: Allan Wingate.

─────. 1949b. "On the philosophy of human rights". In: UNESCO (ed.). *Human Rights: Comments and Interpretations*. London: Allan Wingate.

Marks, Susan and Andrew Clapham. 2005. *International Human Rights Lexicon*. Oxford: Oxford University Press.

Marshall, T.H. and Tom Bottomore. 1992. *Citizenship and Social Class*. London: Pluto.

Marx, Karl. 1844/1977. "On the Jewish Question". In: David McLellan (ed.). *Karl Marx: Selected Writings*. Oxford: Oxford University Press.

─────. 1845/1977. "The Holy Family". In: David McLellan (ed.). *Karl Marx: Selected Writings*. Oxford: Oxford University Press.

─────. 1867-1869-1870/1977. "On Ireland". In: David McLellan (ed.). *Karl Marx: Selected Writings*. Oxford: Oxford University Press.

─────. 1871/1977. "The Civil War in France". In: David McLellan (ed.). *Karl Marx: Selected Writings*. Oxford: Oxford University Press.

─────. 1875/1977. "Critique of the Gotha Programme". In: David McLellan (ed.). *Karl Marx: Selected Writings*. Oxford: Oxford University Press.

─────. 1977. *Karl Marx: Selected Writings*. Edited by David McLellan. Oxford: Oxford University Press.

McLellan, David. 1970. *Marx Before Marxism*. New York: Harper & Row.

─────. 1975. *Marx*. Glasgow: Fontana.

─────. 2006. *Karl Marx: A Biography*. 4th Edition. New York: Palgrave Macmillan.

McWilliams, Chris and Jonathan Walton. 2005. "Environmental rights and justice". In: Rhona K.M. Smith and Christien van den Anker (eds). *The Essentials of Human Rights*. London: Hodder Arnold.

Meron, Theodor. 1986. "On a hierarchy of international human rights". *The American Journal of International Law* 80(1): 1-23.

Merry, Sally Engle. 2001. "Women, violence, and the human rights system". In: Marjorie Agosin (ed.). *Women, Gender, and Human Rights: A Global Perspective*. New

Brunswick, NJ: Rutgers University Press.
Miliband, Ralph. 1977. *Marxism and Politics*. Oxford: Oxford University Press.
Mills, C. Wright. 1956. *The Power Elite*. New York: Oxford University Press. [밀스, C.W. 1979.『파워 엘리트』. 진덕규 역. 한길사.]
Montgomery, John D. 2002. "Is there a hierarchy of human rights?". *Journal of Human Rights* 1(3): 373-385.
Morriss, Peter. 2006. "Steven Lukes on the concept of power". *Political Studies Review* 4(2): 124-135.
Moscow Times (The). 2001. "Communist Party comes full circle". *The Moscow Times* 21 August: 1.
Mutua, Makau. 2002. *Human Rights: A Political and Cultural Critique*. Philadelphia: University of Pennsylvania Press.
Nash, Kate. 2000. *Contemporary Political Sociology: Globalization, Politics, and Power*. Oxford: Blackwell Publishing.
──. 2002. "Human rights for women: An argument for 'deconstructive' equality". *Economy and Society* 31(3): 413-433.
New York Times (The). 2006. "New Citizens will Need Deeper Knowledge". *The New York Times* 1 December: A20.
Nickel, James W. 1987. *Making Sense of Human Rights: Philosophical Reflections on the Universal Declaration of Human Rights*. Berkeley: University of California Press.
Nordahl, Richard. 1992. "A Marxian approach to human rights". In: Abdullahi Ahmed An-Na'im (ed.). *Human Rights in Cross-Cultural Perspectives: A Quest for Consensus*. Philadelphia: University of Pennsylvania Press.
Nowak, Manfred. 2005. "Indivisibility of human rights". In: Rhona K.M. Smith and Christien van den Anker (eds). *The Essentials of Human Rights*. London: Hodder Arnold.
Nussbaum, Martha C. 1992. "Human functioning and social justice: In defense of Aristotelian essentialism". *Political Theory* 20(2): 202-246.
──. 1994. "Patriotism and cosmopolitanism". *The Boston Review* XIX(5). 〈http://bostonreview.net/BR19.5/BR19.5.html〉 (2007. 5. 30 접속).
──. 1999a. "Capabilities, human rights, and the Universal Declaration". In: Burns H. Weston and Stephen P. Marks (eds). *The Future of International Human Rights*. Ardsley, NY: Transnational Publications.
──. 1999b. *Sex & Social Justice*. New York: Oxford University Press.

―――. 2006a. *Frontiers of Justice: Disability, Nationality, Species Membership.* Cambridge, MA: Harvard University Press.

―――. 2006b. "The moral status of animals". *The Chronicle of Higher Education* 52(22): B6.

O'Hare, Ursula A. 1999. "Realizing Human Rights for Women". *Human Rights Quarterly* 21(2): 364-402.

Paine, Thomas. 1791/1999. *Rights of Man: Part One.* Edited by Ronald Herder. Mineola, NY: Dover Publications. [페인, 토머스. 2004. 『상식, 인권』. 박홍규 역. 필맥.]

―――. 1792/1999. *Rights of Man: Part Two.* Edited by Ronald Herder. Mineola, NY: Dover Publications. [페인, 토머스. 2004. 『상식, 인권』. 박홍규 역. 필맥.]

Panikkar, R. 1982. "Is the notion of human rights a western concept?". *Diogenes* 30: 75-102.

Parekh, Bhikhu. 1999. "Non-ethnocentric universalism". In: Tim Dunne and Nicholas J. Wheeler (eds). *Human Rights in Global Politics.* Cambridge: Cambridge University Press.

―――. 2006. *Rethinking Multiculturalism: Cultural Diversity and Political Theory.* 2nd Edition. Basingstoke: Palgrave Macmillan.

Patterson, Orlando. 2006. "God's gift?". *The New York Times* 19 December: A31.

Perry, Michael J. 1998. *The Idea of Human Rights: Four Inquiries.* New York: Oxford University Press.

Peters, Richard. 1956. *Hobbes.* Harmonsworth: Penguin Books.

Phillips, Anne. 2001. "Feminism and liberalism revisited: Has Martha Nussbaum got it right?". *Constellations* 8(2): 249-266.

Pilon, Roger. 2002. "Preface". In: *The Declaration of Independence and the Constitution of the United States of America.* Washington, DC: Cato Institute.

Plattner, Marc F. 2001. "Human rights". In: Seymour Martin Lipset (ed.). *Political Philosophy: Theories, Thinkers, Concepts.* Washington, DC: CQ Press.

Pogge, Thomas. 2002. *World Poverty and Human Rights: Cosmopolitan Responsibilities and Reforms.* Cambridge: Polity.

Popkin, Samuel L. 1991. *The Reasoning Voter: Communication and Persuasion in Presidential Campaigns.* Chicago: The University of Chicago Press.

Pritchard, Kathleen. 1989. "Political science and the teaching of human rights". *Human Rights Quarterly* 11(3): 459-475.

Redlich, Joseph. 1927. "Book reviews". *The American Political Science Review* 21(2): 422-426.

Riles, Annelise. 2002. "Rights inside out: The case of the women's human rights campaign". *Leiden Journal of International Law* 15(02): 285-305.

Ringmar, Erik. 2005. *Surviving Capitalism: How We Learned to Live with the Market and Remained Almost Human*. London: Anthem Press.

Romany, Celina. 1994. "State responsibility goes private: A feminist critique of the public/private distinction in international human rights law". In: Rebecca J. Cook (ed.). *Human Rights of Women: National and International Perspectives*. Philadelphia: University of Pennsylvania Press.

Rorty, Richard. 1993. "Human rights, rationality and sentimentality". In: Stephen Shute and Susan Hurley (eds). *On Human Rights: The Oxford Amnesty Lectures 1993*. New York: Basic Books, pp. 112-134. [슈트, 스티븐. 수잔 헐리 편. 2000.『현대사상과 인권: 옥스퍼드 앰네스티 강의』. 민주주의 법학연구회 역. 도서출판 사람생각]

Roth, Brad R. 2004. "Retrieving Marx for the human rights project". *Leiden Journal of International Law* 17(1): 31-66.

Rousseau, Jean Jacques. 1755a/1988. *Discourse on the Origin and Foundations of Inequality Among Men*. In: Alan Ritter and Julia Conaway Bondanella (eds). *Rousseau's Political Writings*. Translated by Julia Conaway Bondanella. New York: W.W. Norton and Company.

──────. 1755b/1988. *Discourse on Political Economy*. In: Alan Ritter and Julia Conaway Bondanella (eds). *Rousseau's Political Writings*. Translated by Julia Conaway Bondanella. New York: W.W. Norton and Company.

──────. 1762/1988. *On Social Contract or Principles of Political Right*. In: Alan Ritter and Julia Conaway Bondanella (eds). *Rousseau's Political Writings*. Translated by Julia Conaway Bondanella. New York: W.W. Norton and Company.

Sajo, Andras (ed.). 2004. *Human Rights with Modesty: The Problem of Universalism*. Leiden: M. Nijhoff Publishers.

Sargent, Lyman Tower. 2006. *Contemporary Political Ideologies: A Comparative Analysis*. Belmont, CA: Thompson Wadworth.

Sarkar, Mahua. 2004. "Looking for feminism". *Gender & History* 16(2): 318-333.

Sassen, Saskia. 2001. *The Global City: New York, London and Tokyo*. Princeton: Princeton University Press.

──────. 2002. *Global Networks, Linked Cities*. London: Routledge.

──────. 2006. *Territory, Authority, Rights: From Medieval to Global Assemblages*. Princeton: Princeton University Press.

Schiff, Stacy. 2006. "Desperately seeking Susan". *The New York Times* 13 October: A27.

Schulman, Barbara. 2004. "Effective organizing in terrible times: The strategic value of human rights for transnational anti-racist feminisms". *International Feminism and Human Rights* 4(2): 102-108.

Schultze, Charles L. 1977. *The Public Use of Private Interest*. Washington, DC: The Brookings Institution.

Scott, Craig. 1989. "Interdependence and Permeability of Human Rights Norms: Towards a Partial Fusion of the International Covenants on Human Rights". *Osgoode Hall Law Journal* 27(4): 769-878.

Sen, Amartya Kumar. 1999a. *Development as Freedom*. Oxford: Oxford University Press. [센, 아마티아. 2001. 『아마티아 센의 자유로서의 발전』. 박우희 역. 세종연구원.]

──. 1999b. "Democracy as a universal value". *Journal of Democracy* 10(3): 3-17.

──. 2006. "Democracy isn't 'Western': Cultural determinists should look beyond Ancient Greece". *The Wall Street Journal* 24 March.

Shapiro, Ian. 2006. "On the second edition of Lukes' Third Face". *Political Studies Review* 4(2): 146-155.

Shaw, Martin. 2002. "Teaching global sociology". *Sociology*. 36(1): 195-9.

──. 2003a. "The global transformations of the social sciences". In: M. Kaldor, H. Anheier and M. Glasius (eds). *Global Civil Society 2003*. Oxford: Oxford University Press.

──. 2003b. *War and Genocide: Organized Killing in Modern Society*. Cambridge: Polity.

Shelton, Dinah. 2002. "Hierarchy of norms and human rights: Of trumps and winners". *Saskatchewan Law Review* 65(2): 301-331.

Slim, Hugo. 2002. "Not philanthropy but rights: The proper politicisation of humanitarian philosophy". *International Journal of Human Rights* 6(2): 1-22.

Smith, Rhona K.M. 2005. *Textbook on International Human Rights*. 2nd Edition. Oxford: Oxford University Press.

Stainton, Tim. 2005. "Empowerment and the architecture of rights based social policy". *Journal of Intellectual Disabilities* 9(4): 289-298.

Stammers, Neil. 1993. "Human rights and power". *Political Studies* 41: 70-82.

──. 1995. "A critique of social approaches to human rights". *Human Rights Quarterly* 17(3): 488-508.

──. 1999. "Social movements and the social construction of human rights". *Human Rights Quarterly* 21(4): 980-1008.

──. 2005. "Social movements and human rights". In: Rhona K.M. Smith and Christien

van den Anker (eds). *The Essentials of Human Rights*. London: Hodder Arnold.
Steiner, Henry J., Philip Alston, Ryan Goodman. 2007. *International Human Rights in Context*. 3rd Edition. Oxford: Oxford University Press.
Steiner, Hillel. 2005. "Libertarianism and human rights". In: Rhona K.M. Smith and Christien van den Anker (eds). *The Essentials of Human Rights*. London: Hodder Arnold.
Strom, Sharon Hartman. 2003. *Women's Rights*. Westport, CT: Greenwood Press.
Sturgis, Daniel. 2005. "Is voting a private matter?". *Journal of Social Philosophy* 36(1): 18-30.
Swift, Adam. 2006. *Political Philosophy*. 2nd Edition. Cambridge: Polity Press.
Swift, Richard. 2002. *The No-Nonsense Guide to Democracy*. Oxford: New Internationalist Publications.
Tawney, R.H. 1952. *Equality*. 4th Edition. New York: Capricorn Books.
Taylor, Peter J. 1996. "On the nation-state, the global, and social science". *Environment and Planning A*. 28(11): 1917-1928.
Tchechko, Boris. 1949. "The conception of the Rights of Man in the U.S.S.R. based on official documents". In: UNESCO (ed.). *Human Rights: Comments and Interpretations*. London: Allan Wingate.
Teeple, Gary. 2005. *The Riddle of Human Rights*. Aurora: Garamond Press.
Teraya, Koji. 2001. "Emerging hierarchy in international human rights and beyond: From the perspective of non-derogable rights". *European Journal of International Law* 12(5): 917-941.
Thède, Nancy. 2005. *Local Government and Human Rights: Doing Good Service*. Versoix, Switzerland: International Council on Human Rights Policy.
Thomas, Dorothy Q. 1995. "Conclusion". In: Julie Peters and Andrea Wolper (eds). 1995. *Women's Rights Human Rights: International Feminist Perspectives*. New York: Routledge.
Thompson, Janna. 2002. *Taking Responsibility for the Past: Reparation and Historical Justice*. Cambridge: Polity Press.
UNESCO (ed.). 1949. *Human Rights: Comments and Interpretations*. London: Allan Wingate.
United Nations. 2006. "In-depth study on all forms of violence against women: Report of the Secretary-General". 〈http://daccessdds.un.org/doc/UNDOC/GEN/N06/419/74/PDF/N0641974.pdf?OpenElement〉(2007. 5. 30 접속).
Volpp, Letin. 2003. "Feminism versus multiculturalism". In: Adrien Katherine Wing (ed.).

        Critical Race Feminism: A Reader. 2nd Edition. New York: New York University Press.
Walby, Sylvia. 2002. "Feminism in a global era". *Economy and Society* 31(4): 533-557.
Waldron, Jeremy. 1984. "Introduction". In: Jeremy Waldron (ed.). *Theories of Rights*. Oxford: Oxford University Press.
Waldron, Jeremy (ed.). 1987. *'Nonsense upon Stilts': Bentham, Burke and Marx on the Rights of Man*. London: Methuen.
Weber, Max. 1904-5/1958. *The Protestant Ethic and the Spirit of Capitalism*. Translated by Talcott Parsons. New York: Charles Scribner's Sons.
Wilson, Richard A. 2004. "Human rights". In: David Nugent and Joan Vincent (eds). *A Companion to the Anthropology of Politics*. Oxford: Blackwell Publishing.
Wing, Adrien Katherine. 2000. "Introduction: Global critical race feminism for the twenty-first century". In: Adrien Katherine Wing (ed.). *Global Critical Race Feminism: An International Reader*. New York: New York University Press.
―――. 2003. "Introduction". In: Adrien Katherine Wing (ed.). *Critical Race Feminism: A Reader*. 2nd Edition. New York: New York University Press.
Wolff, Jonathan. 1996. *An Introduction to Political Philosophy*. Oxford: Oxford University Press.
―――. 2002. *Why Read Marx Today?* Oxford: Oxford University Press.
Wollstonecraft, Mary. 1792/1999. *A Vindication of the Rights of Woman: With strictures on political and moral subjects*. Boston: Peter Edes for Thomas and Andrews, Faust's statue, no. 45, Newbury-street; Bartleby.com.
Working Group on Indigenous Populations. 1999. *Human Rights of Indigenous Peoples*. 〈www.unhchr.ch/Huridocda/Huridoca.nsf〉(2007. 5. 30 접속).
Zakaria, Fareed. 1994. "Culture is destiny: A conversation with Lee Kuan Yew". *Foreign Affairs* 73(2): 109-126.
Zerilli, Linda M.G. 2004. "Refiguring rights through the political practice of sexual difference". *differences: A Journal of Feminist Cultural Studies* 15(2): 54-90.
Zhou, Wei. 1998. *Marxism and Human Rights: A Theoretical Perspective*. University of Hong Kong: PhD Thesis.
Žižek, Slavoj. 2007. "Knight of the living dead". *The New York Times* 24 March: A27.

찾아보기

ㄱ

가부장제 177, 181, 182, 197, 298, 343
가에트, 롤란도(Rolando Gaete) 102
가치의 이전효과 282
간디, 마하트마(Mahatma Gandhi) 313, 340
갈색 권리 339, 342
갈퉁, 요한(Johan Galtung) 123, 229
강한 민주주의 273, 296, 309, 316, 322, 325
강한 민주주의적 법실증주의 316
강한 상대주의 211
강행규범 121, 258
건강 패러다임 94
겸손한 인권 228
경제적·사회적 권리 36, 39, 48, 95, 116~118, 147, 148, 153, 159, 244, 273, 283, 286~288, 290~292, 296, 331, 333, 338, 340
경제적·사회적·문화적 권리에 관한 국제규약 37, 114
계약주의적 보수주의 192
고문 패러다임 94
고문방지협약 114, 187
고전적 자유주의 54, 62, 95, 158, 274
공동체주의적 실용주의 220~221
공산주의 138, 150~153, 173, 298, 331
공적 영역 68, 96, 121, 142~144, 179~181, 183, 185~187, 189, 191, 192, 195, 196, 243, 278, 284, 286

교차성이론 180
구사회운동 337
구성적 도덕성 30, 151
9·11사태 47, 196
국가 영역 142, 143, 150
국가의 국제적 권리 238
국가주권 179, 207, 238, 272, 282
국제 이주노동자 권리협약 114, 240
국제엠네스티 214, 248
국제인권레짐 19, 46, 98, 242, 271, 281~283, 307
굴드, 캐롤(Carol C. Gould) 280
권리를 가질 권리 238
권리에 기반을 둔 접근 129, 130, 317, 319
권리이론 55, 57, 62, 68, 81, 97, 101, 103~105, 111~113, 122, 128
권리장전 52, 71
권리철학 53~55, 57
권리청원 52, 71
규범적 법실증주의 331
규범적 상대주의 205~207
그리디, 폴(Paul Gready) 40, 41
근원적 서사방식 16, 19, 20, 40, 47, 139, 204, 207, 343
기든스, 앤서니(Anthony Giddens) 163, 278

ㄴ

나치 43, 102, 207, 238
나치즘 156
나폴레옹법전 83
내쉬, 케이트(Nash, Kate) 193, 242, 337
내장된 국가주의 264
너스봄, 마샤(Martha C. Nussbaum) 124, 125, 130, 317
노동이론 82, 83
노르달, 리처드(Richard Nordahl) 124
녹색 권리 339, 342
논의의 문턱 33, 34, 37, 342

ㄷ

다수의 횡포 278, 280
다중적 목소리 177
담수 테제 258
대응의무 94, 95, 104, 105, 149, 159, 312
대항권력 36, 37, 224, 298, 299, 301, 305, 314, 325, 330, 331, 339
대항력 163
덕 윤리 86
도널리, 잭(Jack Donnelly) 85, 95, 159, 211, 212, 242, 280
도덕적 공간 84
도덕적 자아 88
도시국가 68, 172, 174
동아시아 공동체 239, 240
동형적 등가물 211
뒤르켐, 에밀(Emile Durkheim) 86, 87
드 토크빌, 알렉시스(Alexis de Tocqueville) 72
드워킨, 로널드(Ronald Dworkin) 110, 111
들라크루아, 외젠(Eugène Delacroix) 172
디거스 운동 156
DIY민주주의 302

ㄹ

라스키, 해럴드(Harold J. Laski) 83, 322~324
랜드먼, 토드(Todd Landman) 271, 281~283, 285
랭델, 크리스토퍼(Christopher Columbus Langdell) 27
레닌, 블라디미르(V. I. Lenin) 152, 255
레들리히, 조셉(Joseph Redlich) 102
레빈, 앤드류(Andrew Levine) 158
레클레르, 테오필(Théophile Leclerc) 173
로스, 케네스(Kenneth Roth) 19
로크, 존(John Locke) 57~60, 62, 64, 67~70, 82, 86, 160, 181~183, 189, 192
롤스, 존(John Rawls) 93, 128, 336
루, 자크(Jacques Roux) 173
루소, 장 자크(Jean Jacques Rousseau) 64, 65, 67, 68, 71, 143, 323
룩스, 스티븐(Steven Lukes) 150, 151, 153, 294, 299

ㅁ

마그나카르타 52, 71
마르크스-레닌주의 146, 156
마르크스, 칼(Karl Heinrich Marx) 25,
　　44, 46, 73, 82, 85~87, 138~146,
　　149~156, 160~162, 164, 165, 167,
　　169, 170, 173, 174, 190, 255, 311
마르크스주의 46, 138, 150~154,
　　156~158, 161, 191, 208, 229
마셜, T. H.(T. H. Marshall) 222, 223
만코비츠, 지브(Zeev Mankowitz) 335
말리크, 찰스(Charles Malik) 205
망명권 238
매슬로, 아브라함 H.(Abraham Harold
　　Maslow) 55
맥렐런, 데이비드(David McLellan) 140
맥키넌, 캐서린(Catharine A. MacKinnon)
　　188
맥퍼슨, C. B.(C. B. Macpherson) 57, 61,
　　63
메타-윤리적 상대주의 205, 206
무산계급 71, 146, 147, 155, 173, 224, 229,
　　255
무투아, 마카우(Makau Mutua) 212, 213
문명의 충돌론 219
문화 간 대화 212~214, 227
문화 다양성 201
미국독립선언 64, 67, 69~71, 82
민간 영역 77, 142~145, 150, 152, 162,
　　168~170, 185, 286, 322
민의 통제 277, 279
민의 평등 279, 299
민족자결권 97, 155, 158, 201, 209, 219,
　　254~259, 261, 262, 331, 339

민족적 국가주의 256
민족해방 권리 36
민주 권리 279~281, 325
민주적 법실증주의 316, 331
밀리밴드, 랄프(Ralph Miliband) 157
밀스, C. 라이트(C. Wright Mills) 38

ㅂ

바버, 벤자민(Benjamin R. Barber) 65
바뵈프, 프랑소와-노엘(François-Noël
　　Babeuf) 173
바우어, 브루노(Bruno Bauer) 140, 141, 167
박애사상 71, 165
반본질주의 180
반식민주의 투쟁 209
반토대주의 76, 220
발전권리선언 251
방법론적 일국주의 46, 265~268
방법론적 평등주의 93
버크, 에드먼드(Edmund Burke) 73~76,
　　78, 82, 87, 223
법 준수 및 이행 결손 18
법만능주의 102
법실증주의 17, 52, 79, 87, 102, 207, 282,
　　316
베버, 막스(Max Weber) 86, 123, 179
베스트팔렌조약 52
베이징선언 213
벡, 울리히(Ulrich Beck) 267
벤덤, 제레미(Jeremy Bentham) 73,
　　78~80, 82, 87, 102
벨기에 테제 258

보편인권 43, 44, 76, 98, 99, 131, 137, 191, 194, 195, 197, 199, 201, 202, 206~210, 218, 221, 224, 226, 227, 238, 240, 245, 298
보편화 가능성 228
보호캡슐이론 110, 112
복지국가 37, 95, 123, 159, 339, 343
본질적 인간이익 313, 315
부나로티, 필리프(Philippe Buonarotti) 173
부르주아 사회 142
부분적 인권정치 40, 41, 333
불특정 청구권 106
브렘스, 에바(Eva Brems) 202
브룬틀란트위원회 251
블라우그, 리카르도(Ricardo Blaug) 301, 303, 308
블로흐, 에른스트(Ernst Bloch) 150, 156, 165
비니언, 게일(Gayle Binion) 190
비덤, 데이비드(David Beetham) 277, 279, 280
비자유주의적 평등주의 192
비판 인종페미니즘이론 180
비판민주주의 301~303, 305, 308, 334
빈센트, 존(John Vincent) 268

ㅅ

사센, 사스키아(Saskia Sassen) 306, 307
사적 소유권 83, 84, 147, 148, 156, 170, 289
사적 영역 68, 96, 121, 142, 143, 179, 181~192, 195, 196, 243, 278, 284, 296, 322, 330
사회계약론 52, 54, 58, 64, 66, 71, 88, 132, 221, 223
사회구성주의적 인권이론 36
사회민주주의 95, 283
사회주의 48, 83, 87, 91, 95, 138, 139, 146, 148~152, 154~156
사회주의 모임 173
사회주의적 인권 149, 156, 159
사회주의적 자유주의 95
사회주의적 휴머니즘 156, 165, 173
삼색기 174
3세대 인권 48, 97, 209, 253
상대적 보편성 212
상시적 비상사태 268
새로운 인권운동 195
생명권 54~56, 58, 66, 75, 82, 115, 120~121, 126, 279
샤리아법 217
선택이론 78, 107
성적 자기결정권 184
세계인권선언 16, 20, 24, 25, 42, 43, 47, 63, 67, 90, 91, 94, 97, 100, 111, 114, 116, 125, 126, 131~133, 147, 149, 160, 203~205, 207, 210, 215, 219, 222, 244, 287~289, 300, 313, 324, 329, 345, 346
세계정부 33, 238, 268, 269
세계주의 정치학 268
세계주의적 실용주의 220~223
세계주의적 환경 239
세네카폴즈 여성대회 175
센, 아마티아(Amartya Kumar Sen) 124, 133
소수 의견의 보호 280

소유권 29, 40, 42, 48, 58~64, 66, 67, 70, 82~86, 115, 127, 144, 166~168, 170, 289, 314
슈타이너, 힐렐(Hillel Steiner) 61
스미스, 로나 K. M.(Rhona K. M. Smith) 256
스위프트, 리처드(Richard Swift) 296
스코트, 크레이그(Craig Scott) 119
스태머즈, 닐(Neil Stammers) 300
스테인턴, 팀(Tim Stainton) 318
스토아학파 50, 51
스펜서, 허버트(Herbert Spencer) 86, 87
슬림, 휴고(Hugo Slim) 317
시민권 48, 51, 66~68, 77, 98, 122, 147, 153, 222, 223, 237, 238, 240~246, 252, 263~265, 267, 273~275, 294, 295
시민권이론 222, 223
시민사회 77, 142, 153, 240, 274, 275, 296, 301, 302, 307, 308, 337
시민사회운동 17, 29, 77, 130, 196, 199, 239, 299, 300, 325, 337
시민의 권리 143, 150, 160, 168, 169, 176, 241
시민적·정치적 권리 36, 39, 48, 77, 94, 95, 112, 116~118, 120, 121, 127, 147, 148, 179, 241, 247, 248, 251, 271, 277, 279, 280, 283, 285, 290~292, 296, 330, 332, 333, 339
시민적·정치적 권리에 관한 국제규약 114
시범효과 282
시에라클럽 248
신비판이론 268

신사회운동 337
신자유주의 44, 148, 195, 270, 292~296, 298, 305~307

ㅇ

아렌트, 한나(Hannah Arendt) 32, 237, 238
아루스 협정 248
아시아 담론 239
앤서니, 수전 B.(Susan B. Anthony) 36
약한 민주주의 273, 296
약한 보편주의 212, 225
약한 상대주의 211, 225
어린이·청소년 권리협약 114
억압권력 36, 47, 297~299, 315, 325, 329, 330, 335, 339
언어적 우선순위 33
에반스, 토니(Tony Evans) 43~45
엥겔스, 프리드리히(Friedrich Engels) 155, 167
여성생식기절제 201, 213, 214
여성에 대한 모든 형태의 차별철폐에 관한 협약 114, 187
여성인권운동 180, 186, 195~197, 199, 200, 214
여자참정동맹회 176
여파효과 288
역동적·포괄적 인권정치 40, 41, 333
역량이론 122, 124, 126, 128
연대권 48, 97, 118, 209, 253
연대형 사회 218
영, 휴고(Hugo Young) 198

예외주의 152
욕구이론 55, 122~124
용암 현상 267
울스턴크래프트, 메리
　　(Mary Wollstonecraft) 183
원자적 개인주의 158
원칙 있는 인권정치 40~42, 130, 309, 333
월드런, 제레미(Jeremy Waldron) 150
웰빙 패러다임 30, 37, 94, 122, 123, 133, 316, 334
윌슨, 우드로(Woodrow Wilson) 62, 256
유엔헌장 43, 131, 256
으뜸패이론 110~112
응보이론 84
응용적 서사방식 17, 20, 47, 343
의무 윤리 86
의무론 27
의지이론 107
이그나티에프, 마이클(Michael Ignatieff) 57
2세대 인권 48, 94
이익이론 81, 101, 109, 110, 113, 128, 133, 313, 317, 327, 336
이주노동자 241, 242, 244~246, 263, 273, 275, 335, 339, 343
이중 인격체 143
이중기준 30, 41, 225
인간과 시민의 권리선언 63, 64, 69~71, 73, 144, 151, 166, 167, 170, 173, 224
인간의 권리 23, 52, 56, 69~71, 73~76, 86, 98, 143~145, 149, 150, 157, 160, 167~171, 187, 222, 268, 327, 332

인간해방 73, 142, 145, 150, 152, 157, 161~163, 165, 170, 174, 269, 298
인권 민주주의 307, 309, 310, 316, 339, 343
인권 제국주의 283
인권담론 17, 18, 20, 23, 26, 28, 39, 43, 90, 91, 129, 132, 195, 276, 277, 298, 303, 304, 311, 316, 324, 328, 329, 330, 333, 334, 343
인권유린 151, 188
인도법 68, 89, 96
인류학과 인권에 관한 선언 215
인종차별철폐협약 114
인종학살 178
일국 내 자기결정권 261
일국형 시민권 240
일반의지 65, 67, 68, 71, 323
1세대 인권 48, 94

ㅈ

자기결정권 16, 97, 108, 115, 229, 247, 250, 253, 254, 256~262, 273, 274, 279, 339
자기보존 55
자기충족적 예언 269
자본주의 36, 48, 59, 61~63, 67, 82~85, 91, 132, 144, 146~148, 152, 154, 155, 157~160, 163, 167, 171~173, 216, 222, 231, 273, 283, 285, 297, 298, 333, 343
자승자박이론 209
자연권 21, 47, 49~53, 58~60, 62~66,

69~71, 73~79, 85~89, 91, 106~108, 132, 156, 160, 222, 289, 315, 328
자연상태 53, 54, 56, 58, 59, 64~66, 77, 82, 88, 104, 181, 183, 216
자원의 희소성 원칙 152
자유 권리 279, 280, 281
자유권 28, 52, 58, 64, 66, 75, 82, 104~108, 112, 144, 157, 166, 170, 262
자유의지이론 107, 108, 110, 113, 133, 339
자유주의적 사회주의 95, 96
자유주의적 자연권 57, 99, 220~222
자유주의적 휴머니즘 156
장애인 권리협약 114
쟁취형 사회 218
적극적 차별시정 조치 98, 193
적색 권리 339, 342
전 지구적 사회과학 268~270
전 지구적 인권레짐 239
전문적 서사방식 16, 18~20, 47, 139, 204, 343
전통주의적 공동체주의 220, 221
정체성의 정치 97, 194
정치적 도덕성 151
정치적 해방 140, 142, 145, 163
제1차 인권혁명 47~49, 69, 72, 73, 88, 90~92, 95, 98, 131, 221, 222, 229, 327, 332
제2차 인권혁명 47, 48, 72, 82, 89, 90, 91, 94~96, 98, 99, 131, 133, 222, 227, 229, 328, 332
제릴리, 린다(Linda M. G. Zerilli) 129
제워스, 앨런(Alan Gewirth) 108
젠더학살 178

조로아스터교 217
종 중심주의 327
종적 존재 33, 87, 145
중산계급 40, 165, 167, 175
즈앙펑춘(張彭春) 205
증거에 입각한 정책 322
지구시민사회 196, 239, 270, 307
지젝, 슬라보예(Slavoj Žižek) 128, 328
직접민주주의 65, 66, 68, 302~304
직접행동민주주의 281, 297, 302~304, 306~309, 325, 330, 334
집권민주주의 301, 303, 305
집단권 48, 67, 98, 118, 122, 253, 254, 259~261

ㅊ

차이의 정치 194, 197, 339
참여권 248, 250~252, 273
참여민주주의 303, 304
참의원 대투쟁 사건 176
청구권 95, 104, 105, 112, 123, 159
청년헤겔학파 140
청색 권리 339, 342
촘스키, 노엄(Noam Chomsky) 20, 128
최소극대화 원칙 93
최소절대화 336

ㅋ

카, E. H.(Edward Hallett Carr) 34

카세스, 안토니오(Antonio Cassese) 262
카터, 에이프릴(April Carter) 154, 303, 305
칸트, 임마누엘(Immanuel Kant) 86, 88, 89, 92, 98, 192, 315
캠벨, 톰(Tom Campbell) 94, 158, 316
켈러, 헬렌(Helen Keller) 127

ㅌ

탄압 패러다임 30, 31, 37, 94, 122, 123, 316, 334
탈시장화된 인권 148
탈젠더화 193
탕췬잉(唐群英) 176
터스키기 매독실험 80, 291
테르미도르 반동 167
토니, R. H.(R. H. Tawney) 287
토대적 권리 107
토대주의 60, 220, 222
톰슨, 윌리엄(William Thompson) 83
통념적 서사방식 22, 23, 30, 48, 343
통치론 57, 59, 181
특정대상 청구권 105, 106
티플, 게리(Gary Teeple) 147, 148

ㅍ

파니카, R.(R. Panikkar) 210
파레크, 비쿠(Bhikhu Parekh) 216~218
파생적 도덕성 30, 151

파시즘 156, 171, 298
페미니즘 46, 48, 99, 121, 175, 177, 180, 181, 183, 186~201, 213, 214, 229, 261
페미니즘 법학 186, 187, 190
페인, 토머스(Thomas Paine) 75, 76, 78
페인, 톰(Tom Paine) 36, 72
편익이론 109
평준화 효과 219
평화권 97, 158, 229, 339
포스트-일국형 시민권 243, 275
포용의 법학 190
폽킨, 새뮤얼 L.(Samuel L. Popkin) 310
푸코, 미셸(Michel Paul Foucault) 78
프라이버시 독트린 178
프랑스혁명 63, 64, 68, 70~73, 75, 82, 97, 141, 144, 151, 155, 166, 167, 169, 171, 173, 224, 331
프리덴, 마이클(Michael Freeden) 111, 113, 320, 321
프리먼, 마이클(Michael Freeman) 86
피난처를 구할 권리 115, 238
피식민국 독립부여선언(반식민선언) 256
필즈, 벨든(A. Belden Fields) 63, 326, 327

ㅎ

하니슈, 캐럴(Carol Hanisch) 195
하버마스, 위르겐(Jurgen Habermas) 128
하스, 마이클(Michael Haas) 283, 285
하일브로너, 로버트

(Robert L. Heilbroner) 157
하트, H. L. A.(H. L. A. Hart) 52, 107
합의의 영토 38, 39, 130
합의의 지형 336
해수 테제 258
핵심적 역량 124~126, 128
행복추구권 72, 82
향상이론 83
허스코비츠, 멜빌(Melville Herskovits) 204
헉슬리, 줄리언(Julian Huxley) 313
헨킨, 루이스(Louis Henkin) 158

헬드, 데이비드(David Held) 277, 289
호지스킨, 토머스(Thomas Hodgskin) 83
호펠드, 웨슬리 뉴컴(Wesley Newcomb Hohfeld) 103, 104, 111
호프만, 존(John Hoffman) 177
홉스, 토마스(Thomas Hobbes) 54, 55, 57, 58, 60, 68, 104, 120, 192
환경권 97, 229, 233, 246~251, 273
휴머니즘 33, 52, 53, 55, 96, 138, 294, 313, 335
휴먼라이츠워치 19